Informatik

Anwendungsorientierte
Einführung
in die allgemeine Wirtschaftsinformatik

Von
Universitätsprofessor
Dr. Dr. h. c. M. G. Zilahi-Szabó

3., aktualisierte Auflage

R. Oldenbourg Verlag München Wien

Die Deutsche Bibliothek - CIP-Einheitsaufnahme

Zilahi-Szabó, Miklós Géza:
Informatik : anwendungsorientierte Einführung / von M. G. Zilahi-
Szabó. – 3., aktualisierte Aufl. – München ; Wien : Oldenbourg, 1998
  ISBN 3-486-24559-7

© 1998 R. Oldenbourg Verlag
Rosenheimer Straße 145, D-81671 München
Telefon: (089) 45051-0, Internet: http://www.oldenbourg.de

Gedruckt auf säure- und chlorfreiem Papier
Gesamtherstellung: R. Oldenbourg Graphische Betriebe GmbH, München

ISBN 3-486-24559-7

Inhaltsverzeichnis

Vorwort

Die Computerbranche verzeichnet seit Beginn ihres Bestehens wachsende Auftragszahlen und positive Erfolgsaussichten. Sie gehört zu den wenigen expandierenden Wirtschaftszweigen, deren Signale aufwärts gestellt sind. Computerhersteller, Softwarehäuser und sonstige Anbieter profitieren von einem Boom, in dem die Nachfrage ungebrochen und in vielen Bereichen sogar stetig wachsend ist. Der Eindruck allerdings, daß diese Entwicklung nur positive Seiten hätte, ist nicht wirklichkeitstreu. Innerhalb der Computerbranche spielen sich radikale Verlagerungsprozesse ab, deren äußere Anzeichen in der Gewichtung der beiden Bereiche Hardware und Software sichtbar werden. Hier ist seit Jahren eine Verlagerung der Arbeiten von der Hardware zur Software zu beobachten.

Die technische Entwicklung hält an und setzt immer wieder neue Maßstäbe. Die Nutzung des Computers, der Informationstransfer, dringt in alle Bereiche des Lebens ein. So steht die Computerbranche im Zeichen der Anwender. Die Fähigkeiten des Anwenders, seine Kenntnisse, seine Bereitschaft, die Informations- und Kommunikationstechnik zu nutzen, werden die künftige Richtung bestimmen, zumindest jedoch maßgeblich beeinflussen.

Hier liegt die Negativseite des steten Expansionsdranges der Computerindustrie. Sie sucht händeringend nach Personal. Gefragt sind Fachleute, die auf der einen Seite die Entwicklung weiterer Produkte vorantreiben, die auf der anderen Seite für die Anwendung der Produkte Sorge tragen. An diesen letzteren wird sich schließlich entscheiden, ob und wie die künftige Informationswirtschaft aussieht. Dieses Personal auszubilden, in diese Aufgabe einzuführen, ist ein Anliegen, dem bis zum heutigen Tage nicht ausreichend Rechnung getragen wurde. Das Defizit am fachkundigen Personal hat viele Ursprünge. Dazu gehört die jahrelange Vernachlässigung des Informationsunterrichts an den Schulen, Gymnasien, Fachhochschulen und Universitäten sowie damit verbunden, die unzulänglichen Ausstattungen dieser Institutionen, um eine sachgerechte Ausbildung zu betreiben.

Ein zunächst unerklärlich erscheinender Mangel liegt im Fehlen an Lehrbüchern, die umfassende Wissensfundamente aufbauen helfen. Zwar ist die Informatik-Literatur unübersehbar vielschichtig und erschöpfend, angesichts der Vielfältigkeit und Komplexität dieses Wissensgebietes wurde sie jedoch mehr spezialisiert, auf einzelne wichtige Sachgebiete ausgerichtet. Einführende, solide Grundlagen vermittelnde Werke wurden nur unzureichend herausgebracht, stattdessen wurde der Büchermarkt durch Spezialliteratur übersättigt. Das Motto "Es geht um die Anwendung, um den Anwender" trägt in dem Moment keine Früchte mehr, wenn der Anwender nur noch menügesteuert begleitet - im eigentlichen Sinne geleitet - wird. Denn in diesem Moment geht er einen vorgegebenen Pfad, der ihm vorgeschrieben ist, von dem er nicht abweichen darf. Doch hat jeder Anwender eine eigene Meinung, einen eigenen Stil, einen eigenen Pfad. Und diesen kann er nur dann finden, wenn er die sich ihm öffnenden Möglichkeiten erkennt und zu nutzen weiß. Dazu braucht er ein zunächst fundiertes und später ein darauf aufbauendes Spezial-wissen. Dies zu vermitteln, dies realisieren zu helfen, ist die Aufgabe dieses Buches. Es wendet sich an die Anwender und an solche, die es werden wollen. Angesprochen sind somit Studierende an Universitäten und Fachhochschulen, ebenso jedoch auch Personen, die sich ein solides Fundament in der allgemei-nen Wirtschaftsinformatik aneignen wollen.

Den Bedürfnissen dieses Leserkreises folgend wird das Sachgebiet auf zwei Schwerpunkte ausgerichtet. Der erste ist die Vermittlung von Grundlagenwis-sen zur Hard- und Software. Am Anfang des Buches, im Kapitel 1, werden hauptsächlich die informationstheoretischen Grundfragen abgehandelt, die nicht nur eine bis dato fehlende Klärung des Begriffes Wirtschaftsinformatik - Informatik bringen, sondern auch die Weichen stellen, die Arbeitsweise des Computers zu verstehen. Die Kapitel 2 und 3 handeln die hardwaretechnischen Grundlagen der Verarbeitung und der Kommunikation ab. Diese Aufteilung zwischen den Geräten der Verarbeitung und des Informationsaustausches trägt der Entwicklung Rechnung, wonach die künftige Informationswirtschaft durch die Möglichkeiten der Kommunikation geprägt sein wird. Die gleichen Überle-gungen, also die besondere Berücksichtigung künftiger Aspekte und damit die Einbeziehung des Anwenders als Gestalter der Informationswirtschaft haben die Untergliederung des zweiten Schwerpunktes des Buches in Systemsoftware (Kapitel 4), Anwendungssoftware (Kapitel 5), Daten- und Datenbankorganisa-tion (Kapitel 6), sowie Software-Technologie (Kapitel 7) bewirkt. Die softwa-retechnischen Grundlagen folgen somit einer übersichtlichen Systematik, die von den "gegebenen" (Systemsoftware) über die "machbaren" (Anwendersoft-ware und Datenbank) zu den "benutzbaren" Techniken führt. Zur Abrundung, praktisch als Nachschlagkatalog (Glossar), werden die wichtigsten Begriffe mit ihren Inhalten erklärt.

Aufbau des Buches

Anwendungsorientierte Einführung in die (allgemeine) Wirtschaftsinformatik	Einführung	
	Hardwaretechnische Grundlagen	Verarbeitung
		Kommunikation
	Softwaretechnologische Grundlagen	Systemsoftware
		Anwendungssoftware
		Daten und Datenbank-organisation
		Software-Technik
	Glossar	

1. Einführung

Einführung	Begriffserklärung
	Das EVA - Prinzip
	Objekte der Datenverarbeitung
	Die Verarbeitung der Daten

1.1 Begriffsklärung

1.1.1 Informatik

Die wissenschaftliche Literatur bezeichnet den Begriff **Informatik** als die "Wissenschaft vom Computer" (Stahlknecht). Damit wird eine sinngemäße Übersetzung aus dem Amerikanischen vorgenommen, die jedoch ungenau ist. Eine weitere Definition, wonach Informatik die Wissenschaft sei, "die sich mit dem Aufbau von EDVA und ihrer Programmierung befaßt" (Hansen), ist nur eine erweiterte Fassung der zuvor genannten Erklärung. "Computer science", "informatics" - wie es in der englisch-sprachigen Literatur heißt - bedeuten mehr. Sie umfassen sowohl die sog. "Kerninformatik" als auch die sog. "Angewandte Informatik". Theorie, Arbeitsweise, Funktionieren, Programmieren, Anwendungen entwickeln und nutzen, gehören dazu. Der Fächerkatalog ist breit gespalten; er umfaßt eine Vielzahl von Teildisziplinen, die ihrerseits weiter strukturiert werden können. Abbildung 1.1 zeigt das Grundschema.

Informatik			
Kerninformatik	Theoretische Informatik	Schaltwerktheorie Automatentheorie formale Sprachen	
	Praktische Informatik	Betriebssysteme Übersetzerbau Programmierungstechnologie	
	Technische Informatik	Rechnerorganisation Schaltungstechnologie	
Wirtschaftsinformatik	Allgemeine Wirtschaftsinformatik		
	Besondere Wirtschaftsinformatiken	Betriebsinformatik	
		Verwaltungsinformatik	
		Volkswirtschaftsinformatik	
		Bildungsinformatik	
		sonstige besondere Wirtschaftsinformatiken	

Abb. 1.1: *Strukturierung der Informatik in Teildisziplinen*

Aus diesem Grunde erscheint es angebracht - in Übereinstimmung mit der Auffassung der Gesellschaft für Informatik - folgende Begriffserklärung zu verwenden:

> "Informatik ist die Wissenschaft, Technik und Anwendung der maschinellen Verarbeitung und Übermittlung von Informationen".

Sie beschäftigt sich also als Wissenschaft mit den informationsverarbeitenden technischen Systemen, insbesondere mit Computern (Rechnern) und umfaßt die Theorie, die Methodik, die Analyse, die Anwendungen sowie die Auswirkungen des Einsatzes solcher Systeme.

Diese Erläuterung zugrundegelegt, ist erklärbar, daß die Informatik ihre Wurzeln vor allem in der Physik, der Mathematik und in der Nachrichtentechnik hat, die auch wesentlich die Hauptgebiete der Informatik, die Hard- und Software bestimmten und bestimmen (Abbildung 1.2).

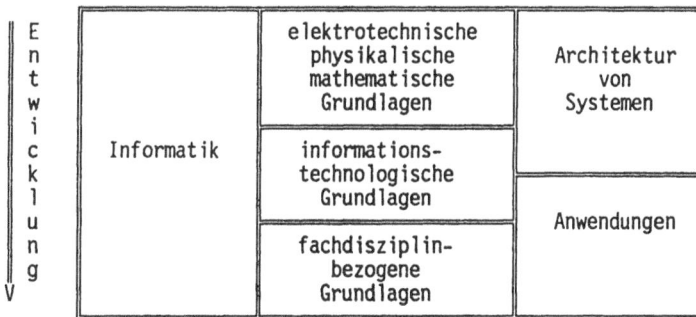

		elektrotechnische physikalische mathematische Grundlagen	Architektur von Systemen
E n t w i c k l u n g V	Informatik	informations- technologische Grundlagen	Anwendungen
		fachdisziplin- bezogene Grundlagen	

Abb. 1.2: *Teilbereiche der Informatik*

Die Aufgaben der Informatik sind kurzgefaßt wie folgt zu nennen:

- Konzeption, Beschreibung, Analyse und Klassifizierung von Algorithmen (Computerprogrammen);
- Architektur von Systemen und Netzen, bezogen auf Rechner, Betriebssysteme, Editoren, Programmiersysteme,   Datenbank- und Transaktionssysteme, Kommunikationssysteme, Mensch-Maschine-Kommunikation, Wissensbasierte Systeme;
- Systemtechnik (Konstruktionsaufgaben, Dokumentation, Werkzeug- und Feritungstechnologie, Testverfahren etc.) und bedingt
- Anwendungen der Informatik in Form verschiedener Programmsysteme, ebenso Robotik, Telematik, Lehr- und Lernsysteme, etc.

1.1.2 Wirtschaftsinformatik

Für die Anwendungen der Informatik im wirtschaftswissenschaftlichen Bereich hat sich die Bezeichnung "Wirtschaftsinformatik" durchgesetzt. Gelegentlich wird auch von "Betriebsinformatik" (engl.: business informatics) gesprochen. Unter **Wirtschaftsinformatik** wird die Wissenschaft verstanden, die sich mit der Gestaltung rechnergestützter Informationssysteme in der Wirtschaft befaßt, wobei der Begriff "Informationssysteme" in der hier verwendeten Fassung sehr allgemein ausgelegt ist.

Innerhalb der Wirtschaftsinformatik können für die einzelnen Branchen Unterteilungen gemacht werden. Denkbar ist eine spezielle Wirtschaftsinformatik z.B. für Handels-, Industrie-, Bank- und Agrarbetriebe. Die Wirtschaftsinformatik befaßt sich im wesentlichen

- mit betriebswirtschaftlichen Administrations-, Dispositions-, Planungs- und Informationssystemen,
- mit der Analyse von Datenstrukturen und mit der Entwicklung von Computerprogrammen für betriebliche Anwendungssysteme,
- mit der Konzeption, Entwicklung und Implementierung von wissensbasierten Systemen sowohl für die betrieblichen Funktionsbereiche als auch für verschiedene Branchen,
- mit Kriterien zur Auswahl der Hardware und von Standard- oder Branchensoftware für EDV-Anwendungen im betriebswirtschaftlichen Bereich,
- mit Einsatzmöglichkeiten moderner Kommunikationssysteme, insbesondere auf dem Gebiet der Büroautomation,
- mit den Aufgaben des Informatik-Managements und
- mit Verfahren zur Untersuchung der Wirtschaftlichkeit des EDV-Einsatzes (Abbildung 1.3).

Betriebsinformatik	technische Anwendungen	Prozeßautomatisierung computergestützte Fertigung (CAM = computer aided manufacturing) computergestütztes Entwerfen, Konstruieren (CAD = computer aided design) computergestützte Planung (CAP = computer aided planning) numerisch gesteuerte Werkzeugmaschinen (NC = numerical control)	
	technische und betriebswirtschaftliche Anwendungen	integrierte Informationsverarbeitung im Industriebetrieb (CIM = computer integrated manufacturing)	
	betriebswirtschaftliche Anwendungen	branchenneutrale Administrations- und Dispositionssysteme	Finanzwesen Rechnungswesen Personalwesen Vertrieb Büroautomation
		branchenspezifische Systeme	Fertigungsindustrie . . Landwirtschaft
		Planungssysteme	
		Informationssysteme, Datenbanken	
		wissensbasierte Systeme	

Abb. 1.3: *Strukturierung der Teildisziplin Betriebsinformatik*

Das Hauptziel ist die Beschaffung, Verwaltung und Verteilung der Ressource "Information" zur Unterstützung genannter Aufgaben. Dabei ist eine enge Koordination und in Teilen auch eine Integration mit anderen Anwendungsgebieten der Informatik (z.B. bei der Einrichtung von Fertigungssystemen) von eminenter Bedeutung.

Charakteristisch ist, daß die Wirtschaftsinformatik mehr eine Organisations- als eine technische Wissenschaft ist. Sie ist für den Einsatz der EDV in der Wirtschaft verantwortlich. Hieraus resultiert ein Gestaltungseinfluß auf die Informationstechnik. Es besteht somit eine gegenseitige Abhängigkeit zwischen Informatik und Wirtschaftsinformatik.

1.2 Das EVA-Prinzip

1.2.1 Das Merkwort EVA

Wenn das Wort 'Datenverarbeitung' die Assoziation zu dem Begriff 'Computer' bzw. 'Elektronische Datenverarbeitungsanlage' auslöst, so ist doch die Verarbeitung von Daten keine neue Sache, die erst durch die Computer bzw. elektronischen Datenverarbeitungsanlagen ermöglicht wurde.

Solange Menschen sehen, hören, fühlen, denken und empfinden, nehmen sie Informationen (Daten) aus ihrer Umwelt auf. Im Gehirn werden sie verarbeitet und im Gedächtnis gespeichert. Sofern sie das Bedürfnis haben oder gefragt werden, teilen sie ihr Wissen und ihre Erfahrungen anderen Menschen mit. Diese Handlungen zeichnen einzelne Phasen der Datenverarbeitung auf, denn

- Erlebnisse werden aufgenommen und zu Erinnerungen verarbeitet, die in Form von Erzählungen weitergegeben werden;
- wenn Zahlen gerechnet werden sollen, dann werden sie gehört oder gelesen und nach Verarbeitungsvorschriften   (z.B. Multiplikation) berechnet, und zwar anhand der bekannten (im Gedächtnis gespeicherten) Verarbeitungsregeln für die Multiplikation. Das Ergebnis wird durch Wort oder Schrift mitgeteilt.

Hinter diesen Beispielen verbirgt sich ein Prinzip, und zwar

- Daten aufnehmen mit den Sinnen,
- Daten verarbeiten im Gehirn und
- Daten mitteilen durch Wort und Schrift.

Dies ist zugleich das Prinzip der Datenverarbeitung, das auch der Konstruktion von elektronischen Datenverarbeitungsanlagen zugrunde liegt:

- Daten **eingeben;**

- Daten nach zweckentsprechenden Arbeitsanweisungen **verarbeiten**, um das gewünschte Ergebnis zu erhalten;
- Ergebnis **ausgeben.**

Diese Arbeitsvorgänge lassen sich durch ein einfaches Merkwort ausdrücken, durch 'EVA', wobei E für die Eingabe, V für die Verarbeitung und A für Ausgabe stehen.

Jede Aufgabe, die mit einer elektronischen Datenverarbeitungsanlage gelöst werden soll, ist also nach dem **EVA-Prinzip** zu beschreiben und später zu lösen:

- Es muß festgelegt werden, welche **Eingabedaten (Inputs)** zur Lösung der Aufgabe benötigt werden.
- Es müssen die **Verarbeitungsregeln (Algorithmen)** festgelegt werden.
- Es muß festgelegt werden, welche **Ausgabedaten (Outputs)** erzeugt werden sollen.

Auf der Grundlage dieser Erkenntnis ist **Datenverarbeitung** (engl.: data processing) die Anwendung von aufgabenbezogenen Verarbeitungsregeln auf bestimmte Eingabedaten zur Erzeugung gewünschter Ausgabedaten.

Von **elektronischer Datenverarbeitung (EDV)** wird gesprochen, wenn die Verarbeitungsregeln einer Maschine eingegeben werden, die mit elektronischen Bauelementen arbeitet und die Anwendung der Verarbeitungsregeln ohne weiteres Zutun des Menschen ausgeführt wird.

1.2.2 Warum Datenverarbeitung?

Der Evolutionsprozeß der Gegenwart wird durch das Streben nach größerer Produktivität und durch eine Reihe informationsbedingter Faktoren angeheizt und beschleunigt. Hierzu gehören in erster Linie die Informationslawine (Verdoppelung unseres Wissens alle zehn Jahre), die Inflation der Technologie (insbesondere in den Bereichen der Daten-, Bild-, Sprach- und Textverarbeitung, sowie der Datenübermittlung mit Überschneidungen), die Anspruchsinflation (wachsender Leistungsdruck, Bedarf am qualifizierten Personal, komplexe Gesamtsysteme, neue Bedürfnisse und Bedingungen), die Forderungsinflation (Forderung nach Genauigkeit, Verfügbarkeit, Schnelligkeit und Transparenz). Zusätzlich wird die Situation durch die Tendenz seitens "externer" Informationsbedürfnisse verschärft (so insbesondere durch den Gesetzgeber, die Behörden, die Verbände etc. als "Konsumenten"). Schließlich entsteht eine Inflation des Leistungspotentials durch Beibehaltung früherer Jobprofile.

Die schnellen Veränderungen in allen Bereichen des menschlichen Lebens durch

- Forschungsergebnisse und Erfindungen,

- neue Produkte und Technologien,
- Wirtschaftswachstum,
- politische Veränderungen sowie
- Bevölkerungsexplosion und andere Faktoren

bedingen eine ständig steigende Informationsflut und einen entsprechenden Datenanfall (Problem). Daher ist es erforderlich, die Verarbeitung dieser Informationen zu beschleunigen, zu rationalisieren und zu automatisieren.

Wissenschaftler und Techniker haben im Laufe der letzten 30 Jahre Werkzeuge entwickelt, die heute in der Lage sind, große Datenmengen zu speichern und auf elektronischem Wege automatisch schnell und sicher zu verarbeiten (Lösung). So entstand die "Elektronische Datenverarbeitung" (EDV). Die **elektronische Rechenanlage**, der **Rechner** (engl.: **Computer**, to compute = rechnen) verarbeitet Daten programmgesteuert nach bestimmten Regeln (Algorithmen).

1.2.3 Die menschliche und maschinelle Datenverarbeitung

Ein praktisches Beispiel soll diesen Vergleich bzw. Gegenüberstellung verdeutlichen (Das Beispiel ist den Schulungsunterlagen des Innenministers des Landes Nordrhein-Westfalen entnommen.).

Ausgegangen wird von einer Schulungssituation. Wenn der Auszubildende die Rechnungen zum ersten Male erstellt, benötigt er zusätzlich Angaben. Außer der Benennung der zu benutzenden Eingabedaten und Hinweise auf entsprechende Speichermedien benötigt der Mensch als Datenverarbeiter eine exakte Anleitung (Arbeitsvorschrift) zur Lösung der Aufgabe, d.h. es müssen ihm die aufgabenbezogenen Verarbeitungsregeln (Arbeitsvorschrift) zur Erzeugung der gewünschten Ausgabedaten mitgeteilt werden. Die Arbeitsvorschrift beinhaltet eine logische Folge von Arbeitsanweisungen. In der Praxis werden die Arbeitsanweisungen nicht in der für die Arbeitsausführung unbedingt erforderlichen Detaillierung gegeben. Stattdessen erhält der Mitarbeiter globale, d.h. komplexe Anweisungen. Es wird von ihm erwartet, daß er die "selbstverständliche" Detaillierung in einzelne Arbeitsschritte selbst findet.

Im vorliegenden Beispiel ist diese detaillierte Endstufe der Arbeitsvorschrift dargestellt. Die praktische Anweisung lautet:

Die Kundenadressen sind auf das Rechnungsformular zu schreiben.

Aufgliederung in einzelne Arbeitsschritte:

- Lies Kd.Nr.,
- Hole damit aus der Kd-Kartei die Kd-Adresse,
- Schreibe auf Rg-Formular die Kd-Adresse.

Hieraus ergibt sich ein systematisierter Arbeitsablauf gemäß Abbildung 1.4.

```
┌──────────────────────────────────────────────────────┐
│  Aufgabe:   Erstellen von Rechnungen                   │
└──────────────────────────────────────────────────────┘
      Sachbearbeiter                        Kunde
           ↓                                  ↓
   bestimmt die zu benutzenden        liefert Daten, die einen
   Eingabedaten sowie die zu er-      Verarbeitungsfall auslösen
   stellenden Ausgabedaten
           ↓                                  ↓
┌─────────────────────────┐      ┌─────────────────────────────┐
│   Arbeitsvorschrift     │      │  Kundenaufträge (Bewegungsdaten) │
├─────────────────────────┤      ├─────────────────────────────┤
│  (flexible) logische Folge│    │    Datum,        Kunde,     │
│  von Arbeitsanweisungen │      │    Kartennummer,  Menge     │
└─────────────────────────┘      └─────────────────────────────┘
```

Mensch als Datenverarbeiter

Stammdaten

- Kundenkartei
- Kartenverzeichnis
- Lagerbestandskartei

Gedächtnis (Speicherfunktion des Gehirns), Notizzettel

Arbeitsvorschrift, Daten, Zwischenergebnisse

Gehirn

Steuerung und Koordination des Arbeitsablaufs, Benutzung der Hilfsmittel auf der Grundlage der Arbeitsvorschrift.

Kopfrechnen/Tischrechner

Berechnungen

Hören, Lesen

Schreiben

Rechnung

Adresse   Datum
Kundennummer
Kartennummer
Bezeichnung
Menge   Betrag
Rechnungssumme

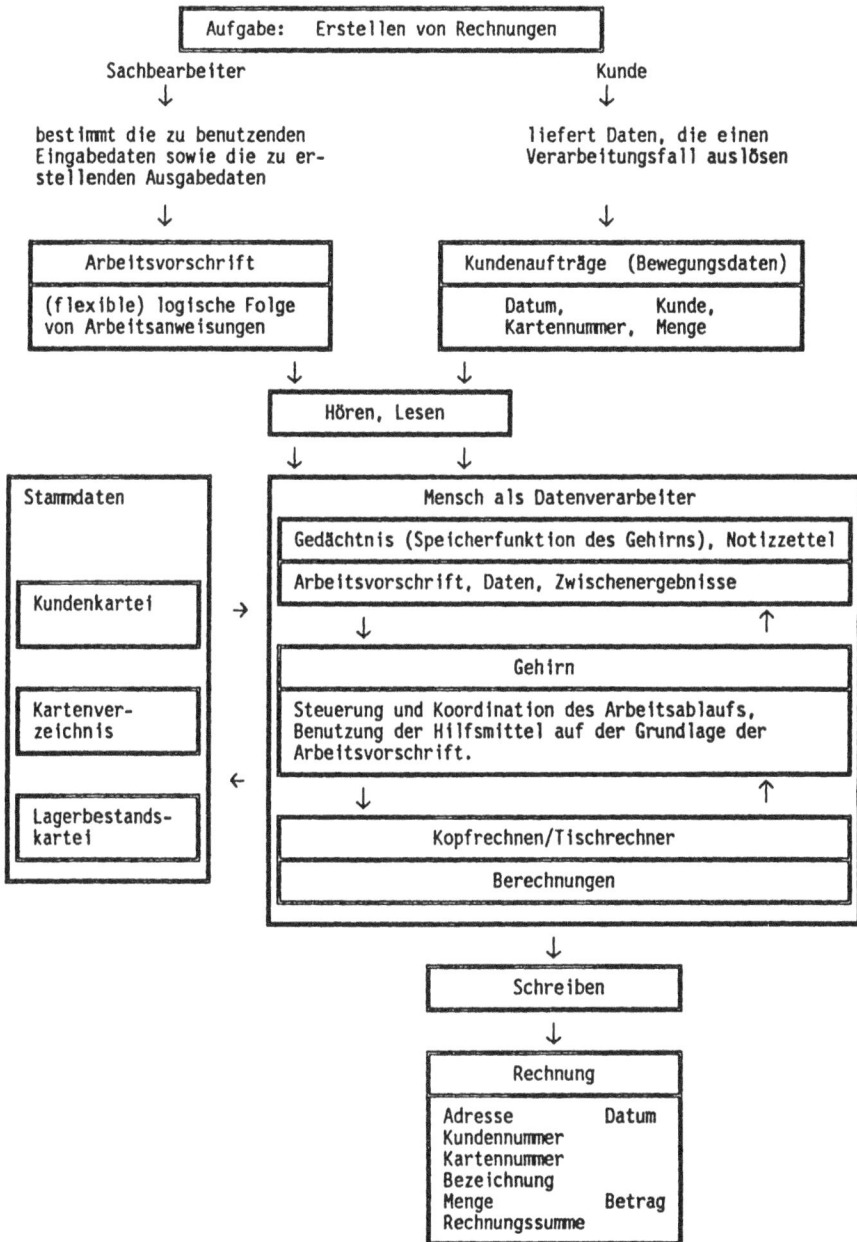

Abb. 1.4: *Ablaufschema der menschlichen Verarbeitung (Beispiel)*

Die Aufgabe "Rechnungen erstellen" soll nun einem Datenverarbeitungssystem übertragen werden. Hierzu müssen entsprechende Einheiten zur Verfügung stehen, die alle Funktionen übernehmen, die der Mensch als Datenverarbeiter ausübt (Abbildung 1.5).

Die erste Funktion des Auszubildenden war das Aufnehmen (Lesen) der Informationen (Arbeitsvorschrift, Kundenauftrag). Diese Funktion übernimmt bei einem Datenverarbeitungssystem die Eingabeeinheit. Welches Eingabegerät als **Eingabeeinheit** eingesetzt wird, hängt vom Datenträger ab, auf dem die Daten festgehalten sind.

Während der Mensch das Gelesene in seinem Gedächtnis einprägt und Zwischenergebnisse kurzfristig auf dem Notizzettel festhält, speichert ein Datenverarbeitungssystem Daten in einem Zentral-(Haupt)speicher. Der **Zentralspeicher** funktioniert ähnlich wie das menschliche Gedächtnis. Daten werden ihm über Eingabeeinheiten zugeführt und gespeichert (Gedächtnisfunktion); bei Bedarf werden gespeicherte Daten zur Verarbeitung übertragen oder über Ausgabeeinheiten der Außenwelt verfügbar gemacht.

Das menschliche Gehirn steuert und koordiniert den Arbeitsablauf. Diese Aufgabe übernimmt im Datenverarbeitungssystem ein **Leitwerk**. Von dieser Schaltzentrale gehen die Anweisungen an die übrigen Teile der Anlage. So wie beim Menschen eine Arbeitsvorschrift vorlag, so besteht beim Datenverarbeitungssystem eine Folge der auszuführenden Anweisungen (Befehle). Diese Folge von Anweisungen heißt Programm. Das Programm wird bei Beginn der Verarbeitung in den Zentralspeicher eingegeben.

Das **Rechenwerk** im Datenverarbeitungssystem hat die Funktion des Tischrechners zu übernehmen. Wie der Mensch die Zahlen aus seinem Gedächtnis in den Tischrechner eintastet, so müssen hier die Werte aus dem Zentralspeicher in das Rechenwerk gebracht werden. Dort erfolgt z. B. die Multiplikation von Menge und Preis. Wie der Mensch seine Rechenergebnisse auf dem Notizzettel speichert, so werden nach erfolgter Operation die Ergebnisse im Zentralspeicher gespeichert.

Rechenwerk und Leitwerk werden als **Prozessor** (CPU = central processing unit) bezeichnet. Zentralspeicher und Prozessor werden als **Zentraleinheit** bezeichnet.

Die gewonnenen Ergebnisse müssen sichtbar und für den Menschen verfügbar gemacht werden. Dieser Vorgang geschieht über eine **Ausgabeeinheit**. Welches Ausgabegerät als Ausgabeeinheit verwendet wird, hängt vom Datenträger ab, auf den die Daten ausgegeben werden. Insgesamt gesehen "übernimmt" ein Datenverarbeitungssystem dieses Beispiel nach dem Schema der menschlichen Verarbeitung. Insbesondere sind die fünf Grundfunktionen und deren Übernahme von ganz bestimmten Gerätegruppen zu beachten, so wie sie in Abbildung 1.7 dargestellt sind.

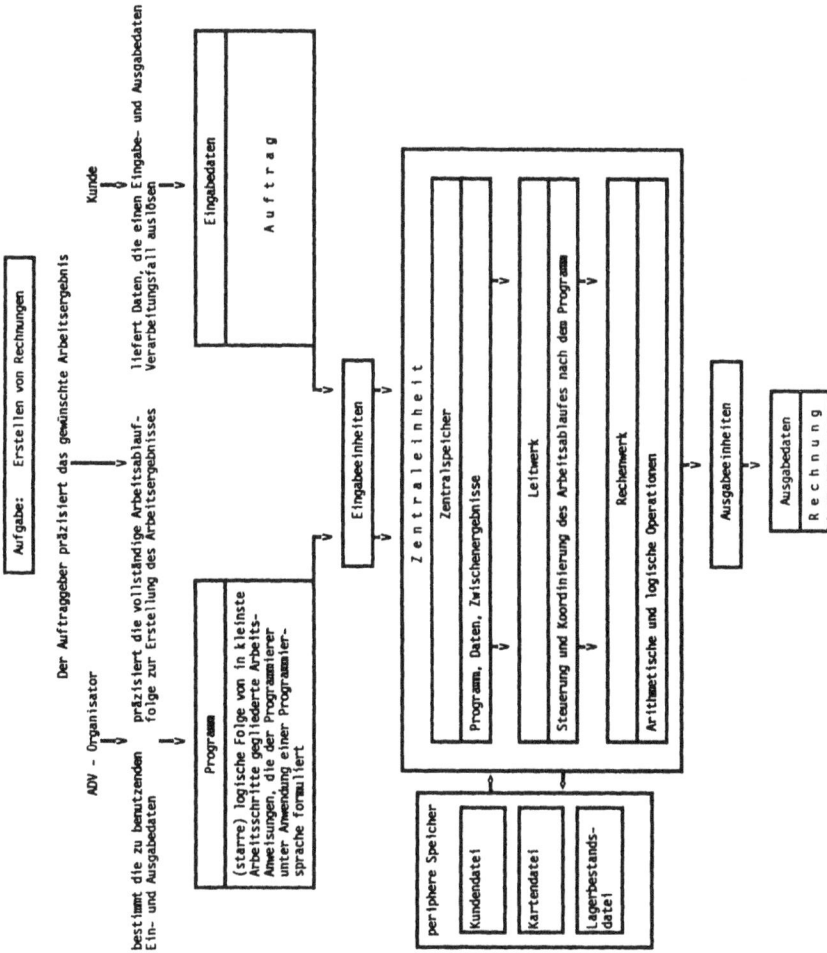

Abb. 1.5: *Ablaufschema der maschinellen Verarbeitung (Beispiel)*

1.2.4 Das Datenverarbeitungssystem

Jedes Datenverarbeitungssystem, sowohl das menschliche, wie auch das maschinelle setzt sich aus fünf Grundfunktionen(-einheiten) zusammen, die in Abbildung 1.6 in komprimierter Form dargestellt sind.

Funktionen	Kurz-form	Geräte - Einheiten		
Eingabe	E	Eingabegerät		
Speicherung		Zentralspeicher		Zentral-einheit
Steuerung	V	Leitwerk	Prozessor	
Rechnen		Rechenwerk		
Ausgabe	A	Ausgabegerät		

Abb. 1.6: *Das Beziehungsschema "Grundfunktionen - Geräte"*

Hieraus lassen sich folgende Begriffe (erörtert nach DIN 44300) abgrenzen und in Abbildung 1.7 darstellen:

- Ein **Datenverarbeitungssystem (Rechensystem)** besteht aus Funktionseinheiten zur Verarbeitung von Daten, d. h. zur Durchführung mathematischer, umformender, übertragender und speichernder Operationen, wobei sich eine Funktionseinheit aus Baueinheiten (Geräten) und Programmbausteinen (Programmen) zusammensetzt. Ein Datenverarbeitungssystem ist also unter funktionellen Gesichtspunkten die Gesamtheit der Hardware (Geräte) und Software (Programme).
- Eine **Datenverarbeitungsanlage (Rechenanlage)** ist die Gesamtheit der Baueinheiten (Geräte), aus denen ein Datenverarbeitungssystem aufgebaut ist, also die unter konstruktiven Gesichtspunkten betrachtete Hardware.
- Eine **Eingabeeinheit** (engl. = input unit) ist die Funktionseinheit innerhalb eines Datenverarbeitungssystems, mit der das Rechensystem Daten von außen her aufnimmt.
- Der **Zentralspeicher** ist ein Speicher, zu dem Rechenwerke, Leitwerke und ggf. Eingabewerke und Ausgabewerke unmittelbar Zugang haben.
- Das **Leitwerk** (engl. = control unit) ist eine Funktionseinheit innerhalb eines Datenverarbeitungssystems, die die Reihenfolge steuert, in der die Befehle eines Programms ausgeführt werden, die diese Befehle entschlüsselt und dabei ggf. modifiziert und die die für ihre Ausführung erforderlichen digitalen Signale abgibt. Das Leitwerk wird auch oft Steuerwerk genannt.

- Das **Rechenwerk** (engl. = arithmetic unit) ist eine Funktionseinheit innerhalb eines Datenverarbeitungssystems, die Rechenoperationen ausführt. Zu den Rechenoperationen gehören auch Vergleichen, Umformen, Runden usw.

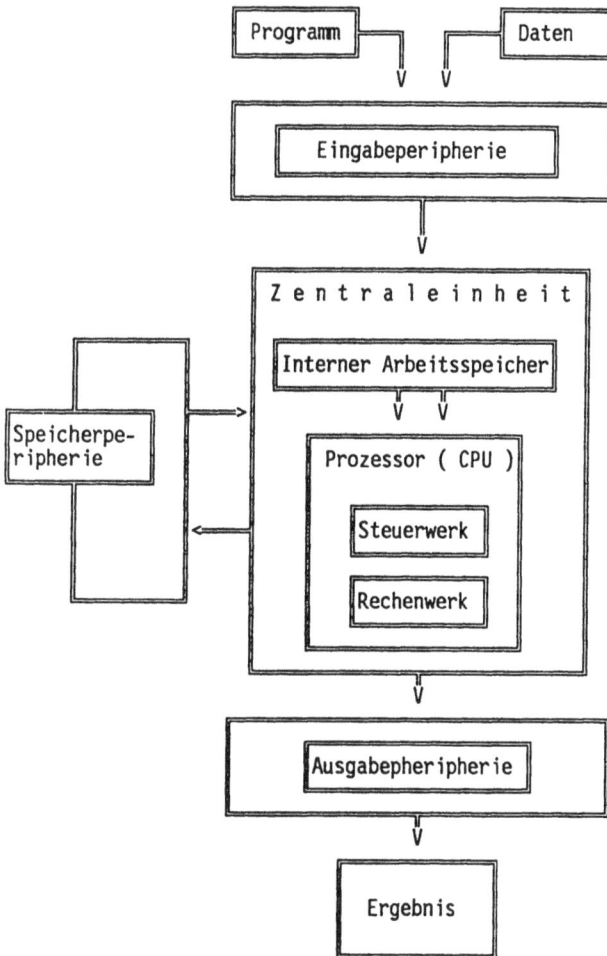

Abb. 1.7: *Aufbauschema des Datenverarbeitungssystems*

1.2.5 Die historische Entwicklung der Datenverarbeitung

Vier Zeitabschnitte charakterisieren die historische Entwicklung der Datenverarbeitung (Abbildung 1.8):

1. Zeitabschnitt	5 000 v. Chr. bis 1623	Entwicklung von Zahlensystemen, von Abakus (5-Finger-System)
2. Zeitabschnitt	1623 bis 1880	Bau von mechanischen Maschinen (Schickard, Pascal, von Leibniz)
3. Zeitabschnitt	1880 bis 1940	Bau elektromechanischer, schalttafelgesteuerter Lochkartenmaschinen
4. Zeitabschnitt	nach 1940	Bau speicherprogrammierter Datenverarbeitungsanlagen
	1941	Entwicklung des 1. Relaisrechners Z3 von Konrad Zuse
	1944	Entwicklung des Relaisrechners MARK 1 von Aiken
	1946	Entwicklung des Prinzips der Datenverarbeitung von Neumann
	1948	Erarbeitung der Informationstheorie von Shannon
	1961	Begründung der Kybernetik als Wissenschaft durch Wiener / Entwicklung integrierter Schaltungen von Kilby
	ab 1946	1.Computer-Generation: ENIAC, Z22, IBM 650
	ab 1957	2.Computer-Generation: IBM 1400 Serie, SIEMENS 2002, TR4
	ab 1964	3.Computer-Generation: IBM/360, SIEMENS 4004, UNIVAC 9000, CDC 3000
	70'er Jahre	Mittlere Datentechnik löst Büromaschinentechnik ab: NIXDORF, KIENZLE, NCR / Entwicklung spezialisierter Computer für technische Aufgaben (Prozeßrechner) / Entwicklung des Mikrocomputers: INTEL, ALTAIR, APPLE, COMMODORE
	ab 1975	4.Computer-Generation: IBM43xx, IBM38xx, SIEMENS 75xx, SIEMENS 77xx, SIEMENS 78xx, CYBER, SPERRY 1100, VAX11 / mit Halbleiterschaltungen, Mehrprozessor-Architektur, Vernetzung

Abb. 1.8: Hardwaretechnische Entwicklungszeittafel

(1) Im ersten Zeitabschnitt wurde die Grundvoraussetzung für die heutige Rechentechnik geschaffen, also das Zahlensystem. Erst um 1500 n. Chr. wurde das in Indien entstandene und von den Arabern nach Europa gebrachte Zahlensystem mit dezimalem Stellenwert gebräuchlich. Zuvor wurden - vor allem - die Zahlenzeichen der Römer, in den frühesten Anfängen des Rechnens die Zahlensysteme der Mayas, Sumerer und Babylonier genutzt. In der Antike wurden beim Zählen und Rechnen Steinchen und Perlen auf einer mit Leitlinien versehenen Flächen hin und her bewegt. Hieraus entwickelte sich die erste Rechenmaschine, der Abakus.

(2) Der zweite Zeitabschnitt dauerte von ca. 1620 bis 1880. Er umfaßt den Bau mechanischer Maschinen. Die wichtigsten Stationen waren folgende:

1623: Bau der ersten mechanischen Rechenmaschine durch Wilhelm Schickard in Tübingen,

1642: Bau einer Addiermaschine von Blaise Pascal in Paris mit zehnstufigen Zahnrädern,

1672: Bau einer Rechenmaschine mit Staffelwalzen von Gottfried Wilhelm von Leibniz (Er hatte nach jahrelangem Bemühen "das einfachste Zahlensystem", mit nur zwei Werten genannt, also das binäre Zahlensystem mit den Werten 0 und 1 genutzt.),

1833: Bau der Differenzmaschine von Charles Babbages zur Überprüfung von mathematischen Tabellen mit Programmsteuerung (!) als digitalen Rechenautomat.

(3) Der dritte Zeitabschnitt ist durch den Bau elektromechanischer, schalttafelgesteuerter Lochkartenmaschinen geprägt. Ihre ersten Anfänge gehen bis ca. 1880 zurück; dieser Zeitabschnitt endete 1940:

1886: Bau einer elektromechanischen Lochkartenapparatur durch Hermann Hollerith zur Auswertung der 11. amerikanischen Volkszählung im Jahre 1890 (Vergleich 1880 und 1890: 500 Helfer 7 Jahre beschäftigt zu 44 Zählmaschinen, 44 Bedienungspersonal in knapp 4 Wochen),

1896: Gründung der "Tabulating Machine Company",

1924: Nach Fusion mit anderen Firmen Gründung von International Business Machine Corporation (IBM).

(4) Der vierte Zeitabschnitt führt zum Bau speicherprogrammierter Datenverarbeitungsanlagen. Dieser Zeitabschnitt wird i.e.S. als Zeitabschnitt der "Entstehung der Datenverarbeitung" genannt.

1. Phase:

Mitte der 30er Jahre entwickelte sich an mehreren Orten der Welt eine geistiglogische Erkenntnis: Man begann numerische Daten in sogenannter binärer Form darzustellen, nämlich mit nur zwei logischen Termen "ja/nein", oder "0/1" oder "aus/ein". Diesen Term mit zwei möglichen Zuständen nannte man eine

Binärzahl, ein "Binary Digit" oder abgekürzt ein **Bit**. Mit z. B. 4 Bits lassen sich $2^4 = 16$ verschiedene Begriffe codieren, mit 8 Bits bereits $2^8 = 256$ verschiedene numerische und alphabetische Zeichen, also ein sehr großes Alphabet. Die binäre Form dieser Darstellung mit "0/1"-Kombinationen eignet sich hervorragend zur technischen Realisierung, weil man nur zwei technische Zustände braucht, nämlich "Strom ein/Strom aus", "+/-", Impuls oder kein Impuls. Man nennt das **Digitalisierung**, digital dargestellte Information. Insbesondere kann man diese "ja/nein"-Codierung direkt zur Darstellung von Steuersignalen "ein/aus" verbinden.

2. Phase:

Der zweite wesentliche, konzeptionelle Schritt wurde 1946 von dem ungarischen Mathematiker John von Neumann vollzogen. Sie bestand darin, die Steuerfunktion für einen Computer nicht mehr als eine feste Signalfolge einzubauen oder einzugeben, sondern diese ebenfalls binären Signale als Information im Informationsspeicher der Maschine vorzuspeichern. Damit kann diese informationsverarbeitende Maschine nicht nur ihre Nutzinformation, sondern auch ihr eigenes Arbeitsprogramm, ihre Steuerinformation verarbeiten, d. h. im Verlauf einer Arbeit ändern, z. B. abhängig von Zwischenergebnissen. Es entstand damit ein neuer Typ von Automat, ein Automat unter der Kontrolle eines informatorisch gespeicherten **Programms**.

Digitalisierung und gespeichertes Programm waren die beiden wesentlichen Prinzipien zur erfolgreichen Computerarchitektur. Mit Hilfe von Elektronenröhren wurde dann auch eine Generation von Großrechenanlagen konstruiert und gebaut und damit eine erste Vorstellung von der weitreichenden Leistungs- und Einsatzmöglichkeit datenverarbeitender Systeme gewonnen.

3. Phase:

Nun kam als drittes Faktum jene berühmte zeitliche Koinzidenz: 1948 wurde der Transistor entdeckt, welcher die Festkörperphysik zur Ausgangsbasis einer weitreichenden elektronischen Technologie machte, erst mit Germanium, bald aber mit Silizium als Grundmaterial. Heute nennen wir diese Technologie **Mikroelektronik**. Man begriff sehr schnell ihre naturgegebene Überlegenheit über die Technik der Elektronenröhren. Die Erschließung des Siliziums mit Hilfe der Festkörperphysik führte zu einem wahren technischen Durchbruch, vergleichbar allenfalls mit der Entdeckung des Stahls. Dieses Silizium ist ein Material mit vielerlei günstigen Eigenschaften und heute bereits besser erforscht als alle anderen Stoffe einschließlich Eisen und Stahl.

Mit diesem Material vollzog sich zwischen 1960 und 1968 eine phänomenale technische Entwicklung. In dem Umfang wie man die technischen Herstellungsprozesse für Siliziumschaltelemente beherrschen lernte, stieg die Ausbeute in der Produktion. Gleichzeitig konnte man mit größerer Reinheit des Materials die Schaltkreise kleiner machen, so daß nochmals ein Mengeneffekt entstand. Und schließlich sind kleinere Schaltkreise naturgesetzlich bedingt schneller, d. h. leistungsfähiger. Mit Mengeneffekt, Ausbeute und zunehmender Schnelligkeit entstand damit eine Steigerung des Verhältnisses von Leistung zu

Preis in der dritten Potenz, ein außerordentlich seltener Effekt in der Geschichte der Technik, der aber den rasanten wirtschaftlichen Durchbruch der Mikroelektronik erklärt.

Zeitlich später, jedoch mit hoher Geschwindigkeit, setzte die Entwicklung des **Mikrocomputers** ein. Die Grundlagen wurden mit der Entdeckung integrierter Schaltkreise gesetzt. Seitdem wird von drei Generationen gesprochen, deren Ausprägungen in Kurzform folgendermaßen laufen:

- 1. Generation mit Tastatur, Bildschirm, Kassettenrecorder, kleiner Speicher, fehlende/wenig Software, Beginn mit 4-Bit-Prozessoren, BASIC, seltener ASSEMBLER als Programmiersprachen.
- 2. Generation mit Direktzugriffs-Speicher (RAM), Floppy-Sekundär-Speicher, Tastatur- und Bildschirm-Ergonomie, Spezialrechner, 8- und 16-Bit-Prozessoren mit CM/M, MS-DOS Betriebssystem als intelligente Datenstationen.
- 3. Generation, Rechner-Integration (Lastverbund), Mehrplatzrechner, 16- oder 32-Bit-Prozessoren mit MS-DOS, UNIX-Betriebssystem, integrierte Softwarepakete zur autonomen Nutzung.
- Die Zukunft wird im Lasten-, Daten- und Funktionsverbund unabhängig von der Leistung (Mini/Midi/Gross) mit lediglich einem Minimum an Wissen gesehen.

Dazu werden insbesondere Entwicklungen im Software-Bereich beitragen. Hier haben sich Entwicklungen durchgesetzt, die insbesondere durch die Mikroelektronik getragen worden sind (Abbildung 1.9). Nicht anders wird sich dies bei künftigen Entwicklungen zeigen. Beachtet werden muß dabei der Umstand, daß das Preis-Leistungsverhältnis bei Mainframes, bzw. bei großen Systemen erheblich günstiger ist als bei kleinen. Für den doppelten Preis wird vierfache Leistung angeboten. Konsequenterweise werden bei hohen Rechnerleistungen Mainframes eingesetzt. Die Folgen werden in der Steigerung der Rechnerleistung bei der internen Verarbeitung, ebenso die Ausdehnung der Netzwerke, sowie der Datenstationen (Arbeitsstationen) - entsprechend den Inhalten von Abbildung 1.10 sein.

1. Zeitabschnitt bis 1955	Computer als Gegenstand der Forschung Entwicklung der Ablaufsteuerung durch Programm (Maschinensprache)
2. Zeitabschnitt bis 1965	Betriebliche (kommerzielle) Nutzung des Computers auf breiter Basis Entstehung von Rechenzentren Programme in maschinenorientierten Programmiersprachen (Assembler) Zeitalter der "eigentlichen" Datenverarbeitung
3. Zeitabschnitt bis 1975	Steuerung durch Betriebssysteme Dominanz kommerzieller Anwendungen Verarbeitung nach Dateiorganisationen Unterstützung der Gerätekompatibilität (Familiensysteme) durch Programmkompatibilität Höhere Programmiersprachen (COBOL, FORTRAN, ALGOL, PL1) Erste Rechnerverbundnetze (verteilte Verarbeitung)
4. Zeitabschnitt bis 1980	Verstärkte Miniatisierung wird fortgesetzt Variable Mikroprogrammierung Vernetzung unter Einbeziehung von Mikrocomputern Dialogverarbeitung löst Stapelverarbeitung ab Aufbau von Datenbanken und Informationssystemen Entwicklung von Standardprogrammen für betriebliche Anwendungen Methoden des strukturierten System- und Programmentwurfs
5. Zeitabschnitt ab 1980	Individuelle Datenverarbeitung (Computerisierung des Arbeitsplatzes) Typische PC-Anwendungen (Tabellenkalkulation, Textverarbeitung) im Vormarsch Büroautomatisierung, Mailbox, Btx Künstliche Intelligenz, Expertensysteme, wissenbasierte Systeme Fabrik der Zukunft (CIM, PPS, CAD, CAM) Endbenutzerorientierte Sprachen und Werkzeuge (C, dBase III, Symphony)

Abb. 1.9: *Softwaretechnische Entwicklungszeittafel*

Gegenwart	Integration der Hardware mit Tendenz zum Endbenutzer Typische Rechner-Integration (Lastverbund, 32-bit-Prozessoren Verfügbarkeit wichtiger als Auslastung Informationsverarbeitung (Daten, Text, Bild, Grafik, Stimme) Informations-Center mit Medienverbund Balance zwischen zentralen und dezentralen Systemen LISP und PROLOG als Sprachen der Künstlichen Intelligenz Entstehung dedizierter Mikrocomputer mit Spezialaufgaben
Zukunft	Am Datenfluß orientierte Rechnergeneration (5.Computergeneration) Sprachanalyse, Spracherkennung Integrierendes Netz ISDN, Medienverbund Mensch-Maschinen-Kommunikation mit natürlicher Sprache Speicherung und Wiederfindung nicht-numerischen Wissens Halbleiter- und optische Speicherplatten Integration im Fertigungs- und Bürobereich mit Satellitrechner (Minirechner) von Mainframes Parallelrechnerarchitektur und Superrechner Universal- und dedizierte Datenstationen Seitendrucker mit lokaler Intelligenz und Speicherkapazität Wissensverarbeitung in Expertensystemen (Büro, Betrieb) Dezentrale Datenerfassung durch mobile Geräte Zwischenbetrieblicher Datenaustausch Formularorientierte und natürlichsprachige Abfragesysteme Einbindung interner Netze in nationale und internationale Netze

Abb. 1.10: *Gegenwärtig erkennbare Ausprägungen in der Informationsverarbeitung*

Diese rasante Entwicklung hat naturgemäß zur Folge, daß Geschwindigkeit und Vielfalt der Veränderungen die Überschaubarkeit der Hardware, der Software und der Serviceleistungen in Form von Rechnerleistung, Programmentwicklung, Systemanalyse, Wartung, Beratung, Schulung etc. fast unmöglich machen. Erschwert wird diese Situation zusätzlich dadurch, daß Hersteller, Softwarehäuser u.a. Organisationen ihre Leistungen geheimhalten oder zeitlich verzögert fortschreiben und sich an Klassifizierungsmerkmale nicht halten. Meistens sind es Schätzwerte, die in einigen Statistiken erscheinen. Für ihren Ausweis setzt sich eine Einteilung in Rechnergruppen durch, die

- universelle Computer (Mainframe, Großrechner),
- Minicomputer (incl. Prozeßrechner),
- Bürocomputer (incl. Mehrplatzrechner),
- Mikrocomputer (Personal Computer) und
- Datenstationen (Terminal)

unterscheidet. Allerdings dürfte sie in zukünftigen Gruppierungen eher dem in Abbildung 1.11 gezeigten Schema folgen, wobei weniger der Kaufpreis oder die Leistungsgeschwindigkeit, vielmehr die übernommene Funktion (Aufgabe) ausschlaggebend sein wird.

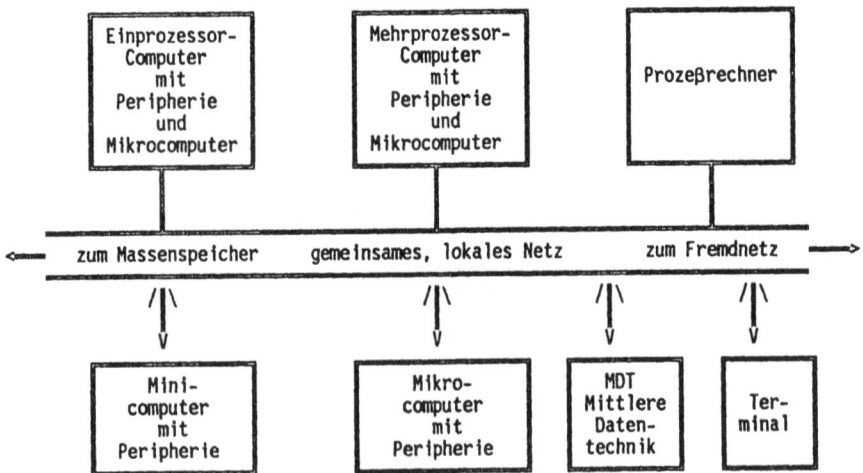

Abb. 1.11: *Künftige Rechnerstrukturen*

1.3 Objekte der Datenverarbeitung

1.3.1 Daten

Will ein Mensch einem anderen etwas mitteilen, so beschreibt er den Sachverhalt. Er nennt den Preis einer Ware, die verbrauchte Menge usw. Er bildet dazu aus einzelnen **Zeichen** (engl.: character) Worte und Zahlen. Er benutzt die Buchstaben, die Ziffern, die Sonderzeichen und das Leerzeichen (siehe dazu Beispiele in Abbildung 1.12). Das einzelne Zeichen ist, bei kommerziellen Fragestellungen, das kleinste Element, auf das zurückgegriffen werden kann. Da die einzelnen Objekte nicht durch ein einzelnes Zeichen abgebildet werden können, werden Zeichen aneinandergereiht. Sie ergeben **Worte** (engl.: word). Einzelne, oder aneinandergereihte Zeichen mit einer Bedeutung sind **Daten** (engl.: data). Dieser Begriff ist lateinischen Ursprungs (Datum) und bedeutet "das Gegebene". Das Datum ist also ein Tatbestand oder ein Zusammenhang.

In der Informationswirtschaft sind Daten "Rohstoffe" und "Erzeugnisse" von Verarbeitungsprozessen. Daten sind somit Angaben über Gegenstände - wobei hier der Begriff Gegenstand i.w.S. des Wortes verstanden werden soll. Die Darstellung von Daten erfolgt mit Hilfe von Zeichen, die aus einem bestimmten Zeichenvorrat (Zeichensatz, Alphabet) ausgewählt und nach bestimmten Regeln zusammengesetzt werden. Es gibt eine Vielzahl unterschiedlicher Zeichenvorräte, wie Schriftzeichenvorräte (z. B. lateinische Großbuchstaben, lateinische Kleinbuchstaben, griechische Buchstaben), Ziffernzeichenvorräte (z. B. Binärziffern 0, 1; Dezimalziffern 0, 1,..., 9; Hexadezimalziffern (0, 1, ..., F), Sonderzeichenvorrat (z. B. , ? ; ! +), Bildzeichenvorräte (z. B. Sinnbilder der DIN 66001 für Datenflußpläne und Programmablaufpläne), Gestikzeichenvorrat (z. B. Taubstummenzeichen), Tastenzeichenvorrat (z. B. Blindenschriftalphabet) und dgl. Von dieser Vielfalt möglicher Zeichenvorräte sind im Rahmen der (elektronischen) Datenverarbeitung vor allem das lateinische Klein- und Großbuchstabenalphabet, die Binär-, Oktal-, Dezimal und Hexadezimalziffernsätze, der Sonderzeichenvorrat und die Bildzeichensätze der DIN 66001 von Bedeutung.

Gemäß der Bedeutung der Daten in der Datenverarbeitung werden Daten nach verschiedenen Kriterien eingeteilt. Drei Gruppierungen sind besonders hervorzuheben, und zwar

- die Einteilung nach den verwendeten Zeichen (Danach wurden numerische, alphabetische und alphanumerische Daten unterschieden),
- die Einteilung nach der Einwirkung auf den DV-Prozeß (Danach wurden Mengen- und Ordnungsdaten unterschieden.),
- die Einteilung nach der Darstellbarkeit und Erfaßbarkeit der Daten (Sie führt zu quantifizierbaren, digitalen, analogen usw. Daten.).

```
------------------------------------------------
        EINGABEBELEG FUER EINEN KLARSCHRIFTLESER
------------------------------------------------

     ARTIKELZUSAMMENSETZUNG DES ARTIKELS        C111150
------------------------------------------------

  BESCHREIBUNG :        19-ZOLL GEHAEUSESATZ 3 HOEHENEIN-
                        HEITEN FUER EUROPAKARTEN
                        FARBE : ROT
------------------------------------------------
```

EINGK NACH B1 ZAN 10904

SLF BDS

ENTGR VOM SLF

ANR ZUM BO

BO ENTGR 8X@18,2X@7

Abb. 1.12: *Zeichen in der Datenverarbeitung*

Ebenso wichtig sind jedoch Einteilungen

- nach der Formatierung in formatierte (Daten der Buchführung) und informatierte (Entscheidungsdaten, Gesetz),
- nach der Stellung der Daten im Verarbeitungsprozeß in Eingabe- (Erfassungs-) und Ausgabe- (Ergebnis-)Daten,

- nach der Funktion der Daten im Verarbeitungsprozeß in Stamm-, Bestands-
und Bewegungsdaten (Beispiel: die Eröffnungsbilanz eines Unternehmens
besteht aus Bestandsdaten, die Umsätze dagegen aus Bewegungsdaten; für
Kunden und Lieferanten werden Stammsätze mit langfristig geltenden Inhalten gebildet).

1.3.2 Informationen

Der Begriff der **Information** (engl.: information) ist nicht eindeutig. Darunter
versteht man:

- einerseits den Vorgang des Informiertwerdens und
- andererseits den Zustand des Informiertseins.

Einige Autoren definieren diesen Begriff unter Benutzung der Kriterien "Wis-
sensstand" und "Interessiertheitsgrad"

- als beseitigte Ungewißheit hinsichtlich des Eintritts eines Sachverhaltes oder
  als vermittelte Gewißheit bezüglich des Eintritts eines Sachverhaltes,
- bzw. als zweckorientiertes Wissen über einen Sachverhalt.

In der DV werden unter Information technisch dargestellte bzw. darstellbare
Daten zum Zwecke der Verarbeitung verstanden. In diesem Sinne sind Informationen und Daten identisch (Abbildung 1.13).

1.3.3 Abgrenzung der Daten und Informationen

Daten sind von Informationen zu unterscheiden: Während unter Daten alle
verfügbaren Angaben über Gegenstände verstanden werden, stellen Informationen den zweckbezogenen (wirkungsmäßigen, pragmatischen) Inhalt von
Daten dar. Zweckbezogen sind Daten immer dann, wenn sie ein relevantes
Nichtwissen beseitigen. Ob ein relevantes Nichtwissen vorliegt, hängt vom
Empfängerzustand ab, d.h. dem Empfänger der Daten muß im Zusammenhang
mit der Lösung eines Problems ein bestimmtes Wissen fehlen; sind die Daten in
der Lage, dieses Nichtwissen zu beseitigen, dann werden sie zu Informationen.
Somit kommt die mehr betriebswirtschaftlich orientierte Interpretation der
beiden Begriffe zum Tragen.

Eine Abgrenzung bzw. Gegenüberstellung kann unter Verwendung verschiedener Kriterien ebenfalls erfolgen. In diesem Falle werden die beiden Begriffe auf
mehreren Stufen bei gleichzeitiger Untergliederung verglichen. Festzustellen
ist, daß Information immer der Überbegriff ist. Daten sind eine Teilmenge von
Informationen. Soweit es sich um verarbeitbare, technisch darstellbare Werke
handelt, sind beide Begriffe deckend.

verarbeitbare Information - Daten -	beschreibende Daten - Nutzdaten -	kardinale Daten	Mengendaten - Stückzahlen - Gewichte - Zeitangaben - Preise u.ä.
		ordinale Daten	Ordnungsdaten - Namen - Postleitzahlen - Konto-Nr. - Kostenstellen u.ä.
	anweisende Befehle - Steuerdaten -	nominale Daten	Steuerdaten - Arithmetik-Befehle (Rechenarten) - Logik-Befehle (Vergleichen) - Datentransfer-Befehle u.ä.

Abb. 1.13: *Gegenüberstellung/Abgrenzung der Daten und Informationen*

Schließlich wird auf eine datenverarbeitungstechnisch orientierte Abgrenzung zurückgegriffen. Danach wird der Oberbegriff Information in

- Daten und
- Befehle oder Anweisungen

zerlegt. Die erste Gruppe umfaßt die sog. Mengen- und Ordnungsinformationen, die beschreibenden Charakter haben und in die Gruppe der kardinalen sowie ordinalen Zahlen zuzuordnen sind. Demgegenüber sind Befehle Steuerinformationen. Sie haben anweisenden Charakter, daher sind sie nominal. Zur Verdeutlichung wird eine Zusammenstellung in Abbildung 1.13 gegeben.

1.3.4 Computersprache

Die Sprache des Computers kennt - im Gegensatz zur menschlichen Sprache - nur zwei Codierungszeichen, und zwar 0 und 1. Diese beiden Zeichen werden **Binärzeichen** genannt (engl.: binary digit: Bit). Alle Zeichen der menschlichen Sprache und Schrift werden in den Computern zeichenweise durch Kombination mehrerer solcher Bits dargestellt. Die "Computersprache" ist also eine für den Menschen verwirrende Folge von Nullen und Einsen. Diese beiden Zeichen werden in den verschiedenen Arbeitsmedien der Datenverarbeitung wie folgt realisiert:

- Schaltungen: Ein (L oder l), Aus (0),
- Magnetband: magnetisiert (L oder l), nicht magnetisiert (0).

Festzuhalten ist, daß die binäre Zeichendarstellung

- generell für alle Zeichen möglich ist,
- Zahlen besonders einfach abbildet und
- die mathematischen Rechenoperationen erleichtert.

1.3.5 Informationsaustausch - Kommunikation

Die Verarbeitung der Daten (Speicherung, Sortierung, Rechnen, Vergleichen, Verknüpfen usw.) setzt voraus, daß die Daten in die "Sprache" des Computers verschlüsselt, d. h. dargestellt werden. Der Mensch teilt sich über Sprache und Schrift seiner Umwelt mit.

Jeder Informationsaustausch (**Kommunikation**; engl.: communication) setzt eine bestimmte Verschlüsselung voraus. Informationselemente der gesprochenen Sprache sind die Laute. In der geschriebenen Sprache entsprechen den Lauten die Schriftzeichen. Diese werden ergänzt durch Ziffern und Symbole. Der von uns gebräuchliche Zeichenvorrat umfaßt

- 26 Buchstaben des lateinischen Alphabets,
- 10 Ziffern als numerische Zeichen und
- mindestens 10 Sonderzeichen (! " % + - / , ; . usw.).

Die kleinste Trägereinheit von Daten ist somit das Zeichen. Dieses wird zur Übermittlung der Information benutzt. Die Übermittlung von Zeichen baut auf der Übertragung von Signalen auf. Eine Folge von Signalen bildet das Zeichen ab. Wesentlich ist, daß bei diesem Vorgang eine sog. **Kommunikationskette** (Abbildung 1.14) entsteht. Ihre Funktionsweise ergibt sich aus dem Zusammenspiel

- der Quelle als Informationserzeuger,
- dem Sender als Codierer der Information in Signalfolgen,
- dem Nachrichtenkanal als Informations- bzw. Signalträger,
- dem Empfänger als Decodierer der Signale in einen verständlichen Klartext und
- der Senke als Informationsziel.

Die Übertragung von Aufgaben an den Computer setzt einen ständigen Wechsel der Zeichenvorräte der menschlichen Sprache und der Computersprache voraus:

- Der Sender verfügt über einen eigenen Zeichenvorrat. Um Daten (Informationen) des Senders für den Computer verfügbar zu machen, müssen diese umgewandelt, codiert werden. Normalerweise werden für Codierer Geräte eingesetzt, die Daten in physikalische Signale umwandeln und mittels eines Mediums an den Empfänger weiterleiten. Dieser kann ein Computer sein.
- Dieser muß die Signale (Signalfolge) in "seine" Sprache rückwandeln, also decodieren. Hierzu müssen Vereinbarungen existieren, die eine Umsetzung der Signalfolgen in eine verständliche Form ermöglichen.
- Es existiert also eine Durchschnittsmenge (Zeichenvorrat von Sender, Zeichenvorrat von Empfänger), die semantische Beziehungen regelt und somit den Datenaustausch (die Nachrichtenübermittlung) ermöglicht.
- Ist der Computer der Sender und der Mensch der Empfänger, so spielen sich die gleichen Vorgänge ab (binäre Zeichen - Signale - arabische Ziffern/Großbuchstaben).

Der Zusammenhang zwischen den Begriffen Zeichen, Daten, Datenverarbeitung, Informationen, Kommunikation und Nachrichten ist durch folgende Beschreibung skizziert:

- ZEICHEN werden durch Signale dargestellt und ergeben
- DATEN. Diese werden durch die
- DATENVERARBEITUNG transformiert zu
- INFORMATIONEN. Sind mehrere Datenverarbeitungssubjekte an diesem Prozeß beteiligt, so liegt eine
- KOMMUNIKATION vor. Die dabei ausgetauschten Daten sind
- NACHRICHTEN.

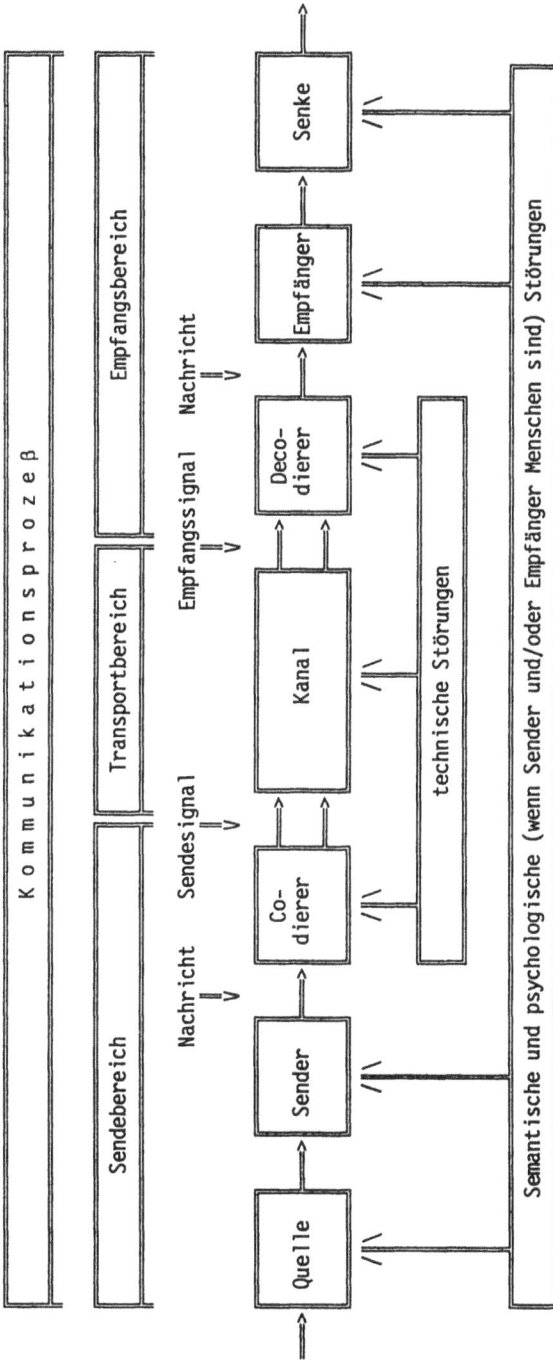

Abb. 1.14: *Schema der Kommunikationskette*

Ein weiterer wichtiger Zusammenhang ergibt sich aus folgenden Gleichungen:

- Kommunikationsgegenstand
  Informationen = Daten + Befehle
- Kommunikationsart
  Daten = Mengen- und Ordnungsinformationen
  Befehle = Steuerungsinformationen
- Kommunikationsmerkmale
  Daten sind beschreibend
  Befehle sind anweisend

1.4 Die Verarbeitung der Daten

1.4.1 Kriterien der Verarbeitung

Für die Kommunikation verwenden die Menschen unseres Kulturkreises Zeichenvorräte, die sich entsprechend Abbildung 1.12 zusammensetzen aus

- Buchstaben,
- Dezimalziffern und
- Sonderzeichen.

Die Summe dieser Zeichen ergibt einen Zeichenvorrat von ca. 60 - 80 Zeichen. Weitere Zeichen sind überflüssig, da durch Kombinationen dieser Zeichen das erforderliche Schriftgut darstellbar ist. Dieses Schriftgut entwickelte sich über die Bilderschrift, Wortschrift und Silbenschrift zur Buchstabenschrift, wie wir sie aus den modernen Sprachen kennen.

Ein ähnlicher Entwicklungsprozeß der Abstraktion zur Darstellung von Sprache wurde in der Computersprache noch weiter getrieben.

Wie bereits erwähnt, ist die Geschichte der Rechenhilfsmittel eng mit der Entwicklung und Handhabung von Zahlen verknüpft. Es wurde schon frühzeitig erkannt, daß es unpraktisch ist, jedem Mengenwert einer Sache ein eigenes Zeichen zuzuordnen. Man stellte statt dessen größere Mengenwerte durch eine Zahl dar, die nach bestimmten Regeln aus einer begrenzten Anzahl von Zeichen (z. B. den Ziffern 0, 1, 2, ..., 9) gebildet wurde. Diese Bildungsregeln für Zahlen und die Anzahl der verwendeten Zeichen sind die Bausteine der Zahlensysteme. Zahlensysteme sind Voraussetzung für das Bilden von einfachen Rechenregeln, mit denen sich die vier Grundrechnungsarten durchführen lassen.

Die Sprache des Computers kennt nur zwei Kodierungszeichen:

0 und 1

Diese beiden Zeichen werden **Binärziffern** genannt. Die Daten werden in modernen Computern zeichenweise durch Kombination mehrerer solcher Binärziffern (z. B. 8 Bits = 1 "**Byte**") dargestellt. In einem Byte können maximal 2^8 = 256 verschiedene Zeichen kodiert werden. Die Buchstaben A und V haben folgende Binärfolgen:

A: 1 1 0 0 0 0 0 1
V: 1 1 1 0 0 1 0 1

Die Computersprache ist also eine für die Menschen verwirrende Folge von Nullen und Einsen. Im Computer aber ist sie eine relativ einfach zu realisierende Impulsfolge von elektrischen Null-Eins-Signalen. Es sind Binärsignale, die anzeigen, ob Strom an oder Strom aus (Takt) ist.

Mit der Informationstheorie von C. E. Shannon 1937 wurde bewiesen, daß die erwähnten Zeichenvorräte mit Kombinationen der Binärzeichen 0 und 1 (identisch mit den Dualziffern 0 und 1) ebenfalls darstellbar sind.

Konrad Zuse erkannte die Überlegenheit des **Dualsystems** (entwickelt von G. W. Leibniz 1646 - 1716) bereits bei seinem 1934 entworfenen Konzept für ein programmgesteuertes Rechengrät. Er benutzte für die Darstellung von Dezimalziffern und Befehlen Schaltelemente mit Kombinationen der Stellungen "EIN" und "AUS". Diese Stellungen sind als Abbild identisch mit den Dualziffern 0 für "AUS" und 1 für "EIN".

Technische Einrichtungen, die mit diesen Schaltzuständen arbeiten, sind einfach zu realisieren und besitzen eine hohe Betriebssicherheit.

Die binäre oder duale Darstellung hat seit der Erfindung der "speicherprogrammierten Maschinen" durch J. v. Neumann (1944) größte Bedeutung erlangt.

Neben dem Dualsystem ist in der Datenverarbeitung noch das **Hexa-** oder **Sedezimalsystem** (Zeichen: 0,1,2,...,9,A,B,C,D,E,F) von Bedeutung.

Prinzipiell sind also alle Informationen, die sich in das Zeichensystem Computersprache übertragen lassen, verarbeitbar. Trotzdem werden (und können) nicht alle Informationen der Datenverarbeitung zugeführt. Zunächst scheiden solche Daten aus der Betrachtung, die unter wirtschaftlichen Aspekten höhere Kosten verursachen würden, als deren Ertragswert für den Empfänger ist. Zum anderen scheiden solche Daten aus, die nicht erfaßt werden können. Neben diesen und anderen Aspekten wird in der Informatik die Algorithmisierung (Unter Algorithmus wird in der Informatik die Beschreibung für ein Lösungsverfahren verstanden.) der Daten als Hauptkriterium zur Feststellung ihrer Verarbeitbarkeit benutzt.

Mit anderen Worten: Daten, die

- automatisierbar (automatisch),
- endlich,
- allgemein und
- schrittweise erfaßbar/zerlegbar usw.

sind, gelten als "verarbeitbar" (Beispiel: Geld einstecken - Tasche mitnehmen - in Laden x gehen - gewünschtes y auswählen - Preis z bezahlen - nach Hause gehen). Hier einige "Negativbeispiele":

- alle Anweisungen müssen auf einmal ablaufen (nicht schrittweise) oder
- 10 : 3 = 3.333 (nicht endlich, kein sinnvoller Algorithmus).

1.4.2 Codes in der Datenverarbeitung

Gemäß dieser Sachverhalte spielen mehrere Darstellungsformen bzw. Codes eine Bedeutung. Wesentlich sind in diesem Zusammenhang diejenigen Codes, die nach der Funktion im Datenverarbeitungskreislauf auftreten bzw. benötigt werden, so beispielsweise

- die **externen Codes** (Datenträger-Codes), die der Verständigung zwischen dem Menschen und dem Computer dienen (Lochkartencodes, Lochstreifencodes usw.),
- die **internen Codes** (Maschinencodes, die innerhalb des Computers verwendet werden (American Standard Code of Information Interchange = **ASCII** und Extended Binary-Coded Decimal Interchange Code = **EBCDIC**) und schließlich
- die **Datenübertragungscodes** zur Übertragung von Daten über Entfernungen (internationale Telegraphenalphabete Nr. 2, 3, 4, 5).

Alle drei Codes verschlüsseln Zeichen, deren Ursprung die menschliche Sprache ist. Diese Zeichen werden üblicherweise in Zeichenvorräten zusammengefaßt. Die natürlichen Zahlen im Dezimalsystem sind

{ 0, 1, 2, 3, 4, 5, 6, 7, 8, 9 }

die Buchstaben des Alphabets

{ a, A, b, B, c, C, ..., z, Z }

Beide Zeichenvorräte sind aus der Sicht des Computers **externe Codes**. Demgegenüber ist ihre Abbildung im Dualsystem mit dem Zeichenvorrat

$\{\,0, L\,\}$ bzw.

mit dem Zeichenvorrat des Morsealphabets

$\{\,\text{-}\,,\,.\,\}$

der **interne Code**, bzw. der **Datenübertragungscode**.

Codes sind daher Vorschriften für die Zuordnung der **Zeichen** eines Zeichenvorrats zu denjenigen eines anderen Zeichenvorrats. Werden Zeichen gekoppelt, so entsteht eine Zeichenfolge, ein **Wort**. Ein Wort hat eine feste Länge, d. h. eine definierte Anzahl von Zeichen. Die Lage eines bestimmten Zeichens innerhalb eines Wortes ist die **Stelle**, so z. B. die Lage einer Ziffer innerhalb einer Zahl. Wird einem Zeichen, einem Wort eine Bedeutung beigemessen, so wird von einem **Symbol** gesprochen. Es gilt daher, Zeichenvorräte der menschlichen Sprache, die externe Darstellung also, in Zeichen der Computersprache, also in die interne Darstellung, mit Hilfe der Codes als eindeutige Vorschriften der Umwandlung vorzunehmen.

Die Umwandlung der externen Zeichendarstellung in die interne binäre Darstellung übernehmen Code-Umsetzer, die innerhalb der einzelnen Eingabegeräte realisiert sind. Die Code-Umsetzer wandeln die Zeichen einzeln in eine eindeutige, vom Computer interpretierbare Bitkombination um. Der umgekehrte Vorgang findet bei der Ausgabe statt.

Die Arbeitsweise mit binär verschlüsselten Codes wird aus folgendem Zusammenhang in Abbildung 1.15 sichtbar. Da der Binär-Zeichenvorrat nur über zwei Zeichen verfügt, werden in aller Regel mehrere Bits zusammengefaßt. Je Zeichen werden mindestens zwei, meistens mehr Bits benötigt. Die Zuordnung führt zu einem **Codebaum**.

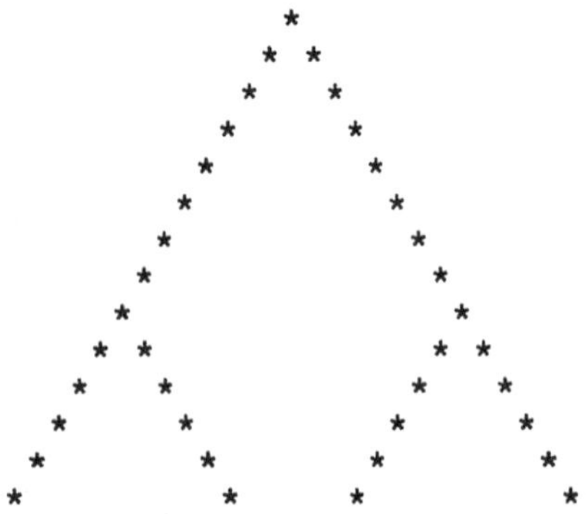

```
                    *
                  *   *
                *       *
              *           *
            *               *
          *                   *
        *                       *
      *                           *
    *                               *
  *   *                           *   *
*       *                       *       *
  *       *                   *       *
    *       *               *       *
      *       *           *       *
        *       *       *       *
```

00 für A   01 für B   10 für C   11 für D

Bit	Alle Kombinationen	Anzahl der Zeichen
1 0	0 1	2
2 00	00 01 10 11	4 (2^2)
3 000	000 001 010 011 100 101 110 111	8 (2^3)
4 0000	0000 0001 0010 0011 0100 0101 0110 0111 1000 1001 1010 1011 1100 1101 1110 1111	16 (2^4)
5 00000	00000 00001 00010 00011 00100 00101 00110 00111 01000 01001 01010 01011 01100 01101 01110 01111 10000 10001 10010 10011 10100 10101 10110 10111 11000 11001 11010 11011 11100 11101 11110 11111	32 (2^5)
6 000000	...	64 (2^6)
7 0000000	...	128 (2^7)

8 Bit = 1 Byte   256 Möglichkeiten

allgemein: 2^n n = Anzahl der Bits

Abb. 1.15: *Der Codebaum*

Wie schon dieses Beispiel zeigt, führt die Zuordnung der Bitkombinationen zu im voraus vereinbarten Zeichen. Wichtig ist, daß jedem Zeichen immer nur eine Bitfolge entspricht. Zur Darstellung einer Dezimalzahl sind vier Bits erforderlich:

0000	0	
0001	1	Diese Verschlüsselung entspricht dem
0010	2	BCD-Code, also dem binär verschlüsselten
0011	3	Dezimalsystem. Es handelt sich hierbei
0100	4	um die kleinste adressierbare Einheit,
0101	5	um eine Tetrade (= vier Bits). Diese
0110	6	Einheit ist in der Datenverarbeitung, da sie
0111	7	nur numerische Zeichen darstellen kann,
1000	8	nicht üblich.
1001	9	

Da vier Bits nicht ausreichen, um neben den Ziffern auch Buchstaben und Sonderzeichen darzustellen, wird - vor allem in der kommerziellen Datenverarbeitung - eine Bitfolge von acht Bits als kleinste Verarbeitungseinheit gebildet. Es handelt sich dabei um das **Byte** (= acht Binärstellen für Datenbits und ein Kontroll/Prüfbit, Abbildung 1.16).

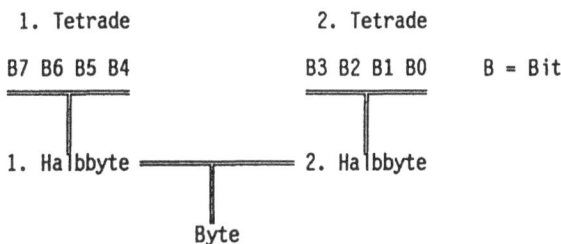

```
     1. Tetrade              2. Tetrade

   B7 B6 B5 B4             B3 B2 B1 B0       B = Bit
  ════════════           ════════════
         │                      │
  1. Halbbyte ══════════ 2. Halbbyte
                   │
                 Byte
```

Abb. 1.16: *Zusammensetzung der Bytes*

Damit gibt es 256 Möglichkeiten für die Darstellung. Ziel:

- Darstellung eines Zeichens in einem Byte,
- Schaffung einer Normeinheit für Speicherung und Zugriff,

d.h. 1 Zeichen = 1 Speichereinheit = 1 Zugriffseinheit (zu beachten sind Ausnahmen bei gepackten Formaten!).

Der **EBCDI-Code** kombiniert die binären Zustände von 8 Bits. Damit ergeben sich 2^8 = 256 verschiedene Bitfolgen (Abbildung 1.18).

Der EBCDI-Code wurde mit der dritten Computer-Generation 1964 eingeführt. Die Speicherelemente dieser Computer sind so konzipiert, daß jedes externe Zeichen intern mit einer achtstelligen Bitkombination dargestellt wird.

Der EBCDI-Code ist eine Erweiterung des früheren BCDI-Code von sechs auf acht Bitkombinationen pro Zeichen. Als Bezeichnung für 8 Bit wird das Kunstwort "Byte" verwendet.

Ein Byte, das aus einer Folge von 8 Bits besteht, wird in Zonenteil (Bit 7, 6, 5 und 4) und Ziffernteil (Bit 3, 2, 1 und 0) untergliedert. Eine andere Bezeichnung für Zonenteil und Ziffernteil ist linkes und rechtes Halbbyte (Abbildung 1.16).

1.4.3 Der Ausdruck Wort

Computer, seit der 3. Generation, unterscheiden sich insbesondere durch ihre Eigenschaft auf Bereitstellung einer unterschiedlichen Anzahl von binären Speicherelementen, also den sog. **Speicherstellen** des (internen) Zentralspeichers. Der Zugriff auf den Inhalt solcher Speicherstellen erfolgt mit Hilfe einer **Adresse**. Sie kennzeichnet einen bestimmten Speicherplatz(-stelle) oder eine zusammenhängenden Speicherbereich.

Bei den bytestrukturierten Computern ist die kleinste adressierbare Einheit die Speicherstelle (das Byte). **Bytemaschinen** lassen eine variable Speicherungsform und damit eine günstige Nutzung des verfügbaren Speicherplatzes zu. Zur Adressierung ist außer der Adresse eines bestimmen Bytes auch die Angabe erforderlich, wie lang der angesprochene Speicherbereich sein soll.

Bei den wortstrukturierten Computern (**Wortmaschinen**) ist die kleinste adressierbare Einheit die Speicherzelle (das Wort); das ist je nach Modell eine Zusammenfassung von 2, 4, 6 oder 8 Bytes = 16, 32, 48 oder 64 binären Speicherelementen. Bei einer Maschine mit Worten zu 6 Bytes wird mit der Adresse eines bestimmten Wortes immer ein Speicherbereich von 6 Bytes bezeichnet. Eine variable Speicherungsform ist nicht möglich; dadurch bleibt u. U. viel Speicherplatz ungenutzt, weil die Länge der Daten in der Regel nicht mit der Länge der Worte übereinstimmt (Abbildung 1.17).

Wortmaschine Speicherlement 1 Wort á 6 Byte	Zeichen	Bytemaschine Speicherelement 1 Byte	
0 0 0 J L U	JLU	J L U	(3B)
Z I L A H I	ZILAHI	Z I L A H I	(6B)
1 0 0 1 8 8	100188	1 0 0 1 8 8	(6B)
0 0 0 0 8 8	88	8 8	(2B)

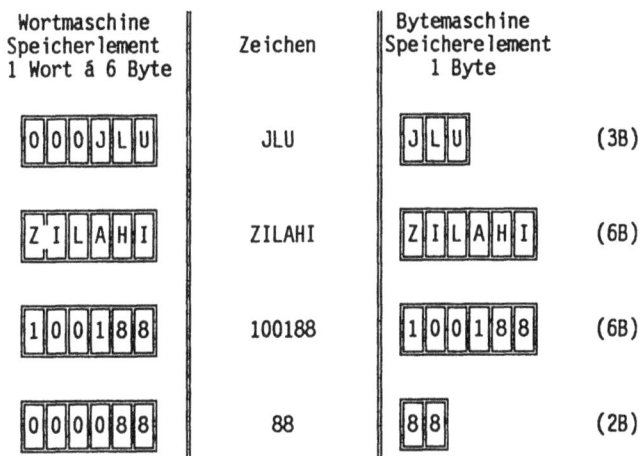

Abb. 1.17: *Gegenüberstellung von Wort- und Bytemaschinen*

Der Ausdruck Wort wird also in der Datenverarbeitung für verschiedene Bedeutungen gebraucht:

- Zusammenfassung einer Bitfolge in sog. wortorientierten Computern. Ein Wort umfaßt dabei beispielsweise 24 oder 32 oder mehr Datenbits (Wortmaschinen oder Stellenmaschinen). Die Wortlänge ist konstant. Meistens für technisch-wissenschaftliche bzw. für mathematische Aufgaben konzipiert/geeignet (Abbildung 1.18).
- Standard-Bitfolge von 32 Datenbits (= vier Bytes) zur Verschlüsselung von Zahlen als Dualzahlen bzw. Gleitkommazahlen.

Zwei Worte ergeben ein sogenanntes Doppelwort, also insgesamt 64 Datenbits.

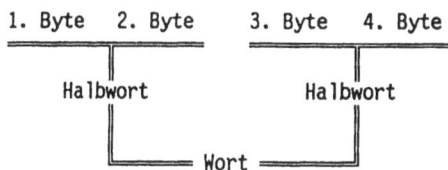

Abb. 1.18: *Die Zusammensetzung eines Wortes*

1.4.4 Zahlensysteme

Der Einsatz des Computers in der Datenverarbeitung ist also mit einem Wechsel der Darstellungsform bzw. des Codes verbunden (diese Aussage gilt selbstverständlich auch beim Einsatz anderer Medien). Daher sollen nachfolgend die Grundzüge der am häufigsten verwandten Darstellungsformen, so in diesem Falle die Zahlensysteme und ihre Beziehungen zueinander behandelt werden.

Ein Zahlensystem, bei dem der Wert einer Ziffer innerhalb einer Ziffernfolge von ihrer Stellung in der Ziffernfolge abhängt, heißt Stellenwertsystem.

Der Wert einer Zahl in einem Stellenwertsystem ergibt sich als

$$W = \sum_{i=0}^{n-1} b_i * B^i$$

mit den Bedeutungen

W	für	Wert einer Zahl im Stellenwertsystem
n	für	Anzahl der Ziffern einer Zahl im Stellenwertsystem
i	für	Laufindex der Ziffern einer Zahl im Stellenwertsystem (gezählt von rechts nach links); i = 0, 1, 2, ..., n-1
b_i	für	Nennwert der Ziffer i
B	für	Basis des Stellenwertsystems

1.4.4.1 Das Dezimalsystem

Das Dezimalsystem verfügt über

- die Ziffern 0 bis 9 und
- arbeitet auf der Basis von 10.

Eine jede geschriebene Zahl hat einen Stellenwert. Die Zahl 1234 besteht dabei aus einem "Tausender", zwei "Hunderter", drei "Zehner" und vier "Einer"; also 1234 = 1 T + 2 H + 3 Z + 4 E. Jede Ziffer in einer Zahl erhält ihren Stellenwert aus der Stellung in der Zahl. Der Stellenwert wird in Potenzen von 10 angegeben, wobei 10 die sog. Basis des Dezimalsystems ist. Zwischen Stelle und Stellenwert gilt der folgende Zusammenhang:

Stelle	: ...	5.	4.	3.	2.	1.
Stellenwert	: ...	10^4	10^3	10^2	10^1	10^0

Dieser Sachverhalt mit Hilfe von Zehnerpotenzen ausgedrückt:

$$1234 = \quad 1*10^3 \quad + 2*10^2 \quad + 3*10^1 \quad + 4*10^0 =$$
$$1*1000 \quad + 2*100 \quad + 3*10 \quad + 4*1$$

Beispiele:

$$W \quad = \quad \sum_{i=0}^{n-1} \quad b_i * \quad 10^i$$

Der Wert der Zahl 637_{10} im Dezimalsystem ergibt sich als

$$W = \quad 7*10^0 + 3*10^1 \quad + 6*10^2$$
$$W = \quad 7 \qquad + 30 \qquad + 600$$
$$W = \quad 637$$

Häufig werden für Zehnerpotenzen Abkürzungen verwandt:

10^6	Mega	m
10^3	Kilo	k
10^0	-	-
$1/10^3$	Milli	M
$1/10^6$	Mikro	
$1/10^9$	Nano	n
$1/10^{12}$	Pico	p
$1/10^{15}$	Femto	f
$1/10^{18}$	Atto	a

```
20        000        000        000        000        000
 I          I          I          I          I          I
Trillion I            Billion  I           Million  I
 I          I         (Tera)   I           (Mega)   I
 I          I          I          I          I          I
 I        Billiarde I           Milliarde I         Tausend
 I          I          I        (Giga)    I         (Kilo)
 I          I          I          I          I          I
Tera-     Giga-      Mega-      Kilo-      Tonne    Kilogramm
tonne     tonne      tonne      tonne
```

1.4.4.2 Das Dualsystem

Das Dualsystem ist - analog zum Dezimalsystem - durch drei Merkmale charakterisiert, und zwar durch

- die Basis, also 2,
- die Ziffern 0 und 1,
- die Wertigkeit der Stellen.

Das Dualsystem ist also ein Zahlensystem mit der Basis 2; es ist ein Sonderfall binärer Zahlensysteme, das mit nur 2 Elementen (L,0) in der Zahlendarstellung auskommt. Binäre Zahlensysteme beziehen sich also nicht auf den inneren Aufbau des Zahlensystems (vergl. auch Tetraden).

Ziffernfolge		1	1	1	1	1
Potenzschreibweise zur Basis 2	2^4		2^3	2^2	2^1	2^0
Stellenwert als dezimaler Wert	16		8	4	2	1

Der Wert der abgebildeten Zahl kann aus der Summation der Stellenwerte abgeleitet werden:

$$12 = 1*8 + 1*4 + 0*2 + 0*1$$

$$W = \sum_{i=0}^{n-1} b_i * 2^i$$

Der Wert der Zahl 11001_2 im Dualsystem ergibt sich als

W =	$1*2^0$	$+ 0*2^1$	$+ 0*2^2$	$+ 1*2^3$	$+ 1*2^4$
W =	1	+ 0	+ 0	+ 8	+ 16
W =	25				

1.4.4.3 Das Hexadezimalsystem

Dieses System ist ein Hilfsmittel zur besseren Lesbarkeit von dualen Ziffern; ebenso z. B. bei den Steuercodes für Drucker. Es wird bei Computern angewendet, die Zeichen in acht duale Ziffern codieren. Eine Hexadezimalziffer ergibt sich aus vier Dualziffern (Abbildung 1.19).

Für die interne Verarbeitung (Hardware) hat das Hexadezimalsystem keine Bedeutung. Diesem Zahlensystem liegt die Überlegung zugrunde, daß in einer

Vierergruppe 16 Zustände binär ausdrückbar sind. Die Basis ist 16, Anzahl der Ziffern ist 16 und auch die Wertigkeit der Stellen ist eine Potenz von 16. Als Ziffernsymbole werden

0, 1, 2, 3, 4, 5, 6, 7, 8, 9, A, B, C, D, E, F

verwandt. So gesehen ergibt sich folgendes Bild:

$$
\begin{array}{llll}
1 & 6 & C & \text{als hexadezimale Zahl} \\
C & * \ 16^0 & = & 12 \\
6 & * \ 16^1 & = & 96 \\
1 & * \ 16^2 & = & 256 \\
\hline
& & & 364
\end{array}
$$

$$W = \sum_{i=0}^{n-1} b_i * 16^i$$

Der Wert der Zahl 637_{16} im Sedezimalsystem ergibt sich als

$$
\begin{array}{llll}
W = & 7*16^0 & + 3*16^1 & + 6*16^2 \\
W = & 7 & + 48 & + 1536 \\
W = & 1591 & &
\end{array}
$$

Dezimal	Dual	Hexadezimal
0	0000	0
1	0001	1
2	0010	2
3	0011	3
4	0100	4
5	0101	5
6	0110	6
7	0111	7
8	1000	8
9	1001	9
10	1010	A
11	1011	B
12	1100	C
13	1101	D
14	1110	E
15	1111	F

Abb. 1.19: *Übersicht der Zahlensysteme*

1.4.4.4 Verschiedene Darstellungsformen

Zur Verdeutlichung der verschiedenen Darstellungsmöglichkeiten werden nachfolgend die rein duale, dezimal duale und hexadezimale Darstellung erörtert. Vorangestellt wird die **alphanumerische** Darstellung im Lochkarten-Code.

- Die ursprüngliche Darstellung ist die alphanumerische:

```
C    B A 8 4 2 1
0  0 0 0 0 0 0 0
```

Der Zonenteil ist:

00	bei	"12"- Zone
0X	bei	"11"- Zone
X0	bei	"0"- Zone
XX	bei	Ziffer

- Die **rein duale** Darstellung bewirkt hohe Rechengeschwindigkeit:
  0000 000X XX0X X000 = 472 = 256 + 128 + 64 + 16 + 8
- Die **dezimal duale** Darstellung behält das Dezimalsystem bei, die einzelnen Dezimalstellen werden jedoch dual ausgedrückt:

```
8 4 2 1 8 4 2 1 8 4 2 1 8 4 2 1
0 x 0 0 0 x x x 0 0 x 0 x 0 x 0
    4       7       2       +
```

- In der **hexadezimalen** Schreibweise erlaubt ein Halbbyte 16 Darstellungsmöglichkeiten. Diese Möglichkeiten werden durch ein einstelliges Zeichen ersetzt. Für die ersten 10 Bitkombinationen werden die Ziffern 0 bis 9, für die restlichen Bitkombinationen die Zeichen A bis F genommen:

0000	als	0	X0X0	als	A
000X	als	1	X0XX	als	B
.		.			
.		.			
X00X	als	9	XXXX	als	F

1.4.5 Umwandlung der Zahlensysteme

Für jemanden, der im Dezimalsystem zu rechnen gewohnt ist, haben Zahlen im Dual- oder Hexadezimalsystem kaum Aussagekraft. Erst die Umrechnung in einen dezimalen Wert ermöglicht eine wertmäßige Vorstellung. Die Umwandlung von einem Zahlensystem in ein anderes ist recht einfach und wird im folgenden gezeigt.

1.4.5.1 Dezimal - Dual

Die Dezimalzahl wird durch die Basis des anderen Zahlensystems fortgesetzt dividiert. Die bei den einzelnen Divisionen entstehenden Restwerte ergeben die entsprechende Zahl. Der erste Restwert entspricht dem kleinsten, der letzte Restwert dem größten Stellenwert.

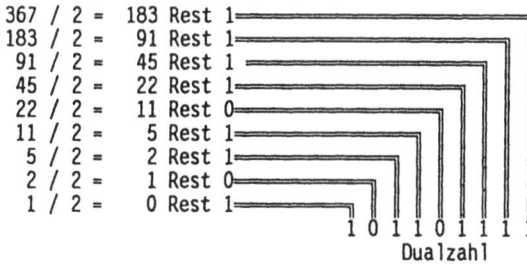

```
367 / 2 =  183 Rest 1
183 / 2 =   91 Rest 1
 91 / 2 =   45 Rest 1
 45 / 2 =   22 Rest 1
 22 / 2 =   11 Rest 0
 11 / 2 =    5 Rest 1
  5 / 2 =    2 Rest 1
  2 / 2 =    1 Rest 0
  1 / 2 =    0 Rest 1
                      1 0 1 1 0 1 1 1 1
                         Dualzahl
```

Abb. 1.20: *Umrechnung einer Dezimalzahl in eine Dualzahl*

Man erhält die Summe und damit den dezimalen Wert der Zahl, indem man jede Ziffer mit ihrem Stellenwert multipliziert und die einzelnen Produkte addiert.

Dualzahl	1	0	1	1	0	1	1	1	1
Stellenwert	2^8	2^7	2^6	2^5	2^4	2^3	2^2	2^1	2^0

Dezimalzahl $256 + 0 + 64 + 32 + 0 + 8 + 4 + 2 + 1 = 367$

1.4.5.2 Dezimal - Hexadezimal

Die Dezimalzahl wird durch die Basis des anderen Zahlensystems fortgesetzt dividiert. Die bei den einzelnen Divisionen entstehenden Restwerte ergeben die entsprechende Zahl. Der erste Restwert entspricht dem kleinsten, der letzte Restwert dem größten Stellenwert. Dazu ein Beispiel mit Umkehrvorgang:

16C	C	=	16^0	=	C *	1	= 12
	6	=	16^1	=	6 *	16	= 96
	1	=	16^2	=	1 *	256	= 256

Ergebnis als Dezimalzahl   = 364

364	:	16	=	22	=	Rest	12	= C
22	:	16	=	1	=	Rest	6	= 6
1	:	16	=	0	=	Rest	1	= 1

Ergebnis als Hexadezimalzahl = 16C

1.4.5.3 Dual - Hexadezimal

Von rechts beginnend werden jeweils vier Dualziffern zu einer Hexadezimalziffer zusammengefaßt:

1 0 1 0	1 1 1 1	0 0 1 0	
1010	1111	0010	
A	F	2	= Hexadezimalzahl

In der Umkehrung werden jeder Hexadezimalziffer vier Dualziffern zugeordnet:

6D8	=	0110 1101 1000	
		011011011000	= Dualzahl

1.4.6 Rechenoperationen mit Dualzahlen

Alle Zeichen werden bei Datenverarbeitungsanlagen durch Kombinationen der Ziffern 0 und 1 des Dualsystems dargestellt. Das bedeutet, daß durch entsprechende Vereinbarung den Ziffern 0 und 1 zwei technisch unterschiedliche Zustände zugeordnet werden.

Würde die interne Darstellung mit unserem gebräuchlichen Dezimalsystem durchgeführt werden, so müßte das interne Element in der Lage sein, 10 unterschiedliche Zustände anzunehmen.

Im Computer werden die Grundrechnungsarten auf die Addition zurückgeführt. Daher benötigt der Computer nur ein Addierwerk. Hinzu kommen einige Hilfseinrichtungen. Die vier Grundrechenarten werden nachfolgend behandelt, und zwar wie sie im Dualsystem durchgeführt werden.

1.4.6.1 Addition

Will man zwei Binärwerte "1" addieren, so muß sich für diese Stelle bzw. Spalte der binäre Wert "0" ergeben. Das Additionsergebnis wird als Wert "1" auf die nächsthöhere (linke) Stelle übertragen.

Wir können diesen Vorgang des "Überlaufs" mit dem Rechnen im Dezimalsystem vergleichen. Dort wechselt das Darstellungszeichen die Dezimalstelle immer dann, wenn in der Addition in einer Stelle "10" erreicht ist:

$1 + 9 = 10$

Für die Durchführung einer dualen Addition können wir diese Erkenntnisse unter Anwendung der im nachstehenden Beispiel genannten Regeln verwerten:

$5 + 9 = 14$

Ausführung:

1. Schritt: Umwandeln der beiden dezimalen Zahlen (Basis 10) in duale Zahlen (Basis 2), also

> Stellenwert:
> 8 4 2 1
> 5 = 0 1 0 1
> 9 = 1 0 0 1

2. Schritt: Addieren der dualen Zahlen nach den arithmetischen Regeln

> $0 + 0 = 0$
> $0 + 1 = 1$
> $1 + 0 = 1$
> $1 + 1 = 0$ (hier ergibt sich ein Überlauf von 1 auf die nächst höhere Stelle) also

>   0 1 0 1
> + 1 0 0 1
>   1 1 1 0

3. Schritt: Umwandeln des dualen Ergebnisses in ein dezimales Ergebnis

> Stellenwert:
> 8 4 2 1

also   1 1 1 0 = 14

1.4.6.2 Subtraktion

Bei der dualen Subtraktion kann man die gleiche Methode anwenden, wie man es vom Dezimalsystem her kennt. Das bedeutet, daß von der nächsthöheren (linken Stelle) ein Wert "geborgt" wird.

Ein einfacheres Verfahren läßt sich jedoch anwenden, wenn man den Subtrahenden und das zu ihm gehörende Vorzeichen wertmäßig umdreht.

Das sieht so aus:

13 - 11 = 2

Ausführung:

1. Schritt: Umwandeln der dezimalen Zahlen in duale Zeichen

```
 13  = 1 1 0 1   (Minuend)
-11  = -1 0 1 1  (Subtrahend)
```

2. Schritt: Die Subtraktion erfolgt in Form einer Addition, nachdem der Subtrahend vorher umgewandelt (konvertiert) wurde

```
 13  = 1 1 0 1   (Minuend)
-11  = -1 0 1 1  (Subtrahend)
 +     0 1 0 1   (Subtrahend nach Veränderung)
```

Das Ergebnis im Beispiel ermittelt sich nun wie folgt:

```
     1 1 0 1        (Minuend)
 +   0 1 0 1        (umgewandelter Subtrahend)
 = 1 0 0 1 0
```

Diese erste Bit-Position bleibt unberücksichtigt, weil bei Umwandlung des Subtrahenden nur ein vierstelliger Wert berücksichtigt wurde. Das wird klar, wenn man weiß, daß vor dem ehemaligen Subtrahenden

-1 0 1 1

endlos der Wert "0" steht. Dieser würde stets in einen Wert "1" verwandelt, so daß sich ein endloser "Überlauf" ergäbe.

3. Schritt: Umwandeln des dualen Ergebnisses in das jeweils gewünschte Zahlensystem.

Ist bei der vorstehenden Addition kein Überlauf in der vorderen Bit-Position entstanden, so muß das duale Rechenergebnis rekomplementiert werden, d.h. es muß wie unter Schritt 2 beschrieben, umgewandelt werden.

1.4.6.3 Multiplikation

Eigentlich ist die Multiplikation nichts anderes als eine fortgesetzte Addition. Wenn wir dabei wieder an das Dezimalsystem erinnern, so bedeutet dies, daß z. B. die Multiplikation 5 * 5 in Wirklichkeit wie nachstehend erfolgt:

$$5 + 5 + 5 + 5 + 5 = 25$$

An diesem Beispiel ist jedoch auch zu ersehen, daß diese Methode viel Speicherarbeit, komplizierte Zählmechanismen und eine ganze Reihe von Wiederholungen erforderlich macht.

An nachstehender Aufgabe wird jedoch das Multiplikationsverfahren im Dezimalsystem wie folgt angewendet:

6 * 2 = 12

Ausführung:

1. Schritt: Umwandeln der beiden dezimalen Zahlen (Basis 10) in duale Zahlen (Basis 2)

Stellenwert:

```
      8 4 2 1
6  = 0 1 1 0
2  = 0 0 1 0
```

2. Schritt: Die ermittelten dualen Zahlen werden miteinander nach den arithmetischen Regeln

```
0 * 0 = 0
0 * 1 = 0
1 * 0 = 0
1 * 1 = 1   multipliziert
1 1 0 * 1 0
0 0 0
1 1 0
1 1 0 0   (Hierbei sind führende Nullen zu löschen.)
```

3. Schritt: Umwandeln der Dualzahlen in Dezimalzahlen

       Stellenwert:

       $\underline{8\ 4\ 2\ 1}$
       $1\ 1\ 0\ 0 = 12$ (8 + 4 nach Stellenwert)

1.4.6.4 Division

Da wir die Multiplikation als fortgesetzte Addition kennengelernt haben, können wir die Division als wiederholte Subtraktion ansehen. Wenn man z. B. 20 durch 5 teilt, so bedeutet dies doch letztlich, daß die Zahl 5 so oft von der Zahl 20 abziehbar ist, wie möglich.

      $6 : 2 = 3$

Ausführung:

1. Schritt. Umwandeln des Divisors und der Dividenden in eine duale Zahl

      $6 = 1\ 1\ 0$
      $2 = 0\ 1\ 0$

2. Schritt: Die Division wird jetzt - wie vom Dezimalsystem bekannt - durchgeführt (Führende Nullen werden unterdrückt.)

      $1\ 1\ 0 : 1\ 0 = 1\ 1$
      $\underline{1\ 0}$
       $1\ 0$
       $\underline{1\ 0}$

3. Schritt: Umwandeln der Dualzahlen in Dezimalzahlen

      $1\ 1 = 3$

Bei der binären Division gehen wir also wie bei der dezimalen Division unter Anwendung der bei der binären Subtraktion gelernten Regeln vor.

Dividend		Divisor	Quotient	
$\underline{16\ 8\ 4\ 2\ 1}$		$\underline{4\ 2\ 1}$	$\underline{4\ 2\ 1}$	
$1\ 0\ 1\ 0\ 0$	$:$	$1\ 0\ 1 =$	$1\ 0\ 0$	Binärwerte
$\underline{1\ 0\ 1}$				
$0\ 0$		$=$	dezimal $20 : 5 = 4$	
$0\ 0$				

Dividend		Divisor	Quotient	
16 8 4 2 1		4 2 1	8 4 2 1	
1 1 1 0 0	:	0 1 1 =	1 0 0 1	Binärwerte
1 1				
0 1 0 0		dezimal	4	
0 1 1		dezimal	3	
1		Divisionsrest = dezimal 28 : 3 = 9 Rest 1		

1.4.7 Besondere Techniken

1.4.7.1 Darstellung des Vorzeichens

Ein DV-System subtrahiert grundsätzlich in der Weise, daß es die entsprechende negative Dual-Zahl (Komplement) addiert. Eine negative Dualzahl erhält man durch:

- Konvertierung der positiven Dualzahl (Umkehren jeder Dualstelle) und
- Addieren einer dualen Eins (bilden des sog. Zweier-Komplements).

Hierzu folgendes Beispiel:

Bilden der negativen Dual-Zahl 9, 5-stellig dargestellt

	16	8 4 2 1
pos. 9	0	1 0 0 1

	16	8 4 2 1
neg. 9	1	0 1 1 1

Die so dargestellte negative 9 (5-stellig, dual) ist nicht zu unterscheiden von einer positiven 23 (5-stellig, dual)! Deshalb hat jede Dualzahl immer links von der höchsten Stelle ihr Vorzeichen in dualer Darstellung:

	Plus = 0		
		16	8 4 2 1
+23	0	1	0 1 1 1

	Minus = 1		
		16	8 4 2 1
- 9	1	1	0 1 1 1

Bei allen Rechenoperationen wird die Vorzeichenstelle wie eine Wertstelle mitverarbeitet. Dabei ist zu beachten, daß die letzte "Ein-Bit-Position", also die letzte Stelle mit dem Wert "1" erhalten bleibt. Es dürfen nur die Werte davor umgedreht werden.

1.4.7.2 Festkomma- und Gleitkomma-Arithmetik

Festkommazahlen sind ohne Komma gespeicherte Zahlen. Der Computer behandelt sie als ganze Zahlen. Der Programmierer sorgt mittels Hilfsprogramm für

- stellengerechtes Rechnen und
- richtige Kommastellung in der Ausgabe.

Gleitkommazahlen "enthalten" Kommas. Bei diesen Zahlen wird die Stellung des Kommas mitgespeichert. Der Computer berücksichtigt - ohne Mitwirkung des Programmierers - das Komma stellengerecht. Mit Gleitkommazahlen wird in technisch-wissenschaftlichen Aufgaben häufig gerechnet. Prinzipiell werden Gleitkommazahlen nach dem Schema in Abbildung 1.21 behandelt.

```
Zahl          = Grundzahl**Exponent * Mantisse

+ 573100      = 10**7   *  (+0.5731)
- 573.1       = 10**3   *  (-0.5731)
+ 0.005731    = 10**-2  *  (+0.5731)
- 0.05731     = 10**-1  *  (-0.5731)


10**-2   *  (-0.5731)
      │  │     └──> Wert der Mantisse
      │  └────────> Vorzeichen der Mantisse
      │  ─────────> Wert des Exponenten
      └───────────> Vorzeichen des Exponenten
      ────────────> Wert der Grundzahl
```

```
Externe Darstellung   Interne Darstellung
-------------------------------------------
VUUUUU.XU             VXXXXXXXX
  -23.75              -00002375
   23.4               +00002340
    0.45              +00000045
+34234                +03423400
-000000100            -00010000
-------------------------------------------
V = Vorzeichen
U = Blank, wenn vorlaufende Null
X = Stellenwert, auch Null
```

Abb. 1.21: *Gleitkomma-Arithmetik (Beispiel)*

Die Gleitkomma-Arithmetik zeichnet sich durch weitere Eigenarten aus (Abbildung 1.22).

- Das Vorzeichen des Wertes wird - wie bei Festkommazahlen - in der 1. Bitposition gespeichert.
- Eine andere Regelung gilt für das Vorzeichen des Exponenten. Der Exponent wird nicht absolut gespeichert, sondern zum festen Wert 64 addiert bzw. bei negativem Exponenten subtrahiert.
- Bei einfacher Genauigkeit werden 24, bei doppelter Genauigkeit 56 Bits für die Mantisse (M) zuzüglich 1 Bit für das Vorzeichen (V) und 7 Bits für die Charakteristik (C) benötigt.

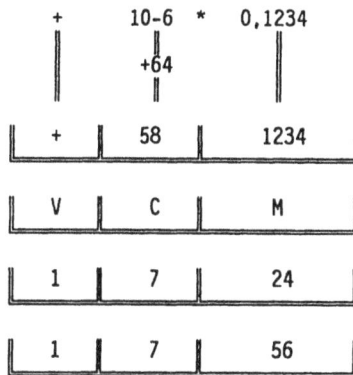

$$+ \quad 10\text{-}6 \quad * \quad 0,1234$$

$$+64$$

| + | 58 | 1234 |

| V | C | M |

| 1 | 7 | 24 |

| 1 | 7 | 56 |

Abb. 1.22: *Gleitkomma-Arithmetik*

1.4.7.3 Gepackte und ungepackte Formate

Von einer **gepackten** Speicherung wird gesprochen, wenn

- in einem Byte
- zwei Dezimalziffern
- dezimal-dual

verschlüsselt sind (Abbildung 1.23). Wenn die Anzahl der Ziffern der zu verschlüsselnden Dezimalzahl nicht durch zwei teilbar ist, so bleibt der Zonenteil des 1. Bytes unbelegt (duale Nullen). Gepackt verschlüsselte Dezimalziffern müssen stets ein Vorzeichen in der niedrigsten (rechtesten) Tetrade führen.

Von einer **ungepackten** Speicherung wird gesprochen, wenn

- in einem Byte
- eine Dezimalziffer
- im Ziffernteil dezimal-dual

verschlüsselt ist. Das Vorzeichen steht im Zonenteil. Durch "Packen" wird die Speicherkapazität besser ausgenutzt.

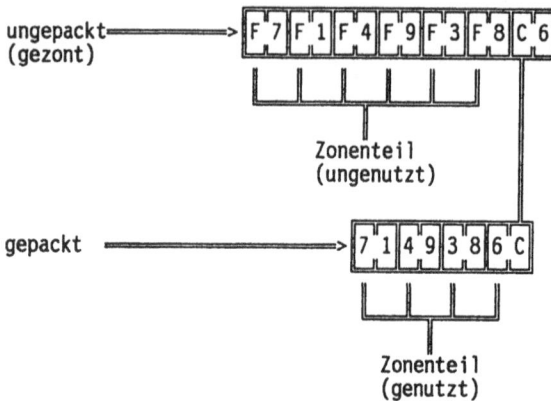

Abb. 1.23: *Gegenüberstellung gepackter und ungepackter Formate*

1.4.8 Logische Grundlagen

Der Ablauf einer Operation im Computer erfolgt in einer Folge von Schritten, in denen die Binärsignale in einem elektrischen Schaltnetz logisch miteinander verknüpft werden, um bestimmte Strompfade zu aktivieren. Der zeitliche Ablauf wird von einem Taktgeber gesteuert. Hierbei lassen sich verschiedene Schaltungen bilden, die zugleich zu den Grundfunktionen der Datenverarbeitung führen, die ihrerseits wiederum auf der Boole'schen Algebra basieren.

1.4.8.1 Boole'sche Verknüpfungen

Bei der Beantwortung der Frage, wie die als Bitfolge codierten Daten durch elektronische Schaltungen verändert werden, spielt die "Boole'sche Algebra" eine wichtige Rolle. Die von George Boole entwickelten Aussagenverknüpfungen wurden von C.E. Shannon zur Beschreibung und Gestaltung von Schaltungen verwendet. Grundgedanke ist, daß eine Aussage nur objektiv wahr oder falsch sein kann, so daß die zweiwertige Logik auf die beiden möglichen Zustände binärer Elemente übertragen werden kann. Ein Schaltwerk besteht aus einzelnen Schaltgliedern. Die Schaltglieder werden in Verknüpfungsglieder und Speicherglieder unterteilt. Der Wert am Ausgang des Schaltwerkes hängt vom inneren Zustand und dem Wert am Eingang des Schaltwerks ab (Abbildung 1.24).

EINGÄNGE		ERGEBNISSE (AUSGÄNGE)									
X1	X2	Y1	Y2	Y3	Y4	Y5	Y6	Y7	Y8	Y9	Y10
0	0	0	0	0	0	0	1	1	1	1	1
0	1	0	0	1	1	1	0	0	0	1	1
1	0	0	1	0	1	1	0	0	1	0	1
1	1	1	0	0	0	1	0	1	1	1	0

Abb. 1.24: *Beispiele boole'scher Verknüfungen*

Von den 16 theoretischen Möglichkeiten sind die technisch brauchbaren 10 abgebildet. Der Zusammenhang zwischen technischer Realisierung und Schaltalgebra ist dadurch gegeben, daß die Datenverarbeitungsanlagen für die Durchführung logischer Operationen mit Verknüpfungsgliedern versehen werden. Die für die Datenverarbeitung wichtigeren sind in der Abbildung 1.24 gekennzeichnet.

Die Aussage "die Sonne scheint" kann entweder "wahr" oder "falsch" sein; ebenso die Aussage "es ist Sonntag". Es liegen zwei Aussagenvariablen vor. Werden sie miteinander verknüpft, entsteht eine neue Aussage: "Es geht ins Grüne, wenn die Sonne scheint und wenn es Sonntag ist." Diese Aussage ist eine eindeutige Funktion der beiden ersten. Sie ist dann "wahr", wenn die beiden ersten Aussagen gleichzeitig erfüllt (IF Then), also "wahr" sind (AND-Verknüpfung). Dieser Formalismus wird in den Grundfunktionen der Datenverarbeitung benutzt. Dabei ist es von großer Bedeutung, daß

- eine Boole'sche Größe binären Charakter hat,
- eine Boole'sche Funktion dann vorliegt, wenn eine Ergebnisgröße in einer eindeutig definierten Weise von der   Erfüllung bzw. Nichterfüllung einer oder mehrerer Bedingungen abhängt.

1.4.8.2 Grundfunktionen

Die elementarsten Boole'schen Funktionen sind die Identität ($y = x$, d.h. y ist gleich x) und die Negation ($y = \bar{x}$, d.h. y ist gleich x nicht). Die erste Bedingung hat für die Datenverarbeitung eine geringe Bedeutung im Gegensatz zur zweiten Bedinung. Für die Datenverarbeitung sind die Boole'schen Funktionen

- AND (Konjunktion) Die Ergebnisgröße y ist dann und nur dann "wahr" (L), wenn alle Eingangsvariablen.X_1, X_2,......, X_n gleichzeitig "wahr" (L) sind.
- OR (Disjunktion) Die Ergebnisgröße y ist dann "wahr" (L), wenn eine oder mehrere der Eingangsvariablen X_1, X_2,......, X_n "wahr" (L) sind.
- NOT (Negation) Die Negation ist die Umkehrung des Wahrheitswertes.

von großer Wichtigkeit. Es läßt sich nämlich beweisen, daß alle überhaupt möglichen logischen Funktionen sich auf diese drei Grundfunktionen zurückführen lassen (Abbildung 1.25).

Identitaet	X $\longrightarrow$ y = x	X|Y L|L 0|0
Negation	X $\longrightarrow$ y = $\bar{x}$	X|Y L|0 0|L
AND	X_1 X_2 X_n y = $x_1 \wedge x_2 \wedge..\wedge x_n$	X_1|X_2|Y 0|0|0 0|L|0 L|0|0 L|L|L
OR	X_1 X_2 X_n y = $x_1 \vee x \vee_2 ..\vee x_n$	X_1|X_2|Y 0|0|0 0|L|L L|0|L L|L|L

Abb. 1.25: *Grundfunktionen und ihre Bedingungen*

2. Hardwaretechnische Grundlagen der Verarbeitung

Hardwaretechnische Grundlagen der Verarbeitung	Allgemeines über Computer	Überblick, Rechnergruppen Mikrocomputer Mainframe
	Aufbau des Computers	Mikrocomputer Mainframe
	CPU	Allgemeines über CPU ALU CPU
	Interne Verbindungs-einrichtungen	Funktionen Das Bus-Prinzip Das Kanal-Prinzip
	Ein- und Ausgabe-peripherie	Überblick Eingabe Ausgabe Ein- und Ausgabe
	Speicherperipherie	Überblick Magnetbandspeicher Diskette Magnetplattenspeicher sonst. Speicher Virtueller Speicher

2.1 Allgemeines über Computer

2.1.1 Überblick

Eine elektronische Datenverarbeitungsanlage besteht aus einer Vielzahl von Komponenten. Jede Komponente erfüllt eine bestimmte Funktion. Die Gesamtheit aller Komponenten und damit der Funktionszusammenhang setzt Kenntnisse voraus, um sie bei der Lösung betrieblicher Probleme nutzen zu können. Ausgegangen wird von einem Datenverarbeitungssystem und mit ihm von einer Reihe wichtiger Grundlagen (Abbildung 2.1), so von der

- **Hardware** als Gesamtheit aller greifbaren (materiellen) Teile einer Datenverarbeitungsanlage,

- **Software** als Gesamtheit aller immateriellen Teile einer Datenverarbeitungs- anlage, also die (system- bzw. anwenderbezogenen) Programme wie Betriebs- system, Dienstprogramme usw.,
- **Firmware** als eine besondere Form der Bereitstellung von sog. Mikropro- grammen (bestehend aus Elementaroperationen) im Computer in einer Zwi- schenstellung zwischen hardware- und softwaremäßigen Speicherung (siehe Mikrocomputer),
- **Brainware** als die Gesamtheit der geistigen (Denk-) Vorarbeit für die Ent- wicklung, die Planung und den Einsatz eines Computers (Zielvorstellung, Konzeptentwurf, Planung, Vorbereitung, Schaffung der Voraussetzungen, Realisierung),
- **Orgware** als die Gesamtheit der zur Verfügung stehenden Methoden, Verfah- ren, Tools zur Unterstützung der Softwareerstellung und
- **Manware** als Gesamtheit des durch den Computer auftretenden Personalpro- blems (Berufsausbildung, Personalbeschaffung, Personalführung).

Ergänzt werden müssen diese Ausführungen zunächst um zwei Problemkreise besonderer Art:

- Aus Kostengründen, häufig aber auch aus Gründen der besseren (höherwer- tigeren) Leistung bei gleichen Kosten, versuchen DV-Benutzer Hardwarebe- standteile verschiedener Hersteller zu mixen. Diese Mischung wird **Mixed- Hardware** bezeichnet.
- Bei der Kopplung von Hardwarebestandteilen von verschiedenen Herstellern treten **Kompatibilität**sschwierigkeiten auf, d.h. diese Bestandteile "vertragen" sich nicht.

Die Folge ist, daß entsprechende Softwareprogramme geschaffen werden müs- sen. Dieses Gebiet liegt - im Vergleich zu anderen Teilgebieten der Datenver- arbeitung - nicht zuletzt aus geschäftspolitischen Gründen stark zurück. In er- ster Linie wirken hier wissenschaftliche Institute und "kleinere" Firmen, die in diese Lücke einspringen usw. den Markt zu erobern versuchen.

Einige Leitsätze beschreiben die gegenwärtige Situation und geben zugleich Hinweise in bezug auf die Schwerpunkte in der Entwicklungsrichtung, ebenso in bezug auf die Veränderungen der Gegenwart und der nächsten Zukunft:

- Großanlagen werden serienmäßig mit 256 bzw. 288 KBit-Chips (anstatt 64 KBit-Chips) ausgestattet.- Automatisches Beleglesen, Spracheingabe, Laser- drucker für Kleinrechner, Tensionsarme bei Magnetbändern rücken vor.
- 32-Bit-Prozessoren lösen 8- und 16-Bit-Prozessoren ab; Kleinrechner werden vernetzt, neue Akzente werden mit   MS-WINDOW gesetzt.
- Entwicklungswerkzeuge gewinnen an Raum, so bspw. Prototyping, Syste- manalyse, Versionskonzepte.

Datenverarbeitungs-system	Hardware	Zentral-einheit	Zentralprozessor Ein- und Ausgabe-prozessoren Zentralspeicher
		Peripherie	Speichergeräte Ein- und Ausgabegeräte Datenübertragung
		Firmware	Mikroprogramming (ROM)
	Software	Systemsoftware Anwendungssoftware Datenorganisation	
	Brainware	Manware	intern extern
		Orgware	

Abb. 2.1: *Komponenten eines Datenverarbeitungssystems*

- Bürokommunikation, Btx (Bildschirmtext), ISDN (Integrated Services Digital Network) mit 64 KBit/s gewinnen   an Bedeutung.
- Mainframes und Mikrocomputer werden mit CAD (Computer Aided Design), CAE (Computer Aided   Engineering), CAM (Computer Aided Manufacturing), CIM (Computer Integrated Manufacturing), PPS   (Produktionsplanung- und Steuerung) ausgestattet.
- Expertensysteme und wissensbasierte Systeme werden entwickelt; betriebliche Infocenter eingerichtet etc.

Begünstigt wird diese Entwicklung vor allem durch die Fortschritte in der Produktion informationsverarbeitender Technologien (Abbildung 2.2). Ihre unmittelbaren Auswirkungen sind insbesondere kostenmäßig erkennbar (Abbildung 2.3). Hierzu einige ergänzende stichwortartige Aussagen:

- Arbeitsspeicher mit höherer Kapazität (< 128 MByte),
- Schnellerer Zugriff und schnellere Verarbeitungszeiten (unter 100 ns bzw. unter 30 ns; 30 MIPS aufwärts),
- 1 bzw. 4 Millionen Speicherstellen pro Chip (Megachip) mit ULSI (engl: ultimate large scale integration),
- Gentechnologie mit Biochip, da bei Wasserkühlung die geometrische Grenze des Integrationsgrades bei $2,5*10^7$ Schaltungen liegt,- parallelverarbeitende (Tandem-) Maschinen als Vektor- und Array-Prozessoren bzw. Rechnernetze,
- Magnetblasentechnik (engl. bubble memories), Josephson-Effekt mit Verarbeitungsgeschwindigkeiten in Picosekunden-Bereichen (10^{-12}),
- Sprachspeichersysteme mit digitalisierter Datenspeicherung,

- Erhöhung der Speicherkapazitäten je Laufwerk von gegenwärtig 50 bis 1200
  MB, der Transferrate von 1 bis 3 MB/s und schnellere Zugriffszeiten < 15
  bis 30 ms,
- Datenbankmaschinen für spezielle Aufgaben,
- Laserdruck etc.

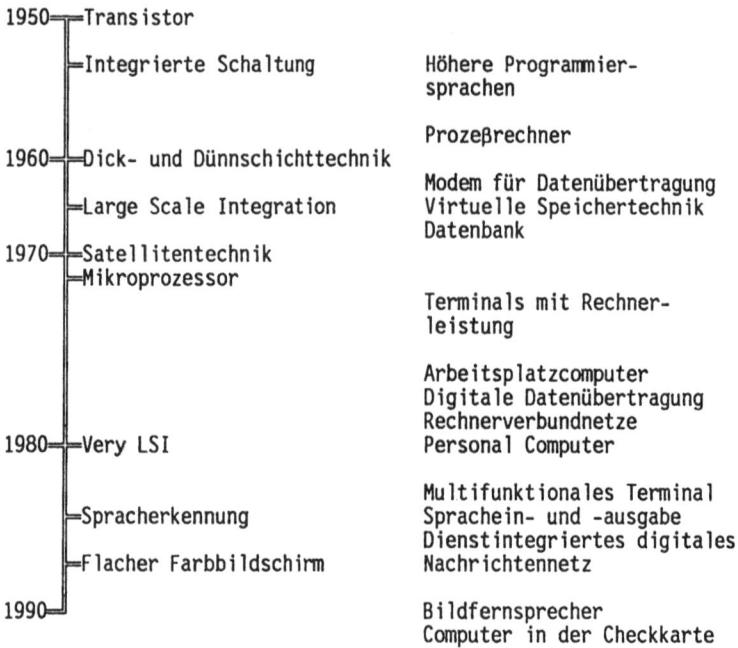

```
1950 ═╤═Transistor

       ╞═Integrierte Schaltung            Höhere Programmier-
                                          sprachen

                                          Prozeßrechner
1960 ═╪═Dick- und Dünnschichttechnik
                                          Modem für Datenübertragung
       ╞═Large Scale Integration          Virtuelle Speichertechnik
                                          Datenbank
1970 ═╪═Satellitentechnik
       ╞═Mikroprozessor
                                          Terminals mit Rechner-
                                          leistung

                                          Arbeitsplatzcomputer
                                          Digitale Datenübertragung
                                          Rechnerverbundnetze
1980 ═╪═Very LSI                          Personal Computer

                                          Multifunktionales Terminal
       ╞═Spracherkennung                  Sprachein- und -ausgabe
                                          Dienstintegriertes digitales
       ╞═Flacher Farbbildschirm           Nachrichtennetz

1990 ═╝                                   Bildfernsprecher
                                          Computer in der Checkkarte
```

Abb. 2.2: Zeittafel der technischen Entwicklung

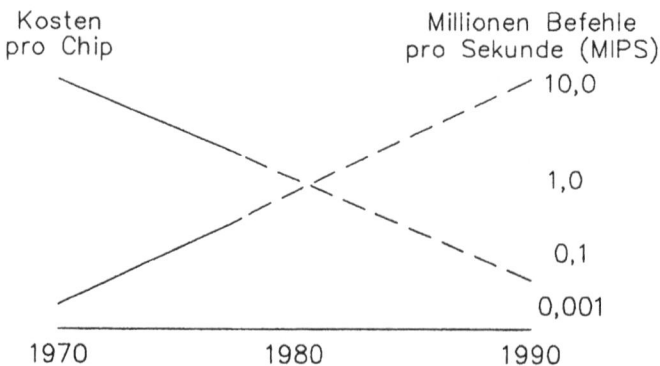

Abb. 2.3: Kosten-Leistungsrelationen

Besondere Bedeutung erlangen dabei die verschiedenen Formen der Informationen (Daten, Texte, Bilder, Sprache) und die damit verbundenen Kommunikationsformen (Abbildung 2.4).

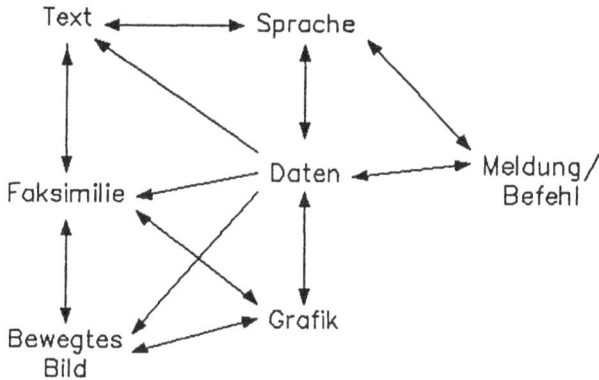

Abb. 2.4 : *Informationsarten*

Computer werden nach ihren technischen Daten und nach dem Preis in Kategorien eingeteilt. Beide Kriterien unterliegen großen Änderungen, so daß die Angaben praktisch nur Orientierungswerte sind, die zum Zeitpunkt ihrer Zusammenstellung gelten.

2.1.2 Computergruppen

Vier Gruppen/Kategorien sind zu bilden, und zwar die Gruppe der

- **Mikrocomputer**   (engl.: micro computer),
- **Minicomputer**   (engl.: mini computer),
- **Großcomputer**   (engl.: mainframe computer) und
- **Supercomputer**   (engl.: super computer).

Dieser mehr betriebswirtschaftlich orientierten Einteilung gegenüber benutzt Diebold eine 3er-Teilung nach dem Preis:

- Personal Computer/Mikrocomputer   < DM 25.000
- Bürocomputer/Kleincomputer   < DM 250.000
- Standardcomputer/Großanlagen   > DM 250.000

Die Differenzen zwischen den einzelnen Gruppen sind jedoch gewaltiger, als dies hieraus ersichtbar ist. Supercomputer kosten bspw. bis zu 50 Mio.DM und Großrechner bis zu 30 Mio.DM: Gemessen wird der Kaufpreis; oder Leasing- bzw. Mietpreise werden hochgerechnet. Ausschlaggebend sind dabei

- die Verarbeitungsleistung (engl.: performance) - gemessen in MIPS oder MOPS (Millionen Instruktionen/Operationen pro Sekunde; in neuerer Zeit wird auch in FLOPS, engl.: floating point operations per   second, also nach Gleitkommaoperationen pro Sekunde, gerechnet);

- die Leistung des Prozessors - gemessen mit der Verarbeitungsbreite, also mit der Anzahl der gleichzeitig übertragenen Bits über die internen Datenübertragungswege (8, 16, 24, 32, 64 Bits), sowie der Taktrate (Letztere ist eine in MHz angegebene Meßgröße der Verarbeitungsgeschwindigkeit, d.h. eine Taktrate von 4 MHz besagt, daß ein Befehl mit vier Taktzyklen in einer millionstel Sekunde abgearbeitet/ausgeführt wird.).

Eine weitere Unterteilung, allerdings mehr technischer Art, gruppiert die Rechner in folgende Arten/Klassen:

- **Analogrechner** (engl.: analog computer) zur Verarbeitung analoger Daten im technischen Bereich,
- **Digitalrechner** (engl.: digital computer) zur Verarbeitung digitaler Daten im kommerziellen Bereich und
- **Hybridrechner** (engl.: hybrid computer), der sowohl über analoge, wie auch über digitale Recheneinheiten verfügt.

Hybridrechner werden oft als sog. **Prozeßrechner** (engl: process computer) genutzt, da sie über Analog-Digital- und Digital-Analog-Umsetzer verfügen, daher zur Überwachung und Steuerung industrieller bzw. physikalischer Prozesse geeignet sind. Schließlich werden sog. **Vektorrechner** (engl: vector processor; array processor) unterschieden, die über einen speziellen Befehlsvorrat zur Berechnung von Vektoren verfügen.

Mikrocomputer (Personal Computer, PC) werden entsprechend ihrer Nutzungen verschieden gruppiert. Einige allgemeingültige Hinweise sind nachfolgend zusammengestellt. Der Begriff **Personal Computer** beschreibt ein Mikrocomputersystem, das im Sinne von Hardware und Software als Kompaktrechner bezeichnet werden kann:

- Kleine physische Dimensionen; alle zur unmittelbaren Nutzung notwendigen Bausteine (z.B. externe Speicher) sind im Gerät enthalten bzw. sie sind "griffbereit".
- Volle Stand-alone-Funktionsfähigkeit am Arbeitsplatz; dies schließt den Datenverkehr mit anderen Rechnern oder die Nutzung teurer Ressourcen - z.B. Platte, Drucker - durch mehrere Rechner nicht aus.
- Stand-alone-Bedienbarkeit, d. h. es ist kein Operating, weitestgehend kein Systemberater oder Systemanlerner für Nutzung von Hardware und Software erforderlich; also volle Verantwortung am Arbeitsplatz.
- Problemlöser für die besonderen Aufgaben des Arbeitsplatzes sind Personal-Computer.
- Hardware und Software vom funktionalen Leistungsspektrum sind der Verständlichkeit und Bedienbarkeit her auf diesen Arbeitsplatz zugerichtet oder ohne große organisatorische Konsequenzen für den Arbeitsplatz und dessen Umfeld zurichtbar.

Damit sind ausgeschlossen der **Home Computer,** an den hardware- und softwaremäßig weniger Anforderungen gestellt werden und der **Großcomputer,** der mit zentralisierter Power off- oder on-line die Benutzer versorgt. Die Übergänge zum Bürocomputer und Minicomputer sind fließend:

- Personal-Computer sind **als Bürocomputer** einsetzbar bzw. heutige Bürocomputer sind schon oft Personal-Computer.
- Die (heutige) obere Leistungsgrenze von Mikrocomputersystemen geht über in den Bereich der Minis. Eine Unterscheidung wäre allenfalls über die Organisationsform - Minis mit angeschlossenen unintelligenten Terminals - über die (ggf. noch andere) Technologie und/oder die Komplexität, damit aber auch über die Varietät und Vielfalt der verfügbaren Software zu finden. Da es jedoch auch mehrplatzfähige PC's gibt, wird letztlich der Unterschied zunehmend nur in der Spezifikation der möglichen und sinnvollen Anwendungen bzw. im Bereich des Softwareangebots und des Services liegen.

2.2 Aufbau des Computers

Der Aufbau des Computers folgt dem Funktionsprinzip der Datenverarbeitung (Abbildung 2.5). Für jede Funktionsart stehen spezifische Geräte(-gruppen) bzw. technische Einheiten zur Verfügung. Dabei führen die Mikrocomputer und Mainframe unterschiedliche Formen an. Ihre Angleichung ist insbesondere in Bezug auf die Ein- und Ausgabeperipherie sichtbar. Mitunter sind Mikrocomputer Komponente der Mainframe-Peripherie; häufiger ist jedoch ihre Vernetzung.

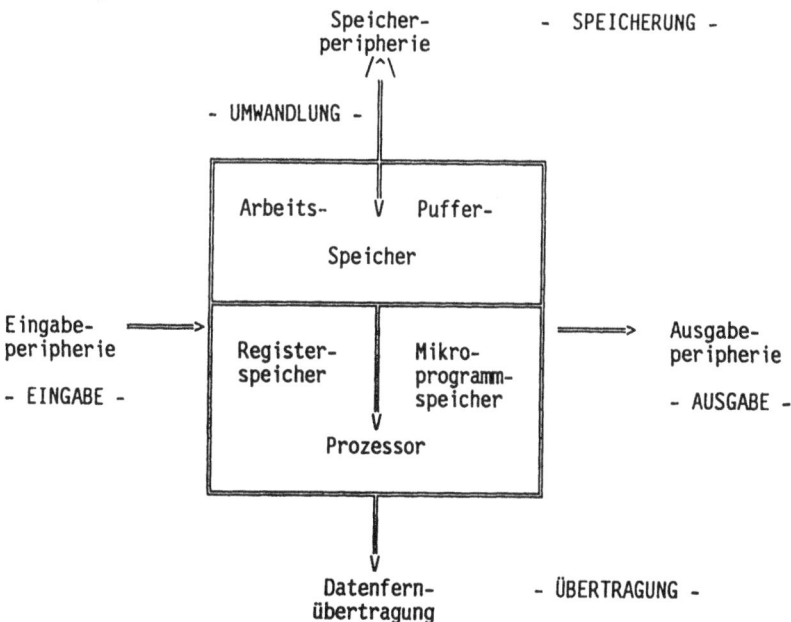

```
                    Speicher-        - SPEICHERUNG -
                    peripherie
                       /^\
          - UMWANDLUNG -  |
                          |
        ┌─────────────────┼─────────────────┐
        │                 V                  │
        │   Arbeits-    V    Puffer-         │
        │        Speicher                    │
        │                                    │
Eingabe-  ════>                       ════>  Ausgabe-
peripherie│  Register-     Mikro-           │ peripherie
        │  speicher      programm-          │
- EINGABE -│               speicher         │ - AUSGABE -
        │               V                    │
        │            Prozessor               │
        └─────────────────┼─────────────────┘
                          V
                    Datenfern-        - ÜBERTRAGUNG -
                    übertragung
```

Abb. 2.5: *Kontext zwischen Funktionen und Aufbau des Computers*

2.2.1 Mikrocomputer

Mikrocomputer sind im Laufe der 70er Jahre aus der Mikroprozessor-Technik hervorgegangen. Sie basieren auf einem Mikroprozessor, der die Zentraleinheit bildet.

Mikrocomputer sind ihrem Aufbau nach zunächst als Stand-Alone-Systeme entwickelt worden. Den Durchbruch schafften die Mikrocomputer erst im Jahre 1977, als Apple, Tandy und Commodore die ersten Mikrocomputer ankündigten. Den ersten erfolgreichen Computer dieser Art stellte Commodore auf der Hannover-Messe 1977 vor. Dieser Mikrocomputer mit dem Namen PET basierte auf einem Prozessor 6502 und wurde ausgerüstet mit 4K RAM, einem BASIC-Interpreter im ROM, ASCII-Tastatur, integriertem Bildschirm, integriertem Kassettenlaufwerk und einem IEEE-488-Interface. Die Konkurrenten Tandy und Apple stellten ähnliche Geräte vor. Tandy benutzte aber statt des 6502 Prozessors von MOS-Technologie, der 56 Grundbefehlstypen verarbeiten konnte, einen Z80 Prozessor von Zilog, der mit 158 Grundbefehlstypen arbeitete. Apple benutzte ebenfalls den Prozessor 6502, erweiterte aber den Arbeitsspeicher von 4 auf 16K RAM.

In der folgenden Zeit drängten viele Anbieter mit einer Vielzahl von Mikrocomputer-Varianten auf den Markt:

- die Hand-held-Computer,
- die Home- und Hobby-Computer,
- die Personal-Computer und
- die Bürocomputer.

Die Gruppe der **Hand-held-Computer** umfaßt folgende Rechnertypen:

- die programmierbaren Taschenrechner,
- die Taschencomputer,
- die Briefcase Computer und
- die Portablen Computer.

Wesentliche Merkmale sind eine geringe Baugröße, Batteriebetrieb, eingebautes Zeilendisplay und Anschlußmöglichkeit von Peripheriegeräten wie Bildschirm, Drucker, Floppy-Laufwerk etc. Entscheidend ist, daß der Rechner ortsunabhängig ist und während der Bedienung in der Hand gehalten werden kann. Beispiele sind: HX-20 von Epson oder HP75 von Hewlett-Packard. Bei den portablen Computern ist die Tragbarkeit die herausragende Eigenschaft. Dieser Computer ist größer als ein Hand-held-Computer, verfügt über einen eingebauten Bildschirm und sieht im geschlossenen Zustand wie ein Koffer aus. Beispiele sind Kaypro II (8-Bit-Rechner), Toshiba (16-Bit-Rechner) und Compact 386 (32-Bit-Rechner).

Bei den **Personal Computern** handelt es sich um mehrfunktionale Geräte, die theoretisch in allen Bereichen eingesetzt werden können. Ein typischer Personal Computer besitzt die folgende Grundkonfiguration:

Prozessor : Einprozessorsystem
Betriebsart : mehrfunktionales Single-User-System
Bildschirm : 80 Spalten
Schnittstelle : V.24 (RS-232), Centronix
Speicher- : zwei Diskettenlaufwerke oder Festplatte
peripherie
Drucker- : Matrix-Drucker, Schönschreibdrucker,
peripherie Schreibmaschine, Laserdrucker

Mikrocomputer bestehen aus

- einem Mikroprozessor, der seinerseits aus Steuerwerk, Rechenwerk und Registern besteht, einem internen und externen Bus,
- einem Hauptsprecher als Festspeicher für den Arbeitsspeicher und Nur-Lesespeicher,
- einem oder mehreren Massenspeichern (Disketten, Winchesterplatten, Streamer, optische Speicherplatte) und
- verschiedenen Ein- und Ausgabegeräten mit Tastatur, Bildschirm, Maus, Netzwerk-Server, Drucker, etc. (Abbildung 2.6).

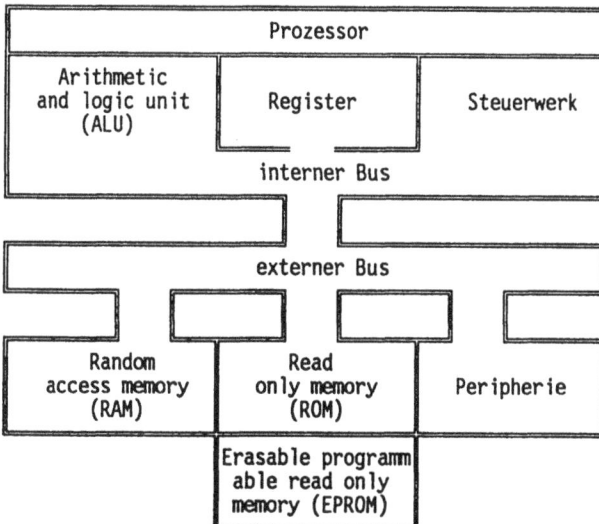

Abb. 2.6: *Aufbau eines Mikrocomputers*

Die **Zentraleinheit** besteht aus dem Steuerwerk, dem Rechenwerk und dem Hauptspeicher (Arbeitsspeicher). Das Steuerwerk und das Rechenwerk werden Mikroprozessor genannt. Die übrigen Einrichtungen außerhalb der Zentraleinheit werden als Peripherie bzw. als Peripheriegeräte bezeichnet. Dazu gehören neben den Ein- und Ausgabestationen auch die externen Speicher wie Magnetplatten oder Disketten. Sie sind über Schnittstellen (Interface) mit dem Rechner verbunden.

Das **Rechenwerk** ist das unentbehrliche Bauteil, das das Rechnen und Vergleichen besorgt. Es ist für die arithmetischen Funktionen verantwortlich und kann Wertbestimmungen sowie Operationen mit logischen Verknüpfungen durchführen.

Die **Steuereinheit** als Kommandozentrale und Kontrollorgan für die Abwicklung des Programms hält die Verbindung der einzelnen Baugruppen aufrecht. Sie arbeitet in einem festen Zeittakt, der von einem Taktgenerator mit Hilfe eines Quarzkristalls erzeugt wird. Dieser Zeittakt ist gewissermaßen der Pulsschlag, der alle Operationen synchronisiert und auch vorwärtstreibt. Der Zeittakt wird in Mega Hertz = MHz angegeben und ist für die Arbeitsgeschwindigkeit eines Gerätes entscheidend. Je höher die Frequenz, desto schneller die Arbeit. Die Taktfrequenzen liegen heute zwischen 0, 2 und 10 MHz (= 10 Millionen Schwingungen pro Sekunde).

Ein bestimmter Teil der **Speicher**kapazität, **ROM** (read only memory) genannt, wird für wiederkehrende Befehle und Anweisungen benötigt, die erforderlich sind, um das Computersystem zu starten und zu steuern. Diese Speicherinhalte können nur gelesen, aber nicht verändert werden. ROM-Sonderformen sind die sog. programmierbaren ROM, die **PROM**-Speicher (programmable ROM). Der Anwender kann eine einmalige Programmfolge angeben, die für die Zukunft auch bei Stromausfall erhalten bleibt. Komfortabler sind die wieder löschbaren, programmierbaren ROM. Sie werden **EPROM** (erasable PROM) genannt.

Der übrige Speicherraum, auf den der Anwender freien Zugriff hat, um dort Daten oder Programme zu deponieren, wird **RAM** (random access memory) genannt. Der wesentliche Nachteil des RAM-Speichers besteht darin, daß nach dem Abschalten des Stroms die in ihm befindlichen Daten gelöscht sind.

2.2.2 Mainframe

Eine Datenverarbeitungsanlage besteht aus einer Anzahl von Funktionseinheiten, die bezüglich ihrer Funktionen gegeneinander abgegrenzt werden können, die jedoch untereinander gekoppelt sind. Prinzipiell muß eine Datenverarbeitungsanlage - siehe dazu auch Abbildung 2.1 - über Hardware und Software verfügen, wobei

- die **Hardware** in Einheiten der Zentraleinheit und Peripherie,
- die **Software** in System- und Anwendungssoftware

unterteilt wird (Abbildung 2.7). Die Hardware als Funktionseinheit besteht wiederum aus mehreren Baueinheiten, entsprechend Abbildung 2.8, wobei eine direkte Verbindung zu den zu erfüllenden Funktionen besteht (Abbildung 2.9).

Die **Zentraleinheit** (engl.: central processing unit, CPU) ist eine Funktionseinheit innerhalb der Datenverarbeitungsanlage. Die Zentraleinheit besteht aus Hauptspeicher, dem Steuerwerk, sowie der Arithmetik und Logik. Das Steuerwerk und das Rechenwerk werden zusammen als Prozessor bezeichnet. Im Prozessor erfolgt die effektive Verarbeitung der Informationen nach den dem Datenverarbeitungssystem eingegebenen Programm. Das Programm legt durch eine Instruktionskette fest, welche Informationen wie und wo zu verarbeiten sind.

Große Datenverarbeitungssysteme sind mit mehreren Prozessoren ausgestattet. Der **Zentralprozessor** (engl.: processor) ist eine Funktionseinheit, die das Leitwerk/Steuerwerk und das Rechenwerk umfaßt.

Das **Leit- oder Steuerwerk** (engl.: control unit) dient der Durchführung der einzelnen Befehle eines Programms. Das **Rechenwerk** (engl.: arithmetical logical unit, ALU) führt die Rechenoperationen wie arithmetische Befehle (engl.: instruction), logische Befehle der Boole'schen Algebra usw. aus. Der **Zentralspeicher** (engl: central storage, memory) ist eine interne Funktionseinheit für die Aufnahme, Aufbewahrung (Bereitstellung) und Abgabe der Daten. Häufig wird in diesem Zusammenhang auch vom Speicherwerk, früher vom Kernspeicher gesprochen, da er zumeist aus Magnetkernen aufgebaut war. Jeder Speicher, der nicht Zentralspeicher ist, wird als **externer Speicher** (engl: external storage) bezeichnet. Sie sind langsamer, verfügen dafür über sehr große Speicherkapazitäten.

Datenverarbeitungs-anlage	Hardware	Zentraleinheit(en)
		Peripherieeinheiten
	Software	Systemsoftware
		Anwendungssoftware

Abb. 2.7: *Prinzipieller Aufbau einer Datenverarbeitungsanlage*

Hardware	Zentraleinheit(en)	Zentralprozessor(en)
		Zentralspeicher
		Interne Verbindungs-einrichtungen
	Peripherieeinheiten	Eingabegeräte
		Ausgabegeräte
		Speichergeräte

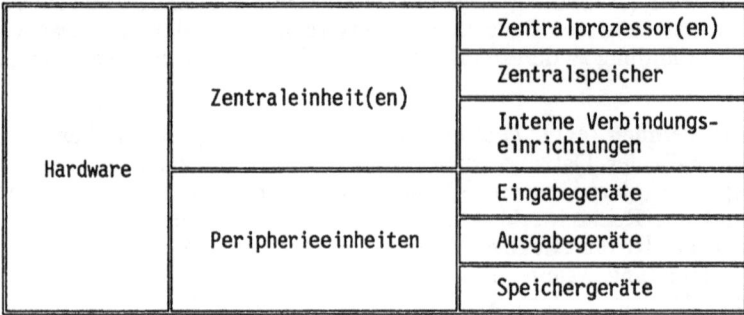

Abb. 2.8: *Prinzipieller Aufbau der Hardware*

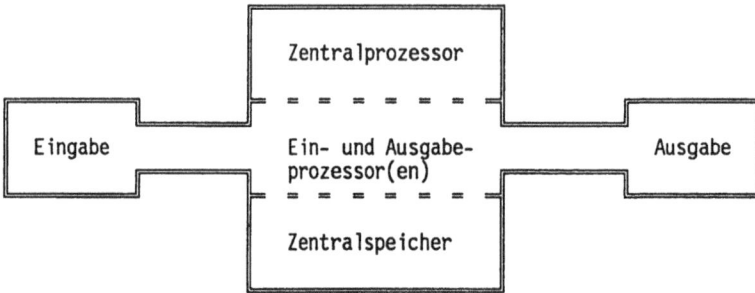

Zentralprozessor

Eingabe   Ein- und Ausgabe-prozessor(en)   Ausgabe

Zentralspeicher

Abb. 2.9: *Der Funktionszusammenhang eines Computers*

- Funktionseinheiten, die nicht zur Zentraleinheit gehören, sind sog. periphere Einheiten oder **Peripherie** (engl.: peripheral unit). Dementsprechend sind externe Speicher **periphere Speicher** (engl.: peripheral unit). Nicht unmittelbar benötigte Daten und Programme, die aus Platzgründen nicht ständig im Zentralspeicher stehen, werden extern gespeichert. Die hier eingesetzten Speichergeräte werden außerdem auch als Eingabe- und Ausgabegeräte verwendet. Für die **Eingabe** (engl.: input) ebenso für die **Ausgabe** (engl.: output) von Daten und Programmen werden in größeren Anlagen selbständige Ein- und Ausgabegeräte bzw. -Einheiten (engl.: input/output unit, I/O unit) eingesetzt.
- Der Anschluß der Zentraleinheit an die Peripherie, bzw. umgekehrt wird über den **Ein- und Ausgabeprozessor** (engl.: input/output processor) realisiert. Sie steuern, gegebenenfalls modifizieren die Datenbewegung, den Datentransfer zwischen dem Zentral- und Peripheriespeicher. Sie bewirken einen Ausgleich zwischen der hohen internen Rechengeschwindigkeit der Zentraleinheit und den wesentlich langsameren Ein- und Ausgabegeschwindigkeiten der peri-

Eingabe – Peripherie	Speicher – Peripherie	Ausgabe – Peripherie
Direkte Eingabe - Datenendgerät (Terminal) - Maus, Geräte des Teleprocessing - Prozeßrechner Indirekte Eingabe - optische, magnetische - Zeichenleser - Streamer Speicher-Eingabe - Kassette, Diskette - Magnetband, -platte - optische Speicherplatte	Magnetbandspeicher Magnetplattenspeicher Diskette, Mikrofiche Magnettrommelspeicher Massenspeicher optische Speicherplatte Kanalwerke - Selektorkanäle - Multiplexkanäle Zentraleinheit - Steuerwerk (Logik) - Rechenwerk (Arithmetik) - internes Speicherwerk	Direkte Ausgabe - Datenendgerät (Terminal) - Schnelldrucker - Plotter, Geräte des Teleprocessing Indirekte Ausgabe - Sprachausgabe - früher versch. Stanzer Speicher-Ausgabe - Magnetband, -platte

Abb. 2.10: *Gerätegruppen und Einzelgeräte des Mainframes*

pheren Geräte. Letztere arbeiten häufig, zumindest teilweise, mechanisch. Der Anschluß selbst wird über Ein- und Ausgabekanäle (Kurzbezeichnung: **Kanäle**, Kanalwerk; engl.: channel, channel unit) realisiert. Sämtliche Kanäle des Ein- und Ausgabeprozessors arbeiten parallel zueinander (Abbildung 2.10).

2.3. Zentraleinheit

Die Zentraleinheit ist das "Herz" jedes Computers. Der Begriff selbst drückt die Bedeutung aus, die von der Zentraleinheit ausgeht. Hier läuft die eigentliche Verarbeitung, die sachliche Transformation ab. Entsprechend der Entwicklung der Speichertechnik waren zunächst elektronische Röhren, dann Kernspeicher, dann monolithische Speicherelemente verwendet worden. Moderne Computer verwenden vorzugsweise letztere Bauelemente als auch integrierte Schaltkreise. Diese Bauelemente werden in einem Fertigungsprozeß aus Silizium-Einkristallen mit Hilfe von fotolithografischen und Diffusionsprozessen erzeugt.

2.3.1 Aufbau eines Chips

Bei Mikrocomputern ist die Zentraleinheit auf einem einzigen Chip untergebracht. Daher werden sie mitunter auch "Chip-Prozessor" genannt. Ein **Chip** (engl.: chip) ist ein Halbleiterplättchen - im Regelfall aus Silizium - von 10 bis 100 mm^2 Fläche und weniger Zehntel mm Dicke, das eine Anzahl von in die Hunderttausende gehende Bauelemente als Widerstände, Dioden und Transistoren enthält. Sie enthalten die Logik-(Verknüpfungs-) und Speicherfunktionen. Die Chips werden auf dünne monokristalline Siliziumscheiben (Wafer, engl.: wafer) aufgebracht. Dies geschieht in einem mehrstufigen, komplizierten Herstellungsprozeß. Das Produkt, ein Chip, besteht aus:

- einem Rechenwerk (ALU),

- einem Taktgenerator als Element der zeitsynchronen Steuerung im Prozeß,- einem Steuerwerk zur Ablaufsteuerung der Befehle,
- einem Bus zur Herstellung elektronischer Verbindungen zwischen den Registern zur parallelen Bit-Übertragung,
- einem Register zur Speicherung von Einzelinformationen in Wortlänge außerhalb des Hauptspeichers,
- einem Decoder zur Umsetzung der Externdarstellung der Befehle in die Struktur des Steuerwerkes,
- einem Stromgeber,
- einem Interrupter,
- einem Incrementer zur Erhöhung des Befehlsfolgezählers,
- einem Befehlsfolgezähler,
- einem Befehlsregister (Abbildung 2.11).

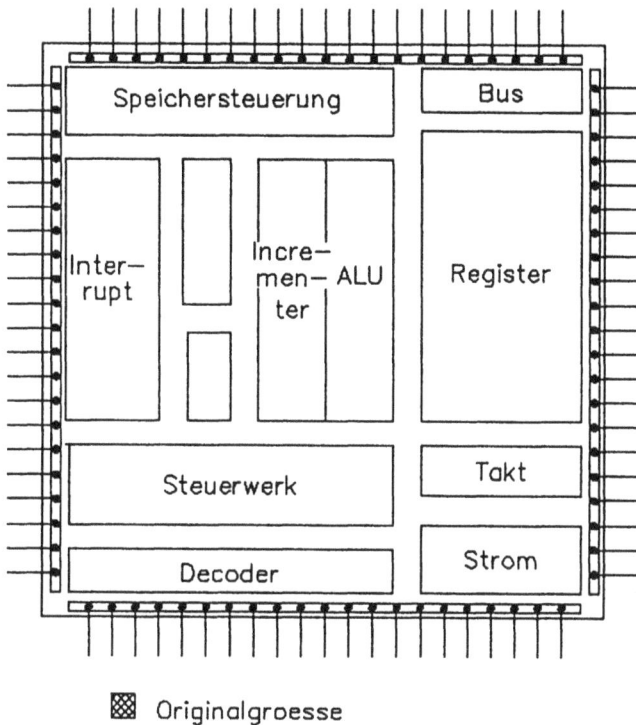

Abb. 2.11: *Aufbau eines Chips*

Der Mikroprozessor ist somit auf einem Chip von durchschnittlich 5x4 mm untergebracht. Das Zusammenwirken der Bauteile erfolgt jeweils über eine Sammelleitung, **Bus** (engl.: bus) genannt. Als Bus wird hier ein Band parallel lau-
fender Leitungen bezeichnet, die die Verbindung zwischen den Bauteilen des
Computers herstellen. Sie sind für den internen Transport der Signale, Befehle
und Daten verantwortlich und arbeiten entweder in beide Richtungen (= bidi-
rektional) oder nur in eine Richtung wie auf einer Einbahnstraße. Die Anzahl
der Leitungen in einem Bus ist von Bedeutung für die Leistung des Gerätes.
Man unterscheidet Busbreiten von vier bis sechzehn Leitungen bei herkömmli-
chen PC's, neuerdings auch Busse mit 32 Leitungen. Über jede Einzelleitung
im Bus kann gleichzeitig nur eine Information in eine Richtung durch einen
elektrischen Impuls weitergegeben werden.

Die **Beurteilungskriterien** für einen Mikrocomputer sind

- interne Architektur, insbesondere Registerbreite;
- Adressierungsraum, bestimmt durch die Breite des Adressbusses;
- Transferleistung, in hohem Grad durch die Breite des Datenbusses bestimmt;
- Taktfrequenz.

Die **interne Architektur** eines Prozessors wird in erster Linie anhand der Breite der Register beurteilt. Je mächtiger der Prozessor, desto mächtiger sind im allgemeinen auch die Instruktionen. Die Anzahl der Instruktionen, die ein Prozessor in einer Sekunde auszuführen vermag (**MIPS** = Millionen Instruktionen pro Sekunde), ist für sich allein eine kaum aussagefähige Größe, solange unklar ist, welche Funktionen die Instruktionen ausüben können. Die Länge der Instruktionen wird durch die interne Breite mitbestimmt. Eine 32 Bit lange Instruktion kann mehr Funktionalität haben als eine 8 Bit lange.

Der **Adressbus**, dessen Breite wiederum in Anzahl Bits gemessen wird, ist maßgeblich für den direkt adressierbaren Speicherraum. Während Prozessoren der neuen Leistungsklasse "0800" aufgrund ihrer 16-Bit-Register direkt nur 64-KB-Speicherblöcke adressieren können, erreichen modernere Prozessoren wie der Motorola 68010 Adressbereiche von 16 MB.

Über den **Datenbus** läuft der gesamte Datenverkehr zwischen zentralen Einrichtungen und Peripherie. Seine Breite wird wiederum in Anzahl Bits gemessen. Je breiter er ist, desto mehr Zeichen kann er mit einem Takt übertragen. Während also ein nur acht Bit breiter Adressbus lediglich ein Byte auf einen Schlag transferiert, schafft ein 16-Bit-Bus gleich zwei; ein 32-Bit-Bus entsprechend der Busbreite vier.

Die **Taktfrequenz**, durch einen Impulsquarz gesetzt, stellt gleichsam den Herzschlag des Prozessors dar. Sie wird in Mega-Hertz (MHz) gemessen. Die Leistung eines gegebenen Prozessors steigt linear mit der Taktfrequenz.

Den Datenverkehr (Datentransport) besorgen

- innerhalb der Zentraleinheit interne,
- außerhalb der Zentraleinheit externe

Busse. Es sind Verbindungssysteme (siehe Datenwege), die von den angeschlossenen Geräteeinheiten gemeinsam genutzt werden. 16-Bit-Prozessoren, bzw. deren Busse übertragen 16 Bit parallel, d.h. gleichzeitig. Die Wortlänge der Verarbeitung beträgt 16 Bit. Analog verhält es sich mit den 32-Bit-Prozessoren. Jeder Bus stellt für den Transport auf den Datenwegen physisch nicht unbedingt getrennt Steuer-, Adreß- und Datenbus bereit. So liest der Steuerbus das Signal zum Lesen, der Adreßbus die Adresse des Speicherplatzes, der Datenbus die Daten auf dem Speicherplatz. Sämtliche Daten und Programme werden durch Folgen von Bits repräsentiert. Sie werden sowohl im Zentralspeicher, wie auch in der Speicherung auf Chips realisiert.

Mikrocomputer werden

- traditionell als **8-Bit-Mikroprozessoren** (Intel 8080 oder Zilog Z-80) gebaut (d. h. die Zentraleinheit kann auf einmal nur ein Byte verarbeiten, da der Datenbus nur acht Bit breit ist),

- gegenwärtig als **16-Bit-Mikroprozessoren** (Intel 8086/8088, Zilog Z-8000 oder Motorola 68000) gebaut, also mit einer Datenbreite von 16 Bits (d. h. sie können zugleich zwei Bytes abarbeiten und transportieren),
- künftig als **32-Bit-Mikroprozessoren** (Intel 80386, Motorola 68020) mit einer Daten- und Busbreite von 32 Bits (Abbildung 2.12) unterteilt.

Hersteller	Typ	Int. Bus	Daten- Bus	Adress-Raum	Taktfrequenz MHz
Intel	8088	16	8	1 MB	5, 8
Intel	8086	16	16	1 MB	5, 8, 10
Intel	80286	16	16	16 MB 1 GB virtuell	5, 8, 10
Intel	80386	32	32	16 MB 1 GB virtuell	12, 16
Motorola	68000	32	16	16 MB	4, 6, 8, 10 und 12.5
Motorola	68010	32	16	16 MB virtuell	8, 10, 12.5
Motorola	68020	32	32	16 MB virtuell	16
NatSemi	32016	32	16	16 MB	8, 10
NatSemi	32032	32	32	16 MB virtuell	> 10

Abb. 2.12: *Mikroprozessoren und ihre technischen Leistungen*

Die Unterschiede bezüglich der Leistungsfähigkeit verdeutlichen die Ergebnisse von Benchmarktests. Solche Tests werden benutzt, um die Geschwindigkeit, die Befehlseffizienz (benötigter Speicherraum für ein Problem) oder die Rechengenauigkeit zu überprüfen. Geeignete Benchmarkprogramme sollten möglichst kurz und auf allen marktgängigen Computern implementierbar sein.

Ausführliche Benchmarktests, die von der Zeitschrift "Computer Persönlich" unter Berücksichtigung der verschiedenen Systemeigenschaften durchgeführt wurden, besagen, daß gegenüber dem IBM-PC

- die Apple 2.0 mit Z-80 CPU um den Faktor 0,6 langsamer,
- der Genie III mit /-80B CPU um den Faktor 1,3 schneller, sowie
- der IBM-PC AT mit der 80286 CPU um den Faktor 2,25 schneller ist.

Bei rechenintensiven Anwendungen werden in neuerer Zeit Leistungssteigerungen durch Coprozessoren bewirkt. So werden der 8087 die Prozessoren 8086 und 8088, der 80287 den Prozessor 80286 und der 80387 den Prozessor 80386 in ihren Leistungen erweitert.

2.3.2 Der technische Aufbau der Zentraleinheit

Die Zentraleinheit wird aus drei typisch zu unterscheidenden Elementen aufgebaut, und zwar aus

- dem Speicherwerk (Hauptspeicher, Internspeicher),
- dem Rechenwerk und
- dem Steuerwerk (Leitwerk).

Diese Elemente werden ergänzt, durch Register mit übergreifenden Funktionen zwischen den drei Elementen und Kanälen für die Ein- und Ausgabesteuerung (Abbildung 2.5).

2.3.2.1 Das Speicherwerk

Im Speicherwerk werden die Daten- und Befehlsworte gespeichert. Sie müssen von dort jederzeit abrufbar sein. Um dies systematisch und sicher zu ermöglichen, muß es nach einem Ordnungsprinzip aufgebaut sein. Es besteht aus **Speicherstellen**, die einzeln über die ihnen zugeordneten (Maschinen-) Adressen auffindbar sind. Dazu werden die einzelnen Speicherstellen i.d.R. von Null beginnend fortlaufend durchnumeriert (bspw. 0000-4095). Die Speicherstellen sind in ihrer Struktur einheitlich, d.h. jede Speicherstelle besteht aus der gleichen Anzahl binärer Speicherelemente (bei Bytemaschinen aus 8 binären Speicherelementen). Der Speicherinhalt einer Speicherstelle ist demnach ein Zeichen. Die Speicherstelle ist die kleinste adressierbare Einheit im Speicherwerk einer Byte(Stellen-)maschine.

Bei Wortmaschinen nennt man die kleinste adressierbare Einheit **Speicherzelle**. Die Speicherzelle bei Wortmaschinen besteht aus einer fixen Anzahl binärer Speicherelemente (zwischen 16 und 64). Der Speicherinhalt einer Speicherzelle kann demnach aus mehreren Zeichen bestehen. Jeder Speicherinhalt, d.h. jede Information (Daten- oder Befehlswort), kann nur über die Adresse der betreffenden Speicherstelle wiedergefunden werden.

Technisch sind die binären Speicherelemente unterschiedlich realisiert. Häufig verwendet man Speicherbausteine mit 4, 8, 16, 32, 64 etc. KB Speicherstellen. Der Zentralspeicher besteht dann aus mehreren dieser Speicherbausteine.

Das Lesen aus und das Schreiben in einen Speicher wird vom Steuerwerk geregelt. Unter Lesen versteht man die elektronische Entnahme aus der Speicherstelle und unter Schreiben das elektronische Einbringen. Beim Lesen bleibt die Information erhalten. Beim Schreiben wird der alte Speicherinhalt überschrieben.

Beim Speicherwerk handelt es sich um das "Gedächtnis" des Computers. Es enthält das in Arbeit befindliche/die in Arbeit befindlichen Programme (Anwendungsprogramme), die dafür notwendigen Daten und vorübergehend die Ergebnisse. Außerdem nimmt es Bestandteile des Betriebssystems (Systemprogramme) auf. Folgende Speicherungsphasen werden unterschieden:

- die Eingabephase,
- die Ausgabephase,
- verschiedene programmabhängige Phasen der Zwischenspeicherung und
- die Befehlsausführung (Abbildung 2.13).

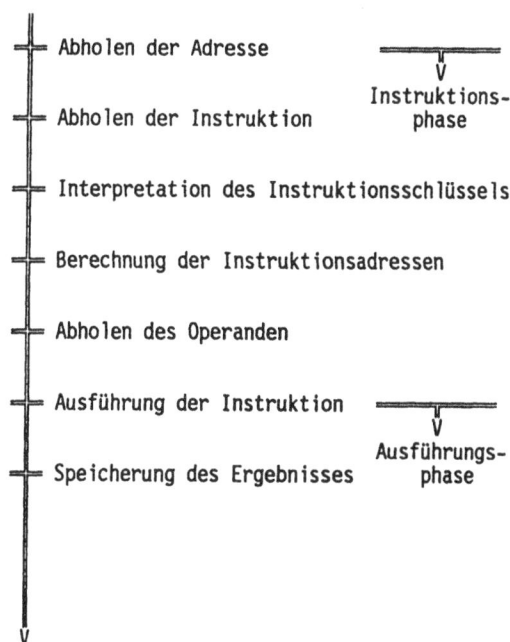

Abholen der Adresse

Abholen der Instruktion

Instruktionsphase

Interpretation des Instruktionsschlüssels

Berechnung der Instruktionsadressen

Abholen des Operanden

Ausführung der Instruktion

Speicherung des Ergebnisses

Ausführungsphase

Abb. 2.13: *Ablaufphase in der Befehlsausführung*

In Abhängigkeit davon, in welcher Phase der Verarbeitung sich Daten und Programme befinden, werden verschieden schnelle Zugriffsmöglichkeiten verlangt (außerordentlich schnell in der Befehlsführung). Dementsprechend kommt den Speichereinrichtungen große Bedeutung zu. Die Zugriffszeit des Zentralspeichers liegt im allgemeinen im Mikro- bzw. Nanosekunden-Bereich. Innerhalb des Speicherwerkes werden einige 1000 Bytes für den sog. **Schnellspeicher** (Schnellpufferspeicher) mit den Aufgaben der Speicherung von Registerinhalten betreffend der Ausführung von Ein- und Ausgabeoperationen und der Bereithaltung der voraussichtlich benötigten Daten "abgetrennt". Sie sind für den Programmierer nicht zugänglich (Schattenspeicher). Normalerweise werden hierfür integrierte Halbleiterschaltungen (meist Bipolarspeicher) oder besonders schnelle Magnetkernspeicher (verkleinerte Ringkerne zur Verringerung der Stromwege) benutzt. Die Zugriffszeiten liegen dementsprechend niedrig bei 50 bis 500 ns. Der **Arbeitsspeicher** nimmt alle Daten auf, die nicht unmittelbar von einer Befehlsausführung betroffen sind. Ebenso nimmt er Ergebnisdaten, Systemprogramme etc. auf. Normalerweise ist er ein Magnetkernspeicher (daher der Name "Kernspeicher") oder ein Halbleiterspeicher (Monolithspeicher).

Die **Speicherungskapazität** des Speicherwerkes läßt sich an der Anzahl der Speicherungskapazität (Speicherstellen oder -zellen) messen. Hieraus wird auch die Größe des Computers abgeleitet.

2.3.2.2 Das Rechenwerk

Das Rechenwerk führt die eigentlichen Rechenoperationen aus, also

- die arithmetischen Operationen (Grundrechenarten) und
- die logischen Operationen (Runden, Vergleichen, Verschieben etc.).

Es besteht aus

- Addierwerk,
- Registern und
- Mikroprogrammsteuerung.

Seine Arbeitsweise wird durch den Aufbau als Serien-, Parallel- oder Serien-Parallel-Rechenwerk (bitweise: gleichzeitig verarbeitend) bestimmt.

Die Geschwindigkeit des Rechenwerks bestimmt maßgeblich die Leistungsfähigkeit eines Computers. Die Rechengeschwindigkeit für Additionen liegt bei Großanlagen im Nanosekunden-Bereich.

2.3.2.3 Das Steuerwerk

Das Steuerwerk ist die Leitzentrale des ganzen Rechners. Es koordiniert alle Arbeiten im DV-Prozeß. Mit seinem Taktgeber legt es die Arbeitsgeschwindigkeit der Anlage fest. Darüber hinaus regelt es den Ablauf des Befehls- und Datenflusses. Die Taktfrequenz liegt in der Praxis zwischen 10.000 Takten/s (10 kHz) und 10.000.000 Takten/s (10 MHz). Wird der Takt von einem Taktgeber gesteuert, so wird von einer synchronen Betriebsweise gesprochen.

Im einzelnen werden im Steuerwerk folgende Aufgaben durchgeführt:

- Entschlüsselung der Befehle,
- Steuerung der Reihenfolge der Befehle,
- Auslösung von Signalen zur Veranlassung von Operationen anderer Einheiten im Rechen- oder Speicher- oder Kanalwerk),
- Verarbeitung von Befehlen bzw. von Bedingungen bei bedingten Befehlen.

In der Ausführung werden die Befehle aus dem Speicherwerk in das Befehlsregister geholt. Dort wird der Befehl in Adress- und Operationsteil aufgespalten. Nach Adressrechnungen wird die Verarbeitung des Befehls initiiert. Nach Ausführung des Befehls wird der Inhalt des Befehlszählers um eins erhöht und über das Adressregister der nächste Befehl geholt.

Gegenüber den anderen Grundeinheiten übt das Steuerwerk steuernde und kontrollierende Funktionen aus. Daraus erklärt sich die übliche Bezeichnung Steuerwerk. Zusammen mit dem Rechenwerk bildet das Steuerwerk den Prozessor. Es aktiviert, steuert und kontrolliert die anderen Grundeinheiten (Rechenwerk, Zentralspeicher, Ein- und Ausgabeeinheiten) derart, daß alle dem Computer aufgetragenen Operationen in zeitlich und logisch korrekter Reihenfolge durchgeführt werden, d. h.:

- es steuert die Reihenfolge, in der die Befehle eines Programms auszuführen sind,
- es entschlüsselt diese Befehle (Operations- und Adreßteil),
- es gibt digitale Signale (Impulse) zur Aktivierung der anderen Funktionseinheiten ab.

2.4 Interne Verbindungseinrichtungen

Neuere Computer zeigen gegenüber früheren Konstruktionen aufgrund ihrer molekularen Bauweise deutliche Unterschiede. Dazu zählt die technische Einheit der internen Verbindungseinrichtungen. Es handelt sich dabei um

- Übertragungswege zur Übertragung der Daten,
- Treibereinheiten zur Signalverstärkung,
- Puffer zur Zwischenspeicherung von Daten,
- Ein- und Ausgabeprozessoren.

Das Prinzip zielt auf die Herstellung der internen Verbindungen zwischen den einzelnen Teilen und Geräten des Computersystems. Besondere Bedeutung kommt dabei den Übertragunswegen zu (Abbildung 2.14), wobei je nach Rechnergruppe nach dem Bus- bzw. Kanal-Prinzip verfahren wird.

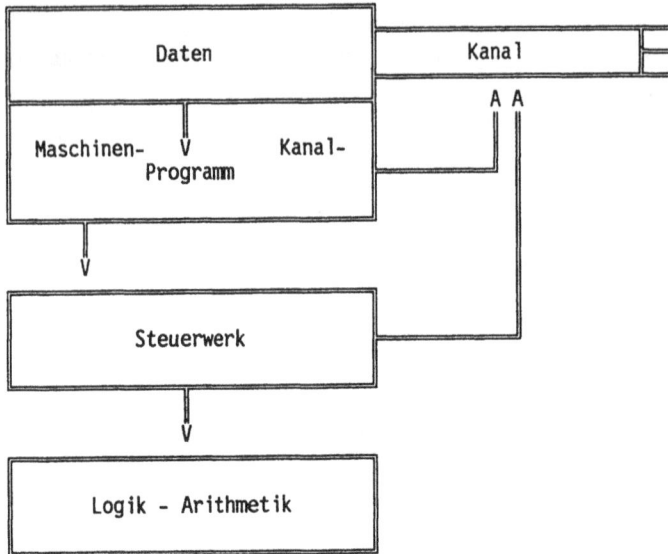

Abb. 2.14: *Das Prinzip der internen Verbindung zu den Teilnehmern*

2.4.1 Das Bus-Prinzip

Bei Mikrocomputern werden für die Datenübertragung gemeinsame Wege, gemeinsame Verbindungen, die Busse benutzt. Es sind Verbindungen zwischen den digitalen Schaltwerken, die gemeinsam, nach Bedarf abwechselnd, benutzt werden. Jeder Teilnehmer kann senden und empfangen. Zu einem Zeitpunkt ist jedoch nur eine Verbindung benutzbar. Daher werden die Busse verwaltet. Die Zahl der anschließbaren Teilnehmer wird durch die Zahl der verfügbaren Adressen, die Leistungslänge, das Übertragungsvolumen, die Transferrate begrenzt (Abbildung 2.12).

Je nach der zu übertragenden Informationen sind zu unterscheiden:

- der Datenbus als Übertragungsweg für die Daten
- der Adreßbus als Übertragungsweg für die Adressen (Abschnitt 2.3.1).

Mikrocomputer unterscheiden sich in erster Linie durch ihre Mikroprozessoren. Bezeichnungen wie 8-Bit bzw. 16-Bit-Geräte kennzeichnen verschiedene Leistungsklassen. Diese Bezeichnungen orientieren sich an der möglichen Breite der verarbeiteten Daten und hängen damit von der Breite des Datenbusses ab. Ein 16-Bit-Prozessor kann die doppelte Anzahl von Bitinformationen eines 8-Bit-Prozessors verarbeiten. Die Spitze, aber auch noch die Ausnahme, bilden 32-Bit-Prozessoren mit der vielfachen Leistungsfähigkeit der 16-Bit-Prozessoren. Schwierigkeiten bereiten derzeit noch die begrenzten physikalischen Möglichkeiten, die komplizierten Schaltungen zuverlässig herzustellen.

Der Bus innerhalb des Prozessors, also zwischen ALU (Rechenwerk), Steuerwerk und Register ist **der interne Bus** (engl.: internal bus) und der Bus zwecks Übertragung zwischen dem Prozessor und den Teilnehmern, also der Peripherie einschließlich Speicher, heißt **externer Bus** (engl.: external Bus, Abbildung 2.6). Diese Busse arbeiten mit unterschiedlicher Geschwindigkeit, daher ist die Ankopplung des Puffers und des Treibers als Schnittstelle vom und zum Prozessor verständlich. Ein 16-Bit-Mikrocomputer bspw. hat in der Regel intern und extern 16 parallel laufende Leitungen zur gleichzeitigen Übertragung von 16 Bits. Mitunter umfaßt der externe Bus nur 8 parallel laufende Leitungen, die durch Pufferung ausgeglichen werden müssen. Ähnliche Abweichungen gibt es bei den 32-Bit-Mikrocomputern (Abbildung 2.12).

2.4.2 Das Kanal-Prinzip

Da die interne Arbeitsgeschwindigkeit des Computers im Vergleich zur Arbeitsgeschwindigkeit externer Geräte sehr hoch ist, ist eine Stelle notwendig, um Daten zwischenzuspeichern (zu puffern), und die Ein- und Ausgabeoperationen selbständig durchzuführen. Diese Aufgaben übernimmt das **Kanalwerk**, das faktisch ein kleiner Hilfsrechner ist. Es ist also eine Datenübertragungseinrichtung zwischen den Baugruppen Zentraleinheit und Peripherie. Bei Minicomputern besteht der Kanal tatsächlich nur aus einer Einheit, an den alle E/A-Geräte und periphere Speicher angeschlossen sind. Bei größeren Computern sind mehrere Kanäle mit unterschiedlichen Übertragungsgeschwindigkeiten vorhanden (Abbildung 2.15).

- Der **Selektorkanal** (Schnellkanal, auch Blockmultiplexer genannt, engl.: block multiplexer channel)   arbeitet mit hohen Datenübertragungsgeschwindigkeiten. Er wird für den Anschluß peripherer Speicher   verwendet. Mit einem Selektorkanal wird nur ein Peripheriegerät verbunden. Nach Abschluß des Datentransportes kann der Selektorkanal - nach festgelegten Prioritätsfolgen - an ein anderes Gerät "angeschlossen" werden.
- Der **Multiplexkanal** (auch Bytemultiplexer genannt, engl.: byte multiplexer channel) stellt - im Gegensatz zum Schnellkanal - gleichzeitig die Verbindung zu mehreren Peripheriegeräten her. Er verfügt daher über mehrere Unterkanäle. Jeder dieser Unterkanäle benutzt dieselben technischen Übertragungseinrichtungen, um während dieser Zeit Daten zu transportieren. Auf diese Weise entstehen Wartezeiten, langsame Übertragungsgeschwindigkeiten, sowie der "Zwang", die einzelnen übertragenen Daten zur ursprünglichen Gesamtinformation zusammenzusetzen.

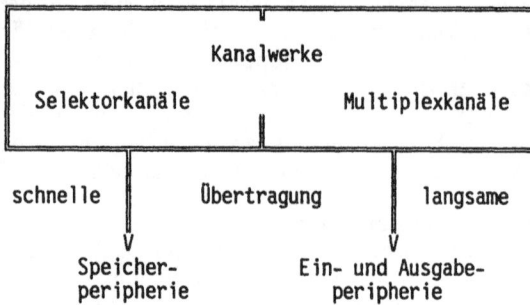

Abb. 2.15: *Die Kanalwerke*

Die Kanalwerke werden durch die **Ein- und Ausgabeprozessoren** (engl.: input/output-processors) bedient. Diese Prozessoren arbeiten weitgehend selbständig; sie entlasten somit die Zentraleinheit. Ihre Aktionen sind mit dem Zentralspeicher-Prozessor abgestimmt. Eine Instruktion zur Ausführung irgendeiner E/A-Aufgabe bedeutet bspw., daß der Zentralspeicher-Prozessor neben der Aufgabe auch das(die) betroffene(n) Gerät(e) definieren, angeben muß. Die Ausführung selbst wird verzahnt zum laufenden Programm ausgeführt. Die Ausführung läuft im Vergleich zur Rechengeschwindigkeit der CPU langsamer, jedoch schneller als die sonstigen Ein- und Ausgabe-Vorgänge ab. Dadurch entsteht eine Hierarchie der Arbeitsgeschwindigkeiten (Abbildung 2.16).

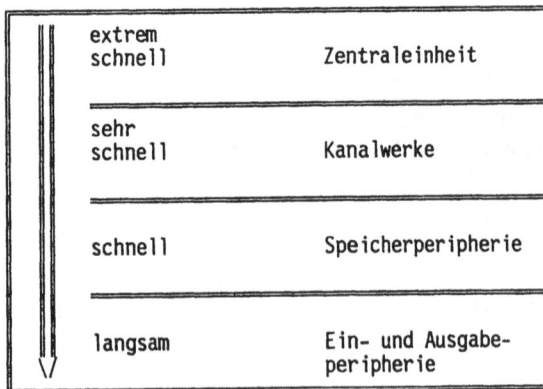

Abb. 2.16: *Geschwindigkeitshierachie*

2.5 Ein- und Ausgabeperipherie

Die Ein- und Ausgabeperipherie (engl: input-/output peripheral unit) dient
dazu, Daten/Informationen dem Computer zur Verarbeitung und/oder zur
Speicherung, bzw. dem Anwender Ergebnisse, Informationen, Daten visuell,
magnetisiert oder akustisch zu übermitteln. Für diesen Zweck steht eine Vielzahl von Geräten zur Verfügung (Abbildung 2.17). Sie können ausschließlich
der Eingabe, oder der Ausgabe dienen. Die Kombination beider Funktionen in
einem Gerät gewinnt an Bedeutung. Sie ist Grundbedingung des Dialogbetrie-
bes

Die Eingabe der Daten erfolgt

- indirekt über einen Datenträger,
- halbdirekt vom Urbeleg bzw.
- direkt automatisch, akustisch, manuell usw.

Analog gilt dies auch für die Datenausgabe.

Ein- und Ausgabe-peripherie	Eingabegeräte	Strichcodeleser Markierungsleser Schriftleser Plastikkartenleser Bildabtaster Geräte zur Spracherkennung Zeigeeinrichtungen wie Maus, Lichtgriffel, Joystick, Sensorschirm
	Ausgabegeräte	Drucker, wie Zeichen-, Zeilen-, Seitendrucker Plotter, Zeichengerät Geräte zur Sprachausgabe COM - Recorder
	kombinierte Ein- und Ausgabegeräte	Bildschirmgeräte, wie Plasmabildschirm, Flüssigkristallbildschirm, Elektronenstrahlbildschirm

Abb. 2.17: *Geräte der Ein- und Ausgabe*

Bei Mainframes werden die Geräte der Ein- und Ausgabe über **Steuereinheiten** (engl.: control units) angeschlossen. Diese überwachen den Datentransfer, schalten die Geräte ein und aus, übernehmen teilweise auch Aufgaben der (Zwischen-)Speicherung. Neuerdings dienen Mikroprozessoren diesen Funktionen, da sie leichter gerätespezifischen Bedingungen entsprechen können.

2.5.1 Dateneingabe

Entsprechend der Vielfalt möglicher Datenträger erfolgt die Eingabe direkt, halbdirekt oder indirekt. Dabei ist die Wahl des Datenträgers außerordentlich schwer, da die auf der einen Seite stehenden Vorteile bspw. der Spracheingabe, Nachteile wie hohe technische Kosten, langsame Eingabegeschwindigkeit, hohe Fehlerrate usw. gegenüberstehen. Zur besseren Übersicht wird nachfolgend eine Auswahl möglicher Datenträger gegeben und darauffolgend gerätetechnisch beschrieben. Eine übersichtliche Gruppierung ergibt sich aus der technischen Gestaltung (Art) des Datenträgers. So können

- beschriftete (Belege, Klarschriftbelege),
- magnetische (Speicherplatten, -bänder, Disketten, Abschnitt 2.6),
- optische (Speicherplatte, Abschnitt 2.6) und
- elektronische (Chipkarten)

unterschieden werden. In dieser Reihenfolge ist auch der Trend in der Wirtschaft erkennbar.

2.5.1.1 Belegerfassung mit Magnetschriftleser

Bei der Datenumsetzung wird der Inhalt des Primärdatenträgers bzw. eines Urbeleges (Hand- oder Maschinenschrift) durch zeitaufwendige manuelle Tätigkeit auf einen maschinell lesbaren Datenträger übertragen. Eine alternative Lösung, die den Faktor Datenumsetzung reduziert, ist die direkte Belegerfassung. Man unterscheidet

- Klarschriftleser,
- Magnetschriftleser und
- Markierungsleser.

Geräte, die mehrere der obigen Funktionen erfüllen, werden als Mehrfunktionsleser bezeichnet.

In der technischen Realisierung werden zwei Arten unterschieden. Im ersten Fall erfolgt das Erkennen

- durch Vergleichen (E 13 B - Schrift, Abbildung 2.18), im zweiten Fall
- durch Zählen (CMC 7 - Schrift, Abbildung 2.19).

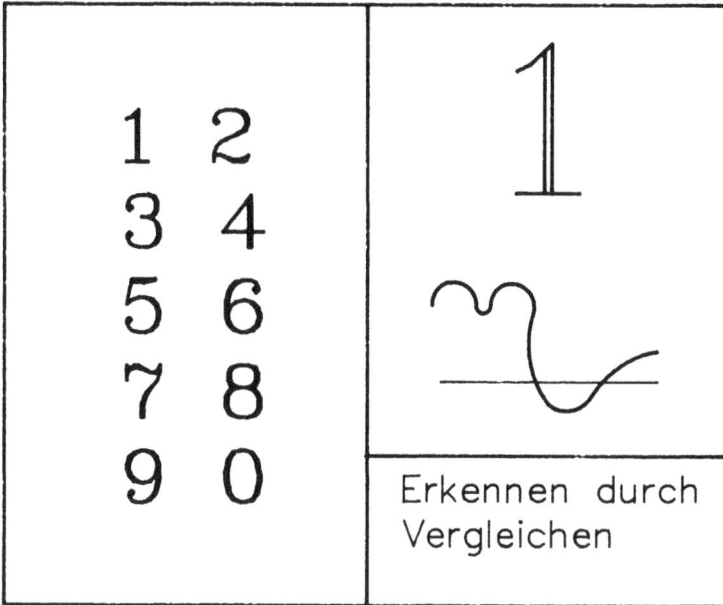

Abb. 2.18: *E 13 B - Schrift*

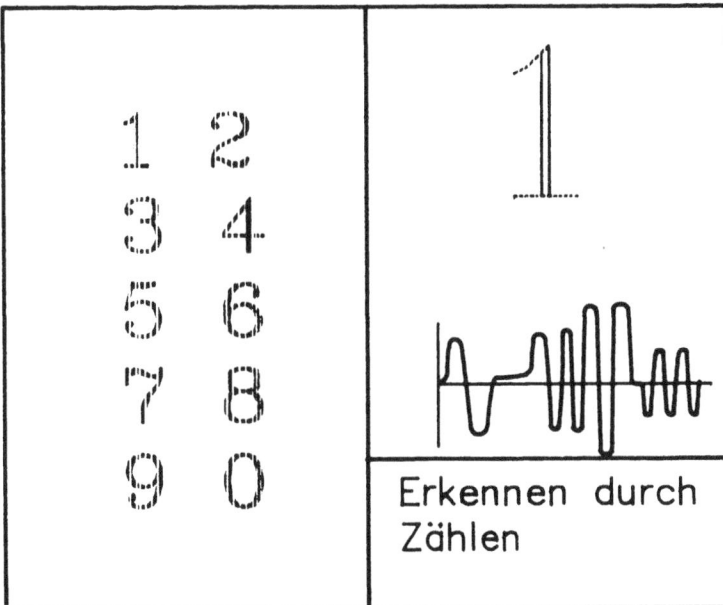

Abb. 2.19: *CMC 7 - Schrift*

Bei der Magnetschrift **E 13 B** wird eine analoge Verschlüsselung verwendet. Die Zeichen sind so gestaltet, daß jedes ein ganz bestimmtes, mit anderen nicht verwechselbares magnetisches Feld bildet, das beim Lesen ausgewertet und dem betreffenden Zeichen zugeordnet werden kann. Das Analogverfahren setzt einen sehr genauen und vor allem in den Konturen exakten Abdruck der Schriftzeichen voraus.

Die Magnetschrift **CMC 7** ist digital verschlüsselt. Die Zeichenerkennung entsteht durch die Folge von kurzen und langen Abständen zwischen den sieben Strichen, aus denen die einzelnen Zeichen zusammengesetzt sind.

Die Geräte für die Datenerfassung mit Magnetschrift sind aus konventionellen Büromaschinen entwickelt worden. Die Anordnung der Magnetisier- und Leseköpfe in den Magnetschriftlesern ist starr. Die Magnetschrift muß daher an einer bestimmten Stelle aufgedruckt werden. Zu beachten ist jedoch, daß kleinste Eisenteilchen, die aus dem mechanischen Abrieb der benutzten Maschinen (von der Erfassung bis zur Belegverarbeitung) entstehen, den Lesekopf irritieren und Lesefehler verursachen können.

Beim Lesen wird der Rhythmus der Folge von langen und kurzen Strichabständen als typische Impulsfolge aufgenommen und dem Zeichen zugeordnet. Diese Form binärer Codierung hat im Vergleich zur analogen Verschlüsselung den Vorteil, daß sie den Bau einfacherer und damit kostengünstigerer Geräte ermöglicht.

2.5.1.2 Klarschriftleser

Die Datenerfassung mit Klarschrift bedeutet im Vergleich zur Datenerfassung mit Magnetschrift eine wesentliche Erleichterung, da die meisten Maschinen mit Drucktypen für Klarschrift ausgerüstet werden können. Von den in Frage kommenden Schriften sind eine Schrift A und eine Schrift B DIN-genormt (DIN 66008 und 66009).

Von der europäischen Vereinigung der Hersteller von Datenverarbeitungsanlagen (ECMA) wurde die Schrift B entwickelt. Bei dieser Schrift, die auch Kleinbuchstaben beinhaltet, ist wegen gewisser Bedenken bezüglich einwandfreier Lesbarkeit einiger Zeichen bei schlechter Druckqualität noch mit Änderungen zu rechnen.

Zur Unterscheidung zur Schrift A ist zu sagen, daß es sich um eine stilisierte Schrift handelt, die nur aus geraden Elementen besteht, zur Schrift B dagegen um eine konventionell aussehende Schrift, die aus Geraden und Kurvenelementen besteht. Die Schriften OCR-A (OCR steht für Optical Character Recognition, Abbildung 2.20) und OCR-B können mit den meisten der zur Zeit auf dem Markt angebotenen Druckeinrichtungen erstellt werden, vom Buchdruck über Schreib-, Saldier- und Buchungsmaschinen, bis hin zu den Laserdruckern.

ABCDEFGHIJKLM
NOPQRSTUVWXYZ
0123456789
|&+/$*. ¬ΥſН■-
{}%?:¦='⌐

Abb. 2.20: *OCR-A*

Die Erkennung handgeschriebener Zeichen ist im Vergleich zu den maschinengeschriebenen Zeichen weitaus schwieriger. Während die Maschinenschrift ein festes Format besitzt, bewegt sich die Handschrift in einem variablen Bereich, der durch Hilfspunkte, Hilfslinien und Rasterdruck eingeschränkt wird.

Klarschriftleser sind Geräte, die genormte Druck- und Handschriftzeichen lesen können. Der Klarschriftleser erkennt die Wertigkeit bzw. die Art eines Zeichens aus seiner Gestalt. Für ihn müssen die Zeichen je Schriftart in einer ganz bestimmten Größe und Qualität gedruckt sein. In der am weitesten verbreiteten Form lesen sie eine oder zwei Zeilen auf Einzelbelegen, andere Modelle sind für das Lesen von Journalstreifen ausgelegt. Die Seitenleser sind in der Lage, vollständig beschriebene Seiten verschiedener Größen zu lesen. Optisch lesbar sind die Schriften OCR-A, OCR-B und die genormte Handschrift.

Die Zeichenerkennung beruht auf der Auswertung des Hell-Dunkel-Unterschiedes durch Fotozellen. Eine rotierende Trommel führt die Belege aus einem Belegmagazin an einer optischen Lesevorrichtung vorbei. Die Lesevorrichtung besteht aus einer starken Lichtquelle und einem Linsensystem, das dunkel und hell reflektierendes Licht unterscheiden kann. Diese Hell-Dunkel-Muster werden als eine Anzahl von kleinen Punkten gelesen und durch eine Fotozelle in elektrische Impulse umgewandelt, dabei entsteht ein Rasterbild (ein aus mehreren Punkten bestehendes Zeichen). Stimmt ein solches Raster mit einem in den Erkennungsschaltkreisen des Lesers enthaltenen Raster überein, so wird das betreffende Zeichen erkannt und zur Verarbeitung übertragen (Abbildung 2.21 und 2.22).

Die Leseleistung selbst ist abhängig

- vom Belegformat,
- von der Anzahl der zu lesenden Felder,
- von der Anzahl der Zeichen je Beleg und
- von der Schriftart.

Sie erreicht bei dem Belegformat DIN A 7 bei einer Lesezeile eine Maximalleistung von 92.000 Belegen pro Stunde. Die Urbelege können in getrennten Fächern abgelegt werden, d.h. mit dem Lesen kann zugleich auch eine Sortierung nach bestimmten Kennzahlen erfolgen.

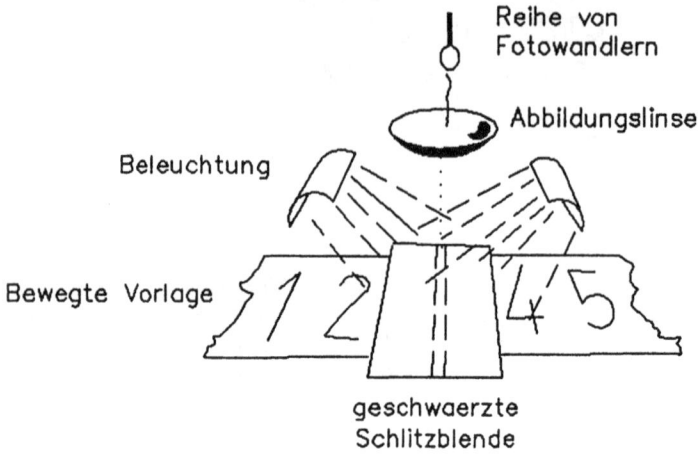

Abb. 2.21: *Teilparallele Bildabtastung*

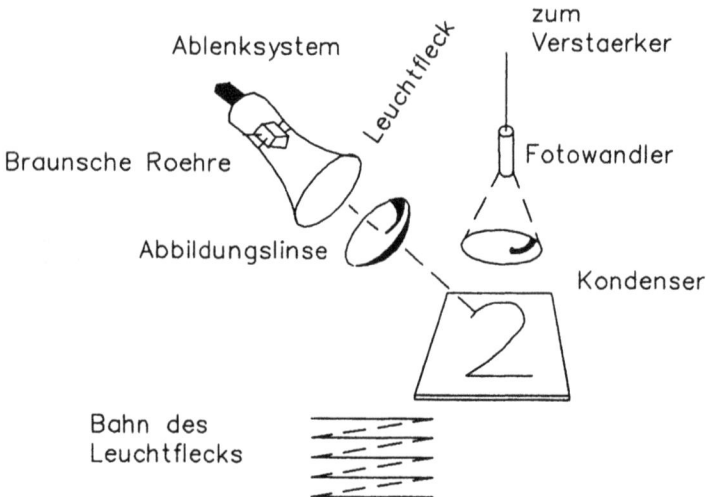

Abb. 2.22: *Serienmäßige Punktabtastung*

Gelesen wird mit

- Festkopfmaschinen: Bei diesen Lesegeräten bewegt sich der Beleg an einem feststehenden Lesekopf vorbei. Diese Geräteart eignet sich insbesondere für Arbeiten mit Massenanfall von gleichartigen Belegen.
- Maschinen mit programmgesteuertem Abtasterstrahl: Bei Lesegeräten dieser Art ruht der Beleg. Er wird mittels Abtasterstrahl, der vom Leseprogramm gesteuert wird, gelesen. Diese Geräte sind flexibler als Festkopfmaschinen.

2.5.2 Datenausgabe

Die Datenausgabe dient dazu, die Ergebnisdaten der Datenverknüpfung auf Datenträgern auszugeben. Gegenwärtig gelten nachfolgende Geräte als die "wichtigsten" Formen der Datenausgabe (Hinzuweisen ist darauf, daß in neuerer Zeit andere Formen der Datenausgabe, so insbesondere wegen der großen Datenmenge, vorrücken. Darunter sind zu nennen: Mikrofilm und direkte Formen der Datenausgabe, so über Bildschirme oder als Sprachausgabe usw.):

- Schnelldrucker (Schreiben von Zeichen und Symbolen),
- Kurvenschreiber/Plotter (mechanisches Zeichnen von Diagrammen und Symbolen) sowie früher, zu Beginn der Datenverarbeitung
- Lochkarten- und Lochstreifenstanzer (mechanisches Stanzen von Löcherkombinationen).

2.5.2.1 Klarschriftausgabe mit Drucker

Die Datenausgabe auf lesbare Datenträger findet in der Regel dann Anwendung, wenn die auszugebenden Daten nicht mehr zur weiteren maschinellen Verarbeitung bestimmt sind, sondern die Informationen nur einem Personenkreis zur Kenntnis gebracht werden sollen. Die Klarschriftausgabe erfolgt über Drucker. Nach der Art des Druckverfahrens wird zwischen elektromechanischen und elektrostatischen Druckern unterschieden.

Elektromechanische Drucker sind Ausgabegeräte, die aus einem mechanischen (Druckerausgabe) und einem elektronischen (Druckersteuerung) Teil aufgebaut sind. Sie verfügen über Einrichtungen, die das Aufbringen von Zeichen auf Papier ermöglichen (Beispiel eines Nadelkopfdruckers, Abbildung 2.23). Die im Zentralspeicher zeilenweise bereitgestellten Ausgabedaten werden Zeile für Zeile zum Druck übertragen und zeilenweise auf Endlosformular gedruckt. Die Breite der Endlosformulare ist unterschiedlich (50 bis 550 mm). Je nach Typ und Modell des Druckers können 32 bis 160 Zeichen in einer Druckzeile gedruckt werden. Die Druckstellendichte beträgt 10, 12 oder 15 Zeichen je Zoll. Die Zeilendichte beträgt gewöhnlich 3, 4 oder 6 Zeilen je Zoll in Abhängigkeit vom Rechnertyp (PC, etc.).

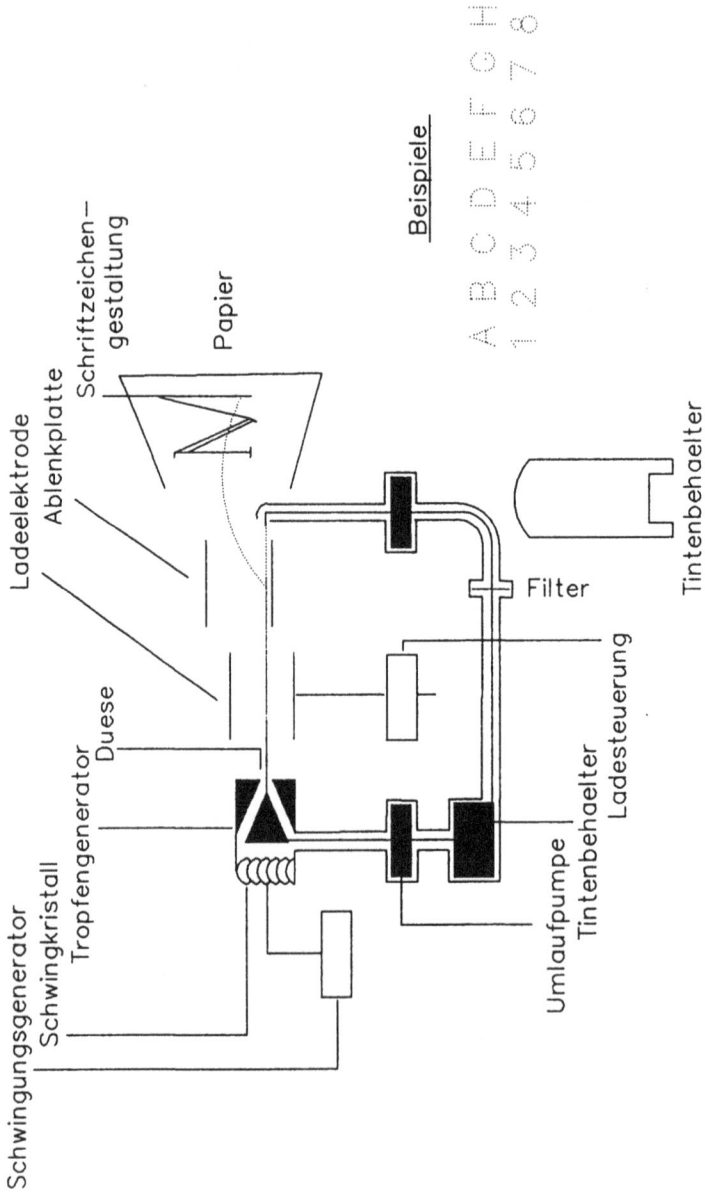

Abb. 2.23: *Nadelkopfdrucker*

Anders funktionieren die **elektrostatischen Drucker**. Die zu druckenden Daten werden in einer Zeile nacheinander von der Zentraleinheit zu dem Drucksystem übertragen. Sie werden dort in einem internen Seitenspeicher zwischengespeichert. Sobald eine Seite komplett vorhanden ist, belichten diese Daten mit Hilfe eines modulierten Niederspannungs-Laserstrahls die fotoempfindliche Oberfläche einer rotierenden Trommel und erstellen hierbei ein latentes Abbild der Seite, die gedruckt werden soll. Das latente Abbild wird mit Toner beschichtet (ein thermoplastisches Material, das mit Ruß gesättigt ist), und an der Druckstation wird das mit Toner beschichtete Abbild von der Trommel auf das Papier übertragen. Das Papier wird dann durch die Einbrennstation geführt, welche das mit Toner versehene Abbild in das Papier einbrennt. Wenn dann genügend Daten in dem Seitenspeicher für das Drucken der nächsten Seite vorhanden sind, wird das Drucken ohne Stoppen des Papiertransportes sofort fortgesetzt. Formulare können zusammen mit den Daten, durch das Aufblitzen des Formularvordruck-Negatives auf die Trommel erstellt werden (Abbildung 2.24).

Für den Mikrocomputer werden üblicherweise folgende Drucker eingesetzt:

- **Typenraddrucker**: Die Typen befinden sich an der Spitze von Typenarmen, die sternförmig um eine Scheibe angeordnet sind. Ein Druckhammer schlägt die gewünschte Type gegen Farbband und Papier. Die Typenräder sind auswechselbar. Die Druckgeschwindigkeit beträgt bis zu 70 cps (characters per second). Die Druckqualität ist korrespondenzfähig.
- **Matrixdrucker** : Die Druckzeilen werden punktförmig durch einen Druckkopf aus matrixförmig angeordneten Nadeln erzeugt, die im Frontdruck gegen Farbband und Papier geschlagen werden. Je mehr Nadeln verwendet werden, um so besser ist die Schriftqualität. Die gebräuchlichsten Anordnungen sind 7x7, 7x9 und 9x9. Die Druckgeschwindigkeit beträgt üblicherweise 60 bis 120 cps, aber auch 600 cps sind möglich.
- **Tintenstrahldrucker**: Die Zeichendarstellung erfolgt durch Tintentröpfchen, die gezielt mit Düsen gegen das Papier geschleudert werden. Aus dem Tintenbehälter wird die Tinte über einen zentralen Versorgungskanal neun Druckkanälen zugeführt. Durch einen Spannungsimpuls wird der Druck im Druckkanal kurzzeitig erhöht und ein Tröpfchen aus der Düse ausgestoßen. Die Druckgeschwindigkeit beträgt ca. 150 cps. Ein großer Vorteil des Tintenstrahldruckers ist die leise Datenausgabe.
- **Laserdrucker**: Die zu druckenden Zeilen werden mit einem Laserstrahl auf eine lichtempfindliche Schicht, die sich auf einer rotierenden Trommel befindet, projiziert. An den belichteten Stellen werden Farbpartikel festgesetzt, die anschließend auf das Papier übertragen werden. Die Druckgeschwindigkeit beträgt etwa 10.000 cps.

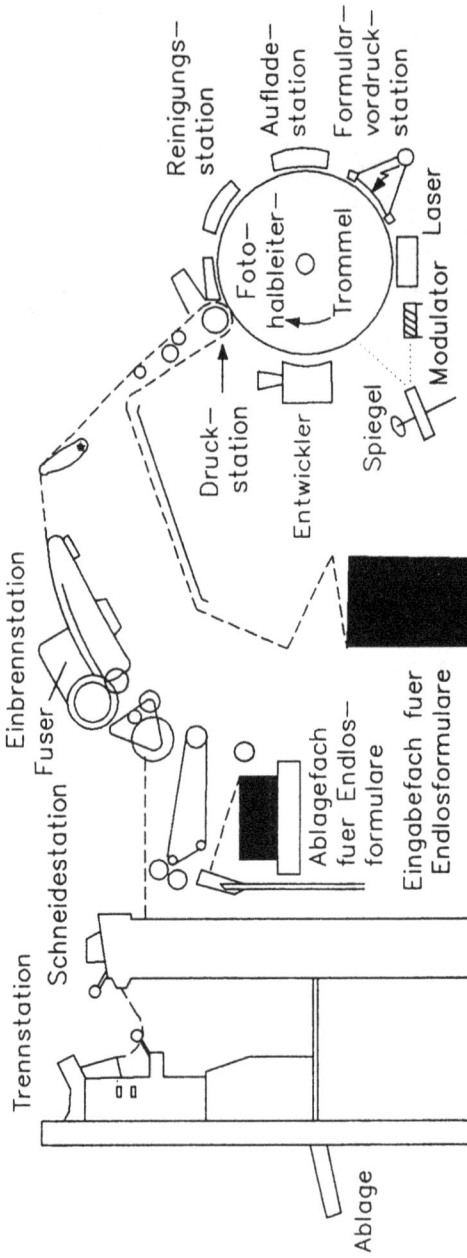

Abb. 2.24: *Elektrostatischer Drucker*

2.5.2.2 Graphische Ausgabe

Ausgabedaten können auch in graphischer Form ausgegeben werden. Diese analoge Darstellung von Tabellen, Kurven etc. ist mit Sichtgeräten und Zeichengeräten möglich. Bei den **Sichtgeräten** ist die Reproduktion der Ausgabedaten nur vorübergehend (nicht archivierbar!), in der Wiedergabe nicht so exakt und in der Größe durch die relativ kleinen Bildschirme stark begrenzt. **Plotter** erzeugen archivierbare Ausgaben und sind in der Lage, größere und genauere Zeichnungen herzustellen.

Bei den flach arbeitenden **Tischgeräten** wird der Zeichnungsträger auf eine ebene Fläche gespannt. Über den Träger wird eine Schiene vertikal bewegt, auf der sich eine Zeicheneinrichtung befindet, die horizontal bewegbar ist (Abbildung 2.25). Je nach Art des Zeichenmediums ist die Zeichengeschwindigkeit unterschiedlich. Auch die Größe der Zeichnung richtet sich nach dem Zeichenmedium. So darf z.B. bei Papier die Ausdehnung in y-Richtung 1,51 m nicht überschreiten. In x-Richtung ist die Größe der Zeichnung praktisch unbegrenzt.

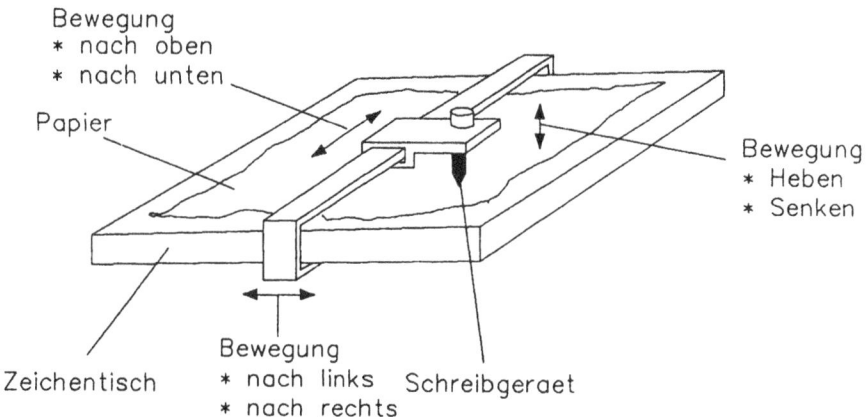

Abb. 2.25: *Aufbau des Plotters*

2.5.2.3 Ausgabe auf Mikrofilm

Seit einigen Jahren ist es möglich, die Ausgabedaten unmittelbar auf Mikrofilm zu übertragen (off-line- und on-line-Betrieb). Diese Ausgabeart ist unter der Abkürzung **COM** (Computer-Output-Mikrofilm) bekannt. Im off-line-Betrieb erfolgt die Ausgabe mit Hilfe des Datenträgers Magnetband. Diese Ausgabetechnik erlaubt eine von der Zentraleinheit unabhängige Durchführung (Abbildung 2.26).

Das mit Ausgabedaten in binärer Darstellung beschriebene Magnetband wird in das Mikrofilmgerät eingelegt und von einem Zeichengenerator in analoge Zeichen umgesetzt, sowie auf eine Kathodenstrahlröhre (ähnlich wie beim Sichtgerät) übertragen. Von einem Linsen- und Spiegelsystem wird das Bild fotographisch auf Film übernommen. Parallel zu den Daten können über Dias Formularvordrucke, Raster, Linierungen etc. eingeblendet und aufgenommen werden.

Die Daten werden in der Regel auf Rollfilm mit unterschiedlichen Breiten übertragen. Die Speicherung auf Filmblätter, die eine größere Anzahl von verkleinerten Bildern sowohl neben-, als auch untereinander aufnehmen können, ist ebenfalls möglich (Mikrofiche). Vorteilhaft ist bei dieser Technik die hohe Packungsdichte (günstige Archivierung) der Ausgabeinformation und das Einsparen von Endlosformularen.

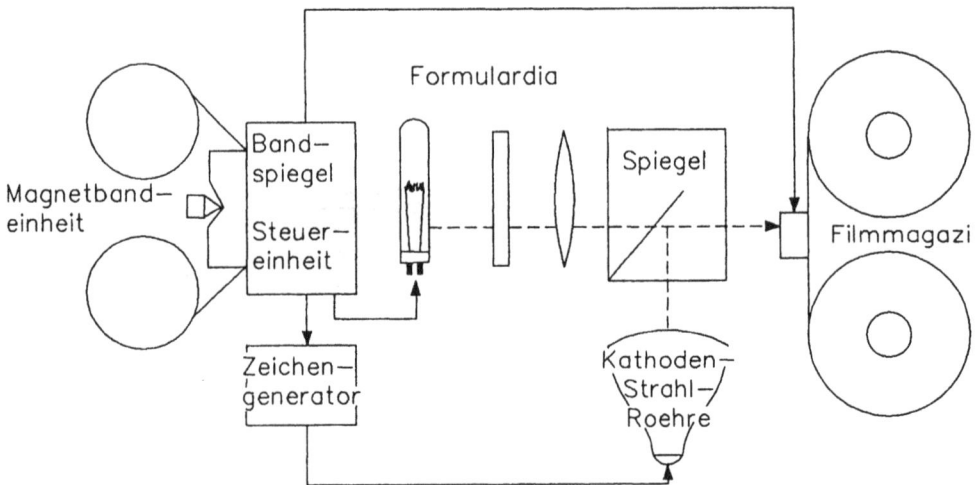

Abb. 2.26: Mikrofilmausgabe

2.5.2.4 Sprachausgabe

Diese Technik (Vocoder-Verfahren) kann eine digitale Anfrage akustisch beantworten. Die Anfragen der Benutzer werden in numerisch verschlüsselter Form über die Tastatur eines Fernsprechers eingegeben. Der Computer verfügt über einen Wortschatz, der sich in digitaler Form auf einem externen Speicher (Platte oder Trommel) befindet. Der Wortschatz des Computers wird von einem Sprecher auf Tonband gesprochen. Ein Analog-Digital-Umwandler erzeugt aus den Lauten digitale Impulsfolgen, die extern gespeichert werden.

Der Computer, der über eine Adressenliste auf alle gespeicherten Worte zugreifen kann, setzt die erforderliche Ausgabe zusammen und übergibt sie zeichenweise an den Synthesator (Digital-Analog-Umwandler). Diese Einheit wandelt die einzelnen Zeichen in Schwingungen um, die dann im Hörer des Fernsprechers das akustische Sprachsignal des "synthetischen" Wortes ergeben (Abbildung 2.27).

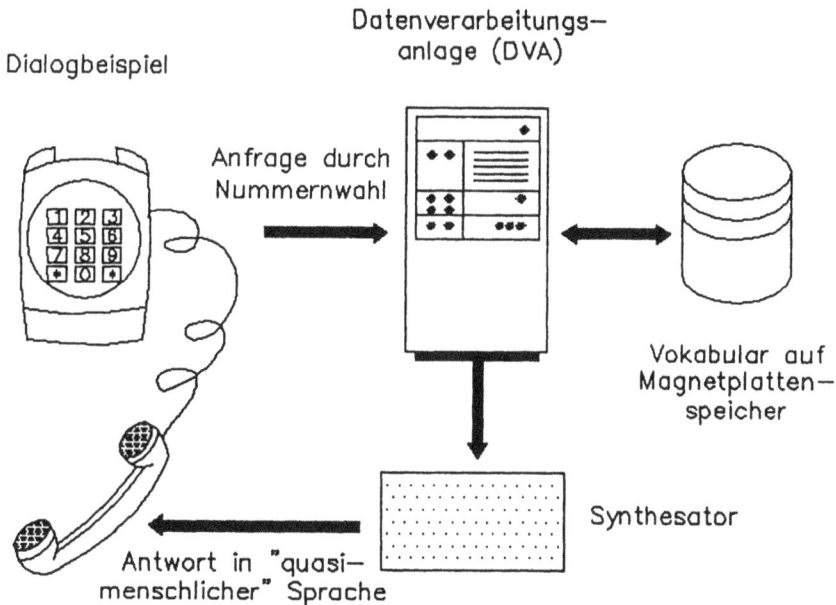

Abb. 2.27: *Das Prinzip der Sprachausgabe*

2.5.3 Kombinierte Ein- und Ausgabe mit Bildschirmgeräten

Bei dieser Form der Datenein- und Ausgabe wird auf die Benutzung eines Datenträgers verzichtet. Die Daten werden unmittelbar in verarbeiteter Form in den Zentralspeicher (zumeist mit Hilfe einer Tastatur) eingegeben; in unmittelbar menschenverständlicher Form ausgegeben (Bildschirmausgabe). Sie kommt bei einigen Datenstationen (Terminals, Monitor), sowie bei allen drei Rechnergruppen vor, und zwar

- bei den Mikrocomputern als Arbeitsplatz,
- in der mittleren Datentechnik als die übliche Verkehrsform und
- bei sehr großen DV-Anlagen im Dialogverkehr.

Unter Berücksichtigung der räumlichen Entfernung zwischen den Ein- und Ausgabestationen zur Zentraleinheit der Mainframes sowie des zeitlichen Abstandes zwischen Datentransport und Datenverknüpfung (besser gesagt Datenübertragung und Datenverarbeitung i.e.S.) wird der Direktverkehr eingeteilt gemäß Abbildung 2.28 in

- Direktverkehr ohne Datenfernübertragung (1),
- indirekte Datenfernverarbeitung (2) und
- direkte Datenfernverarbeitung (3). (0) = Batch.

	räumlich fern	zeitlich fern	räumlich nah	zeitlich nah
räumlich fern	-	(2)	-	(3)
zeitlich fern	(2)	-	(0)	-
räumlich nah	-	(0)	-	(1)
zeitlich nah	(3)	-	(1)	-

Abb. 2.28: *Formen des Direktverkehrs*

Die Begriffe direkt bzw. indirekt werden in der DV-Terminologie häufiger mit den Ausdrücken on-line und off-line genannt. Zur Verdeutlichung werden einige wesentliche Hinweise kurz skizziert:

- Geräte, mit denen die kombinierte Ein- und Ausgabe stattfindet, werden Datenstationen (engl.: terminals) genannt. Zumeist sind es Datenübertragungsgeräte mit speziellen Leser- und Druckerteilen wie Bildschirm, Tastatur, Blattschreiber.
- Bei der interaktiven Verarbeitung besteht eine Rückkopplung zwischen dem Benutzer und dem Computer. Zwei Formen werden unterschieden, und zwar der Teilnehmer- und Teilhaberbetrieb. Im ersten Fall bearbeiten mehrere

Benutzer verschiedene Programme gleichzeitig; beim zweiten Fall dagegen arbeiten mehrere Benutzer an einem gemeinsamen Programm.
- Genannte Formen können auch bei Mikrocomputern vorkommen. Voraussetzung sind dann Netzwerke. Dabei übernimmt ein Mikrocomputer die Funktionen des Servers (Abschnitt 3.5).

Das Bildschirmgerät wird gegenwärtig als **Arbeitsplatzgerät** benutzt. Dabei ist es unwesentlich, ob es als Geräteteil des Mikrocomputers oder als Terminal fungiert. Es ist grundsätzlich mit dem Anzeigeteil (Bildschirm) und der Tastatur versehen. Hinzukommen weitere Zusatzgeräte, die je nach Anwendung des Arbeitsplatzgerätes Drucker, Lichtgriffel, Grafiktablett, Maus, Rollball und Joystick sein können (Abbildung 2.29). Das Grundgerät selbst kann im Hintergrund eigene Zentraleinheit oder über einen Anschluß die Zentraleinheit eines anderen Computers, ebenso Speichereinheiten verfügen.

Der **Bildschirm** besteht im Normalfall aus 25 x 80 = 2000 Schreibstellen, die einzeln ansprechbar sind. Hierzu dient eine Schreibmarke (Cursor), die sich durch Bedienungstasten nach Zeile oder Spalte positionieren läßt. Eingegebene Zeichen erscheinen auf dem Bildschirm dort, wo diese Schreibmarke steht und werden in dem Pufferspeicher abgelegt. Durch Betätigung der Eingabetaste wird der Pufferspeicherinhalt an die Zentraleinheit abgegeben. Der Bildschirm besitzt eine Standardgröße von 12 Zoll in der Diagonalen. Er ist drehbar und neigbar und besitzt Helligkeits- und Kontrastregler. Die Anzahl der Bildpunkte (Pixel) beträgt 720 x 350. Die Bildwiederholfrequenz liegt bei 70 Hz (flimmerfrei).

Die **Tastatur** (engl.: keyboard) ist unterteilt in Schreibmaschinentastatur, Funktionstasten, Schreibmarkensteuerung und Rechenblock (numerische Tastatur). Alle Tasten der Tastatur sind mit einer Dauerfunktion ausgestattet. Das betreffende Zeichen wird solange wiederholt, wie die Taste betätigt wird. Die Anordnung der Zeichen entspricht im wesentlichen einer normalen Schreibmaschine. Es sind jedoch noch einige zusätzliche Tasten vorhanden, welche Steuerfunktionen für den PC übernehmen:
- Wenn die **Tabulatortaste** betätigt wird, springt die Schreibmarke zum nächsten Tabulatorstopp. Standardmäßig sind die Tabulatorstopps alle acht Spalten gesetzt.
- Die **Rückschrittaste** bewegt die Schreibmarke (engl.: cursor) nach links und entfernt bei jedem Betätigen das Zeichen vor der Schreibmarke.
- Die **Eingabetaste** wird hauptsächlich zum Abschließen einer Befehlszeile verwendet, d.h. der eingegebene Befehl wird nach dem Drücken der Eingabetaste ausgeführt.
- Mit der **Schreibmarkensteuerung** kann die Schreibmarke an jede Stelle des Bildschirms positioniert werden. Mit den Pfeiltasten wird die Schreibmarke nach oben, unten, rechts und links bewegt. Mit der Taste Pos 1 wird die Schreibmarke an den Anfang, mit der Taste End an das Ende der Zeile positioniert. Die vorherige oder nächste Bildschirmseite kann mit den Bild-Tasten angezeigt werden.

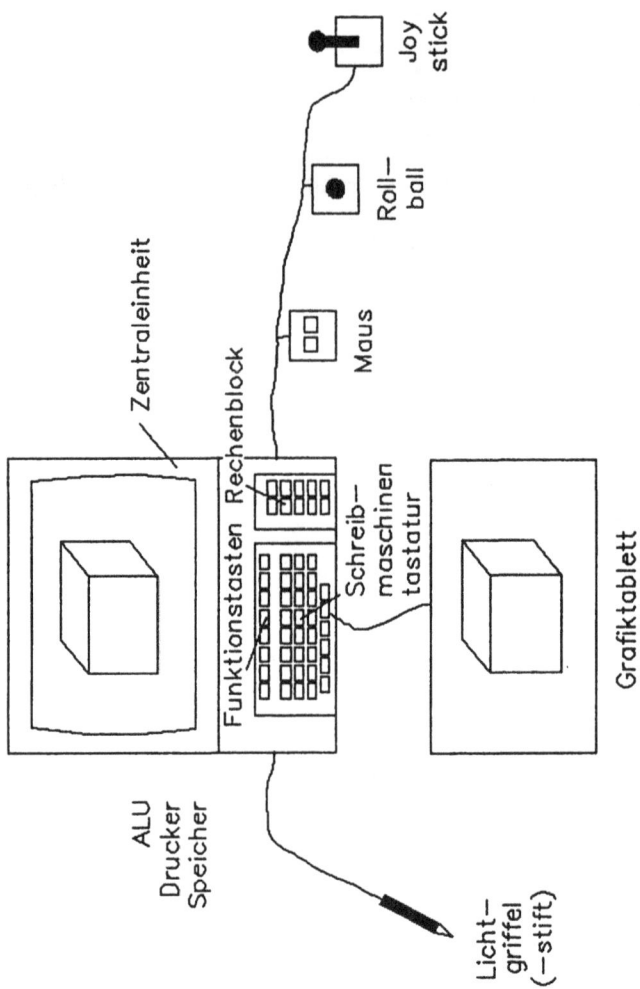

Abb. 2.29: *Das Bildschirmgerät als Arbeitsplatz*

- Der **Rechenblock** besitzt, wie bei der Schreibmaschinentastatur, ebenfalls zwei Ebenen. D. h. beide Tasten, die mit zwei Zeichen beschriftet sind, gelten als Schreibmarkensteuerung, Taste etc., sonst gelten die Ziffern. Die Tasten für Rechenfunktionen haben nur in bestimmten Anwenderprogrammen eine bestimmte Rechenfunktion. Im Betriebssystem erscheint lediglich das jeweilige Zeichen auf dem Bildschirm. Die Eingabetaste des Rechenblocks besitzt die gleiche Funktion wie die Eingabetaste der Schreibmaschinentastatur.
- Die Belegung der **Funktionstasten** im Betriebssystem oder im Anwenderprogramm ist dem entsprechenden Benutzerhandbuch zu entnehmen. Die Tastaturen sind bei neueren Geräten als getrennte Bauelemente ausgeführt und mit einem flexiblen Spiralkabel mit dem Bildschirm verbunden. Für spezielle Anwendungen genügen die Funktionen der Tastatur nicht. Zur Unterstützung bieten Bildschirmgeräte verschiedene Möglichkeiten. Dazu gehört die sog. Menütechnik. Das **Menü** (engl.: menu) ist eine Liste bestimmter, zulässiger Kommandos an den Computer, die auf dem Bildschirm angeboten werden. Die Auswahl durch den Benutzer erfolgt durch Markierung der Stelle z.B. mit der Maus. Um dies realisieren zu können, verfügen einige Bildschirmarbeitsplätze bzw. die Bildschirme über ein **Sensorfeld**, das berührungsempfindlich ist und z.B. durch Fingerberührung aktiviert wird. Ähnlich wird auch der **Joystick** bewegt und benutzt. Am häufigsten wird die **Maus** (engl.: mouse) benutzt. Es handelt sich dabei um eine Einrichtung, deren Bewegung auf einer ebenen Fläche von der Positionsmarke auf dem Bildschirm in Richtung der Bewegung nachvollzogen wird. Für die Umsetzung der Bewegungen in die erforderlichen Impulse an das Sichtgerät sorgt ein mechanisches oder ein optisches Verfahren. Übertragen wird die Bewegung, nicht die Ausgangsposition. Mit dem **Rollball** (engl.: track ball) werden die Richtungskoordinaten auf den Cursor mit Hilfe einer beweglich gelagerten Kugel übertragen. Beim **Lichtstift** (engl.: light pen) handelt es sich um eine Eingabetechnik für Daten, besonders aber um die Steuerung von Programmen über den Bildschirm. Mit ihm können spezielle Stellen des Bildschirms bzw. mit Strichcode versehene Urbelege berührt und übertragen   werden. Dies bewirkt das Auslösen der programmierten Funktion. Das Graphiktablett, auch Digitalisierer genannt (engl.: digitizer), dient der Direkteingabe von graphischen Informationen. Die analogen Positionen auf   dem Tablett werden in digitale Werte umgesetzt. Die Anwendungsbereiche eines solchen Bildschirmgerätes sind außerordentlich vielfältig. Sie erstrecken sich von der "einfachen" Arbeit der Dateneingabe, über verschiedene Anwendungen (Bilanzdialog, Konstruktionsarbeit, Erstellung technischer Zeichnungen, Textverarbeitung etc.) bis hin zur Benutzung computergesteuerter Auskunftssysteme. Es sind Anwendungsbereiche, wo der Benutzer die Hilfe eines Programmierers oder Operateurs nicht in Anspruch nimmt. Dieser Form der Computernutzung gehört die Zukunft - soweit es sich nicht um komplizierte Zusammenhänge, Statistiken u.ä. handelt.

Die zu erfassenden Daten werden häufig von Formularen mit vorgedruckter Gliederung übernommen. Bei modernen Bildschirmerfassungssystemen ist es möglich, in der Kontrolleinheit "Formular" Programme zu speichern und die Daten nicht sequentiell fortlaufend, sondern strukturiert entsprechend dem Belegformular auf dem Bildschirm anzuzeigen. Es können sogar Überschriften und andere wiederkehrende Angaben automatisch auf dem Bildschirm dargestellt werden. Die optische Kontrolle der erfaßten Daten wird hierdurch erheblich vereinfacht.

Je nach Leistungsumfang stehen verschiedene "Formulare" in der Kontrolleinheit zur Verfügung. Diese können vom Anwender entsprechend seinen Bedürfnissen programmiert werden.

In der Kontrolleinheit lassen sich die erfaßten Daten programmgesteuert nahezu beliebig umstrukturieren und ergänzen. Es ist möglich, Datensätze automatisch mit einer fortlaufenden Nummer zu versehen, Vor- und Nachsätze für die Verarbeitung hinzuzufügen, Daten zur besseren Verarbeitung in einer anderen Reihenfolge zu speichern als sie vom Originalbeleg eingegeben wurden usw.

Von großer Bedeutung sind die Möglichkeiten für automatische Fehlerkontrollen. Als kleine Zentraleinheit vermag die Kontrolleinheit programmgesteuert Summen, Prüfziffern, Feldinhalte, log. Verknüpfungen usw. in den erfaßten Daten nachzurechnen und dem Bediener Unstimmigkeiten sofort anzuzeigen.

Schließlich sind für die Organisation der Datenerfassung Statusmeldungen und Erfassungsprotokolle eine große Hilfe.

Ist eine Erfassungsarbeit abgeschlossen, so werden die Daten geschlossen von der Magnetplatte bzw. Magnettrommel auf ein Magnetband oder eine Magnetbandkassette übertragen. Diese kann entnommen und zur weiteren Datenverarbeitung ins Rechenzentrum transportiert werden. Manche Erfassungssysteme bieten zusätzlich die Möglichkeit, die erfaßten Daten im Wege der Datenfernverarbeitung direkt (on-line) über eine Leitungsverbindung zur Datenverarbeitungsanlage zu übertragen.

2.6 Speicherperipherie

Die gegenwärtig gebräuchliche Speicherperipherie benutzt magnetische Datenträger zur Informationsspeicherung. Es handelt sich in der Regel um eine dünne magnetische Schicht, die auf ein flexibles oder hartes Trägermaterial aufgetragen ist. Sie kann auf elektromagnetischem Wege beschrieben und gelesen werden. Für die Magnetschicht wurde vorwiegend Ferritoxyd verwendet; neuerdings kommen u.a. Chromdioxid- und Reineisenbeschichtungen zum Einsatz, die extrem hohe Bitdichten ermöglichen. Die wichtigsten Vertreter dieser Gruppe sind das Magnetband, die Magnetplatte und bei Mikrocomputern die

Diskette. In neuerer Zeit, besonders jedoch in nächster Zukunft werden optische Speichermedien wie die Bildplatte an Boden gewinnen und einen festen Platz als Speichermedium einnehmen. In Abbildung 2.30 wird ein Überblick über die wichtigsten Speichermedien gegeben.

Speicherarten	magnetische Speicher	"Band"-Basis	Kassetten/Streamer Magnetband Massenkassettenspeicher
		"Platten"-Basis	Diskette Wechselplatte Festplatte Magnettrommel
	optische Speicher		Mikrofilme (-fiche) Optische Speicherplatte
	elektronische und magnetische Speicher		Chipkarte Halbleiterplatte Magnetblasenspeicher

Abb. 2.30: *Speicherarten*

2.6.1 Überblick

Ein Computer ist eine sequentiell arbeitende Maschine. Dementsprechend müssen die einzelnen Daten zur Verfügung stehen (zeitlich sequentiell). Problemlösungen allerdings bedingen, daß

- alle benötigten Daten vor ihrer Verarbeitung
- bereits im internen Speicher (Arbeitsspeicher)

vorliegen. Normalerweise überschreiten die benötigten Datenbestände die Kapazität des internen Speichers. Daher werden sie auf **peripheren Speichern** bereitgestellt ("abrufbereit"). **Datenspeicher** sind also Medien, die Datenbestände über einen wählbar langen Zeitraum hinweg festhalten und bei Bedarf abgeben. Ihre Aufgaben sind

- das Festhalten von Daten und Programmen für DV-Prozesse und
- die Aufbewahrung von Daten und Programmen in der Zeit, wenn keine DV-Prozesse stattfinden.

Sind diese Datenspeicher

- außerhalb der Zentraleinheit, so wird von externen Datenspeichern
- innerhalb der Zentraleinheit, so wird von internen Datenspeichern

gesprochen.

Es gibt verschiedene externe Datenspeicher/Speichermedien. Sie arbeiten alle (vergleichsweise) nach demselben Speicherprinzip. Unterschiede entstehen vor allem

- in der Zugriffsart,
- in der Zugriffszeit und
- in der Speicherkapazität (siehe Beispiele in Abbildung 2.31).

Speicher	Zugriffszeit	Kapazität
Schaltungen	100 Nanosekunden (ns)	10 Megabyte (MB)
Diskette	150 bis 600 Milli-	250 Kilobyte (KB) bis
	sekunden (ms)	300 Megabyte (MB)
Festplatte	5 Millisekunden(ms)	32 Megabyte (MB)
Magnetplatte	50 Millisekunden	350 Megabyte (MB)
Magnetband	Sekunden (ms)	schwer zu definieren
Bibliothek-	15 Sekunden (s)	500 Gigabyte (GB)
speicher		

Abb. 2.31: *Übersicht über einige Speichermedien mit ihren technischen Daten*

Verwendet wird ein magnetisierbares Material (Magnetband mit dem physikalischen Aufbau des üblichen Tonbandes; Magnetplatte mit dem physikalischen Aufbau der Schallplatte; etc.). Die maschinenlesbaren Zeichen sind durch Magnetisierungen einer ferrithaltigen Schicht codiert. Es sind prinzipiell zwei **Zugriffsarten** zu unterscheiden, und zwar

- der sequentielle Zugriff und
- der wahlfreie (Random-) Zugriff.

Die **sequentielle** Zugriffsart ermöglicht den Zugang zur gewünschten Dateneinheit dadurch, daß sämtliche Daten, die sich auf dem Speicher befinden, nacheinander gelesen werden, bis die verlangte Dateneinheit gefunden ist:

- Daten werden lückenlos, Satz für Satz gespeichert,
- Daten werden sortiert gespeichert,
- Änderungsdaten müssen sortiert vorliegen,
- Zurückschreiben veränderter Dateneinheiten möglich,
- Einfügen und/oder Entfernen von Dateneinheiten führt zur Umspeicherung
  des gesamten Datenbestandes.

Die **wahlfreie** Zugriffsart erlaubt den Zugriff auf jede Adressierungseinheit des Datenspeichers unmittelbar. Der Zugriff kann "rein direkt" nach einzelnen

Speicherstellen oder "quasi-direkt" aufgrund eines bekannten Ordnungsbegriffs erfolgen. Merkmale dieser Zugriffsart sind (rein direkt; quasi-direkt/indirekt):

- das Vorhandensein eines Ordnungsbegriffs zur Ableitung der Adresse der gewünschten Dateneinheit,
- die Speicherung in entsprechender Sortierfolge (Lücken im Ordnungsbegriff führen zu Lücken in der Speicherung),
- die Zuordnung der Zugänge in freigebliebe Lücken,
- die Ermittlung der Satzadresse über einen Ordnungsbegriff (Umrechnungs-verfahren zum Ausgleich von Lücken),
- keine sortierte Speicherung,
- Einfügen von Zugängen in Folgebereiche.

Die zum Aufsuchen von Daten auf einem Speicher benötigte Zeit wird **Zu-griffszeit** genannt. Sie schwankt - je nach technischer Bauart des Speichers zwi-schen einigen Nanosekunden und mehreren Minuten. Diese Spannweite ergibt sich aus dem Anteil der erforderlichen (mechanischen) und der Länge des zu-rückzulegenden Stromweges. Daher sind Zugriffszeiten bei sequentiellem Zu-griff bedeutend höher als bei Speichern mit wahlfreiem Zugriff (Die kürzest-mögliche Zeit zwischen zwei Leseanforderungen an einen Speicher wird **Zy-kluszeit** genannt. Sie ist eine wichtige Kenngröße zur Beurteilung der Arbeits-geschwindigkeit des Rechenwerkes. Daher wird sie nicht bei externen Spei-chern benutzt.)

Die **Speicherkapazität** gibt an, welche Datenmengen ein Speicher fassen kann. Gemessen wird sie durch die Maßeinheiten Byte (bei byteorientierten Maschi-nen), Wort (bei wortorientierten Maschinen) und Bit in Ausnahmefällen.

2.6.2 Magnetische Speicher

Das Hauptkennzeichen magnetischer Speicher besteht darin, daß sie zur Spei-cherung der Daten/Informationen eine dünne magnetisierbare Schicht benut-zen, die auf Materialien unterschiedlicher Art (flexibel, hart) aufgetragen ist. Je nach benutztem Material, Form u.a. Eigenschaften werden verschiedene Spei-cherarten hergestellt und benutzt (Abbildung 2.31). Nachfolgend werden die wichtigsten charakterisiert.

2.6.2.1 Speicherkassette/Streamer

Beim **Streamer** (engl.: streaming tape) handelt es sich um ein 1/4-Zoll-Magnet-band in einer Kassette. Die Speicherkapazität ist bis zu 20 MB. Diese Kassette wurde vorwiegend bei Mikrocomputern als Datenträger benutzt. Ihre Bedeu-tung beschränkt sich heute auf die Datensicherung. In ihrer Funktionsweise gleichen sie Magnetbändern, d.h. die Aufzeichnung der Daten, ebenso ihre Wiedergabe ist bitseriell.

2.6.2.2 Magnetband

Das **Magnetband** (engl.: magnetic tape) ist ein Datenspeicher in Form eines Bandes. Es erinnert an ein normales Tonbandgerät (siehe Abbildungen 2.32 - 2.35). Wie beim Tonbandgerät das Tonband, so dient beim Magnetbandgerät ein Magnetband als Speichermedium für die Daten. Darauf werden binäre Daten gespeichert.

Im **Aufbau** unterscheidet sich das Magnetband von einem Tonband lediglich in den Abmessungen. Übliche Bandlängen sind 730 m, 365 m und 90 m. Die Breite ist genormt auf 1/2 Zoll (12,7 mm) oder 1 Zoll (25,4 mm). Es setzt sich aus zwei Schichten, aus der Trägerschicht (Polyester) und aus der Magnetschicht (Eisenoxyd) zusammen. Die Magnetschicht ist in der Lage, Daten aufzubewahren.

Das Beschriften von Magnetbändern erfolgt in mehreren, in den der Längsrichtung des Bandes parallel zueinander verlaufenden Kanälen (auch **Spur** genannt), in denen einzelne Stellen magnetisiert werden. Die übereinanderliegenden Spurelemente sind Bandsprosse. Eine Bandsprosse kann jeweils ein Zeichen aufnehmen (bitparallele Aufzeichnung, Abbildung 2.32).

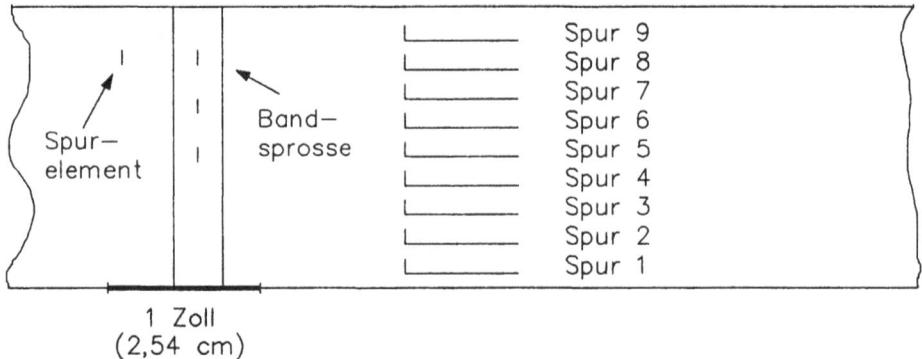

Abb. 2.32: *9-spuriges Magnetband*

Die **Funktionsweise** dieses Speichers ist relativ einfach. Auf der Kunststofffolie des Magnetbandes ist eine magnetisierbare Schicht aufgebracht. Diese besteht aus unzählig vielen (kleinen) **Elementarmagneten.** Auf dem Weg von einer **Spule** zur anderen läuft das Magnetband an einem Lese- und Schreibkopf vorbei. Der **Lesekopf** dient zum Abspielen/zur Abnahme der Daten, der **Schreibkopf** zur Aufnahme/zum Schreiben (Abbildung 2.33).

Wird nun das Magnetband am Lesekopf vorbeigeführt, so werden durch das Magnetfeld der Elementarmagnete in der Spule des Lesekopfes Impulse (Spannungsstöße) erzeugt, die verstärkt die ursprünglichen Daten darstellen usw.

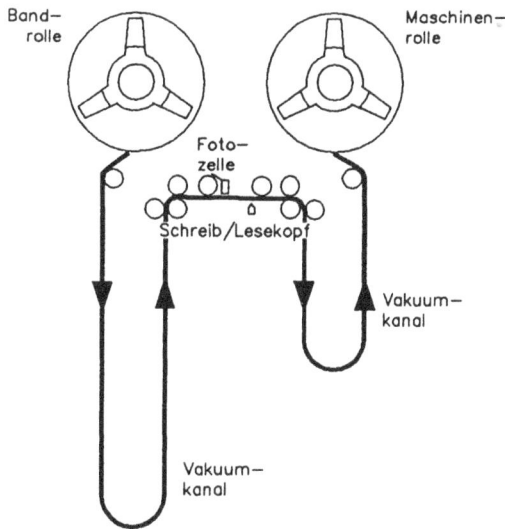

Abb. 2.33: *Aufbau der Bandeinheit*

Das 1/2 Zoll breite Band hat 7 oder 9 Spuren. Für jede dieser Spuren ist ein Schreib-/Lesekopf in der Magnetbandeinheit vorhanden. Fließt durch dessen Spule ein Strom, dann wird - beim Schreiben auf das Magnetband - auf der Eisenoxyd-Beschichtung des vorbeilaufenden Bandes eine Stelle magnetisiert. Andere, früher auf das Magnetband geschriebene Daten werden gelöscht.

In der Schreib-/Leseeinrichtung der Magnetbandeinheit sind die Magnetköpfe (7 oder 9) nebeneinander über die Breite des Bandes verteilt untergebracht. Diese Magnetköpfe sind in der Lage, verschiedene Zeichendichten auf das Magnetband zu übertragen.

Die Aufzeichnung von Informationen auf Magnetband erfolgt in Gruppen von Bits, und zwar:

- in Stellen zu 6 Bits oder
- in Bytes (Bitgruppen zu 8 Bits).

Stellen speichern eines von 64 Zeichen, also einen Buchstaben, eine Ziffer oder ein Spezialzeichen. **Bytes** nehmen 2 Ziffern zu 4 Bits oder eine von 256 möglichen 8-Bit-Verschlüsselungen auf. Sie erlauben die Verwendung des EBCDIC-Codes (engl.: Extended Binary Coded Decimal Interchange Code).

Gegenwärtig sind zwei **Arten** von Magnetbandspeichern in Gebrauch, und zwar die sog.

- 7-Spur-Bänder mit 200, 556 oder 800 bpi sowie
- 9-Spur-Bänder mit 800 oder 1600 bpi (= 320 oder = 640 Bytes/cm).

Die Abkürzung **bpi** ist die Maßeinheit für die Zeichendichte (engl.: bit per inch, bzw. bytes per inch), die sich jeweils auf ein Zoll (= 2,54 cm) Magnetband bezieht. Bei Magnetbändern sind folgende Zeichendichten üblich:

200 bpi = pro Zoll werden 200 Zeichen aufgezeichnet,
556 bpi = pro Zoll werden 556 Zeichen aufgezeichnet,
800 bpi = pro Zoll werden 800 Zeichen aufgezeichnet,
1600 bpi = pro Zoll werden 1600 Zeichen aufgezeichnet und
6250 bpi = pro Zoll werden 6250 Zeichen aufgezeichnet.

Bei neueren Entwicklungen wird eine Schreibdichte von 6250 bpi erreicht (Abbildung 2.34).

Auf einem Magnetband werden die Daten in einzelnen identifizierbaren Einheiten gespeichert. Eine solche Einheit, bestehend aus einer zusammenhängenden Folge von Zeichen, wird **Block** genannt.

Mit dem einzelnen Übertragungsbefehl wird durch die Schreib-/Leseeinrichtung des Bandgerätes immer ein kompletter Block auf das Magnetband geschrieben oder von dem Magnetband gelesen. Benachbarte Blöcke werden durch Blockzwischenräume voneinander getrennt. Der Blockzwischenraum wird auch als Blocklücke oder **Kluft** bezeichnet. Es ist ein informationsloser Bereich, der die Blöcke räumlich voneinander trennt.

Das Aufzeichnen auf das Magnetband bzw. das Lesen von dem Magnetband kann nur bei konstanter **Geschwindigkeit** durchgeführt werden. Um diese Geschwindigkeit zu erreichen, bzw. wieder zu vermindern, wird die eine Hälfte einer Kluft als Anlaufbereich vor einem Block und die andere Hälfte als Bremsbereich nach einem Block benötigt. Je mehr Blockzwischenräume vorhanden sind (d.h. je kleiner die Blöcke sind), desto geringer ist die Speicherkapazität des Magnetbandes.

Zur besseren Nutzung eines Magnetbandes ist es üblich, Datensätze zu **blokken.** Das bedeutet: Im Zuge der Verarbeitung erstellte einzelne Datensätze werden nicht sofort auf ein Magnetband ausgegeben, sondern zunächst im Zentralspeicher in einem Ausgabebereich (Ausgabepuffer) hintereinander gesammelt; erst wenn der Ausgabepuffer gefüllt ist (z.B. mit 10 Datensätzen) wird

1 Zoll = 2.54 cm   Zeichendichte

| 0.5 Zoll | | 800 Zeichen | 800 BPI |

Platz, der benötigt wird,
um einen Datenblock von   <=== 1 Zoll ===>
80 Zeichen zu speichern

| | 1600 Zeichen | 1600 BPI |

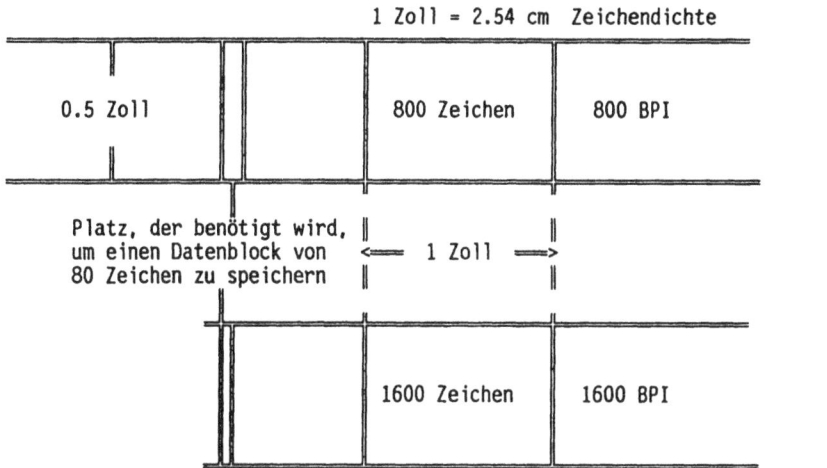

80-stellige Sätze ungeblockt

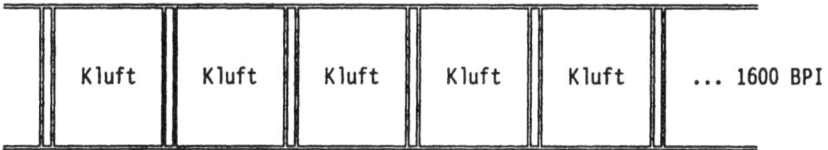

| Kluft | Kluft | Kluft | Kluft | Kluft | ... 1600 BPI |

auf 730 m nutzbare Bandlänge:
44 923 Sätze = 3.593.840 Zeichen

80-stellige Sätze 10fach geblockt

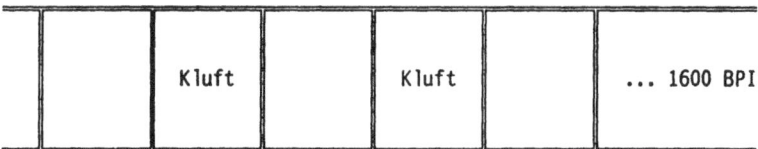

| | Kluft | | Kluft | ... 1600 BPI |

auf 730 m nutzbare Bandlänge:
265 450 Sätze = 21.236.000 Zeichen

Abb. 2.34: *Datenspeicherung auf dem Magnetband*

der gesamte Pufferinhalt mit einem Schreibbefehl auf das Magnetband als Block übertragen (Abbildung 2.35).

Zur Weiterverarbeitung müssen die Datensätze wieder **entblockt** werden. Das bedeutet: Mit einem Lesebefehl wird ein Block in einen Eingabebereich (Eingabepuffer) des Zentralspeichers übertragen; aus dem Eingabepuffer werden die Sätze nun wieder der Reihe nach einzeln zur Verarbeitung verfügbar gemacht.

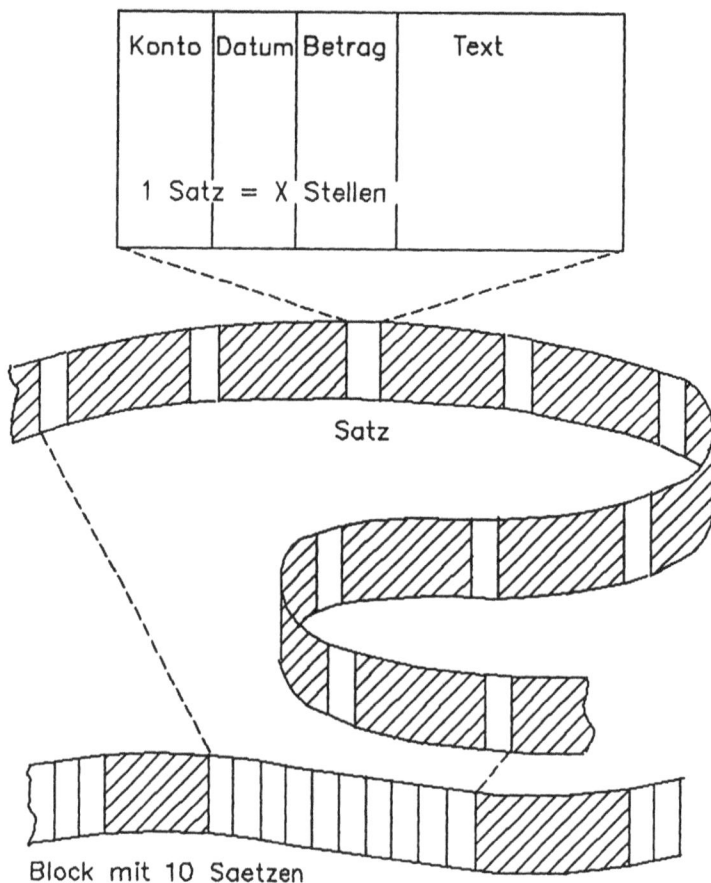

Abb. 2.35: *Das Prinzip des Blockens*

Am häufigsten sind folgende Kenngrößen als **Belegungsfaktoren bei Magnet-bändern** vorkommend:

- 12.7 mm (1/2 Zoll) Bandbreite,
- 730 m (2400 Fuß) Bandlänge,
- bitparalleles Aufzeichnungsverfahren (vergl. Lochstreifen),
- 1600 bpi Schreibdichte,
- 0.48 m/s - 3.81 m/s Schreib-/Lesegeschwindigkeit,
- 240000 Zeichen/s Übertragungsgeschwindigkeit (Abbildung 2.36).

phys. Satzlänge in Maschinenwörter	Kapazität in Mio. Speicherweiterung	Belegungsfaktor %
3	0.103	4.1
5	0.167	6.7
8	0.256	10.3
10	0.313	12.5
20	0.556	22.2
30	0.750	30.0
60	1.154	46.2
100	1.471	58.8
200	1.852	74.1
300	2.027	81.1
500	2.193	87.7
700	2.273	90.9
1000	2.336	93.5
3000	2.443	97.7
5000	2.465	98.6

Abb. 2.36: *Belegungsfaktor*

Aus den Kapazitätsbetrachtungen (Abbildung 2.37) ergibt sich die Forderung, die Zahl der nicht genutzten Band-Anteile (inter-record-gaps) zu minimieren durch Zusammenfassen logischer Sätze zu physischen Sätzen; es ist ein mög-lichst hoher Blockungsfaktor anzustreben. Grenzen der Blockungsmaßnahmen bilden

- die Speicherkapazität,
- die Mechanik der Bandeinheiten (Parity-Fehlerzahl bei sehr großer Satzlänge durch Staubpartikel anwachsend) und
- die erforderliche Zeit für Blockungs-/Entblockungs-Routinen

Disk-Systeme	Anzahl der benötigten Magnetbänder		
Kapazität MB	246 Bit/mm 6250 bpi 120 MB/Baud	500 Bit/mm 12500 bpi 700 MB/Baud	1260 Bit/mm 32000 bpi 1500 MB/Baud
70	0.6	0.1	0.05
100	0.8	0.2	0.06
200	1.7	0.3	0.13
280	2.3	0.4	0.19
570	4.8	0.8	0.4

Abb. 2.37: *Kapazitätsvergleich von Magnetbandsystemen zu Disk-Systemen*

2.6.2.3 Massenkassettenspeicher

Mit diesem Speicher ist es möglich, auf Daten in einer Größenordnung von 35 - 472 Milliarden Byte direkt (on-line) zuzugreifen und der Verarbeitung zur Verfügung zu stellen. In Anbetracht dieser Speicherkapazität wird auch vom Bibliotheksspeicher gesprochen.

Der Datenträger ist ein 17,5 m langes und 10,16 cm breites Magnetbreitband, das auf einer Spule aufgewickelt ist. Die Spule, die einen Durchmesser von 5,08 cm besitzt, befindet sich in einer Kassette. Ein Band innerhalb einer Kassette hat eine Speicherkapazität von 50,4 Millionen Byte (Abbildung 2.38).

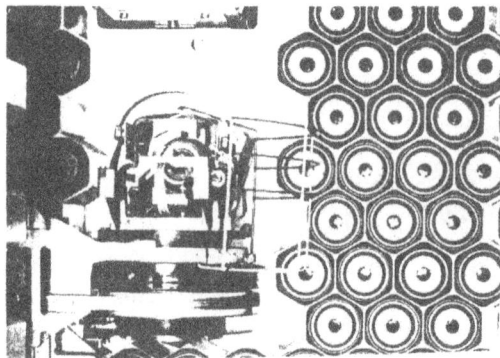

Abb. 2.38: *Aufbau des Massenkassettenspeichers*

Der Datentransport Zentralspeicher - Kassette und umgekehrt wird nicht direkt, sondern über einen Magnetplattenspeicher als Zwischenspeicher durchgeführt. Die Zentraleinheit prüft, ob die zu verarbeitenden Daten und der Zwischenspeicher zur Verfügung stehen. Ist dies nicht der Fall, so wird über eine Adreßtabelle festgestellt, auf welcher Kassette innerhalb des Massenspeichersystems sich die Daten befinden. Der Zugriffsmechanismus ermittelt mit Hilfe der Adresse die entsprechende Kassette und veranlaßt das Übertragen der Daten auf den Zwischenspeicher. Wenn die Übertragung abgeschlossen ist, können die zu verarbeitenden Daten in den Zentralspeicher übertragen werden. Sollten Daten auf Kassetten des Massenspeichersystems übertragen werden, so geschieht dies ebenfalls über den Zwischenspeicher.

2.6.2.4 Diskette

Die Diskette (engl.: diskette, floppy disk) ist bei Mikrocomputern der Standard-Datenträger, zugleich auch ein wichtiges externes Speichermedium. In dieser letzteren Eigenschaft wird sie allerdings allmählich durch Festplatten abgelöst. Ihre Bedeutung jedoch als Datenträger und als Medium der Datensicherung bleibt vorerst bestehen.

Die Daten werden entlang konzentrischer Kreise - genannt Spuren - auf die Diskette geschrieben (Abbildung 2.39). Der Lese-/Schreibkopf des Diskettenlaufwerkes bewegt sich vorwärts und rückwärts von Spur zu Spur und findet so die erforderlichen Daten bzw. den freien Platz zum Aufzeichnen der Informationen. Die Spuren werden in Abschnitte - sog. Sektoren - eingeteilt. Der Platz auf der Diskette wird in Byte angegeben. Ein Byte entspricht einem Zeichen. Die Anzahl der Spuren, Sektoren und Bytes hängt von der Diskettenart ab.

Gebräuchliche Durchmesser sind 8,5, 5,25 und 3,5 Zoll. Folgende Diskettenarten können unterschieden werden:

- einseitig (engl.: single sided): Aufzeichnung auf einer Seite, ein Schreib-/Lesekopf;
- doppelseitig (engl.: double sided): Aufzeichnung auf beiden Seiten, je ein Schreib-/Lesekopf pro Seite;
- einfache/doppelte Schreibdichte (engl.: single/double density): die doppelte Schreibdichte wird durch eine Verdoppelung der Spurzahl erreicht.

Wesentliche technische Größen sind außerdem

- die Rechengeschwindigkeit (bis zu einer Mio. Befehle/s),
- die Datenübertragungsrate (um 5 MB/s für I/O-Operationen),
- die Zugriffszeit (im Millisekunden-Bereich) und
- die Speicherkapazität (250, 400 KB, bei doppelter Datendichte zwischen 1 - 1,6 MB, bei den sog. High-density-Disketten 5 MB (3,5 und 5,25-Zoll-Disketten) bis 10 MB (8-Zoll-Disketten).

Letztere ist im wesentlichen vom Speichermedium abhängig.

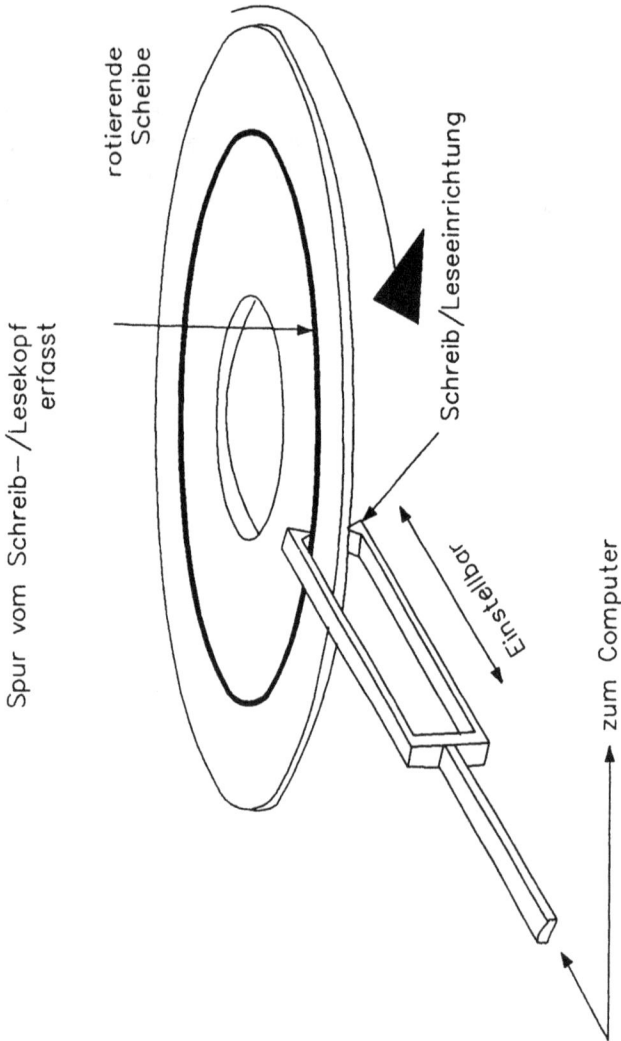

rotierende
Scheibe

Schreib/Leseeinrichtung

Spur vom Schreib-/Lesekopf
erfasst

Einstellbar

zum Computer

Abb. 2.39: *Diskettenlaufwerk mit Zugriffsarm*

Die Kapazität der **Disketten**-Laufwerke ist unterschiedlich

- 5,25 Zoll-Disketten sind durchschnittlich 320 KBytes groß, die Schwankungs-breite liegt zwischen 100-2000 KBytes, also bis zu 2 MBytes;
- 3,5 Zoll-Disketten haben dagegen eine Kapazität von 400-800 KBytes.

Demgegenüber verfügen **Festplatten** (Winchester) im allgemeinen 20 MBytes und mehr. Die dabei verwendete Zugriffstechnik ist in Abbildung 2.39 sichtbar. Adressierbar sind die einzelnen Spuren. Disketten können von unbeabsichtigtem Löschen von Daten geschützt werden. Dazu wird die Schreibschutzkerbe mit den mitgelieferten Klebestreifen überklebt.

Durch das Überkleben der Schreibschutzkerbe wird verhindert, daß neue Daten gespeichert werden können. Die bereits gespeicherten Daten können jedoch gelesen werden. Es empfiehlt sich, alle wichtigen Disketten mit dem Schreibschutz zu versehen.

Der Schreibschutz kann jederzeit wieder entfernt werden, falls Daten gelöscht oder neue Daten gespeichert werden sollen. Falls die Diskette keine Schreibschutzkerbe besitzt, ist sie bereits schreibgeschützt. Die DOS-Diskette ist bspw. auf diese Weise bereits schreibgeschützt.

2.6.2.5 Magnetplatte

Magnetplattenspeicher (engl.: magnetic disk) sind Datenspeicher in Form kreisrunder Platten, die auf einer Achse übereinander montiert sind. Die Plattenoberflächen sind bis auf die Außenseiten der obersten und untersten Platte mit einer magnetisierbaren Schicht überzogen. Zumeist stehen mehrere Platten übereinander auf einer senkrecht stehenden Welle oder **Achse**. Die Platten sind zu einem **Plattenstapel** zusammengefaßt, der bis zu 20 beschreibbare **Oberflächen** aufweist (Abbildung 2.40) Die Platten rotieren mit einer konstanten Geschwindigkeit von 1000 - 3600 Umdrehungen in der Minute. Der Plattenstapel (Plattenturm) ist auswechselbar.

Das Aufzeichnen und das Lesen der Daten erfolgt bitseriell, d.h. einspurig (ähnlich wie bei Magnetkassetten). Der Zugriff erfolgt über bewegliche Schreib-/Leseköpfe, die **kammartig** zwischen die Platten eingeführt werden können (Zugriffskamm). Sie haben von den Plattenoberflächen einen Abstand von wenigen Mikrometern (fliegender Kontakt). Die Zahl der Spuren je Plattenoberfläche liegt zwischen 100 - 500.

Alle Daten einer Plattenoberfläche, die mit einer Positionierung des Schreib-/Lesekopfes zugänglich sind, liegen auf einer Kreislinie, die als **Spur** bezeichnet wird. Alle jeweils übereinander angeordneten Spuren, oder alle Spuren mit gleichem Abstand zur Achse, werden zu einem **Zylinder** zusammengefaßt (Abbildung 2.41).

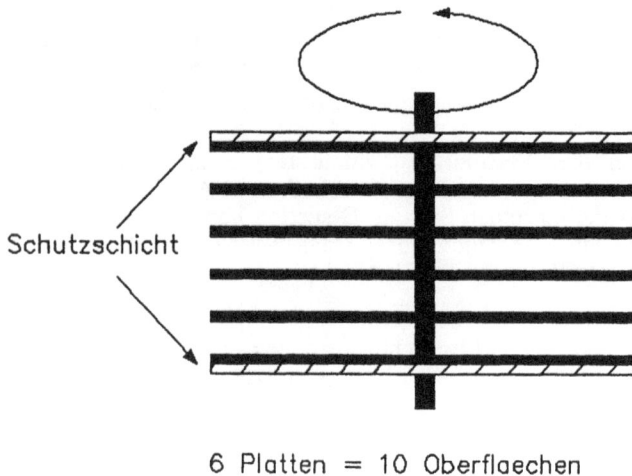

6 Platten = 10 Oberflaechen

Abb. 2.40: *Der Plattenstapel*

Da alle Schreib-/Leseköpfe gemeinsam bewegt werden, sind die Daten im gleichen Zylinder ohne Unterbrechung durch mechanische Bewegungen unmittelbar nacheinander zugänglich. Datenbestände, die eine Einheit bilden, werden nach dem Zylinderprinzip abgespeichert, d.h. zuerst wird die Spur 000 der Plattenseite 0 beschrieben, anschließend die Spuren 000 der Plattenseiten 1 - 9. Wenn alle Spuren mit der Nr. 000 beschrieben sind, ist auf dem Plattenspeicher der Zylinder 000 belegt. Reicht die Kapazität dieses Zylinders nicht aus, werden die Zugriffsarme auf die Spur 001 positioniert. Dieser Zylinder 001 wird dann auf die gleiche Weise beschrieben.

Der Vorteil des Zylinderprinzips ist, daß nur 200 horizontale Bewegungen des Zugriffskammes nötig sind, um alle Speicherplätze zu belegen bzw. zu lesen. Gleichzeitig wird durch dieses Prinzip die Übertragungsgeschwindigkeit wesentlich erhöht.

Eine **Spur** besteht im wesentlichen aus Indexpunkt, Spuradresse und Datensätzen. Die einzelnen "Sätze" sind durch Klüfte getrennt. Die Klüfte dienen der räumlichen Trennung zwischen den einzelnen Sätzen (Abbildung 2.42). Der **Indexpunkt** kennzeichnet den Spuranfang und wird vom Zugriffsmechanismus als solcher erkannt. Die Spur selbst wird durch eine zweiteilige Spuradresse identifiziert, die aus Zylinder- und Kopf-Nummer zusammengesetzt ist. Hinter der Spuradresse sind die einzelnen Datensätze fortlaufend hintereinander ab-

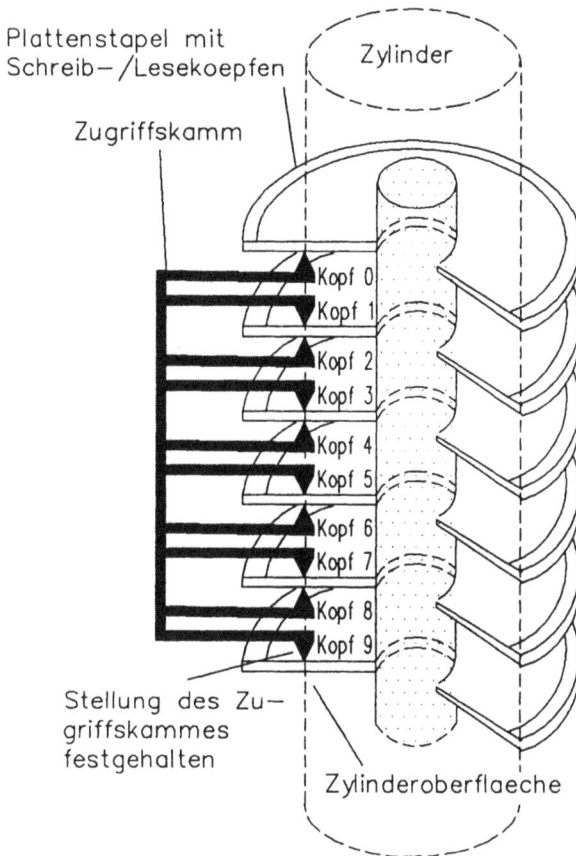

Abb. 2.41: *Das Zylinderprinzip*

gespeichert (Satz-Nr. 1 bis Satz-Nr. -n). Der Speicherplatz eines Datenele-
mentes ist demnach über die **Satzadresse** = Zylindernummer/Kopfnummer/
Satznummer zu definieren:

- Der Beginn einer Spur wird durch den Index-Punkt angezeigt.
- Die Spuradresse enthält Zylinder- und Spurnummer.
- Die Sätze beginnen mit der Kennzeichnung, welche u.a. die Zylinder-, Spur-
  und Satz-Nr. enthält.
- Als erster Satz einer Spur steht immer der Spurbeschreibungssatz, mit Infor-
  mationen über etwaige Ersatzspuren, Auswahl freier Bytes in der Spur u.a.m.

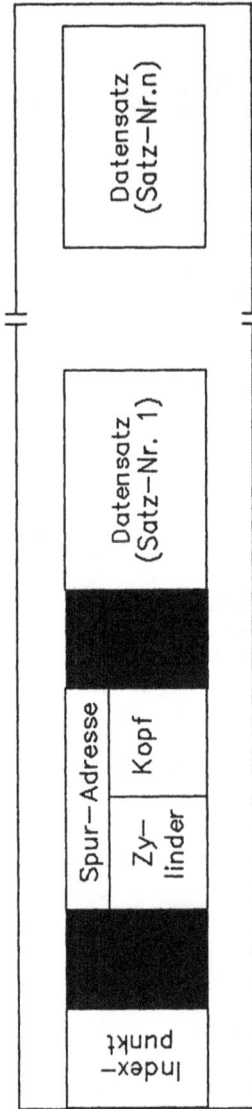

Abb. 2.42: *Spuraufbau einer Magnetplatte*

- Alle Randomspeicher haben den gleichen Spuraufbau.
- Die Anzahl der Datensätze pro Spur hängt von deren Länge ab.
- Alle nicht zusammengehörigen Informationen sind durch Klüfte voneinander getrennt.
- Vor jeder Kluft sind 2 Prüfbytes gespeichert.

Ein **Datensatz** besteht im wesentlichen aus Adreßmarke, Satzadresse und Datenfeld (Abbildung 2.43). Die **Adreßmarke** zeigt den Beginn eines Datensatzes an. Die **Satzadresse** besteht aus Zylinder-, Kopfnummer und Satznummer, wobei die Satznummer (1. Satz, 2. Satz usw.) die einzelnen Sätze auf der Spur unterscheidet (Zylinder- und Kopfnummer entsprechen der Spuradresse). Im **Datenfeld** sind die zu verarbeitenden Daten gespeichert.

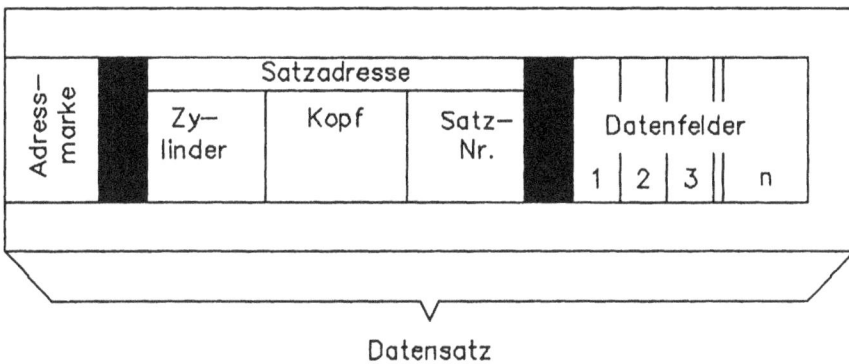

Abb. 2.43: *Datensatzaufbau*

Wie kann ein gespeicherter Datensatz aus dem Datenbestand gezielt adressiert werden?

Angenommen, der Datensatz XYZ soll in den Zentralspeicher gelesen werden. Der Satz ist unter folgender Satzadresse gespeichert (Abbildung 2.44):

Zylinder-Nr.	:	151
Kopf-Nr.	:	3
Satz-Nr.	:	3

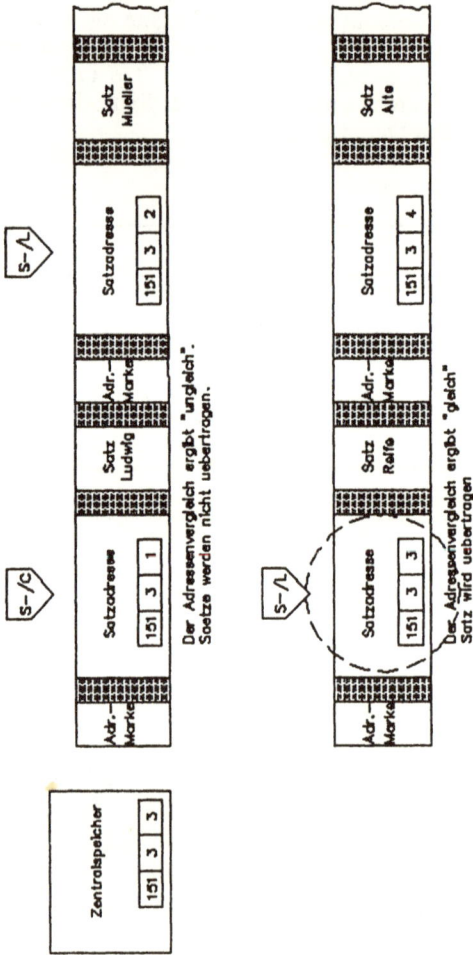

Abb. 2.44: *Speichern von Datensätzen auf Magnetplatte*

Durch Analyse der Adressen wird zunächst der Zugriffskamm auf den Zylinder 151 eingestellt. Anschließend wird der Lese-/Schreibkopf mit der Nummer 3 aktiviert. Der Lese-Schreibkopf beginnt am Indexpunkt und vergleicht die Satznummern auf der Platte mit der im Zentralspeicher bereitgestellten Satznummer. Sobald der Vergleich zutrifft, wird der Datensatz in den Zentralspeicher übertragen.

Das Aufsuchen eines Satzes in einer Spur dauert unterschiedlich lang. Steht der Satz am Ende der Spur, wird für das Aufsuchen die Zeit von einer Plattenumdrehung benötigt. Befindet sich der gesuchte Satz am Anfang, so ist keine Zeit für das Aufsuchen erforderlich. Die erforderliche Zeit, um den Zugriff auszuführen und die Daten zu übertragen (**Zugriffszeit**), setzt sich aus verschiedenen Komponenten zusammen, und zwar aus der

- Auswahl der Köpfe (Die Auswahl des richtigen Lese-/Schreibkopfes wird mit elektronischen Schaltungen vorgenommen.)
- Zugriffsbewegungszeit (Positionierungszeit; Diese Zeit wird benötigt, um die Lese-/Schreibköpfe auf den Zylinder einzustellen, der den geforderten Datensatz enthält.)
- Verzögerung durch die Umdrehung (Dreh-Wartezeit; Diese Zeit vergeht, bis die geforderten Daten bei der Umdrehung des Plattenstapels an den Lese-/Schreibköpfen vorbeikommen. Die Zeit variiert zwischen Wert 0 und 25 ms für eine volle Umdrehung. Bei Zeitberechnungen wird 1/2 Umdrehung angenommen.)
- Datenübertragungsrate (Es ist die Zeit, die benötigt wird, um Daten zwischen Zentralspeicher und peripherem Speicher zu übertragen.)

Plattenspeicher werden aufgrund ihrer Eigenschaften der Auswechselbarkeit und der Positionierbarkeit unterschieden:

- Plattenspeicher mit auswechselbarem Laufwerk heißen **Wechselplatten, Plattenstapel.**
- Plattenspeicher mit festem, nicht auswechselbarem Laufwerk heißen **Festplattenspeicher.** Darunter fallen auch solche, bei denen für jede Spur ein fest montierter Lese-/Schreibkopf existiert. Es sind **Festkopfplattenspeicher;**- Eine besondere Art stellt die sog. **Winchester-Technik** dar. Hier ist die gesamte Einrichtung, also die Platte, die Mechanik für die Lese-/Schreibvorrichtung in eine vakuumdichte Außenhülle eingeschlossen. Mit Hilfe dieser Technik werden Kapazität und Zugriffszeit erhöht. Winchesterplatten werden insbesondere bei Mikrocomputern verwandt.

Magnetplatten sind insbesondere an ihren technischen Größen zu messen. Die Entwicklung ist rasant, so daß Wertangaben schnell überholt sind. Anzahl der Plattenoberflächen, Anzahl der Spuren je Plattenoberfläche, Aufzeichnungsdichte bestimmen die **Kapazität**. Weitere Unterschiede entstehen durch die Umdrehungszahl, **Datenübertragungsrate** etc. Einige Angaben zeigen die breite Spanne.

- Speicherkapazität zwischen 5 MB - 2,5 GB (bei Disketten bis 10 MB),
- Zugriffszeit zwischen 15 - 60 ms (bei Disketten 150 - 600 ms),
- Umdrehungszeit 1.000 bzw. 3.600 (bei Disketten 300 bzw. 360 Umdrehungen pro Minute)
- Übertragungsrate bis zu 806 KB/s (bei Disketten bis zu 1 Mbit/s).

Weitere Einzelheiten im Vergleich zu anderen Speichermedien sind in Abbildung 2.31 zusammengestellt.

2.6.2.6 Sonstige magnetische Speicher

Unter diesen Speichern werden solche zusammengefaßt, die während des Arbeitsgangs nicht gewechselt werden. Sie sind stationiert. Ihr Grundaufbau wird in Abbildung 2.45 gezeigt.

Magnettrommelspeicher bestehen aus einer rotierenden Trommel mit magnetisierbarer Schicht. Durch feste und bewegliche Lese-/Schreibköpfe lassen sich eine bestimmte Anzahl von Speicherspuren festlegen. Der Datenträger ist nicht austauschbar. Die herausragende Eigenschaft des Trommelspeichers ist die günstige Zugriffszeit. Sie wird dadurch erreicht, daß nur der Trommelkörper als einziges Teil dieses Speichers mechanisch bewegt wird.

Der Trommelkörper ist ein mit konstant hoher Geschwindigkeit rotierender Stahlzylinder, dessen Oberfläche mit magnetisierbarem Material beschichtet ist. Die Oberfläche ist in Spuren eingeteilt. Jeder Spur ist ein in seiner Lage unveränderbarer Magnetkopf zugeordnet.

Zur Datenspeicherung stehen insgesamt z. B. zur Verfügung:

800 Standard-Spuren
80 Ersatz-Spuren.

Die Ersatzspuren stellen sicher, daß für die zu speichernden Daten in jedem Falle ein magnetisch einwandfreies Medium zur Verfügung steht.

Magnetspeicherstreifen und **Magnetkartenspeicher** sind im Prinzip ähnlich aufgebaut. Der wesentliche Unterschied ist durch das Format des Magnetschichtstreifens gegeben. In der Arbeitsweise ähneln diese Speicher den Magnettrommelspeichern. Die Streifen bzw. Karten stellen eine Art auswechselbaren Trommelmantel dar. Die Speicherkapazität ist sehr groß (über 100 Bytes) allerdings bei einer sehr langsamen Zugriffszeit wegen des erforderlichen Streifen- bzw. Kartentransports (0.5 s).

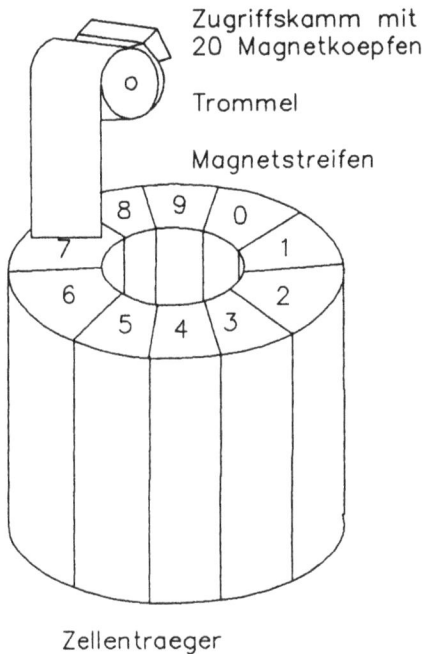

Zugriffskamm mit
20 Magnetkoepfen

Trommel

Magnetstreifen

8 9 0 1 2 3 4 5 6 7

Zellentraeger

Abb. 2.45: *Das Trommelprinzip*

2.6.2.7 Optische Speicherplatte und sonstige Speicher

Die **optische Speicherplatte** (engl.: optical disk memory) ist eine runde
Scheibe, auf deren Oberfläche sowohl das Aufzeichnen, wie auch das Lesen
der Informationen mit einem Laserstrahl erfolgen. Die Aufzeichnung erfolgt im
Regelfall durch Einbrennen der Binärzeichen als kleine Löcher in die Spuren
der Plattenoberfläche. Dadurch ändert sich die Reflexionseigenschaft der
Plattenoberfläche. Bei anderen Verfahren werden Vertiefungen eingeschmol-
zen oder Domäne mit anderer Magnetisierungsrichtung gebildet. Daher sind
Speicherplatten mit eingebrannten Löchern oder eingeschmolzenen Vertiefungen nicht löschbar, nicht wieder aufzeichenbar; nur unbegrenzt häufig lesbar.
Eine Eigenschaft, die zum allmählichen Verbreiten magneto-optischer Speicherplatten führt, die gelöscht und neu beschriftet werden können. Die opti-

sche Speicherplatte wird daher aus unterschiedlichem Material hergestellt. Ihre physikalische Einteilung ist ebenfalls verschieden. Sie kann konzentrierte oder spiralförmige Spuren aufweisen. Normalerweise (Standardausführung) verfügt die Speicherplatte über 45.000 Spuren. Jede Spur ist in 128 Sektoren unterteilt. Jeder Sektor verfügt über eine Kapazität von 1.000 Bits, woraus sich eine Gesamtkapazität von rund 10 Milliarden Bits (netto belegbar) ergibt, sofern die beiden Oberflächen benutzt werden. Gegenwärtig werden sie in verschiedenen Größen hergestellt, und zwar von 3,5 bis 14 Zoll, mit Speicherkapazitäten bis 4 GB je Platte. Die Zugriffszeiten liegen bei 150 ms, allerdings bei einer Datentransferrate von 2 Mbit/s. Der Schreibvorgang ist etwa 20 mal schneller als der Lesevorgang.

Wegen dieser hohen Speicherungsdichte dürfte die optische Speicherplatte als Massenspeicher nicht nur im Bibliotheks- und Dokumentationsbereich (Statistikämter etc.), sondern auch in der Büroautomation und in der Archivierung betriebener Daten an Bedeutung gewinnen. Diese Aussage gilt insbesondere auch im Hinblick auf die inzwischen möglich gewordene Wiederbenutzung. Allerdings sind die gegenwärtig verfügbaren optischen Speicherplatten weitestgehend nur Leseplatten.

Eine weitere Variante stellen die sog. **CD-ROM-Platten** (engl.: compact disk ROM) dar. Es handelt sich um die in der Musikbranche bekannte Speicherplatte, die mit einem modifizierten CD-Spieler gelesen wird. Allerdings ist die Speicherkapazität mit 600 MB begrenzt. Ebenso ist die Zugriffsgeschwindigkeit ungünstig.

Künftig ist außerdem mit dem Vordringen von sog. **Halbleiterplatten** (engl.: solid state disk) zu rechnen, die als Speicherchips bekannt geworden sind. Ihr hauptsächlicher Nachteil liegt darin, daß deren Speicherinhalt bei Unterbrechung der Stromzufuhr verlorengeht. Demgegenüber steht die sehr günstige Zugriffszeit.

Magnetblasenspeicher (engl.: magnetic bubbles) galten lange Zeit als Zukunftsform der Speicherung. Aufgrund der ungünstigen Zugriffszeiten (über 5 ms) und der hohen Herstellungskosten haben sie die Erwartungen - trotz ihrer Vorteile (stabile Speicherung, keine Zugriffsmechanik notwendig) - nicht erfüllen können.

Schließlich sind **Mikrofilme** als Speichermedien zu nennen. Ihre technische Beschreibung wurde im Abschnitt 2.5.2.3 in Verbindung mit der Diskussion von Datenträgern dargelegt.

3. Hardwaretechnische Grundlagen der Kommunikation

	Übersicht Begriffsabgrenzung
	Topologie der Datenfernübertragung
Hardwaretechnische Grundlagen der Kommunikation	Betriebsarten
	Dateidienste
	Rechnernetze Netzwerk-Topologie
	Telekommunikation

3.1 Übersicht und Begriffsabgrenzungen

Eine Datenverarbeitungsanlage war bis vor wenigen Jahren eine lokal installierte Einrichtung. Sie erhielt im Laufe der Zeit Verbindung nach außen. Daten, die räumlich fern anfielen und/oder benötigt wurden, mußten konventionell transportiert werden. So entstand die auch heute noch weit verbreitete Datenkette:

dezentrale Datenerfassung -- > Postversand -- > Rechenzentrum

Dieser umständliche, zeitraubende und unwirtschaftliche Weg/Vorgang wurde durch die **Datenfernverarbeitung** (abgekürzt DFÜ oder DFV, engl.: teleprocessing) also durch die Schaffung einer direkten Anschlußmöglichkeit von entfernten (remote) Datenstationen (terminal) abgelöst, bzw. wird allmählich ersetzt. Dabei geht es darum, Computer, Sichtgeräte, Drucker, Diskettenlaufwerke u.a.m., sowie alle Kombinationen solcher Geräte an andere Rechner anzuschließen, um Daten, Programme, Briefe, Bilder etc. über eine räumliche Distanz in digitalisierter Form zu übertragen.

Der Sammelbegriff Datenfernverarbeitung ergibt sich aus der Verbindung von

- Datenübertragung (räumliche Transformation) und
- Datenverarbeitung (sachliche Transformation).

Sie kommt sowohl für die Stapel- als auch für die Dialogverarbeitung in Frage.
Die **Datenübertragung** selbst ist eine Teilaktion innerhalb des übergreifenden
Begriffes Datenfernverarbeitung. Sie dient

- der Übertragung von Daten,
- der Überbrückung von Entfernungen,
- dem Zugriff zu Rechnerleistungen,
- dem Zugriff zu Datenbeständen und
- der Erweiterung der Eingabe-/Ausgabe-Möglichkeiten.

Sie ist zugleich ein Schritt zur Realisierung der Forderung

"Computer am Arbeitsplatz".

Von der **Kommunikation** wird grundsätzlich dann gesprochen, wenn zwischen
Menschen und/oder maschinellen Systemen ein Austausch, eine Übermittlung
von Nachrichten, von Informationen erfolgt. Im betriebswirtschaftlichen Sinne
ist dieser Austausch mit dem Zweck verbunden, das Handeln zielgerichtet, optimal zu gestalten. Diese Begriffsfassung wird in der Wirtschaftsinformatik
ebenfalls benutzt. Der Begriff der Kommunikation macht dreierlei sichtbar,
und zwar

- es sind Informationen für den Vorgang erforderlich,
- es ist ein Verbund (eine Verbindung) herzustellen,
- es sind zielgerichtete Vorgaben notwendig.

Die Technik selbst weicht von der Verarbeitungstechnik ab. Hier steht mehr
die Transporttechnik, die Netzwerktechnik an.

Bei der **konventionellen Datenverarbeitung** sind die Ein- und Ausgabeeinheiten physisch mit der Zentraleinheit verbunden (multi-wire-kabel) und ihr
räumlich nahe. Die Dateneingabe erfolgt oft über Belege (Belegleser) und die
Datenausgabe über Schnelldrucker in Form von Listen/Berichten (Abbildung
3.1).

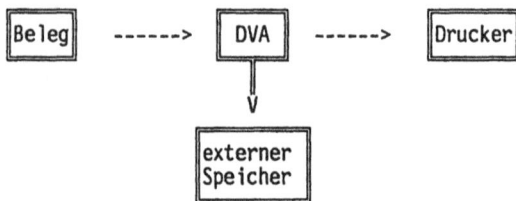

Abb. 3.1: *Das Prinzip der konventionellen Datenverarbeitung*

Bei der **Datenfernverarbeitung** braucht der Computer nicht in der Nähe der Ein- oder Ausgabe-Einheiten (Datenstationen, Terminals, Datenendeinrichtungen) zu stehen. Die Übertragung der Daten von der Datenstation zum Computer und zurück geschieht über fernmeldetechnische Einrichtungen. Dazu gehören Datenfernverarbeitungs-Steuereinheiten, Modems und Übertragungswege (Abbildung 3.2).

Datenfernverarbeitung ist also eine Kombination von Datenübertragung, Datenvermittlung und Datenverarbeitung; sie ist zugleich eine Datenverarbeitung unter Benutzung fernmeldetechnischer Einrichtungen. Datenfernverarbeitung bedeutet die Ankopplung von Endgeräten, ebenso die Kommunikation von Rechnern untereinander. Bei der Rechnerkommunikation ist es nicht erforderlich, daß die beteiligten Rechner vom gleichen Typ oder gleichem Hersteller sind. Zusätzliche Knotenrechner treffen die Auswahl innerhalb des Rechnernetzes. Sie übernehmen auch die erforderliche Abstimmung der Daten bzw. Programme.

Man unterscheidet in der Regel drei Anwendungsbereiche:

- Datenverbund (gemeinsame Nutzung von Daten),
- Funktionsverbund, Verfahrensverbund (gemeinsame Nutzung von Software- und Hardware-Funktionen) sowie
- Lastverbund, Kapazitätsverbund (gemeinsame Nutzung der Rechnerkapazitäten).

3.2 Topologie der Datenfernübertragung

Die Datenfernübertragung wird über sog. **Datenübertragungssysteme** (engl.: data transmission system; data communication system) abgewickelt. Sie bestehen aus mindestens zwei Datenstationen, die auf postalischem Wege miteinander verbunden werden. Die Datenstation (engl.: terminal) ist ein Gerät, das Daten senden und/oder empfangen kann. Der Grundaufbau ist in Abbildung 3.3 dargestellt.

Eine Datenstation, die dem Übertragungsvorgang dient, besteht somit aus den Teilen Datenend- und Datenübertragungseinrichtung. Diese Teile sind über eine Schnittstelle verbunden. Für die Verbindung zwischen zwei Datenstationen stehen postalische Leitungen zur Verfügung.

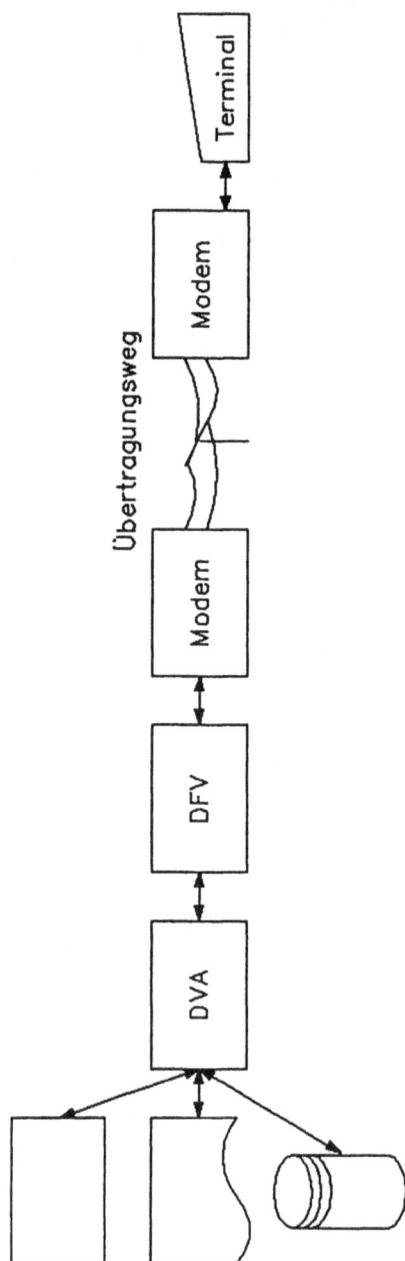

Abb. 3.2: *Das Prinzip der Datenfernverarbeitung*

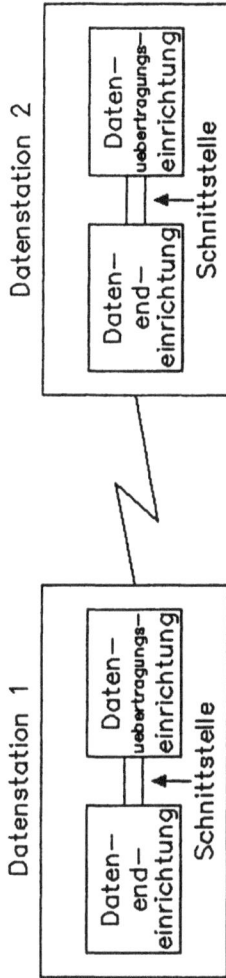

Abb. 3.3: *Grundaufbau des Datenübertragungssystems*

3.2.1 Datenendeinrichtung

Die Datenendeinrichtung (DEE, engl.: data terminal equipment), als Teilgerät der Datenstation (Abbildung 3.3) übernimmt verschiedene Funktionen, die dem Austausch-(Kommunikations-)vorgang dienen. Dazu gehören

- die Speicherung der zu übertragenden Daten und
- die Ein- und Ausgabe dieser Daten.

Hinzukommt weiterhin die Funktion

- die Verbindung zur entfernten DEE über die Leitung aufzubauen und
- den anschließenden Übertragungsvorgang zu steuern, zu überwachen.

Diese Aufgaben werden vom Betriebssystem der DEE bzw. von besonderer Datenübertragungs-Software in der DEE ausgeführt. In der Regel sind bei größeren Datenstationen und Rechnern Teile dieser Funktionen in sog. Steuereinheiten ausgelagert, um den Rechner nicht zu sehr mit Kontrollaufgaben für die Datenübertragung zu belasten.

3.2.2 Datenübertragungseinrichtung

In der Datenendeinrichtung sind die Daten elektrisch oder magnetisch gespeichert. In dieser Form sind sie nicht übertragbar. Sie müssen - analog zur Funktion des Mikrofons beim Telefonieren zur Umsetzung akustischer Schwingungen in elektromagnetische - in für die Übertragung geeignete Form ebenfalls umgesetzt werden. Dies ist die Aufgabe der **Datenübertragungseinrichtung** (DÜE, engl.: data communication equipment).

Die DÜE sieht für DEE eine definierte Übergabestelle (Schnittstelle) vor und wandelt die von einer DEE abgegebenen digitalen Signale in analoge Signale (für die Übertragung) um bzw. wandelt diese nach erfolgter Übertragung derart zurück, daß sie von einer DEE aufgenommen werden können. Diese Wandlung wird von Einrichtungen übernommen, die aus Einheiten wie Signalumsetzer, Anschalteinrichtung, Fehlerschutzeinrichtung und Synchronisierungseinheit bestehen. Jede dieser Einheiten kann mit einem Sende-, Empfangs- und Schaltteil ausgestattet sein.

Wichtig ist, daß sie den Anschluß der Datenendeinrichtungen an unterschiedliche Leitungen möglich machen. Daher werden je nach Leitungsart verschiedene Geräte eingesetzt. Diese sind:

- Modems für Fernsprechleitungen (Abbildungen 3.4 und 3.5),
- bewegliche, tragbare Akustikkoppler für Fernsprechleitungen (Abbildung 3.6) und
- Fernschaltgeräte für Fernschreibleitungen (Abbildung 3.7).

Abb. 3.4: *Modem*

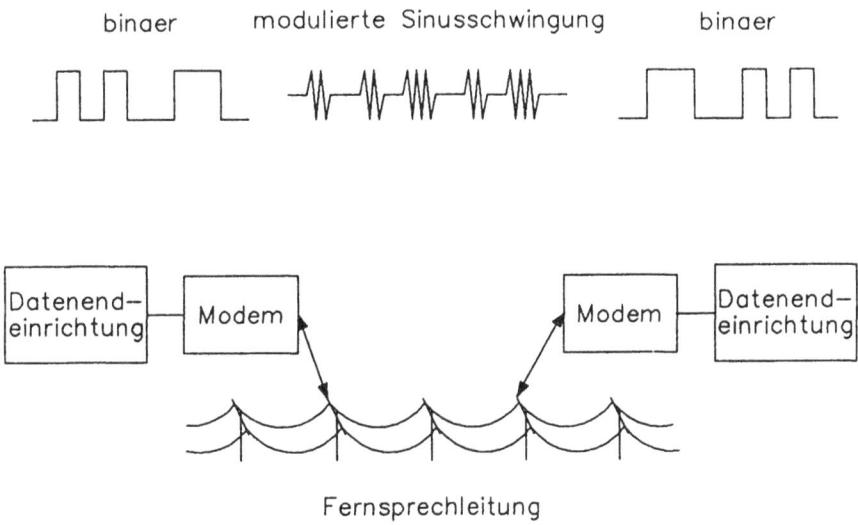

Abb. 3.5: *Die Funktion von Modems*

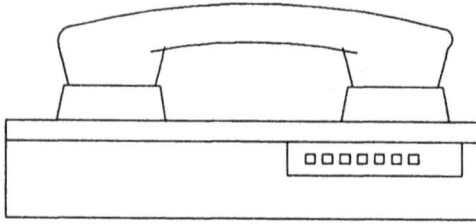

Abb. 3.6: *Akustikkoppler*

Abb. 3.7: *Fernschaltgerät*

Im Computer und in den Datenstationen werden im allgemeinen die einzelnen Zeichen nacheinander bearbeitet, zeichenweise, d.h. zeichenseriell und **bitparallel**. Da jedoch zur Datenübertragung nur eine Leitung zur Verfügung steht, können die Zeichen nicht zeichenweise übertragen werden, sondern die Bits eines Zeichens müssen nacheinander auf die Leitung gegeben werden (Abbildung 3.7). Dazu dienen zuvor genannte Geräte. Der Funktionsvorgang ist in Abbildung 3.8 verdeutlicht. Die Übertragungsgeschwindigkeit wird deshalb in bit/s gemessen.

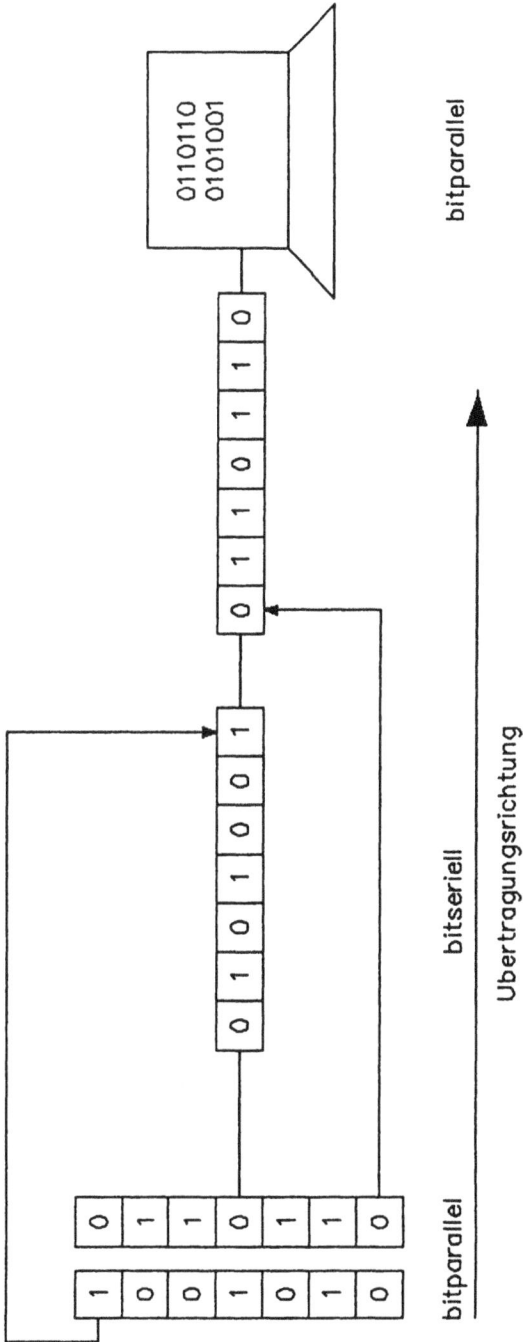

Abb. 3.8: *Der Umsetzvorgang bitparallel - bitseriell und zurück*

Es gibt zwei Arten, Zeichen über Leitungen zu übertragen:
- digital über Gleichstromkabel (Fernschreibleitungen) und
- analog über Wechselstromkabel (Fernsprechleitungen).

Fernschreibleitungen sind Gleichstromleitungen, bei denen Stromstärke und Stromrichtung änderbar sind. Hieraus resultieren:

- das **Einfachstromverfahren**: Einem Informationswert "0" oder "1" wird ein elektrischer Wert gleichgesetzt. Hier ist "1" gleich Strom, "0" gleich kein Strom. Dieses Verfahren ist relativ unsicher, da es leicht möglich ist, daß z.B. ein schwacher Strom für kein Strom gehalten und aus einer "1" eine "0" gemacht wird. Besonders auf längeren Übertragungsstrecken können Störungen auftreten, die eine Information unentzifferbar machen.
- das **Doppelstromverfahren**: Hier werden an die Stelle von "Strom" und "kein Strom" zwei eigenständige Signale treten, z.B. "positier Strom" für "1" und "negativer Strom" für "0". Da für dieses Verfahren eine Einrichtung zur Änderung der Stromrichtung gebraucht wird, ist es teurer als das Einfachstromverfahren, und wird hauptsächlich zum Betreiben längerer Übertragungsleitungen genutzt.

Fernsprechleitungen sind Wechselstromleitungen. Auf ihnen werden elektrische Schwingungen übertragen. Die Veränderung eines Wechselstroms entsprechend einem zu übertragenden Signal heißt Modulation. Der Wechselstrom dient als Träger dem das zu übertragende Gleichstromsignal beim Sender aufgepackt wird. Beim Empfänger wird durch Demodulation das Nutzsignal (die übertragene Information) wieder vom Träger getrennt.

Die Funktionen der Datenübertragungseinrichtungen sind somit in den genannten Vorgängen der Umsetzung in Abhängigkeit zur Leistungsart zu sehen. **Modems** (engl.: modem) werden eingesetzt für Fernsprechleitungen. Das Gleichstromsignal wird durch Modulation auf die Trägerfrequenz der Fernsprechleitung aufmoduliert. Beim Empfänger muß das entstandene Frequenzgemisch wieder demoduliert werden. Da auf beiden Seiten gesendet und empfangen wird, wird auf beiden Seiten eine Einrichtung für **MO**dulation und **DEM**odulation gebraucht. Sie gibt es in den verschiedensten Ausführungen, für alle möglichen Geschwindigkeiten von 200 bis 9600 bit/s, für synchrone und asynchrone Übertragung. Weitere Unterscheidungen resultieren daraus, ob sie nur für 4-Draht oder auch für 2-Draht-Leitungen ausgelegt sind und ob sie auf Wählleitungen oder Standleitungen eingesetzt werden sollen.

Akustikkoppler (engl.: acoustic coupler) sind insbesondere für tragbare Erfassungsgeräte und Mikrocomputer einsetzbar, wobei der Handapparat eines Telefons zur Herstellung der Verbindung des Übertragungsweges mittels akustischer Schwingungen dient. **Fernschaltgeräte** werden bei Fernschreibleitungen eingesetzt. Sie sind im Fernschreibgerät integriert oder als Einzelgeräte nutzbar.

3.2.3 Datenübertragungsleitung

Datenübertragungsleitungen als Verbindungswege zwischen den beiden DÜE stellt die Deutsche Bundespost bereit. Es sind im wesentlichen zwei Arten, und zwar

- **Standverbindungen** (engl.: dedicated connection): Die Standverbindungen sind festgeschaltete Leitungen zur Verbindung zweier Datenendeinrichtungen (u.a. Rechner). Der Vorteil der Standverbindungen liegt darin, daß sie dem Benutzer immer zur Verfügung stehen. Ein Datenaustausch zwischen den Datenendeinrichtungen kann jederzeit durchgeführt werden. Die Leitung ist gemietet. Eine Standverbindung findet Anwendung, wenn eine sofortige Kommunikation zwischen Außenstelle und DV-Anlage erforderlich ist. Praktische Beispiele sind Platzbuchungssysteme und Teilnehmer-Rechensysteme. Die Kosten der Leitungsmiete richten sich nach Betriebsart, Leistungsart und Leitungslänge.
- **Wählverbindungen** (engl.: switched connection): Im Gegensatz zur Standverbindung sind die Datenstationen bei der Wählverbindung nicht dauernd mit der DV-Anlage verbunden. Sind Informationen auszutauschen, so muß eine Verbindung hergestellt werden, die nach der Übertragung wieder getrennt wird. Es spielt sich im öffentlichen Wählnetz ab. Der Vorteil der Wählverbindung liegt darin, daß die Leitung nur während der effektiven Übertragung belegt ist und damit auch nur für diese Zeit Gebühren zu entrichten sind. Nachteilig wirkt sich bei einer Wählverbindung die größere Störanfälligkeit gegenüber einer Standverbindung aus, die durch die vielen Vermittlungsstellen entsteht. Wartezeiten, die dadurch entstehen, daß die andere Stelle gerade besetzt ist, oder durch Überbelastung des Fernmeldenetzes, durch Zeitverlust beim Verbindungsaufbau, sind ebenfalls nachteilige Eigenschaften. Die Frage, ob eine Standverbindung wirtschaftlicher ist als eine Wählverbindung, ist abhängig von der Leitungsausnutzung.

Für die Benutzung ist die **Übertragungsgeschwindigkeit** von eminenter Bedeutung. Sie ist für

- **Fernsprechleitung** für maximal 9600 bit/s, zweidrähtig oder vierdrähtig,
- **Breitbandleitung** für mehr als 9600 bit/s (typisch: 48.000 bit/s),
- klassische **Telegraphieleitung** für 50, 100 oder 200 Baud (Signalschritte pro Sekunde), zweidrähtig oder vierdrähtig, Einfach- oder Doppelstrom, mit oder ohne Signalisierung.

3.2.4 Datenübertragungscodes

Die Datenübertragung geschieht in Form von aneinandergereihten Bits, dem sog. **Datenstrom**. Alphanumerische Zeichen werden durch bestimmte Bitkombinationen abgebildet. Die Referenz dafür heißt **Codetabelle**. Für die verschiedenen Anwendungen existieren unterschiedliche Codes. Üblich ist die Darstellung eines alphanumerischen Zeichens durch die Kombination der Bits eines Bytes. Sie lassen insgesamt $256(=2^8)$ Zeichen darstellen. Der bekannteste Vertreter ist der EBCDIC. Nicht für jede mögliche Kombination von Bits wird in der Codetabelle ein bestimmtes Zeichen spezifiziert. Die festgelegten Bitkombinationen und deren Zeichen im Protokoll gelten als genormt. In Abbildung 3.9 und 3.10 werden der EBCDIC-Code und die deutsche Referenz-Version für einen 7bit-Übertragungscode gegenübergestellt.

Zeichen	Standard Lochkartencode	Standard-BCD-Universal-Code		EBCDIC		ASCII	
0	0	100	1010	1111	0000	011	0000
1	1	000	0001	1111	0001	011	0001
2	2	000	0010	1111	0010	011	0010
3	3	100	0011	1111	0011	011	0011
4	4	000	0100	1111	0100	011	0100
5	5	100	0101	1111	0101	011	0101
6	6	100	0110	1111	0110	011	0110
7	7	000	0111	1111	0111	011	0111
8	8	000	1000	1111	1000	011	1000
9	9	100	1001	1111	1001	011	1001
A	12-1	011	0001	1100	0001	100	0001
B	12-2	011	0010	1100	0010	100	0010
C	12-3	111	0011	1100	0011	100	0011
D	12-4	011	0100	1100	0100	100	0100
E	12-5	111	0101	1100	0101	100	0101
F	12-6	111	0110	1100	0110	100	0110
G	12-7	011	0111	1100	0111	100	0111
H	12-8	011	1000	1100	1000	100	1000
I	12-9	111	1001	1100	1001	100	1001
J	11-1	110	0001	1101	0001	100	1010
K	11-2	110	0010	1101	0010	100	1011
L	11-3	010	0011	1101	0011	100	1100
M	11-4	110	0100	1101	0100	100	1101
N	11-5	010	0101	1101	0101	100	1110
O	11-6	010	0110	1101	0110	100	1111
P	11-7	110	0111	1101	0111	101	0000
Q	11-8	110	1000	1101	1000	101	0001
R	11-9	010	1001	1101	1001	101	0010
S	0-2	101	0010	1110	0010	101	0011
T	0-3	001	0011	1110	0011	101	0100
U	0-4	101	0100	1110	0100	101	0101
V	0-5	001	0101	1110	0101	101	0110
W	0-6	001	0110	1110	0110	101	0111
X	0-7	101	0111	1110	0111	101	1000
Y	0-8	101	1000	1110	1000	101	1001
Z	0-9	001	1001	1110	1001	101	1010

Abb. 3.9: *EBCDI-Code*

Internationale Referenz-Version

Bit b_7	b_6	b_5					0	0	0	0	1	1	1	1
							0	0	1	1	0	0	1	1
							0	1	0	1	0	1	0	1
						Spalte	0	1	2	3	4	5	6	7
b_4	b_3	b_2	b_1	Zeile										
0	0	0	0	0	NUL	TC_7 (DLE)	SP	0	@	P	`	p
0	0	0	1	1	TC_1 (SOH)	DC_1	!	1	A	Q	a	q
0	0	1	0	2	TC_2 (STX)	DC_2	"	2	B	R	b	r
0	0	1	1	3	TC_3 (ETX)	DC_3	#	3	C	S	c	s
0	1	0	0	4	TC_4 (EOT)	DC_4	¤	4	D	T	d	t
0	1	0	1	5	TC_5 (ENQ)	TC_8 (NAK)	%	5	E	U	e	u
0	1	1	0	6	TC_6 (ACK)	TC_9 (SYN)	&	6	F	V	f	v
0	1	1	1	7	BEL	TC_{10} (ETB)	'	7	G	W	g	w
1	0	0	0	8	FE_0 (BS)	CAN	(	8	H	X	h	x
1	0	0	1	9	FE_1 (HT)	EM	)	9	I	Y	i	y
1	0	1	0	10	FE_2 (LF)	SUB	*	:	J	Z	j	z
1	0	1	1	11	FE_3 (VT)	ESC	+	;	K	[	k	{
1	1	0	0	12	FE_4 (FF)	IS_4 (FS)	,	<	L	\	l	|
1	1	0	1	13	FE_5 (CR)	IS_3 (GS)	–	=	M	]	m	}
1	1	1	0	14	SO	IS_2 (RS)	.	>	N	^	n	–
1	1	1	1	15	SI	IS_1 (US)	/	?	O	_	o	DEL

Deutsche Referenz-Version (mit Umlauten)

Bit b_7	b_6	b_5					0	0	0	0	1	1	1	1
							0	0	1	1	0	0	1	1
							0	1	0	1	0	1	0	1
						Spalte	0	1	2	3	4	5	6	7
b_4	b_3	b_2	b_1	Zeile										
0	0	0	0	0	NUL	TC_7 (DLE)	SP	0	§	P	`	p
0	0	0	1	1	TC_1 (SOH)	DC_1	!	1	A	Q	a	q
0	0	1	0	2	TC_2 (STX)	DC_2	"	2	B	R	b	r
0	0	1	1	3	TC_3 (ETX)	DC_3	#	3	C	S	c	s
0	1	0	0	4	TC_4 (EOT)	DC_4	$	4	D	T	d	t
0	1	0	1	5	TC_5 (ENQ)	TC_8 (NAK)	%	5	E	U	e	u
0	1	1	0	6	TC_6 (ACK)	TC_9 (SYN)	&	6	F	V	f	v
0	1	1	1	7	BEL	TC_{10} (ETB)	'	7	G	W	g	w
1	0	0	0	8	FE_0 (BS)	CAN	(	8	H	X	h	x
1	0	0	1	9	FE_1 (HT)	EM	)	9	I	Y	i	y
1	0	1	0	10	FE_2 (LF)	SUB	*	:	J	Z	j	z
1	0	1	1	11	FE_3 (VT)	ESC	+	;	K	Ä	k	ä
1	1	0	0	12	FE_4 (FF)	IS_4 (FS)	,	<	L	Ö	l	ö
1	1	0	1	13	FE_5 (CR)	IS_3 (GS)	–	=	M	Ü	m	ü
1	1	1	0	14	SO	IS_2 (RS)	.	>	N	^	n	ß
1	1	1	1	15	SI	IS_1 (US)	/	?	O	_	o	DEL

Abb. 3.10: *CCITT Nr. 5 (ISO 7bit-Code)*

Nationale und Internationale Normungsorganisationen, wie

- DIN (Deutsches Institut für Normung),
- ISO (International Standardization Organization),
- CCITT (Comite Consultativ International Télégraphique et Téléphonique),
- ANSI (American National Standard Institute) etc. bemühen sich seit geraumer Zeit mit der Definition und Entwicklung solcher Codetabellen, um den Austausch von Informationen zwischen verschiedenen Geräten, Computersystemen zu ermöglichen. Es steht inzwischen eine ausreichende Zahl von Codetabellen zur Verfügung, so daß einheitliche Schnittstellen realisierbar sind.

3.2.5 Datenübertragungsprozeduren

Eine einwandfreie Datenübertragung setzt neben den Absprachen über Codes, vor allem auch Vereinbarungen über den Ablauf des Übertragungsvorganges voraus. Solche Vereinbarungen werden in sog. **Datenübertragungsprozeduren** festgehalten. Zu ihrer Durchführung sind die Datenstationen mit entsprechenden technischen Einrichtungen (Steuerungen) ausgestattet. Auf der DVA-Seite sind dafür Leitungspuffer (im Falle mehrerer Leitungspuffer eine gemeinsame Steuerung), sowie Leitungsprogramme als Bestandteil des Betriebssystems notwendig. Die Übertragung selbst läuft in fünf Phasen ab. Diese sind:

- Aufbau der Verbindung,
- Aufruf zur Datenübertragung,
- Übertragungsvorgang,
- Abschluß der Übertragung und
- Abbau der Verbindung.

Für den Übertragungsvorgang von einer Datenstation zur anderen werden Steuerzeichen benutzt, die im Übertragungscode der Codetabelle vorgesehen sind. Sie dürfen nur zu diesem Zweck im Kopf eines Datenübertragungsblocks als Gerätesteuerzeichen verwendet werden. In den Prozeduren wird der Ablauf der Datenübertragung festgelegt, ebenso das Vorgehen bei Fehlerfällen. So wird z.B.

- der Nachrichtenbeginn bei Dialogprozeduren mit SOM,
- das Nachrichtenende mit EOM angezeigt.

Dafür sind die Zeichen STX bzw. ETX bei den gebräuchlichen Codes festgelegt. Diese Codes dürfen daher im Text nicht vorkommen. Solche Prozeduren werden seit Anfang der 70er-Jahre international als HDLC (High Level Data Link Control) genormt.

3.3 Betriebsarten und Verbindungswege

Bei der Datenübertragung sind drei Betriebsarten möglich (Abbildung 3.11):

- **Simplexverfahren** (sx)

Die Daten können nur in einer Richtung übertragen werden. Nach DIN 44300: Empfangsbetrieb. Ein Betrieb, bei dem an der Schnittstelle Daten nur von der Datenübertragungseinrichtung der Datenendeinrichtung zugeführt werden. Beispiel: Radio- und Fernsehstationen.

- **Halbduplexverfahren** (hdx)

Die Daten können zwar in beide Richtungen, jedoch nicht zur gleichen Zeit übertragen werden. Nach DIN 44300: Wechselbetrieb. Ein Betrieb, bei dem an der Schnittstelle abwechselnd Senderbetrieb und Empfangsbetrieb stattfindet. Beispiel: Gegensprechanlagen.

- **Duplexverfahren** (dx)

Die Übertragung von Daten ist gleichzeitig in beide Richtungen gestattet. Nach DIN 44300: Gegenbetrieb. Ein Betrieb, bei dem an der Schnittstelle gleichzeitig Sendebetrieb und Empfangsbetrieb stattfindet.

Schließlich ist zwischen **Asynchronübertragung** (zwischen den einzelnen Zeichen werden Start/Stopschritte gebraucht), **Synchronübertragung**/Gleichlauf (zwischen den Nachrichten werden Start/Stopschritte gebraucht) zu unterscheiden. Die Länge der Nachricht hängt von dem verwendeten Code ab. Besonders verbreitet ist der ASCII-Code, der American Standard Code for Information Interchange. Letzterer arbeitet mit 8 Bits pro Zeichen.

Eine Verbindung zwischen Absender und Empfänger einer Nachricht besteht nicht unbedingt aus Leitungen, sondern auch aus Richtfunkstrecken oder Satellitenverbindungen. Daher spricht man statt von Leitungen oft von Verbindungswegen. Im Falle von Leitungen als Verbindungswege werden 2 Drähte benötigt. Ist der Stromkreis durch den Schalter geschlossen, fließt ein Strom. Analoges gilt für die Datenübertragung. Zur Datenübertragung auf Leitungen wird mindestens eine 2-Draht-Leitung gebraucht. Werden Daten übertragen, muß der Stromkreis geschlossen sein, damit die Nachrichten übertragen werden können.

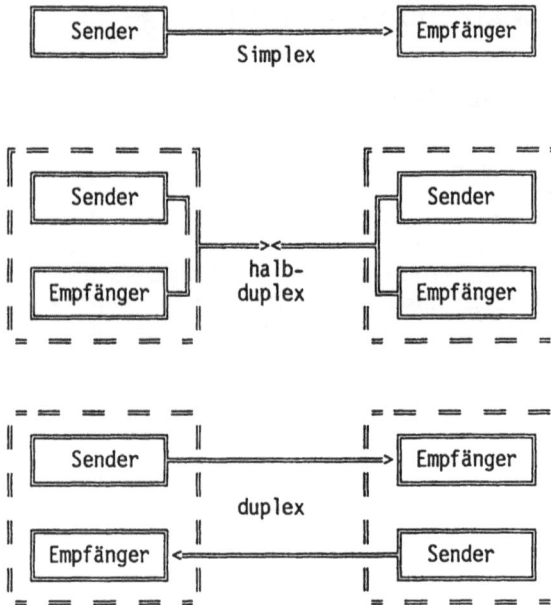

Abb. 3.11: *Die Betriebsarten bei der Datenübertragung*

3.4 Dateldienste

Dateldienste ist ein Kunstwort und umfaßt die Fernmeldedienste der Deutschen Bundespost für Zwecke der Datenübertragung (engl.: data telecommunication, data telephone, data telegraph). Es umfaßt das Netz und die über dieses Netz realisierbaren, nutzbaren Dienste. Ein **Netz** stellt die Verbindung zwischen einer Vielzahl von Endgeräten her; dabei kann dieses Netz durch Kabel realisiert sein (wie in der Regel beim Fernsprech-Netz). Leistungsmerkmale sind die betrieblichen Eigenschaften eines Fernmeldenetzes oder einer Einrichtung, bestimmte Funktionen zu ermöglichen. Ein **Dienst** ist das daraus folgende Angebot an den Benutzer, d.h. aufgrund des Aufbaus des Fernsprechnetzes können dem Benutzer die Dienste Fernsprechen, Telefax, Datenübertragung im Fernsprechnetz und Bildschirmtext angeboten werden.

3.4.1 Telexnetz

Das Telexnetz ist das öffentliche Wählnetz für alle Fernschreibteilnehmer. Jeder am Telexnetz angeschlossene Teilnehmer besitzt einen Fernschreiber und ein Fernschaltgerät, mit dessen Hilfe er die anderen Teilnehmer des Telexnetzes anrufen kann (Abbildung 3.12). Über das Telexnetz können Daten sowohl off-line als auch on-line übertragen werden. Die Übertragungsgeschwindigkeit beträgt generell 50 b/s.

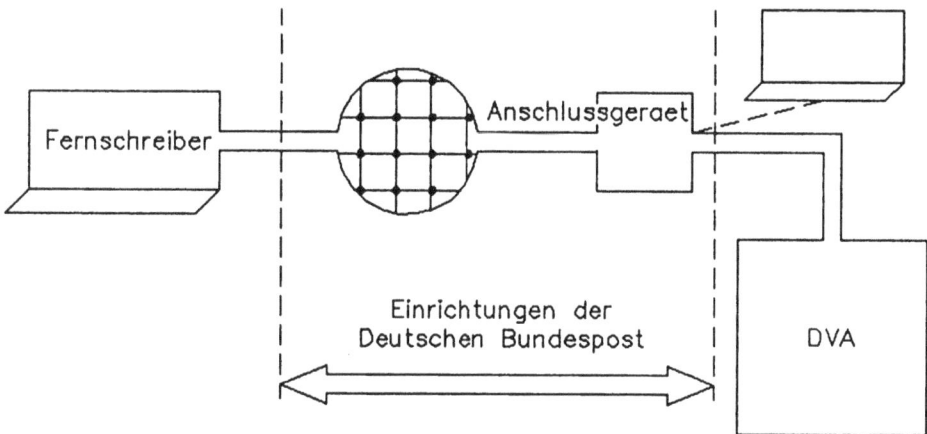

Abb. 3.12: *Grundaufbau im Telexnetz*

Die Fehlerwahrscheinlichkeit im Telexnetz ist sehr gering. Die in Versuchen ermittelte Zahl besagt, daß sich unter 100.000 - 200.000 übertragenen Bits ein falsches befindet (Mittelwert). Für die Übermittlung von Daten im Telexnetz werden keine zusätzlichen Gebühren erhoben.

Seitdem der Telexdienst über das IDN-Netz mit elektronischen Vermittlungsstellen abgewickelt wird, kann auch der **Telexdienst** mit einigen neuen Diensterweiterungen aufwarten.

Unter anderem besteht die Möglichkeit der Kurzwahl, des Direktrufs, der Teilnehmerbetriebsklasse, der Rundschreiben, der Anschlußerkennung oder der Zuschreibung von Gebühren, des Datums und der Uhrzeit. Außerdem besteht die Möglichkeit, über die Umsetzerdienste der Post auch Teletex-Teilnehmer zu erreichen.

Die Nachteile des Telexdienstes bestehen aber nach wie vor darin, daß die Fernschreibapparate nicht bedienungsfreundlich sind, die Datenübertragungsrate von 50 bit/s zu gering ist, und sofern man über eine telexfähige Datenstation oder Datenverarbeitungsanlage verfügt, zusätzlich ein Fernschreiber benötigt wird.

3.4.2 Datexnetz

Datex ist ein Kunstwort aus der englischen Bezeichnung für die Datenübertragung "Data Exchange". Es handelt sich bei diesem digitalen Netz um ein öffentliches Wählnetz, dessen Dienste seit 1967 innerhalb der BRD für die Datenkommunikation genutzt werden können. Seit 1976 das elektronische Datenvermittlungssystem (EDS) die elektromechanische Vermittlungstechnik ersetzte, konnte das Dienstleistungsangebot wesentlich erweitert werden. Dem Benutzer stehen seit 1979 verschiedene Benutzerklassen mit Übertragungsgeschwindigkeiten von 200 bis 9600 bit/s zur Verfügung, und er kann die zahlreichen "zusätzlichen Dienste" des IDN in Anspruch nehmen. Die Rechtsgrundlage für die Benutzung des öffentlichen Datexnetzes mit Leitungsvermittlung bildet die "Verordnung für den Fernschreib- und Datexdienst (VFsDx)" in der "Vorschriftensammlung für digitale Netze (SdigN)".

Zu der Ausstattung einer Datenstation gehört ein posteigenes Datex-Fernschaltgerät, das die Verbindung zur Vermittlungsstelle herstellt. Die sendende Stelle wählt die Nummer des gewünschten Empfängers. Ist die Verbindung frei, wird die Datenleitung durchgeschaltet und die Datenübertragung kann beginnen. Verbindungen können allerdings nur zwischen den Teilnehmern der gleichen Benutzerklassen realisiert werden, so daß nur Anschlüsse mit gleichen Übertragungsgeschwindigkeiten miteinander kommunizieren können. Insgesamt stehen 17 elektronische Datenvermittlungsstellen für die Herstellung der Verbindungen zur Verfügung (Abbildung 3.13).

Das Auftreten eines falschen Bits liegt bei 125.000 - 500.000 (Mittelwert) übertragenen Bits.

Für die Geschwindigkeiten 300, 2400, 4800, 9600 b/s gibt es sog. automatische Wähleinrichtungen, die es einer Datenendeinrichtung (z.B. Rechner) ermöglichen, ohne menschliche Hilfe automatisch einen Empfänger anzuwählen.

3.4.2.1 Datex-P

Im August 1980 begann der 12-monatige Probebetrieb des **Datex-P-Dienstes** im gesamten Bereich der DBP. Dem schloß sich der sog. Wirkbetrieb übergangslos an. Kennzeichen sind die zeitliche Verschachtelung (Multiplextechnik) der zu transportierenden Daten, das paketorientierte Datentransportverfahren und die zusätzlichen Anpassungssysteme, d.h. Partner mit unterschiedlichen Geräten können unter Einbehaltung bestimmter Standards miteinander kommunizieren. Die rechtliche Grundlage für die Benutzung des Datex-P-Dienstes ist niedergelegt in der "Verordnung für den Fernschreib- und Datexdienst (VFsDx)" und in der "Vorschriftensammlung für digitale Netze (SdigN)".

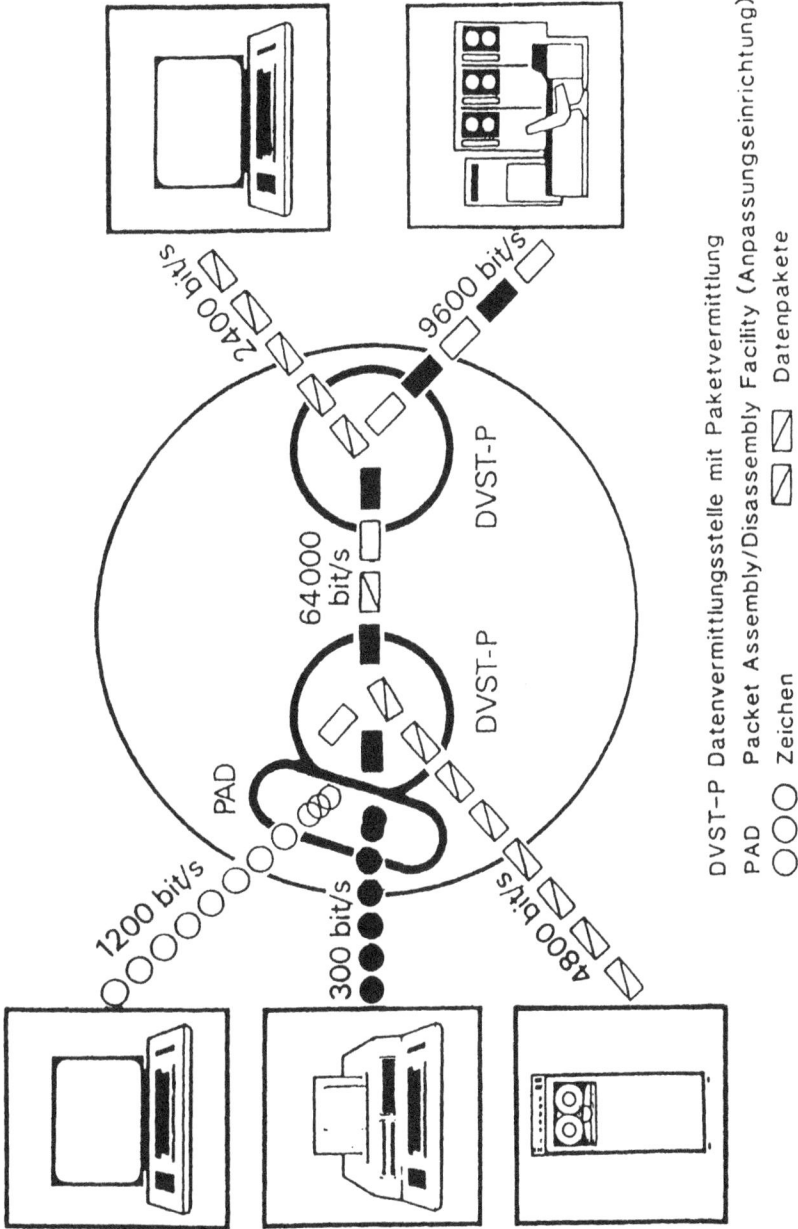

Abb. 3.13: *Datenübertragung im Datexnetz*

DVST-P   Datenvermittlungsstelle mit Paketvermittlung

PAD   Packet Assembly/Disassembly Facility (Anpassungseinrichtung)

OOO   Zeichen

◫   Datenpakete

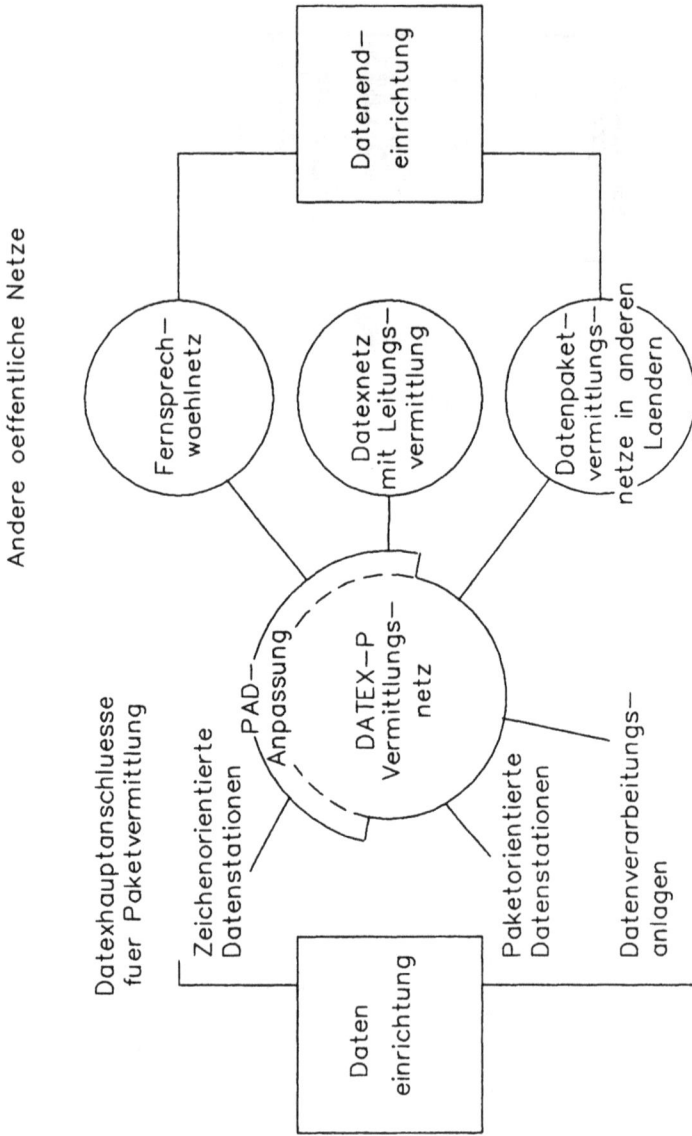

Abb. 3.14: *Komponenten des Datex-P-Netzes*

Im einzelnen besteht das Datex-P-Netz (Abbildung 3.14) aus

- den 17 Datenvermittlungsstellen (DVST-P) und den zwischen ihnen laufenden Verbindungsleitungen,
- den PAD-Anpassungsvorrichtungen der Vermittlungsstellen, die einen Zugang vom Fernsprech- und dem Datex-L-Netz aus gestatten,
- den Datexhauptanschlüssen für Paketvermittlung - bestehend aus Anschlußleitung und Übertragungseinrichtung und
- den Datenendeinrichtungen mit X.25 Schnittstellen bzw. mit Schnittstellen zum Datex-L-Netz (X.20 und X21) oder Telefonnetz (V.24).

Die Software-Komponenten des Datex-P-Dienstes sind das Paketvermittlungsverfahren, das Übertragungssteuerungsverfahren und die PAD-Anpassung.

Der Datex-P-Dienst bietet gegenüber den anderen Datenübertragungsdiensten eine Reihe von Vorteilen:

- Es können Datenendeinrichtungen mit unterschiedlichen Übertragungsgeschwindigkeiten und Übertragungssteuerungsverfahren an diesem Dienst teilnehmen.
- Die PAD-Einrichtung erlaubt den Zugang zu diesem Dienst auch über das öffentliche Fernsprechnetz oder den Datex-L-Dienst.
- Das Zeitmultiplex-Übertragungsverfahren gestattet es, bis zu 255 Verbindungen gleichzeitig über einen Datenhauptanschluß laufen zu lassen.

3.4.2.2 Datex-L

Im Gegensatz zur **Packetvermittlung** (engl.: packet switching), wo in den Übertragungsweg Vermittlungseinheiten eingeschaltet sind, welche die Daten empfangen, im Bedarfsfall zeitlich speichern und schließlich weiterleiten, wird bei der **Leitungsvermittlung** (engl.: line switching) zwischen den Datenstationen für die Dauer der Vermittlung ein direkter Übertragungsweg zur Verfügung gestellt. Die technische Ausstattung dieses sog. Datex-L-Dienstes ist in Abbildung 3.15 veranschaulicht.

Die besonderen Leistungsmerkmale von Datex-L sind:

- protokollunabhängige Informationsübertragung zwischen verschiedenen Computersystemen;
- geringe Bitfehlerwahrscheinlichkeit,
- schon vorhandener Datenendeinrichtungen, die im Direktrufnetz oder im Telefonnetz betrieben wurden,
- möglicher Duplexbetrieb,
- Verbindungsaufbau unter einer Sekunde,
- Benutzung zusätzlicher Dienstleistungen des IDN-Netzes.

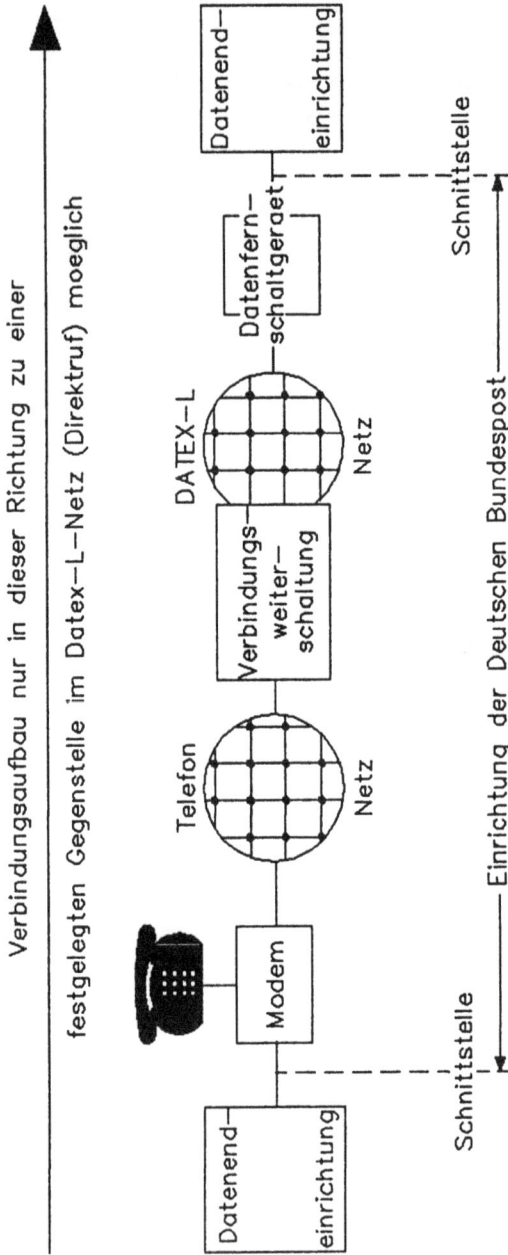

Abb. 3.15: *Komponenten des Datex-L-Netzes*

Die geringeren Bitfehlerraten ergeben sich aufgrund des elektronischen Daten-vermittlungssystems (EDS) und der verwandten Übertragungsverfahren. Inner-halb des Datex-L werden Bitfehlerwahrscheinlichkeiten von 10^6 erreicht; in Abhängigkeit bestimmter Fehlersicherungsverfahren bei synchronen Daten-übertragungsverfahren können sogar bessere Quoten realisiert werden.

Die vorhandenen Datenendgeräte sind hardwaremäßig meist in der Lage, auch am Datex-L-Dienst teilzunehmen. Voraussetzung hierfür ist, daß die Geräte mit einer X.20 oder X.21 Schnittstelle nachgerüstet werden können.

Entsprechend dem Bedarf an Übertragungsleistung stellt der Datex-L-Dienst verschiedene Benutzerklassen zur Auswahl:

- Übertragungsgeschwindigkeit   300 bit/s (X.20)
- Übertragungsgeschwindigkeit   2.400 bit/s (X.21 und V.25),
- Übertragungsgeschwindigkeit   4.800 bit/s (wie zuvor),
- Übertragungsgeschwindigkeit   9.600 bit/s (wie zuvor) und
- Übertragungsgeschwindigkeit 64.000 bit/s (X.21).

3.4.2.3 Teletex innerhalb Datex-L

Innerhalb des Datex-L-Netzes, und zwar in der Benutzerklasse Datex-L-2400 wird der **Teletex**-Dienst abgewickelt. Durch die Schaffung der Teletex-Dienste sollte ein gegenüber dem Telex-Dienst verbesserter Text-Telekommunikations-dienst eingeführt werden. Der Zeichenvorrat sowie die Datenübertragungs-raten sollten erhöht und die Fehlerraten sowie die Verbindungsgebühren ge-genüber dem Telex-Dienst gesenkt werden. Daneben sollte die Zwischenspei-cherung von Texten, das Editieren von Texten, die Übertragung von Graphiken und die automatische Zeichenumsetzung in verschiedene Zeichensätze ermög-licht werden. Da es sich um eine Weiterentwicklung der Telex-Dienste handeln sollte, mußte der Teletex-Dienst darüberhinaus mit den Telex-Diensten kom-patibel sein, d.h. von jedem Teletex-Gerät aus sollen Nachrichten an Telex-Teilnehmer gesendet werden können und umgekehrt. Als Zeichensatz wählte man einen erweiterten 8-Bit-Zeichensatz aus, der dem üblichen Schreibma-schinensatz angeglichen war. Um die Kommunikation zwischen Teletex- und Telex-Gerät zu ermöglichen, setzt man sog. "Umsetzer" ein, die die verschie-denen Zeichensätze der Teletex- und Telex-Geräte angleichen kann. Beispiels-weise können mit Hilfe der Umsetzer die deutschen Umlaute in entsprechende Äquivalente wie "ue" oder "ae" umgewandelt werden.

Die Editierungsmöglichkeiten wurden gegenüber Fernschreiben im Telex-Netz dadurch verbessert, daß man speziell für die Textverarbeitung geschaffene Ge-räte als Endgeräte für den Teletex-Dienst zuläßt, sofern sie bestimmten Anfor-derungen genügen. Zugelassen werden u.a. Speicherschreibmaschinen, Text-systeme, PC's, intelligente Terminals oder andere Computersysteme. Neben den verbesserten Editiermöglichkeiten erhöht die Verwendung von Datenverarbeitungsanlagen auch die Verfügbarkeit des Teletex-Dienstes. Durch die Einbindung einer sog. Teletex-Box in ein lokales Netzwerk können bspw. sämtliche mit dem Netz verbundene Stationen den Teletex-Dienst nutzen. Das Teletex-Endgerät selbst besteht im wesentlichen aus einem lokalen Teil und einem Kommunikationsteil. Diese können unabhängig voneinander arbeiten, so daß Texte gleichzeitig gesendet und empfangen werden können. Ein anderer Vorteil der modularen Bauweise besteht darin, daß beide Teile unabhängig voneinander weiterentwickelt werden können.

Die Teletex-Endgeräte müssen von der Post zugelassen sein. Dies umfaßt bei einem PC die Zulassung des jeweiligen Computertyps, des zu verplombenden Laufwerks, des Textverarbeitungsprogamms (z.B. Tex Ass) und die Teletex-Zulassung des Druckers.

3.4.3 Fernsprechnetz

Das öffentliche **Fernsprechnetz** (engl.: public switched telephone network) ist in der BRD das Nachrichtennetz mit der größten Teilnehmerzahl und Verbreitung.

Auf Fernsprechleitungen sind bei Wählverbindungen Übertragungsgeschwindigkeiten bis 2400 b/s, bei Standverbindungen (Direktrufnetz) bis 9600 b/s möglich.

Im Fernsprechnetz werden die Daten in Form von Wechselstromsignalen übertragen. Alle Datenendeinrichtungen erzeugen die Daten in Form von Gleichstromsignalen. Bevor sie über das Fernsprechnetz übertragen werden können, müssen sie beim Sender in Wechselstromsignale und bei dem Empfänger in Gleichstromsignale umgesetzt werden. Dieses Umsetzen wird beim Senden von einem Modulator und beim Empfangen von einem Demodulator vorgenommen. Diese Geräte (Modems) können von der DBP oder Industriefirmen angemietet werden (Abbildung 3.16). Sie sind neben dem Telefonapparat bei beiden Partnern erforderlich. Der Verbindungsaufbau (Wählverbindung) für die Datenübertragung im Fernsprechnetz ist identisch mit dem Fernsprechverkehr. Beide Teilnehmer müssen nach Verbindungsaufnahme über den Telefonhörer für die Datenübertragung eine Umschalttaste am Modem drücken. Mit dem Beginn der Datenübertragung wird die Sprechverbindung beendet. Wenn der Datenaustausch beendet ist, schaltet sich die Verbindung automatisch ab. Wie beim Datexnetz gibt es auch für das Fernsprechnetz automatische Wähleinrichtungen als Zusatz zu den Modems.

3.4.4 Direktrufnetz

Neben den Diensten mit Wahlvermittlung wird innerhalb des IDN auch ein **Direktrufnetz** (engl.: public data network for fixed connections) mit Leitungsvermittlung angeboten. Bislang war dieser Dienst unter dem Begriff "Standleitung"

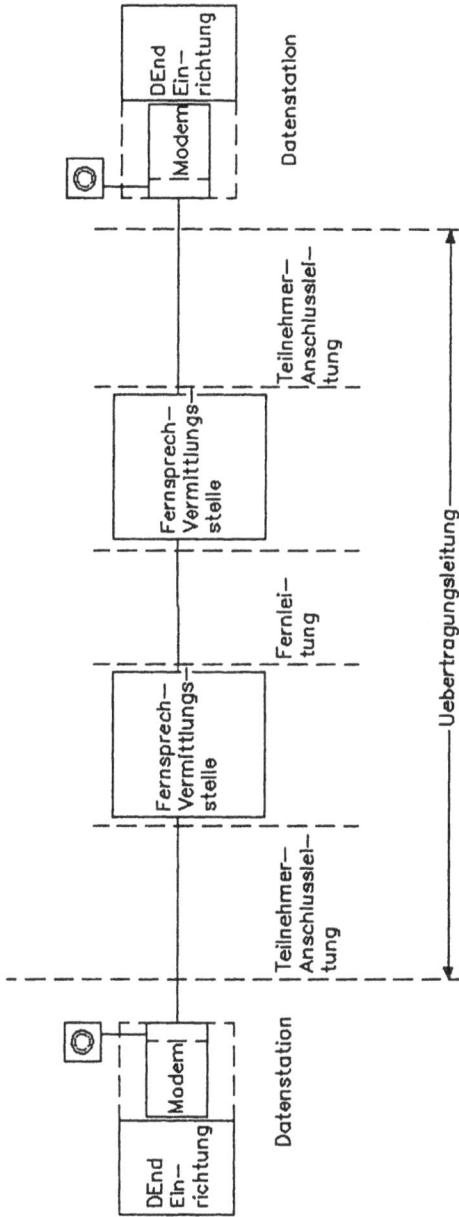

Abb. 3.16: *Datenübertragung im Fernsprechnetz*

bekannt. Die Datenverbindungen im Direktrufdienst werden als Direkt-Daten-
verbindungen bezeichnet.

Innerhalb dieses Dienstes können zwischen den "Hauptanschlüssen für den Direktruf" duplexfähige Verbindungen mit Übertragungsgeschwindigkeiten zwischen 50 bit/s asynchron und 48.000 bit/s synchron realisiert werden.

Im Unterschied zum zusätzlichen Dienst "Direktruf", handelt es sich bei diesem
Dienst nicht um einen Zusatzdienst, sondern um einen eigenständigen Dienst
der Post, der die Wählprozedur vereinfacht und einen schnellen Verbindungsaufbau sowie eine schnelle Datenübertragung ermöglichen soll.

Die einzelnen Bestandteile des öffentlichen Direktrufdienstes sind in der Abbildung 3.17 zu sehen. Die Komponenten sind Datenendeinrichtung, Hauptanschluß für den Direktruf und die festgeschalteten Übertragungswege. Die Zu-
ständigkeit der Post reicht in der Regel von einem Hauptanschluß für den Direktruf bis zum Nächsten.

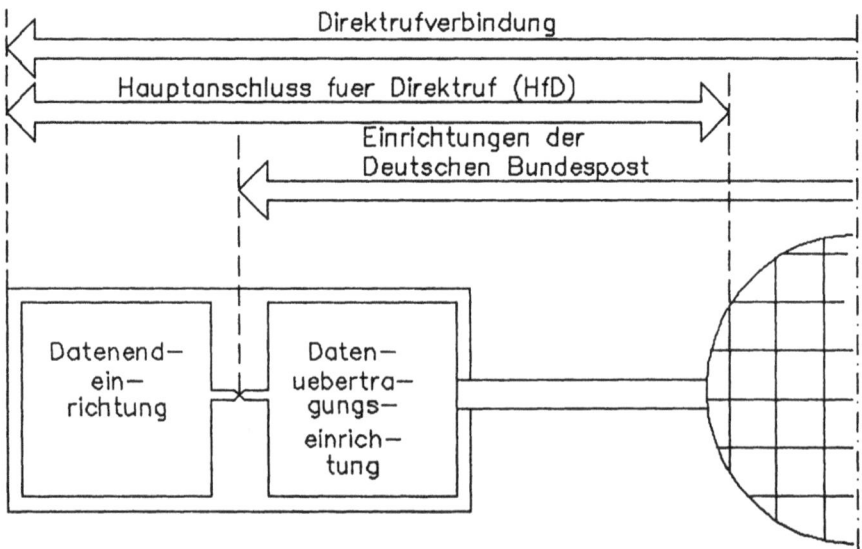

Abb. 3.17: *Datenübertragung im Direktrufnetz*

Die Übertragungsgeschwindigkeit zwischen Verbindungen ist hauptsächlich
von den verwendeten Leitungen abhängig. Bei Übertragungsgeschwindigkeiten
von 600 bit/s aufwärts wird mit einer Trägerfrequenz gearbeitet. Die Daten
können dann nur noch in einer Richtung übertragen werden, so daß spezielle
Übertragungsprotokolle benötigt werden, damit die Computer die wechselsei-
tige Datenübertragung (Sende- und Empfangsumschaltung) selbständig steuern

können. Bei Übertragungsgeschwindigkeiten von 7.200 bit/s und mehr wird die Datenübertragung über Vierdrahtleitungen abgewickelt. Hier sind die Sende- und Empfangseinrichtungen völlig voneinander getrennt, so daß der gleichzeitige Betrieb in beide Richtungen möglich wird.

3.4.5 Integriertes Text- und Datennetz (IDN)

Für die Text- und Datenkommunikation wird seit 1974 ein Datennetz mit EDS-Vermittlungsstellen aufgebaut, das die elektronische Vermittlungstechnik des Fernschreibnetzes ablöst und zusätzliche Datendienste in ein einheitliches Netz integriert. Das **IDN** umfaßt das Telex-, Datex-L- und Direktrufnetz. Zum Teil wird auch das Datex-P-Netz dazugerechnet (Abbildung 3.18).

NETZ-TEILE	Telexnetz	Datexnetz		Direkt-rufnetz
		mit Leitungsvermittlung	mit Paket-vermittlung	
DIENSTE	Telex	Teletex	Datex-L	Datex-P	Direkt-rufdienst

Abb. 3.18: *Dateldienste im IDN*

Dieses Netz ermöglicht dem Teilnehmer

- eine Kurzwahl (Speicherung von Langrufnummern in der Vermittlungsstelle und deren Aufruf durch eine ein- bzw. zweistellige Zahl),
- Direktruf mit den Vorteilen einer Standverbindung,
- Rundsenden zum automatischen Verteilen von Nachrichten,
- Anschlußkennung zur Absenderidentifizierung,
- "eigene Wählnetze" mit Zugang zu anderen Teilnehmerbetriebsklassen (z.B. zum Telexnetz ohne der Teilnehmerbetriebsklasse Telex angehörig zu sein) u.a.m.

3.4.6 Dienstintegrierendes digitales Fernmeldenetz (ISDN)

Das dienstintegrierende digitale Netz **ISDN** (engl.: Integrated Service Digitale Network) ermöglicht als universelles Durchschaltnetz die Sprachkommunikation, die Text- und Festbild- sowie die Datenkommunikation zwischen den angeschlossenen Teilnehmern. Dadurch wird die Kommunikation auf eine neue, wesentlich erweiterte Grundlage gestellt. Unter einer einzigen Rufnummer läßt sich der jeweils gewünschte Teilnehmeranschluß erreichen, und es bleibt dem Benutzer überlassen, welchen Sprach-, Text- oder Datendienst er über die bestehende Verbindung in Anspruch nimmt. In der Bundesrepublik Deutschland wird das ISDN ausgehend von der Digitalisierung des Fernsprechnetzes entwickelt. Ab 1986 werden ISDN-Dienstleistungen im Rahmen eines Feldversuchs erprobt und ab 1988 flächendeckend zur Verfügung gestellt.

Folgende ISDN-Grundmerkmale sind von Wichtigkeit (Abbildung 3.19):

- Basis ist das digitalisierte Fernsprechnetz. In diesem Sinne ist das ISDN in erster Linie ein Durchschaltnetz.
- Im ISDN verlaufen die Verbindungen von Teilnehmer zu Teilnehmer digital.
- Der Hauptanschluß für einen Teilnehmer sieht in beiden Richtungen je zwei 64-kbit/s-Kanäle und einen 16-kbit/s-Signalisierungskanal vor; die Verbindungen über die beiden 64-kbit/s-Kanäle können zu verschiedenen Zielen führen. Auch Breitbandkanäle für die Bewegtbildübertragung sollen später anschließbar werden.
- Jeder Teilnehmer erhält nur eine Rufnummer, und zwar unabhängig von der Anzahl und Art der beanspruchten Dienste.
- Das Netz stellt auch Verbindungen zwischen den Endgeräten, die dem jeweils gewünschten Dienst entsprechen und kompatibel sind, her.

ISDN-Dienste	

IDN-Dienste
* Fernsprechen
* Datenübertragung
* Telefax (Gruppe 2,3), Btx
* Telex, Teletex
* Datex-L, Datex-P usw.
	höher integrierte Systeme
	* integrierte Text- und Grafik-
	  erstellung und Übertragung
	* gemischte Sprach-, Daten-
	  Textverarbeitung und
	  -übertragung

Abb. 3.19: *Dateldienste im ISDN*

3.4.7 Technische Vergleichszahlen

Für den Benutzer der Dateldienste sind Fragen der benötigten Übertragungswege, -geschwindigkeiten, Betriebsarten und schließlich die zu erwartenden Fehlerraten von Bedeutung. Diese sind in Abbildung 3.20 zusammengestellt.

	Übertragungsweg	Übertragungsgeschwindigkeit	Anzahl der richtig übertragenen Bits pro verfälschtem Bit	Betriebsart
Telegrafie-leitungen	Stand-verbindung	200 b/s	1 000 000 bis 10 000 000 000	sx/hdx/dx
		50 b/s	500 000 bis 5 000 000 000	sx/hdx/dx
	Datex-Netz	200 b/s	125 000 000 bis 500 000	sx/hdx/dx
	Telex-Netz	50 b/s	100 000 000 bis 200 000	sx/hdx
Fernsprech-leitungen	Stand-verbindung	9600 b/s	500 000 bis 1 000 000	sx/hdx/dx
	öffentliches Fe-Netz	1200 b/s	10 000 bis 100 000	sx/hdx
	Breitband-stromweg	gemessen bei 48 000 b/s	1 000 000	sx/hdx/dx

sx = simplex, dx = duplex, hdx = halbduplex

Abb. 3.20: *Technische Vergleichszahlen*

3.5 Rechnernetze

Rechnernetze (engl.: computer network) sind Verbindungen zwischen räumlich verteilten Computern, Steuereinheiten, peripheren Geräten, Datenstationen und Mikrocomputern. Die Verbindung wird durch die Datenübertragungseinrichtungen und -leitungen hergestellt. Somit liegt das Prinzip der Datenfernverarbeitung zugrunde. Sie ermöglicht die direkte Verbindung von Datenstationen mit Computern über große Entfernungen, die Verbindung von Computern untereinander und die Verbindung von Datenstationen (z.B. PC's) untereinander. In einem großen Datenfernverarbeitungsnetz (Datenkommunikationssystem) gibt es nicht nur einen zentralen Computer. Jede Datenstation kann nicht nur auf die Informationen und Programme des "eigenen" Computers zugreifen, sondern auf jeden im Netz angeschlossenen Computer. Die internationale Normung von Schnittstellen, die in den letzten Jahren forciert betrieben wird, ermöglicht es, Computer verschiedener Hersteller in unterschiedlichen Ländern zu koppeln und jedes beliebige System, wenn es sich an die Normen der Schnittstelle hält, an Rechnernetze anzuschließen.

Der Trend zum "Computer am Arbeitsplatz" beschleunigt den Anschluß, die Ankopplung von Datenstationen an andere Datenstationen und/oder Großrechner. Prinzipiell verfügt jede Datenstation über verschiedene Schnittstellen, über die sie

- entweder als **Sendebetrieb** (engl.: transmit mode),
- oder als **Empfangsbetrieb** (engl.: receive mode),
- oder als **Wechselbetrieb** arbeiten.

Die einfachste Form des Rechnernetzes ist in Abbildung 3.21 dargestellt. Sie umfaßt den Verbund einer (intelligenten) Datenstation (z.B. eines Mikrocomputers) an einen Computer, der seinerseits ein Mainframe (PC-Host-Verbindung) oder auch ein Mikrocomputer (PC-PC-Verbindung) sein kann. Diese Netze können

- in einem geographisch begrenzten Gebiet (max. 10 km) liegen, bzw.
- in einem geographisch entfernten Gebiet.

Im ersten Fall wird von einem **lokalen Netz** (engl.: local area network, LAN), im zweiten Fall von **Fernnetzen**/Weitverkehrsnetzen (engl.: wide area network, WAN) gesprochen. In beiden Fällen steht jedoch die prinzipielle Entscheidung über die Anordnung der Beteiligten zueinander an. Damit ist die jeweils zu wählende Verbindungsart, d.h. die Netzwerk-Topologie gemeint.

3.5.1 Verbindungsarten - Netzwerktopologie

Aus betrieblicher Sicht umfassen die zukünftigen Rechnernetze die Einbindung des einzelnen Arbeitsplatzes in das inner- und gegebenenfalls außerbetriebliche DV-Geschehen. Dies bedeutet die Schaffung der Anschlußmöglichkeiten für das Netzwerk und die gerätetechnische Ausstattung. Hinzukommt die Ent-

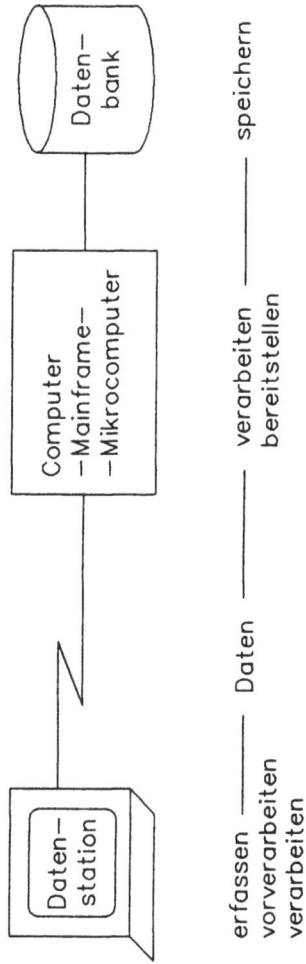

Abb. 3.21: *Das Prinzip des Rechnernetzes*

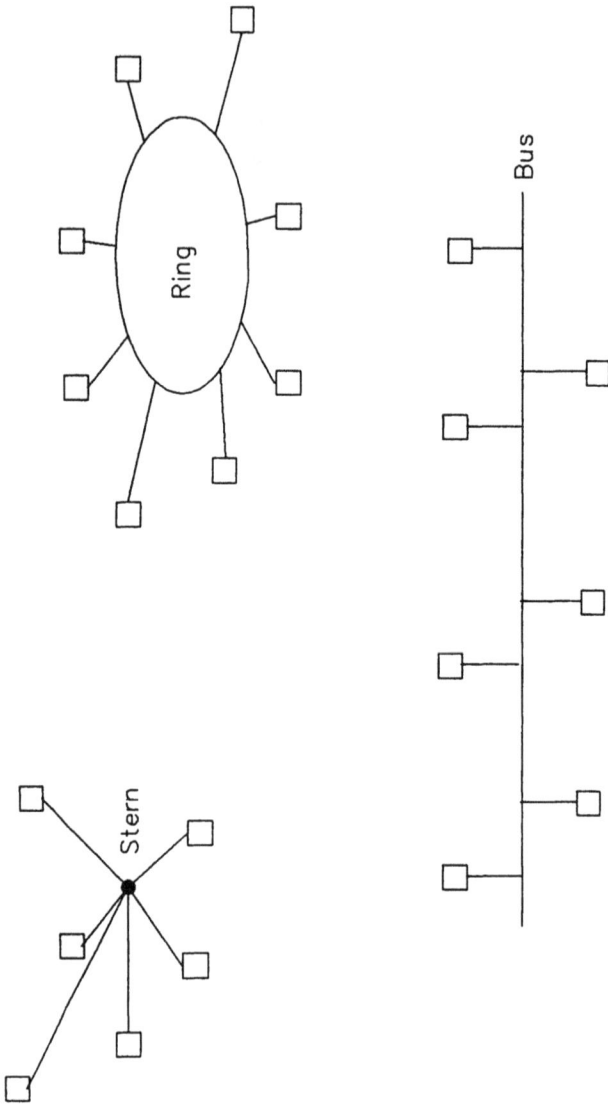

Abb. 3.22: Die drei Grundtopologien der Computernetze

scheidung nach den benutzbaren Kommunikationswegen. Informationsbedürfnisse, Wirtschaftlichkeit, Betriebssicherheit und Leistungsfähigkeit entscheiden über die Anordnung und Art der Verbindung der Kommunikationspartner im Netz.

Für die physikalische Verbindung stehen drei Grundtopologien zur Verfügung, und zwar

- der Stern,
- der Ring und
- der Bus (Abbildung 3.22).

Verfügt der Kommunikationspartner über eine eigene Leitung, dann wird von einer **Punkt-zu-Punkt-Verbindung** gesprochen. In diesem Falle kann die Kommunikation zwischen den beiden Teilnehmern jederzeit, ohne Wartezeit ablaufen; allerdings - je nach Entfernung - kostenungünstig. Abbildung 3.23 zeigt das Grundschema, das im Prinzip der Stern-Topologie gleichkommt.

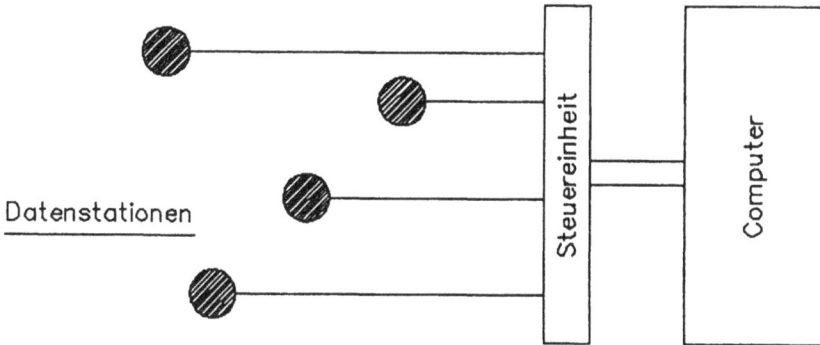

Abb. 3.23: *Punkt-zu-Punkt-Verbindung*

Im anderen Falle benutzen mehrere Teilnehmer die gleiche Übertragungsleitung; es ist die **Mehrpunkt-Verbindung.** Der Datentransport ist allerdings nur abwechselnd möglich, in einer bestimmten bzw. bestimmbaren Reihenfolge, die die Antwort- und Wartezeit beeinflußt (Abbildung 3.24).

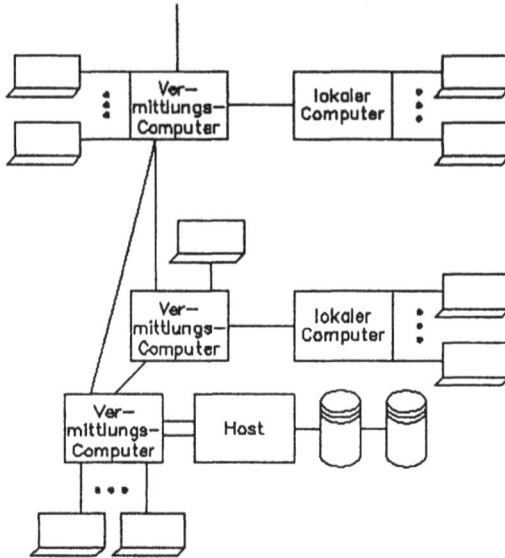

Abb. 3.24: *Mehrpunkt-Verbindung*

Im Falle des **Stern-Netzwerkes** sind alle Teilnehmer an einen Computer, oder an einen Knoten angeschlossen. Üblich ist bei **Mehrbenutzer-System** (engl.: multi-user-system) der Anschluß vieler Terminals an einen zentralen Computer. Größere Betriebe benutzen sie auch in Form sog. Telefon-Nebenstellenanlagen (PABX), wobei allerdings an den Knoten häufig Vorverarbeitungen stattfinden.

Das **Ring-Netz** verbindet jeden Teilnehmer über einen eigenen Knoten mit zwei anderen Teilnehmern ("links" und "rechts"). Die Daten zwischen den Knoten werden in einer Richtung transportiert. Jede Information wird vom Knoten zum Knoten weitergereicht, bis der Empfänger erreicht ist. Die Teilnehmer selbst können verschiedene Funktionen innehaben (Abbildung 3.25).

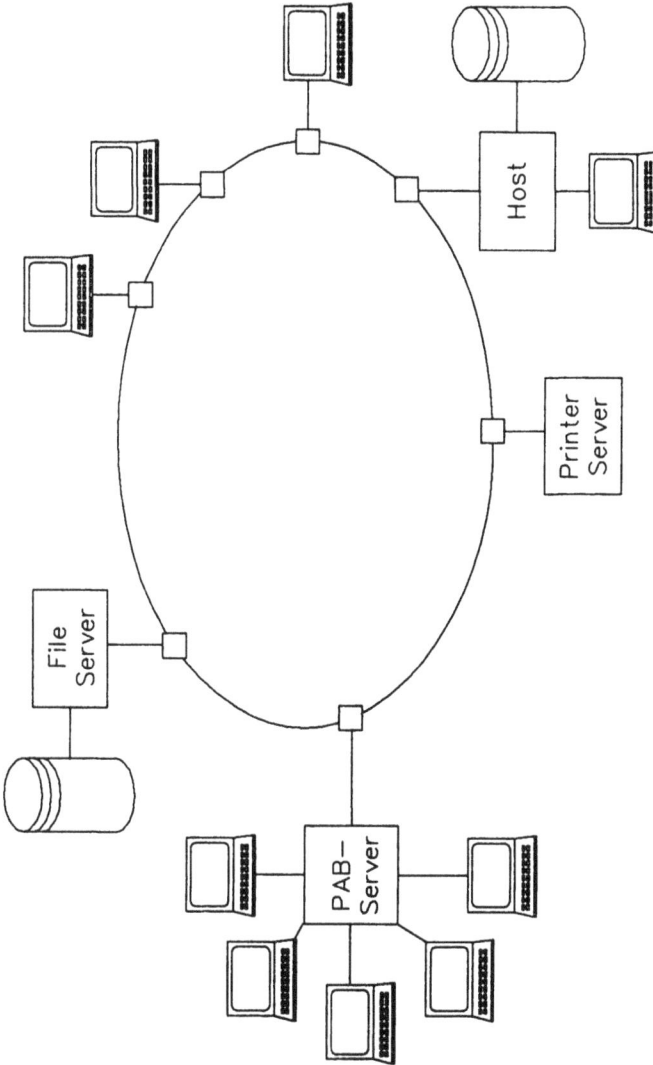

Abb. 3.25: *Funktionsteilung im Ring-Netz*

Moderne Netzwerke basieren auf der **Bus-Topologie**. Analog zum Ring-Netz-werk vermeidet sie den zentralen Knoten, verbindet stattdessen eine Reihe von Knoten mit seinen Nachbarn ohne Ringbildung. Die Daten fließen von einem sendenden Knoten nach beiden Seiten und werden vom Zielknoten aufgenom-men. Mehrere Bus-Netze lassen sich zu einem **Baum-Netzwerk** zusammenlegen (Abbildung 3.26). In dieser Struktur ist die **Verteilerschiene** (engl.: backbone) ebenfalls busförmig.

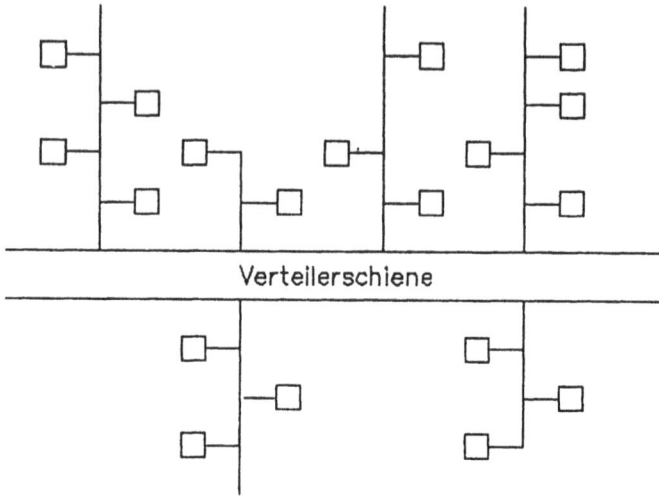

Verteilerschiene

Abb. 3.26: *Baum-Netzwerk*

3.5.2 Physikalischer Aufbau des Netzwerkes

Der physikalische Aufbau des Netzwerkes richtet sich nach den zu verteilenden Informationsarten. Wird davon ausgegangen, daß an den Arbeitsplätzen Daten, Texte, Bilder und Sprache zur Verfügung gestellt werden müssen, dann müssen bisher getrennt verlaufende physikalische Ebenen integriert werden. Dies führt zur Zusammenführung der Datenverarbeitung mit den Telefon-(neben-)anlagen, ebenso mit den sonstigen Kommunikationstechniken (siehe dazu auch Abschnitt 3.6). Hier ist zu unterscheiden zwischen

- einem lokalen Bereich und
- einem räumlich fernen Bereich.

Für den zweiten Bereich stehen Glasfaser, Kupfer, Basisband und Breitband zur Verfügung. Der Arbeitsplatzbereich, also der lokale Bereich wird in der Regel (bis ISDN eingeführt ist) zwischen Telefon- und Nicht-Telefon-Aktionen zu verteilen sein. Die Verteilung bedeutet auch die Anpassung ankommender

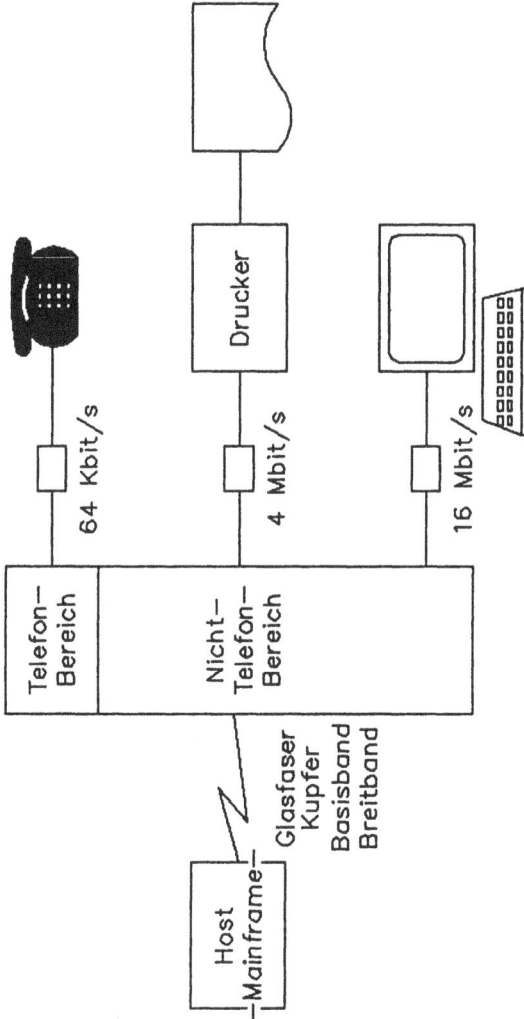

Abb. 3.27: *Physikalischer Aufbau des Netzwerkes*

und abgehender Informationen. Der Arbeitsplatz selbst wird in Anpassung an die zu verarbeitende(n) Informationsart(en) an langsame oder schnelle Verbindung angeschlossen. Dahinter stehen schnelle Übertragungswege (z.B. 16 Mbit/s) oder langsame (z.B. 4 Mbit/s). Zu beachten sind außerdem folgende Fakten Abbildung 3-27).

- Stehen im lokalen Bereich viele Arbeitsplätze räumlich weit entfernt voneinander, dann gelten die Grundzüge räumlich ferner Verarbeitung.
- Steht nur ein Arbeitsplatz zum Anschluß an, dann ist die Anpassung nur an der Schnittstelle Kabel - Stecker zu realisieren.

3.5.3 Zugangsverfahren im Netzwerk

Der vorher (Abschnitt 3.5.2) besprochene Aufbau funktioniert konfliktfrei bei **sternförmigen Netzwerken**, weil diese Organisation relativ einfach ist. Wenn der Knoten genügend Kapazität hat, werden alle Teilnehmer bedient. Andernfalls werden die Daten zwischengespeichert (gepuffert) und bspw. nach dem Zeitscheibenverfahren (Abschnitt 4.3.2.2) übertragen.

Bei **Ring-Netzwerken** wird zwischen Token-, Slot- und Register-Insertionsverfahren unterschieden. Am bekanntesten dabei ist Token Passing. Hier wird eine bestimmte Kontrollinformation ("Token") weitergegeben. Es kann jeweils nur eine Nachricht auf dem Ring übertragen werden. Hat ein Knoten eine Nachricht auszusenden, so muß er auf ein freies Token warten, dieses durch seine Nachricht ersetzen und dem Ring zuführen. Der Empfangsknoten entnimmt die Nachricht und ersetzt sie durch ein neues Token oder durch die eigene, zu sendende Nachricht (Abbildung 3.28).

Bei **Bus-Netzwerken** ist die Grundidee, daß jeder sendewillige Knoten ohne Einschränkung auf das Übertragungsmedium zugreifen kann. Es erfordert also ebenfalls ein dezentrales Zugriffsverfahren. In einfachster Form führt es zu Kollisionen, die vom behinderten Knoten erkannt werden müssen, um die eigene Übertragung abzubrechen. Von den Knoten wird somit erwartet, daß sie eine Kollision entdecken und im Bedarfsfalle den Vorgang wiederholen. Der Knoten prüft das Übertragungsmedium auf seinen Zustand. Ist der Bus frei, so wird die Nachricht abgesetzt. Kommt es dabei zu einer Kollision, weil ein anderer Knoten, der den Bus ebenfalls geprüft hat, auch gleichzeitig sendet, so wiederholen beide Stationen ihren zunächst vergeblichen Versuch, wobei durch einen aktivierten Zufallsgenerator eine Zeitverschiebung bei den beiden beteiligten Stationen erreicht wird (Abbildung 3.29). Es kann nur jeweils eine Nachricht auf dem Bus transportiert werden; die Länge ist variabel. Bei hoher Belastung des Busses kann sich durch häufige Kollisionen die Durchsatzrate verschlechtern.

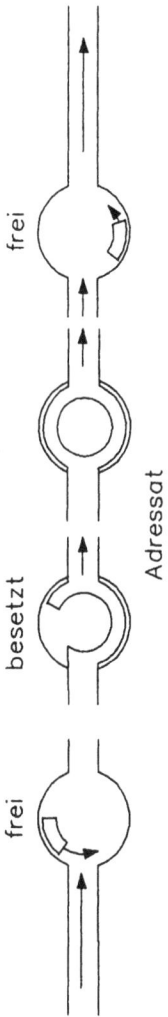

Abb. 3.28: *Schema des Token-Verfahrens*

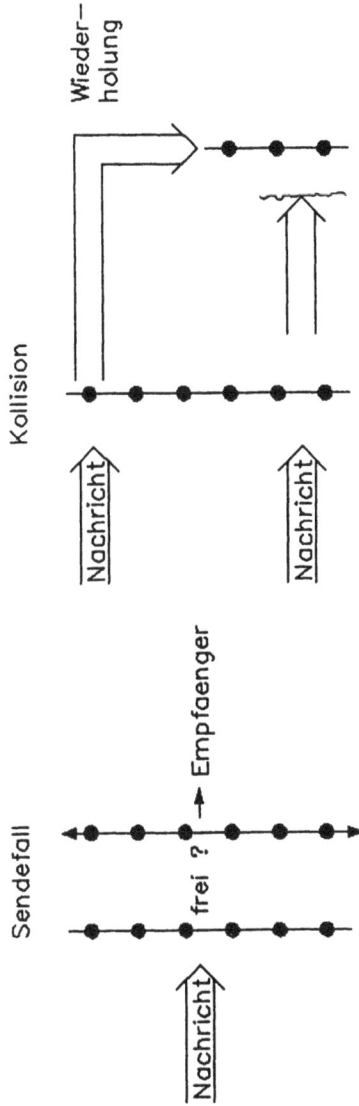

Abb. 3.29: *Schema des einfachen Contention Control-Verfahrens*

3.5.4 Physikalische Komponenten eines Rechnernetzes im   Zusammenhang

Ein Rechnernetz umfaßt das Datenübertragungs- und das Anwendungssystem. Das Datenübertragungssystem wird unterteilt in Einrichtungen der Vermittlung und der Übertragung. Letztere Einrichtungen wiederum enthalten die Datenwege und die Endgeräte. Aus diesem Zusammenhang resultiert Abbildung 3.30.

3.6 Telekommunikation

Telekommunikation (engl.: telecommunication) umfaßt den Austausch von Nachrichten zwischen Partnern, die außerhalb der durch die Umgebung begrenzten Hör- und Sichtweite sind. Der Austauschvorgang wird durch nachrichtentechnische Systeme unterstützt. Diese sind Datenstationen (Endgeräte, Terminals) und Übertragungseinrichtungen, wobei Datenstationen als Synonyme für alle Geräte benutzt werden, die als Endgeräte genutzt werden.

3.6.1 Einteilung der Telekommunikationsdienste

Die Telekommunikation läßt sich unterteilen in die verteilte (Massen-) Kommunikation und in die vermittelte (Individual-) Kommunikation:

- **Verteilte Telekommunikation** (auch Massenkommunikation genannt mit den derzeitigen Hauptformen Hörfunk und Fernsehen): In diesen Systemen werden Nachrichten nur in einer Richtung verteilt nach dem Prinzip Einer zu Vielen (**Einwegkommunikation**). Der Empfänger hat lediglich die Möglichkeit, zwischen den gerade angebotenen Kanälen zu wählen bzw. sein Empfangsgerät ganz abzuschalten.
- **Vermittelte Telekommunikation** (auch Individualkommunikation genannt mit den derzeitigen Hauptformen Telefonieren, Fernschreiben und Datenkommunikation): In diesen Systemen kann jeder Teilnehmer mit jedem anderen unter Anschluß von Dritten individuelle Nachrichten austauschen (**Zweiwegkommunikation**).

Aus der Sicht der Informationsverarbeitung ist die zweite Gruppe von Bedeutung. Sie läßt sich je nach benutztem Netz und Technik in mehrere Arten untergliedern (Abbildung 3.31). Einige dieser Techniken sind für die betriebliche Praxis von eminenter Bedeutung. Von den noch nicht erörterten Techniken werden nachfolgend der Bildschirmtext, die Mailbox und der Telefax-Dienst besprochen.

Rechnernetz			
Datenüber-tragungssystem	Übertragungs-einrichtungen	Übertragungs-wege	Telex-Leitung Fernsprech-Leitung Breitband-Leitung sonst. Datenwege
		Leitungsend-geräte	Fernschaltgeräte Modems GDNs sonst. Endgeräte
	Vermittlungs-einrichtungen	Vermittlungs-Prozessoren	Vermittlungscomputer Leistungsreduzierer
		Front-end-Prozessoren	
		Back-end-Prozessoren	
Anwendungs-system	Datenstationen (Terminals) Mikrocomputer Kommunikations-Datenbankcomputer Verarbeitungscomputer		

Abb. 3.30: *Physikalische Komponenten des Rechnernetzes*

Netze		Dienste
schmalbandiges Vermittlungsnetz	Fernsprech-wählnetz	Telefon, Telefonkonferenz Telebrief, Telefax (2,3) Computer Mail und Conferencing Datentelefon, Btx
	IDN	⇕ zusätzlich Telex, Teletex Datex-L und Datex-P Telefax (4)
	ISDN	⇕ zusätzlich höher integrierte Systeme - integrierte Text- und Grafik-erstellung und -übertragung - gemischte Sprach-, Daten- und Textverarbeitung und -über-tragung
breitbandiges Vermittlungs- und Verteilnetz	ISDN und Satelliten-übertragung	⇕ zusätzlich Bildfernsprechen Video Conferencing hochintegrierte Systeme - Daten - Texte - Sprache - Fest- und Bewegbilder

Abb. 3.31: *Einteilung der Telekommunikationsdienste*

3.6.2 Bildschirmtext (Btx)

Der **Bildschirmtext** (engl.: interactive videotex service) ist ein öffentlicher Fernmeldedienst, bei dem die Teilnehmer elektronisch gespeicherte, textorientierte Informationen abrufen, Mitteilungen anderen Teilnehmern zukommen lassen, Rechenleistungen in Anspruch nehmen u.a.m., wie dies aus nachfolgender selektiver Aufzählung ersichtlich ist:

- Informationen für die Wirtschaft z.B. Branchenverzeichnisse, Devisen, Wertpapiere, Kurse, Rohstoffpreise, Konditionen;
- Informationen für gewerbliche Verbraucher, evtl. als geschlossene Gruppe, z.B. Herstellerverzeichnis, Bezugsquellenverzeichnis;
- Informationen für den Einzelnen wie Kontostand, Terminkalender;
- Dialogservice mit dem Computer als Rechendienstleistung (Buchführung, programmgesteuerte Berechnungen, Lernprogramme).

Charakteristisch sind folgende Angaben:

- Die Übertragung basiert auf dem Prinzip des Datenmodems im Fernsprechnetz. Außerdem ist das Modem mit einem Fernsehgerät verbunden.

- Die Übertragungsgeschwindigkeit ist derzeit 1200 bit/s für den Empfang und 75 bit/s beim Abruf. Die mittlere Wartezeit für eine abgerufene Textseite beträgt somit 5-6 Sekunden.
- Die Auswahl der Textseiten ist ein Dialog-Suchvorgang. Das Textvolumen ist nicht begrenzt.

Das Btx-System läßt sich in mehrere technische Subsysteme untergliedern, wie dies in Abbildung 3.32 dargestellt ist:

- Die **Btx-Zentrale** ist für die Funktionen der Speicherung, Bereitstellung und Vermittlung der Informationen sowohl für die Anbieter der Informationen, wie auch für die Teilnehmer zuständig.
- Der **Informationsanbieter** verfügt über mehrere Möglichkeiten, ebenso der Teilnehmer. Beide verfügen über eigene DV-Geräte.
- Seitens der Deutschen Bundespost werden neben der Btx-Zentrale mit Computer und externem Speicher auch die Leitungen (Fern- und Ortsnetz, Telexnetz) bereitgestellt.

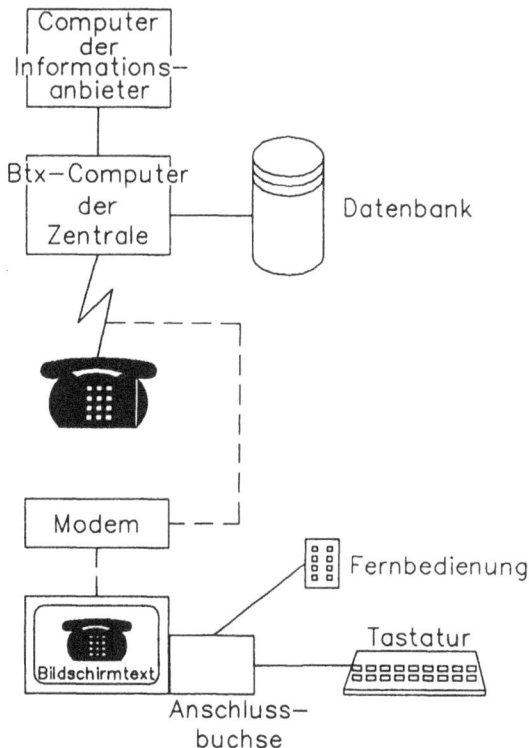

Abb. 3.32: *Btx-Subsysteme*

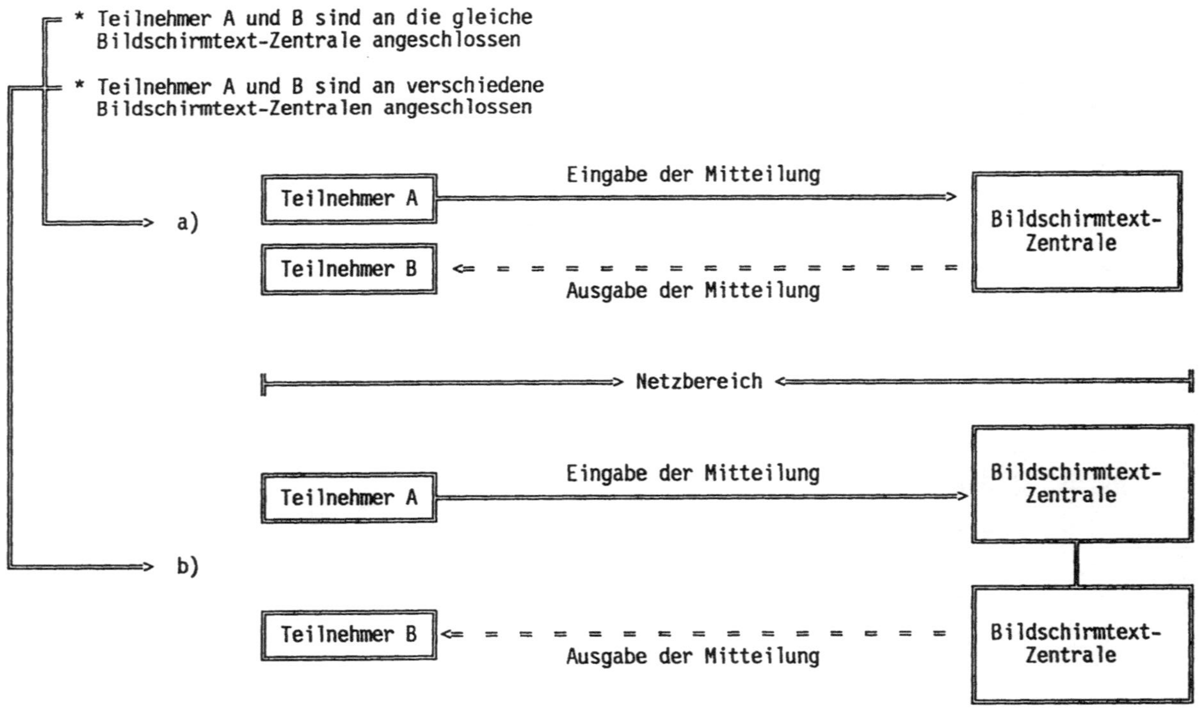

Abb. 3.33: *Informationsaustausch über gleiche und verschiedene Btx-Zentralen*

Für den einzelnen Beteiligten ergeben sich die in Abbildung 3.33 dargestellten Formen des Informationsaustausches:

- Teilnehmer A und B sind der gleichen Bildschirmtext-Zentrale angeschlossen.
- Teilnehmer A und B sind an verschiedene Bildschirmtext-Zentralen angeschlossen.

3.6.3 Mailbox

Ein **Mailbox-System** (engl.: mailbox system) ist ein spezielles Software-System für die elektronische Post. Es ermöglicht von einer Datenstation aus den Versand von Nachrichten, Dateien über lokale und externe Netze in sog. elektronische Postfächer an vorgegebene Empfänger, der ebenfalls über eine Datenstation verfügt und die eingegangene Nachricht abruft. Das Mailbox-System besteht aus einem Computer, Plattenspeicher und im Regelfall aus einem Datex-P Knoten (Abbildung 3.34).

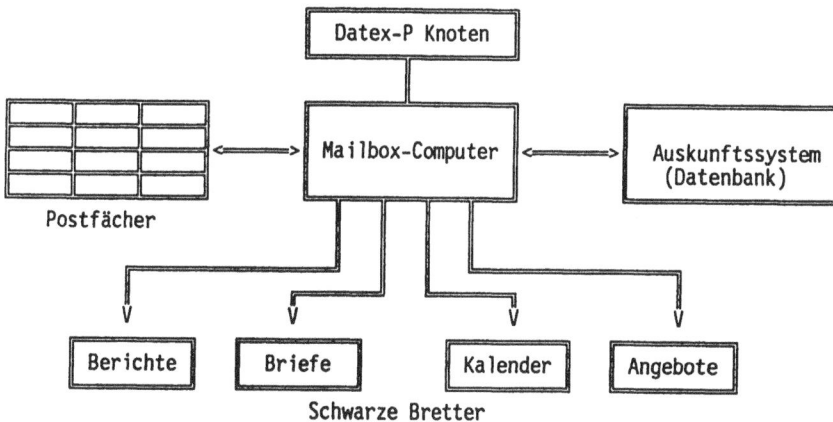

Abb. 3.34: *Aufbauschema des Mailbox-Systems*

Die individuelle Kommunikation gab diesem Werkzeug die Namen: Brief und Fach. Nachrichten ("Briefe") werden an den Empfänger adressiert und in seinem "Mailbox-Fach" abgelegt. Jeder Teilnehmer an einer solchen Dienstleistung besitzt ein Fach, das den von ihm gewählten Namen führt und anwählbar ist.

Schwarze Bretter (engl.: bulletin boards) dienen dagegen primär der Diskussion in Gruppen. Jedes Brett ist also nicht einem Teilnehmer, sondern einem speziellen Thema zugeordnet. Es kann von jedem Teilnehmer gelesen werden. Die maximale Anzahl von Nachrichten an einem Brett ist - ähnlich wie bei einem Fach - beschränkt.

Eine **Einzel-Mailbox** (Stand-Alone-System) muß mit der Teilnehmerzahl wachsen. Ein **Mailbox-Netzwerk** bietet dagegen höhere Flexibilität. Die ersten Mailbox-Anwendungen wurden auf Großanlagen oder Minis der oberen Leistungsklasse realisiert. Gegenwärtig setzen sich immer stärker dedizierte Mailbox-Systeme auf der Basis leistungsfähiger Mikros durch. Da die Mailbox der zentralen Speicherung und Verwaltung von Informationen dient, benötigen die Teilnehmer ein Datenendgerät. Wesentliche Forderungen dafür sind:

- Die Leistung der Datenendgeräte (Hard- und Software) sollte möglichst niedrig sein.
- Die Mailbox-Funktionen sollten von den Eigenschaften und Leistungen der Datenendgeräte (der Hard- und Software) weitgehend unabhängig sind.

Im Datenendgerät wird lediglich ein Modemprogramm benötigt, das die Datenübertragung steuert. Mailbox-spezifische Software ist im Datenendgerät nicht erforderlich. Für die Verbindung zwischen Mailbox und Datenendgerät wird ein Netzwerk benötigt. Dafür wird heute das Fernsprechnetz, DATEX-P, oder eine Kombination von beiden verwendet. In der Praxis ergeben sich durch unterschiedliche Implementierungen, Leistungen, Netzwerke, Einsatzgebiete und Zielgruppen ein breites Spektrum von Mailbox-Systemen. Dadurch ist es möglich, Mailbox-Systeme in Klassen einzuordnen:

- Regionale MBS sind über das Fernsprechnetz erreichbar (Telefon-Mailboxes).
- Überregionale MBS sind an paketvermittelnde Netzwerke angeschlossen. Internationale Kommunikation ist dadurch ohne Probleme möglich.

Für die Verbindung zwischen dem Datenendgerät wie z.B. einem Personal Computer und einem Netzwerk wird zusätzlich ein Modem benötigt. Durch die spezielle, restriktive Gesetzgebung in Deutschland werden von Klein- und Mittelbetrieben und von Privatleuten fast ausschließlich Akustikkoppler mit einer Geschwindigkeit von 300 Baud eingesetzt.

Mailbox-Systeme wie die TELEBOX der Deutschen Bundespost bieten eine reine Vermittlungsdienstleistung. Private Anbieter professioneller MBS legen ihr Schwergewicht mehr oder weniger auf den Inhalt der Bretter. Mailbox-Systeme sind von ganz wenigen Ausnahmen abgesehen text-orientiert. Dies gilt nicht zuletzt auch für internationale Datenbanken (information retrieval).

4. Systemsoftware

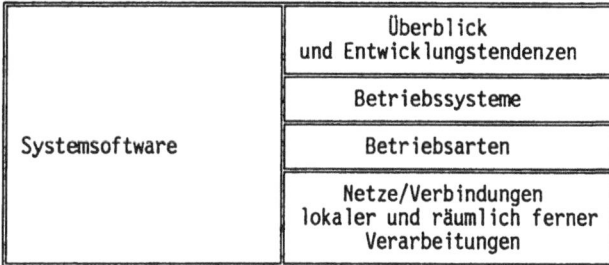

Systemsoftware	Überblick und Entwicklungstendenzen
	Betriebssysteme
	Betriebsarten
	Netze/Verbindungen lokaler und räumlich ferner Verarbeitungen

4.1. Überblick

Der Betrieb einer Datenverarbeitungsanlage ist das Zusammenwirken hardware- und softwaremäßiger Komponenten (Abbildung 4.1). Unter dem Begriff **Software** (engl.: software) werden

- Systemprogramme (engl.: system program) und
- Anwenderprogramme (engl.: application program)

als System- und Anwendersoftware zusammengefaßt. Somit ist Software ein Sammelbegriff, der alle immateriellen Teile eines Computers zum Inhalt hat, vereinigt.

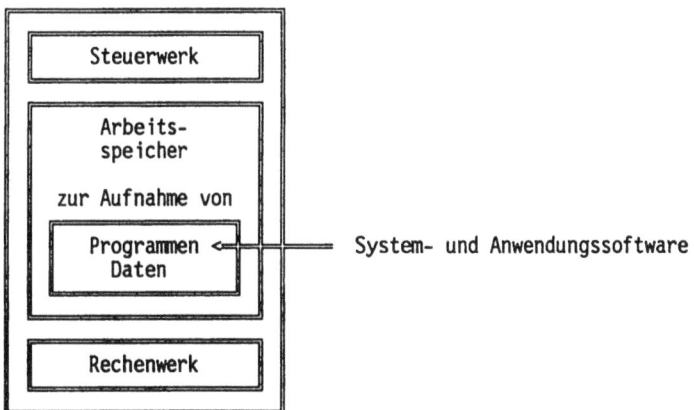

Abb. 4.1: *Hardware-Software-Zusammenhang*

Software tritt in zwei Formen auf, und zwar in menschlich lesbarer, verständlicher Form als Quellencode und in Form von Anweisungen für den Computer als Objektcode. Sie ist somit ein eigenständiges, dokumentiertes Gut mit für die Verarbeitung zur Verfügung gestellten Programmen und Programmhilfen. Als solches läßt sie sich mit der Systemtheorie erklären.

4.1.1 Komponenten der Software

Die zum Betrieb eines Computers erforderliche Software ist bei grober Einteilung in die Komponenten

- Systemsoftware und
- Anwendersoftware

zu zerlegen (Abbildung 4.2).

Zunächst stehen die auf den einzelnen Computer angepaßten Programme als **Systemsoftware** an. Sie gewährleisten den Betrieb des Computers, also die Abwicklung von Programmen, deren Steuerung und Überwachung. Ihr Vorhandensein ist Voraussetzung für das Betreiben der Datenverarbeitungsanlage. Aus diesem Grunde werden sie in aller Regel von den Herstellern bei der Installation der Hardware mitgeliefert. Der Trend - insbesondere bei Mikrocomputern - geht dahin, einzelne Teile, mitunter ganze Systeme von Softwarehäusern zu beziehen. Eine weitere Charakteristik ist durch die Tatsache bestimmt, daß auf der einen Seite die unterschiedliche Hardware, auf der anderen Seite die vielfältigen Nutzungserwartungen der Benutzer zu einer Vielfalt der Systemsoftware geführt haben. Ihre Ausprägungen werden in verschiedenen Betriebssystemen, Betriebsarten und Rechnerverbundsystemen, d.h. Rechnernetzen sichtbar.

Die zweite Komponentengruppe umfaßt die **Anwendersoftware**. Sie ist nicht mehr so hardware-system-nahe wie die Systemsoftware. Sie orientiert sich an den Problemen der Anwender und beinhaltet somit je nach Anwendergruppe technisch-wissenschaftliche, kommerzielle, prozeßsteuernde und sonstige auf die einzelnen betrieblichen Funktionen bezogene Programme. Sie werden - soweit es sich um standardisierbare Aufgaben bzw. Problemlösungen handelt - als Standardprogramme entwickelt. Mitunter werden sie auf

- einzelne Funktionsbereiche wie Buchhaltung, Textverarbeitung,
- einzelne Branchen wie Industrie, Handelsbetriebe und
- spezielle Lösungen eines Anwenders, wie Finanzbuchhaltung des Konzernes X, des Unternehmens Y, Betriebsbuchhaltung des Betriebes Z aufgeteilt, gruppiert.

Spezielle Aufgaben, Probleme lassen sich mit Standardprogrammen nicht bewältigen. Hier sind Individual-Anwenderprogramme gefordert. Ihre Entwicklung wird sowohl durch die Systemsoftware, z.B. durch Programmiersprachen,

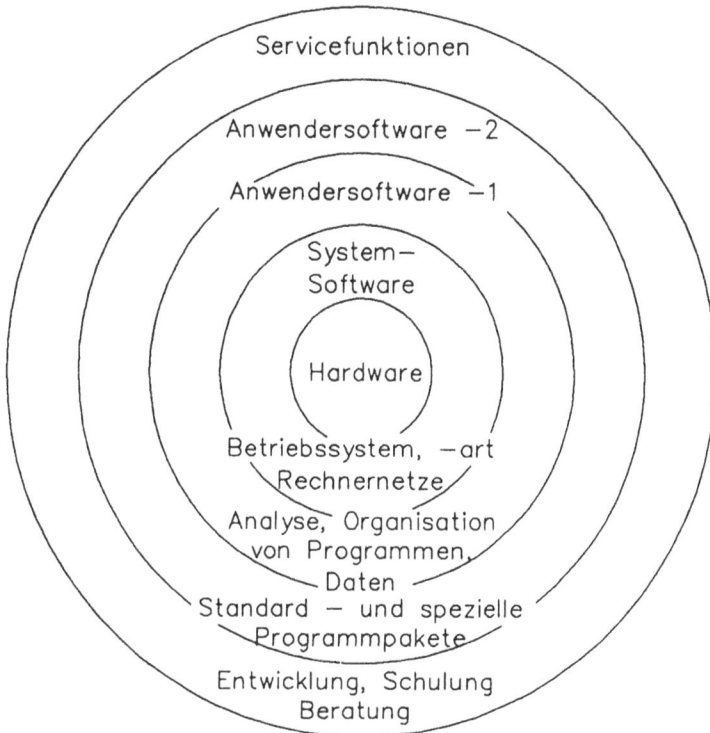

Abb. 4.2: *Software-Zusammenhang*

Menüführungen usw., wie auch durch die Standardprogramme bzw. Hilfsmittel, z.B. durch Makrobefehle, Tools usw., unterstützt. Hinzugehören auch alle Hilfsmittel, Methoden und Techniken der Analyse, der Organisation von Daten und Programmen. Außerhalb, jedoch im Gesamtzusammenhang unerläßlich, sind noch die **Servicefunktionen** erwähnenswert, da sie die Inbetriebnahme und die Nutzung unterstützen, und zwar in zunehmendem Umfang programmtechnisch, wie dies z.B. bei den Lernprogrammen der Fall ist.

Die Charakterisierung der Systemsoftware, die im wesentlichen für den Computerbetrieb schlechthin verantwortlich ist, folgt der Unterteilung in Abbildung 4.3. Danach werden zunächst die Betriebssysteme als Systemprogramme einzelner Computer behandelt. Darauffolgend werden die Nutzungsformen, also die sog. Betriebsarten gegenübergestellt. Nicht behandelt werden die sog. **Prüf- und Wartungssoftware**, die zwar ebenfalls zur Software gehören, die jedoch ausschließlich

- der routinemäßigen Überprüfung (Wartung),
- der Beseitigung von plötzlichen Störungen, Ausfällen und
- dem Zusammenbau des Systems

dienen, d.h. durch regelmäßige oder sporadische Überprüfungen die technische Funktionsfähigkeit garantieren.

Systemsoft-ware	Betriebs-system	Systemprogramme für - Steuerung und Verwaltung von Programmen - Verwaltung von Daten - Übersetzung von Anwendungspro-grammen - zentrale Dienste	
	Betriebs-arten	Mikrocomputer	Einplatzbetrieb Mehrplatzbetrieb - Single-Tasking - Multi-Tasking
		Mainframe	Stapelbetrieb Dialogbetrieb - Teilnehmerbetrieb - Teilhaberbetrieb - Prozeßverarbeitung
		Rechnernetze	Lokale Netze Digitale Nebenstel-lenanlagen Fernnetze

Abb. 4.3: *Systemsoftware*

4.1.2 Entwicklungstendenzen der Systemsoftware

Während in der Anfangszeit der Datenverarbeitung die sog. Hardware im Vordergrund der Aufgabenstellung stand, war in einer zweiten Phase die Fähigkeit des Menschen, mit dem Computer zu arbeiten, ein Engpaß. Schon auf dieser Entwicklungsstufe wurden **Standardprogramme** entwickelt, um wiederkehrende Routinearbeiten zu erledigen. In einer weiteren Entwicklungsstufe wurden **Übersetzungsprogramme** für anwenderorientierte Programmiersprachen entwickelt (Assemblierer für maschinenorientierte, Kompilierer für problemorientierte, Interpreter für dialogisierte Sprachen). Wenig später wurden **Dienstprogramme** wie Misch-, Sortier- u.a. Programme zur Verfügung gestellt. Entscheidend für die Weiterentwicklung war, daß die neueren Computer Eingriffe (Interrupts) in die Verarbeitung gestatten, um den unterschiedlich schnellen Arbeitszeiten der verschiedenen Teile der Hardware Rechnung zu tragen. Aus diesen Grundzügen läßt sich sehr leicht die Folgerung ableiten, wonach künftig die **Nutzung der Technik** die DV-Szenario bestimmen wird. Darin eingeschlossen ist zunächst die Komponente Systemsoftware gemeint. Ihre Funktionen erfahren an erster Stelle Erweiterungen, die sie näher an den Anwender bringen. Charakteristische Zeichen dieser Entwicklung sind seit längerer Zeit sichtbar. So geht der Trend

- zum Direktverkehr,
- zur Benutzerschnittstelle,
- zu den Rechnernetzen und
- zur Integration schlechthin.

Diese Fakten haben zur Folge, daß Teile der Software in die Hardware integriert werden. Dadurch werden die gegenwärtig bereits bei den Mikrocomputern sichtbar gewordenen Übergänge zwischen Hard- und Software vermehrt. Im einzelnen lassen sich die vielfältigen Erwartungen kaum auf einem übersehbaren Raum aufzählen. Stichwortartig bedeuten vorangestellte Trends folgendes: Der Übergang zum **Direktverkehr** bedingt die Annäherung externer Speicherungstechniken an die interne; ebenso eine Annäherung der räumlich fernen Verarbeitung an die lokale. Die **Benutzerschnittstellen** werden lange Zeit im Vordergrund stehen. Betriebssysteme mit Window-, Maus-, Grafik- und sonstigen Techniken werden bisherige ablösen. Ihre Angleichung an verschiedene Benutzergruppen ist zu erwarten. Die Folge wird sein, daß eine Reihe von Funktionen, die zur Zeit von der Anwendersoftware abgedeckt wird, künftiger Bestandteil der Systemsoftware ist, so z.B. wissensbasierte Modelle. Der Trend zur Bildung von **Rechnernetzen**, bzw. zur Entwicklung von herstellerunabhängiger Software wird sich ebenso fortsetzen, wie die Komplettierung von Standardprotokollen beim Rechnerverbund. Schließlich wird die **Integration** der Daten-, Text-, Grafik-, Bild- und Sprachverarbeitung durch Systemsoftware verstärkt unterstützt.

4.2 Betriebssystem

4.2.1 Begriffliche Abgrenzung

Das **Betriebssystem** (engl.: operating system) umfaßt nicht anwenderspezifische Programme zum Betreiben von Computern, also zur Abwicklung, Steuerung und Überwachung aller Programme. Es handelt sich in der Regel um Programme, die vom Hersteller entwickelt und bereitgestellt werden. Es stellt somit die Verbindung zwischen der Hardware und den Anwendungsprogrammen her (Abbildungen 4.1 und 4.2). Es ist die Gesamtheit aller Programme, die ohne auf eine bestimmte Anwendung Bezug zu nehmen, den Betrieb des Computers ermöglichen.

4.2.2 Aufgaben des Betriebssystems

Das Betriebssystem erfüllt folgende Hauptaufgaben:

- **Betriebsmittelverteilung**, also die kontinuierliche und wirtschaftliche Ausnutzung aller Hardwareeinrichtungen (Diese Aufgabe führt zu verschiedenen Betriebsarten.).

- **Betriebsüberwachung**, also die externe Steuerung (Job Management der zu erledigenden Jobs), die interne Steuerung (Task Management der unabhängigen Programmschritte im Rahmen der Behandlung von Programmunterbrechungen) und die Datensteuerung (Data Management) zur Auffindung, Eingabe, Speicherung und Ausgabe aller im DV-System befindlichen Daten.

Das Betriebssystem wirkt wie ein "Manager" der dafür zuständig ist, daß die vorhandene Hardware entsprechend den Aufgabestellungen

- planvoll eingesetzt,
- optimal genutzt wird und
- die Aufgaben koordiniert ablaufen.

Damit übernimmt das Betriebssystem

- die Steuerung der Abläufe von Jobs mit optimaler Auslastung vorhandener Geräte- und Leistungskapazitäten,
- die Zuteilung des internen Speichers,
- die Disposition der peripheren Einheiten,
- die Anzeige von Code-, Programm- und Hardwarefehlern,
- die Zugriffskontrolle auf Speicherbereiche (Speicherschutz),
- die Anfertigung von Protokollen,
- die Bereithaltung von Compilern, Utilities und Anwenderprogrammen in Bibliotheken,
- die Führung von Zugriffsmethoden und Kanalprogrammen
- etc.

Bezogen auf **Mikrocomputer** ergeben sich einige zusätzliche Aufgaben, die mit der besonderen Hardwarearchitektur begründet sind (Prinzipiell gelten natürlich alle genannten Aufgaben). Das Betriebssystem steuert den Betriebsablauf, also alle Prozesse, so auch die Arbeiten der Peripheriegeräte, z.B. des Massenspeichers in bezug auf Datenverwaltung etc. Daneben gibt es Systemprogramme, die das Formatieren oder das Ausdrucken von Disketten, Dateien, Speicherinhalten etc. durchführen. Diese Software, das Betriebssystem, wird vom Hersteller mitgeliefert; sie ist im Preis des Gerätes enthalten. Neben Einplatz-Betriebssystemen (single-user) gibt es Mehrplatz-Betriebssysteme (multiuser). Letzteren liegt das Time-Sharing-Verfahren zugrunde. Dies bedeutet, daß mehrere Programme "gleichzeitig" von der Zentraleinheit bearbeitet werden. Die Gleichzeitigkeit wird dadurch realisiert, daß den einzelnen Tasks (ausführbaren Programmen) Zeitabschnitte zugeteilt werden (Millisekunden). Dadurch entsteht der Eindruck der Gleichzeitigkeit.

4.2.3 Komponenten des Betriebssystems

Aus diesen Aufgaben resultieren die Komponenten, also die Bestandteile des Betriebssystems. Dabei ist die Vielfalt nicht allein durch die Aufgabeninhalte bedingt. Kein Betriebssystem kann alle Aufgaben bewältigen. Es ist vielmehr eine enge Verbindung zwischen den Einsatzgebieten und dem Hardwaretyp zu sehen. So kann ein Mikrocomputer mit einem auf die Textverarbeitung im Büro ausgelegten speziellen Betriebssystem versehen sein, dem gegenüber ein Datenbank-Computer mit Adressierungs- und Suchfunktionen. Diese Unterschiede können (brauchen jedoch nicht!) auch durch die Art des Computers ausgelöst sein, d.h. in Abhängigkeit von der Rechnergruppe stehen. Es ist einsichtig, daß Mainframes und Mikrocomputer mit unterschiedlichen Betriebssystemen - bezogen auf ihre Mächtigkeit - ausgestattet sind. Aber auch hier können vorhandene Grenzen überschritten, aufgehoben werden. Ein typisches Beispiel liefert Siemens mit dem Betriebssystem BS 2000, das seit neuerer Zeit auch für Mikrocomputer transparent ist. Damit paßt sich ein Mainframe-Betriebssystem an die PC's an. Analoge Beispiele - allerdings mit Transparenz von unten (von PC's) nach oben - liefern auch andere Hersteller, so z.B. PDP. So sind in beiden Fällen die Komponenten auf die Systemprogramme für Steuerung und Verwaltung von Daten und Programmen, für Übersetzung von Anwenderprogrammen und für Übernahme zentraler Dienste gerichtet (Abbildung 4.3). Bei den Mikrocomputern kommt eine stärkere Betonung der Benutzerschnittstelle hinzu. Somit gilt der in Abbildung 4.4 aufgezeigte Komponentenzusammenhang.

Die Aufteilung des Betriebssystems in zentrale und periphere Teile folgt im wesentlichen der Hardware-Architektur. Die interne Transformation mit dem Job- und Task-Management und mit der Datensteuerung, die Bereitstellung, Koordinierung und Steuerung der Programme (Monitoring), die Steuerung der Datenfernübertragung, ebenso die Steuerung des Datenverkehrs zu und von den Peripheriegeräten sind die Wesensmerkmale der **zentralen Komponenten**. Dem gegenüber umfassen die **peripheren Teile** verschiedene Dienst- und Übersetzungsprogramme, die eine vielseitige Gerätenutzung und eine erleichterte Handhabung häufig wiederkehrender Standardfunktionen zum Inhalt haben. So gesehen ist dies eine der Ausprägungen ständiger Bemühungen, das Betriebssystem in einen von der speziellen Computer-Hardware abhängigen und unabhängigen Teil aufzuteilen.

4.2.4 Einteilung der Betriebssysteme

Betriebssysteme lassen sich nach verschiedenen Bestimmungsfaktoren in verschiedene Kategorien einteilen. Da die Betriebssysteme die Verwaltung und die Übersetzung der Anwenderprogramme besorgen, bestimmen sie die Arbeitsgeschwindigkeit und den Benutzerkomfort wesentlich. Dabei ist die Zugehörigkeit des Computers zu einer bestimmten Rechnergruppe zwar wichtig, jedoch nicht ausreichend, um das Betriebssystem zu charakterisieren und einer Gruppe zugehörig erklären. Dazu folgendes Beispiel:

Bei den Arbeitsplatz-Computern sind die Betriebssysteme CP/M von Digital Research und MS-DOS von Microsoft stark verbreitet. Nach außen (externe Sicht) verhalten sich beide vergleichsweise ähnlich. Das Handling der Kommandos (Aufruf, Name, Parameter) ist grundsätzlich gleich. Unterschiede ent-

Betriebssystem		
zentrale Komponente	Ein- und Ausgabesteuerung Ablaufsteuerung Datenfernverarbeitung(-übertragung) Monitoring	
periphere Komponenten	Dienstprogramme	Testhilfen Umsetzprogramme Sortier- und Mischprogramme Bibliotheksprogramme
	Übersetzungsprogramme	Assemblierer Compilierer Interpretierer
Editoren	Bildschirmdialog Kommandosprachen spezielle Funktionen wie elektronischer Schreibtisch	

Abb. 4.4: *Komponenten eines Betriebssystems*

stehen nach innen (interne Sicht). MS-DOS unterscheidet interne und externe Kommandos; dem gegenüber operiert CP/M mit residenten und transienten Funktionen, wobei residente Kommandos trotz Überlappungen ungleich interne Kommandos von MS-DOS sind. Große Unterschiede treten nämlich im Memory- und File-Management auf. Dies ist darauf zurückzuführen, daß beide Betriebssysteme mit unterschiedlichen Dateistrukturen operieren, die untereinander nicht kompatibel sind (Hierzu sind Konvertierungsroutinen entwickelt worden!). Beim CP/M umfaßt eine Datei 128 Bytes große Blöcke, wobei jeweils 128 solcher Blöcke in einem sog. "logical extent" verwaltet werden. Damit ist die Adressierungseinrichtung angesprochen, mit der die Dateibereiche und die belegten Blöcke identifiziert werden können. MS-DOS hält dagegen die Dateizuordnungstabellen für alle Dateien eines Laufwerkes resident und greift schneller auf die Datei bei hohem Arbeitsspeicherplatz-Bedarf zu (Speichertabelle bei CP/M 1K max, bei MS-DOS 6K). Mit höheren Release werden logisch zusammengehörige Dateien zu hierarchisch geordneten Gruppen zusammengefaßt. Hiermit ist eine gewisse Angleichung von MS-DOS an das Betriebssystem UNIX sichtbar. Dadurch also ein erneuter Unterschied zum CP/M.

Letzteres muß nämlich bei jedem Zugriff außerhalb eines Wirkungsbereiches von 128 Sätzen, einen neuen "logical extent"-Satz lesen; ein Vorgang der das File-Management von CP/M gegenüber MS-DOS unterlegen und unterschiedlich macht. Allein dieses Kriterium ließe eine weitere Gruppenbildung angebracht erscheinen.

Aus diesem Grunde wird in Abbildung 4.5 eine nach Computergruppen orientierte Einteilung dargestellt. Die hieraus ersichtliche Vielfalt zwingt zur Diskussion der Hauptmerkmale und nicht der Einzeldarstellung. Sie wäre ohnehin problematisch, da laufend neue Release mit erweiterten Funktionen hinzukommen, so daß eine aktuelle Wiedergabe zum Zeitpunkt des Erscheinens des Buches längst mehrfach überholt wäre.

4.2.5 Betriebssysteme der Mikrocomputer

Der Begriff **Systemsoftware für Mikrocomputer** umfaßt

- das Betriebssystem,
- die Dienstprogramme (Utilities),
- die Interpreter und Compiler,
- die Software-Werkzeuge und
- die Kommunikationssoftware.

Eine herausragende Bedeutung unter der Systemsoftware hat das Betriebssystem als Vermittler zwischen der Zentraleinheit, dem Hauptspeicher, den peripheren Geräten und dem Anwenderprogramm. Die verfügbaren Betriebssysteme entscheiden u.a. darüber,

- welche Anwenderprogramme genutzt werden können und
- ob ein Rechner in ein Netz eingebunden werden kann.

Betriebssystem			
Mikrocomputer	Einplatzrechner	CP/M von Digital-Research MS-DOS von Microsoft PC-DOS für IBM-PC OS-2 für IBM	
	Mehrplatzrechner	UNIX (mit verschiedenen Dialekten, wie XENIX, SINIX; HP-UX) BS 2000-Dialekt (PC 2000) von Siemens	
Minicomputer (Auswahl)		VMS von DEC UNIX-Dialekte, wie ULTRIX von DEC MPE von HP VS von WANG NIROS von Nixdorf	
Mainframe (Auswahl)		OS-1100 von Sperry BS-2000 von Siemens MVS/XA von IBM VSE/SP von IBM GCOS von Bull	
Spezialrechner (Auswahl) ausgelegt auf:		Textverarbeitung Datenbankmanipulation digitale Nebenstellenanlagen	

Abb. 4.5: Einteilung der Betriebssysteme

Die **Betriebssysteme** für Microcomputer lassen sich in drei Gruppen einteilen. Diese sind:

- **CP/M** (control program for microprocessors von Digital Research Inc.) seit 1973 für Z80 und 8080, d.h. für 8-Bit-Prozessoren;
- **MS-DOS** (microsoft disk operating system von Microsoft) seit 1981 für die 16-Bit-Prozessoren Intel 8086 bzw. 8088; es wird von IBM als PC-DOS vertrieben für PC-XT (8088/80186) und PC-AT (80286/80386) "beherrscht" alle IBM-kompatiblen Geräte für den Single-Tasking-Betrieb (multi-using und multi-tasking sind in Version 5.0 enthalten);
- **UNIX**-Familie seit 1969 von Bell Laboratories, Western Electric und American Telephone & Telegraph (AT&T) mit der Programmiersprache, in die UNIX selbst 90% übertragen worden ist. Sie eignet sich für 16- und 32-Bit-Prozessoren mit Multi-Using-Multi-Tasking- und Netzwerkbetrieb; von den UNIX-Nachbildungen ist XENIX von Microsoft die bekannteste.

Außerdem gibt es weitere Formen, die sich jedoch nicht nennenswert durchsetzen konnten, obwohl sie durchaus ihre Bedeutung haben:

- **OASIS** - Insbesondere für Minicomputer geeignet, die von ihrer Leistungsfähigkeit nahe an Microcomputer heranreichen.
- **TURBODOS** - Es unterstützt den Multi-User-Betrieb im Verbund von Z80-Mikroprozessoren, welche auf einen gemeinsamen Externspeicher, Drucker und andere Peripheriegeräte Zugriff haben.

Eine Wertung obiger Betriebssysteme läßt sich nur in Verbindung mit der Systemsoftware und mit den möglichen Betriebsarten (Abschnitt 4.3) geben.

In der Regel fährt man am günstigsten, wenn man ein verbreitetes Betriebssystem benutzt, da dann am ehesten gewährleistet ist, daß man eine breite Anwendersoftwarepalette zu günstigen Preisen vorfindet, und man vergleichsweise sicher sein kann, daß die Entwicklung nicht an einem vorbeiläuft.

Bevor man die Systemsoftware auswählt, muß geklärt werden, welche Anforderungen man an das Betriebssystem stellt. Man unterscheidet zwischen

- Single-User-Betriebssystemen,
- Single-User und Multi-Tasking-Betriebssystemen und
- Single-User, Multi-Tasking und Multi-User-Betriebssystemen.

Die gängigsten **Single-User-Betriebssysteme** sind:

- CP/M-8- bei 8-Bit-Computern, insbesondere CP/M 2.2 oder CP/M 3.0 und
- CP/M-86 und MS-DOS bei 16-Bit Computern.

Besonders interessant sind die Betriebssysteme, die mit anderen Betriebssystemen kompatibel sind, wie z.B. das Betriebssystem EOS 16, mit dem der

SHARP PC-5600 ausgestattet ist. Dieses Betriebssystem ist anwendungskompatibel zu allen gängigen Betriebssystemen im Single-User-Bereich, wie z.B. CP/M-80, CP/M-86, CP-M-86 und MS-DOS. Es ermöglicht damit einen Programm- und Datenaustausch zwischen den gängigsten 8-Bit- und 16-Bit-Computern.

Bekannte **Single-User, Multi-Tasking-Betriebssysteme** sind Concurrent CP/M und Concurrent DOS 3.2 bei 16-Bit-Computern.

Single-User, Multi-Tasking und Multi-User-Betriebssysteme sind MP/M-80 für 8-Bit-Mikrocomputer und MP/M-86, UNIX, XENIX, OASIS für 16-Bit-Mikrocomputer. Hinzu kommt das MS-DOS-kompatible Multi-User-Betriebssystem Concurrent DOS 286. In diese Gruppe ist auch OS/2 einzuordnen.

Die gängigsten **Multi-User**-Betriebssysteme sind MP/M, UNIX und OASIS. Nach einer Umfrage in West-Europa über die Verbreitung von Betriebssystemen waren die Betriebssysteme mit Multi-User-Fähigkeit 1983 kaum verbreitet. Entsprechend dieser Umfrage erwartet man für das Betriebssystem UNIX 1986 eine schnelle Verbreitung. Andererseits wird davon ausgegangen, daß die Verbreitung des Betriebssystems OASIS stark zurückgehen wird. Unterm Strich bleibt dennoch eine Steigerung multi-user-fähiger Betriebssysteme. Multi-user-fähige Betriebssysteme sind für die folgenden Prozessoren entwickelt worden:

MP/M II mit Z-80,

MP/M-86 mit 8086/8088,

OASIS-16 mit 16000/68000/8086/8088,

UNIX mit 16032/68000 und

XENIX 3.0 68000/8086/Z8000.

Die Anzahl der Benutzer, die mit dem Betriebssystem bedient werden können, beträgt bei MP/M-86 16 und bei OASIS 32. Bei dem Betriebssystem UNIX ist die Zahl der möglichen Benutzer von der Hardware abhängig, übertrifft jedoch beide anderen Betriebssysteme.

Grundsätzlich werden bei Multi-User-Systemen größere Anforderungen an die Prozessorleistung gestellt als bei Single-User-Systemen. Besondere Eignung sagt man Mikrocomputern nach, die mit neueren Prozessoren ausgestattet sind, wie z.B. der Z80A, Z80B, 80186, 80286, 80386, 432, Z800X oder der MC680XX.

In einem multi-user-fähigen System bekommt jede Arbeitsstation innerhalb des Arbeitsspeichers einen bestimmten Bereich zugeordnet. Diese Arbeitsspeicher dürfen nicht zu klein ausfallen, da sonst die Ein- und Auslagerungsprozesse von bzw. auf Massenspeicher das System zusätzlich belasten. 8-Bit-Mikrocomputer, mit denen nur 64KB RAM adressiert werden können, benötigen einen sog. "Speicherverwalter", wenn ihr Speicherplatz ausgeweitet wird. Daß sie durchaus auch für den Multi-User-Betrieb geeignet sind, zeigt ein Mehrbenutzer-Computersystem von Televideo, welches mit einem Z-80A Prozessor ausgestattet wurde.

Ein weiterer Aspekt, der vor der Anschaffung eines Mehrplatzsystems überdacht werden muß, ist die notwendige multi-user-fähige Anwendersoftware. Diese ist in der Regel teurer als Single-User-Software und als Standardsoftware nicht so einfach zu bekommen wie Single-User-Software.

In Betriebssystemen für Mikrocomputer sind oft nur neben dem Assembler ein oder zwei **Sprachübersetzer** (in der Regel BASIC und mitunter APL oder PASCAL) enthalten. Das verwendbare Sprachspektrum ist somit stark beschränkt; ein Wandel zeichnet sich nur zögernd ab.

In bezug auf **Datenbanksysteme** für Mikrocomputer haben sich

- dBASE II (schon für 8-Bit-Prozessoren),
- dBASE III,
- MDBS III (einziges netzwerkorientiertes DB-System für Mikrocomputer),
- Knowledge Man und
- ORACLE

herauskristallisiert. Am weitesten verbreitet sind dBASE II und dBASE III, wobei erstere den gleichzeitigen Zugriff auf zwei, dBASE III dagegen auf 10 Dateien zuläßt bzw. erlaubt. Zu beachten ist, daß das DB-Modell an ein relationales Modell angelehnt ist.

4.2.6 Betriebssysteme der Mainframes

Die gegenwärtig benutzten Betriebssysteme haben unterschiedliche Merkmale bzw. Eigenschaften. Einige Betriebssysteme sind unter ihren Namen bekannt. Sie geben gleichzeitig Hinweise darauf, wie Aufträge, Jobs und Daten "gemanaged" werden:

- DOS (Disk Operating System),
- VS (Virtueller Speicher),
- MCP (Master Control Program),
- NOS (Network Operating System).

Abbildung 4.6 folgend sind die vom Betriebssystem bereitgestellten Programme in steuernde und arbeitsverrichtende Gruppen zu gliedern.

Ein Betriebssystem wird in die **drei Steuerprogramme** Auftragsverwaltung, Prozeßsteuerung und Datensteuerung unterteilt. Abbildung 4.7 zeigt ein

Betriebssystem	Arbeitsprogramme	System-steuerungsprogramme	Bedienung Auftrag Prozeß Daten
		Übersetzer	Interpreter Compilierer Assemblierer
		Dienstprogramme	Sortieren Mischen Sortieren
	Anwenderprogramme		
	Steuerprogramme		

Abb. 4.6: *Aufteilung des Betriebssystems*

Schema des Zusammenwirkens dieser Steuerprogramme, das im folgenden näher beschrieben wird:

- Auftragsverwaltung

Die Auftragsverwaltung (engl.: job management) stellt einerseits die Verbindung der DV-Anlage mit der Außenwelt her (Bedienungssteuerung) und andererseits koordiniert sie den Auftrags- (Programm-)strom (Auftragssteuerung).

Die **Bedienungssteuerung** vermittelt die Kommunikation zwischen den Operateuren und dem Betriebssystem. Die Operateure können jederzeit in die Arbeitsabläufe des Datenverarbeitungssystems eingreifen. Hierzu verwenden sie bestimmte Kommandos (Befehle), die über die Tastatur der Konsole eingegeben werden. Die DV-Anlage informiert den Operateur mit Meldungen über den Verarbeitungszustand, die über die Konsolschreibmaschine und/oder den Bildschirm ausgegeben werden.

Die **Auftragssteuerung** führt die Funktionen aus, die im Zusammenhang mit der Einleitung und dem Abschluß eines Auftrages (ein Programm oder mehrere zusammengehörige Programme) durchgeführt werden müssen. Diese Funktionen lassen sich jeweils zwischen zwei Aufträgen abwickeln und steuern den Übergang von einem Auftrag zum nächsten.

Folgende Funktionen werden von der Auftragssteuerung durchgeführt:

- Einlesen eines Auftrages und Zwischenspeicherung auf einem peripheren Direktzugriffsspeicher (Einreihung in die Auftragswarteschlange);

- Starten des Auftrags und Zuordnung der Betriebsmittel (Zentralspeicher-platz, periphere Geräte); Abgabe an die Prozeßsteuerung;
- Beenden eines Auftrages und Freigabe der Betriebsmittel;
- Ausgabe der Verarbeitungsergebnisse und bestimmter Verarbeitungsinfor-mationen (z.B. Datum, Uhrzeit, Laufzeit, belegte Hauptspeicher) auf einem Direktzugriffsspeicher (Einreihung in die Ausgabewarteschlange).

- Prozeßsteuerung

Während die Auftragssteuerung zu Beginn und zu Ende eines Auftrages in Aktion tritt, befaßt sich die Prozeßsteuerung (engl.: task management) mit der tatsächlichen Aufgabenausführung. Ziel der Prozeßsteuerung ist die wirtschaft-liche Systemnutzung. So oft im Rahmen der Auftragsausführung die Zufuhr von Daten zur Verarbeitung oder die Abgabe verarbeiteter Daten gefordert wird (Ein-/Ausgabeoperationen), wird für die notwendigen Da-tentransferarbeiten die Datensteuerung eingeschaltet.

- Datensteuerung

Die Datensteuerung (engl.: data management) stellt die Verbindung zwischen den System- und Anwendungsprogrammen her. Sie führt dabei folgende Funk-tionen aus:

- Durchführung des Datentransfers zwischen E/A-Geräten und Zentralspei-cher,
- Fehlerbedienung beim Datentransfer und
- Verwaltung der Datenbestände auf den peripheren Speichern.

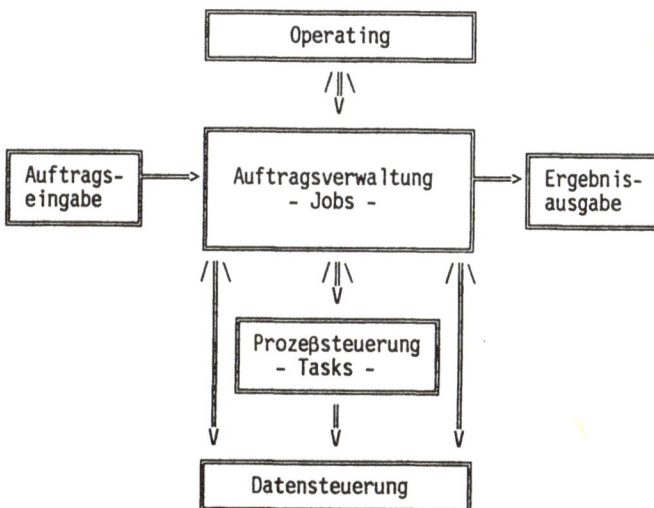

Abb. 4.7: *Steuerung des Computers*

Die Arbeitsprogramme der Systemsoftware (Übersetzungs- und Dienstprogramme) sollen dem Anwender die Benutzung der DV-Anlage erleichtern.

- Übersetzungsprogramme

Die Notwendigkeit von Übersetzungsprogrammen (kurz: Übersetzer) resultiert aus ihren Aufgaben. Es handelt sich um ein Programm, das in einer Programmiersprache A (Quellensprache) abgefaßte Anweisungen ohne Veränderung der Arbeitsvorschriften in Anweisungen einer Programmiersprache B (Zielsprache) umwandelt, übersetzt. Die in der Quellsprache abgefaßte Anweisung wird Quellanweisung oder Quellprogramm, die in der Zielsprache entstandene Anweisung wird Zielanweisung oder Zielprogramm genannt (DIN 44300). Unterschiede ergeben sich aus der Tatsache, daß der Anwender symbolische Programmiersprachen verwendet (maschinen- oder problemorientierte Sprachen), die DV-Anlage dagegen nur ihre Maschinensprache, d.h. Binärzifferngruppen. Die symbolischen Quellprogramme der Anwender müssen daher in binäre Zielprogramme für die DV-Anlage übersetzt werden (Abbildung 4.8).Man unterscheidet drei Arten von Übersetzern:

- Assemblierer (Assembler)
- Kompilierer (Compilierer) und
- Interpreter (Dialog).

Ein **Assemblierer** ist ein Übersetzer, der in einer maschinenorientierten Programmiersprache abgefaßte Quellanweisungen in Zielanweisungen der zugehörigen Maschinensprache umwandelt (assembliert; DIN 44300).

Ein **Kompilierer** ist ein Übersetzer, der in einer problemorientierten Programmiersprache abgefaßte Quellanweisungen in Zielanweisungen einer maschinenorientierten Programmiersprache umwandelt (kompiliert; DIN 44300).

Ein **Interpreter** ist ein Übersetzer, ein Programm, das in eine DV-Anlage eingegebene Quellanweisung in einer höheren Programmiersprache jeweils sofort übersetzt und ausführt.

Über den Übersetzungsvorgang liefert der Übersetzer ein Übersetzungsprotokoll mit einer Auflistung (Anzeige) des Quellprogramms und (wahlweise!) die daraus erstellten Zielweisungen. Das **Übersetzungsprotokoll** enthält auch Tabellen über alle vom Programmierer verwendeten symbolischen Namen und deren Auftreten in den einzelnen Anweisungen. Ein zusätzliches **Fehlerprotokoll** gibt Auskunft über Fehler, die der Übersetzer festgestellt hat.

Die Fehlerprüfung umfaßt Syntaxfehler (falsche Schreibweise, falsche Interpunktion) und Formalfehler (z.B. Verwendung eines nicht definierten symbolischen Namens). Kompilierer können bis zu einem gewissen Grad auch einfache logische Fehler feststellen (z.B. Multiplikation in ein zu klein definiertes Ergebnisfeld).

QUELLPROGRAMM	ÜBERSETZER	ZIELPROGRAMM

Benutzerorientierte Sprache	══> Interpreter ═══════>	Maschinenorientierte Sprache
Problemorientierte Sprache	══> Compilierer ═══════>	Maschinenorientierte Sprache
Maschinenorientierte Sprache	══> Assemblierer ═════>	Maschinensprache

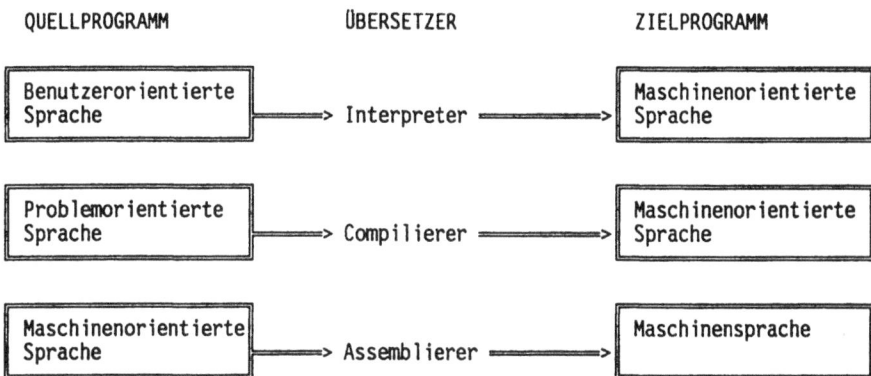

Abb. 4.8: *Arten von Übersetzern*

Die **Dienstprogramme** führen häufig wiederkehrende Routinearbeiten durch und ermöglichen dem Anwender eine optimale Nutzung der DV-Anlage. Sie stehen den Benutzerprogrammen zum großen Teil sehr nahe, so daß eine genaue Abgrenzung zu dieser oft nicht möglich ist. Häufig verwendete Dienstprogramme sind:

- Mischprogramme (Sie dienen der Zusammenführung zweier oder mehrerer Dateien zu einer neuen Datei.);
- Sortierprogramme (Sie dienen der Überführung der Datensätze einer Datei in eine ganz bestimmte Ordnung.);
- Kopierprogramme (Sie kopieren Dateien von einem Datenträger auf einen anderen Datenträger z.B. von Band auf Magnetplatte oder umgekehrt.);
- Ausgabeprogramme (Sie dienen einer zeitlichen von der Verarbeitung versetzten Ausgabe auf Drucker.);
- Testprogramme (Sie dienen der Testunterstützung von Benutzerprogrammen.).

4.3 Betriebsarten

Die Gestaltung des Betriebes einer DV-Anlage kann nach den Anforderungen der Benutzer erfolgen. Die Art und Weise, wie Aufgaben (Aufträge) abgewickelt werden, wird **Betriebsart** (engl.: mode of operation) genannt.

4.3.1 Einteilung der Betriebsarten

Die freie Progammierbarkeit der DV-Anlagen ermöglicht die Lösung unterschiedlicher Probleme. Während die Verarbeitungsschritte zur Lösung der

Probleme durch die einzelnen Programmiersprachen standardisiert wurden, kann das Betreiben einer DV-Anlage individuell den Wünschen der Anwender angepaßt werden. Die individuellen Wünsche (Schnelligkeit, Größe, Durchsatz etc.) der Anwender und die technischen Weiterentwicklungen führten zu einer Palette unterschiedlicher Betriebsarten. Je nachdem, ob dies aus der Sicht des Betriebssystems, des Benutzers oder der Hardware betrachtet wird, unterscheidet man folgende Betriebsarten (Abbildung 4.9):

- Aus der Sicht der Hardware:
  -- Einprozessorbetrieb (-system),
  -- Mehrprozessorbetrieb (-system) und
  -- Mehrrechnerbetrieb (-system);
- Aus der Sicht des Betriebssystems:
  -- Einprogrammbetrieb und
  -- Mehrprogrammbetrieb;
- Aus der Sicht des Benutzers:
  -- Stapelbetrieb (engl.: batch processing) und
  -- Dialogbetrieb.

Für den praktischen Betrieb eines Datenverarbeitungssystems ergeben sich danach zahlreiche Kombinationsmöglichkeiten. Die Form in der ein Datenverarbeitungssystem in der Praxis betrieben wird, läßt sich daher nicht mit einem Attribut kennzeichnen, sie ist nur durch mehrere Attribute zu beschreiben (z.B.: "Diese Anlage wird mit einem Prozessor unter einem Time-sharing Betriebssystem im Dialogbetrieb gefahren").

Der Benutzer bestimmt im Rahmen der Systemanalyse (siehe Kapitel 5) die Betriebsartenkombination, die seinen Bedürfnissen gerecht wird. Mit der Planung und Beschaffung der Hardware liegt die Betriebsart aus der Sicht der Hardware für die Lebensdauer der DV-Anlage fest. Mit der Auswahl eines entsprechenden Betriebssystems jedoch wird die Betriebsart aus der Sicht des Betriebssystems auf eine ganz bestimmte Betriebsart oder mehrere nebeneinander verfügbare Betriebsarten festgelegt (Diese Festlegung ist nicht endgültig, das Betriebssystem ist austauschbar).

Soweit danach Hardware und Betriebssystem noch unterschiedliche Betriebsarten aus der Sicht des Benutzers zulassen, bestimmt der Benutzer im täglichen Arbeitsablauf von Fall zu Fall die Wahl der Betriebsart für jede Datenverarbeitungsaufgabe.

Abbildung 4.9 ist eine pragmatische Art von Gliederungsmöglichkeiten verschiedener Nutzungs- und damit Betriebsarten von Computern. Allein die Einbeziehung zweier Kriterien mit je zwei Ausgängen, z.B. Einprogramm- und Mehrprogrammbetrieb bzw. Einprozessor- und Mehrprozessorbetrieb, führt zu 4 Betriebsarten; bei zwei weiteren sind es 16 Merkmalsbindungen. Die Folge ist, daß eine Betriebsart eine Kette von Merkmalsprägungen in sich trägt. Aus diesem Grunde ist eine einzige Betriebsart - ausgewiesen durch ein Unterscheidungsmerkmal - in der Praxis prinzipiell nicht möglich. Stattdessen ergibt

Betriebsart	Stapelbetrieb			Einprogramm-betrieb
	interaktiver Betrieb	Prozeßbetrieb		
			Ein-Benutzer (Single User)	
		Dialogbetrieb		Mehrprogramm-betrieb
			Mehr-Benutzer (Multi User)	Teilhaberbetrieb (Single Tasking)
				Teilnehmerbetrieb (Multi Tasking) - Zeitscheibe- verfahren - Prioritäten- regelung - kombiniertes Verfahren

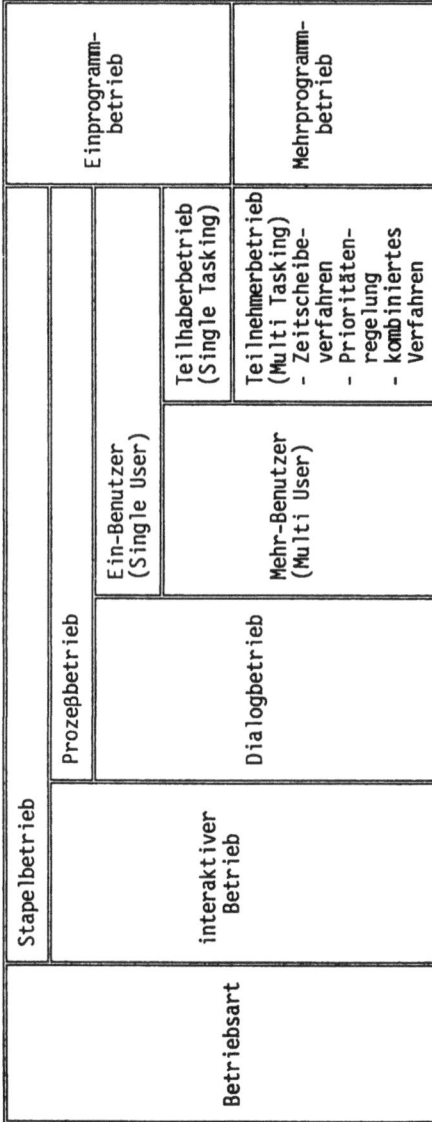

Abb. 4.9: *Klassifizierung der Betriebsarten nach Nutzungsformen*

die Kombination von Betriebsarten die für den Anwender wichtige **Nutzungsform**. Erst hieraus ist die Arbeitsweise registrier- und deutbar. Dazu ein Kombinationsbeispiel:

Anwenderbetrieb (ohne Operateur) + mit Datenübertragung (DFV, Netzbetrieb) + interaktivem (Mehrprogrammbetrieb) + Teilnehmerbetrieb mit Prioritätsregelung + Dialogbetrieb mit Mehrprozessor-Anlage.

Innerhalb der Datenfernverarbeitung wiederum können zwei unterschiedliche Betriebsformen in Erscheinung treten, und zwar der

- Off-line Betrieb (indirekte DV)

(Die Datenverarbeitungsanlage ist nicht mit den zur Übertragung von Daten benutzten Fernmeldewegen und den Datenendeinrichtungen (DEE) direkt verbunden. Die Daten werden in Zusammenhang mit der Übertragung auf Datenträgern zwischengespeichert.) und

- On-line Betrieb (direkte DV)

(Die Datenverarbeitungsanlage ist mit den zur Übertragung von Daten benutzten Fernmeldewegen und den Datenendeinrichtungen direkt verbunden.)

4.3.2 Charakterisierung der Betriebsarten

4.3.2.1 Einprogrammbetrieb

Bei den Datenverarbeitungsanlagen der ersten und zweiten Computergeneration wurde in der Regel jedes Programm einschließlich Daten auf Lochkarten übertragen und über den Lochkartenleser in den Zentralspeicher eingelesen. Der Rechner wurde mit dem Programm geladen. Anschließend wurden die erforderlichen Daten eingelesen (Abbildung 4.10). Die Verarbeitung endete, nachdem die vorhandenen Daten aufgebraucht waren. Nach der Ausgabe konnte das nächste Programm geladen werden. Große Zeitanteile für die Ein- und Ausgabe verhinderten eine optimale Auslastung der Zentraleinheit.

Charakteristisch für den **Einprogrammbetrieb** (engl.: single-user mode) ist somit, daß die einzelnen Aufträge (engl.: jobs) von der Zentraleinheit nacheinander, in der Folge der Auftragserteilung erledigt werden. Für jeden Auftrag stehen die vorhandenen Betriebsmittel (Prozessor, Speicher, Kanäle etc.) zur Verfügung.

Abgesehen von seltenen Ausnahmen hat der Einprogrammbetrieb heute nur noch Bedeutung bei Anwendungen in Kombination mit der Betriebsart Realtime-processing, bzw. bei den Mikrocomputern.

```
        ┌─────────────┐ ┐
        │  EINGABE    │ │
        └─────────────┘ │
               │        │
        ┌─────────────┐ │
        │ VERARBEITUNG│ ├─> 1. PROGRAMM
        └─────────────┘ │
               │        │
        ┌─────────────┐ │
        │  AUSGABE    │ │
        └─────────────┘ ┘
               │
               V
        ┌─────────────┐ ┐
        │  EINGABE    │ │
        └─────────────┘ │
               │        │
        ┌─────────────┐ │
        │ VERARBEITUNG│ ├─> 2. PROGRAMM
        └─────────────┘ │
               │        │
        ┌─────────────┐ │
        │  AUSGABE    │ │
        └─────────────┘ ┘
               │
               V
```

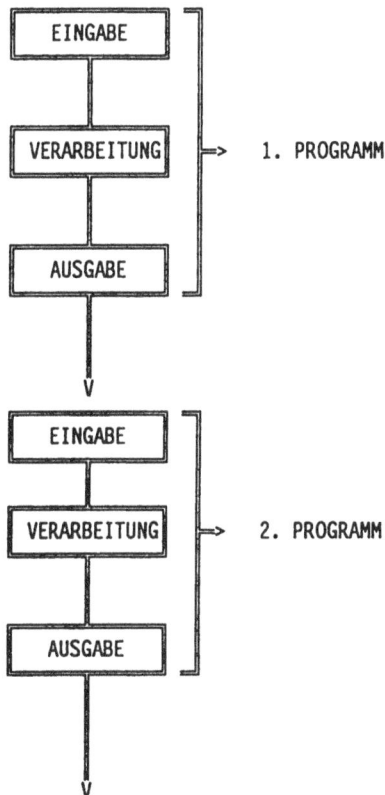

Abb. 4.10: *Der Einprogrammbetrieb*

4.3.2.2 Mehrprogrammbetrieb

Die Verwendung schneller Schaltelemente (integrierte Schaltkreise) innerhalb der Zentraleinheit leitete die dritte Computergeneration ein. Die unterschiedlichen Arbeitsgeschwindigkeiten zwischen der Zentraleinheit und den E/A-Geräten haben sich bei diesen Anlagen extrem verändert. Durch die schnellere Hardware wurden die Hersteller gezwungen, neue Möglichkeiten für einen anzahlmäßig größeren Durchsatz von Programmen zu entwickeln.

Die Entwicklung führte zum **Mehrprogrammbetrieb** (engl.: multiprogramming mode), der eine verzahnte Verarbeitung von mehreren Programmen durch die Zentraleinheit ermöglicht. Dadurch wird eine bessere Auslastung der Zentraleinheit erzielt und der Programmdurchsatz wesentlich erhöht. Nach DIN

44300 wird unter Mehrprogrammbetrieb ein Betrieb eines Rechensystems verstanden, bei dem das Betriebssystem für den Multiplexbetrieb der Zentraleinheit(en) sorgt. Beim Multiplexbetrieb bearbeitet eine Funktionseinheit mehrere Aufgaben, abwechselnd in Zeitabschnitten verzahnt (Abbildung 4.11).

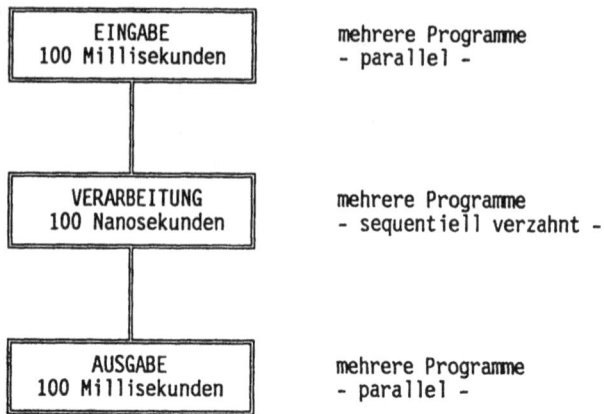

```
┌─────────────────────┐       mehrere Programme
│      EINGABE         │       - parallel -
│  100 Millisekunden   │
└─────────────────────┘


┌─────────────────────┐       mehrere Programme
│    VERARBEITUNG      │       - sequentiell verzahnt -
│   100 Nanosekunden   │
└─────────────────────┘


┌─────────────────────┐       mehrere Programme
│      AUSGABE         │       - parallel -
│  100 Millisekunden   │
└─────────────────────┘
```

Abb. 4.11: *Mehrprogrammbetrieb und die unterschiedlichen Zeitbedarfe*

Zur Verdeutlichung stehen die unterschiedlichen Zeitbedarfe der verschiedenen Aktionsarten ausgewiesen. Sie sollen auf ein Problem hinweisen, dessen Lösung zur verzahnten und zur simultanen Verarbeitung geführt hat.

Zur Behebung (Ausgleich) dieses Problems und damit zur besseren Nutzung vorhandener Kapazitäten bei unterschiedlichen Beanspruchungen wurden verschiedene Arbeitsweisen (-formen) entwickelt, die unter dem Begriff **simultane Verarbeitung** stehen. Sie wird genutzt, wenn mehrere Aufgaben gleichzeitig anfallen, oder das Datenvolumen eine gewisse Größenordnung erreicht. Simultane Datenverarbeitung wird in zwei Formen realisiert

- in Multiprogramming und
- in Multiprocessing.

Unter **Multiprogramming** wird die Arbeitsweise verstanden, in der die Zentraleinheit Arbeiten ausführt, während die peripheren Geräte über Kanalwerke unabhängig arbeiten. Es kann bereits durch Organisationen des Programmablaufs mittels Betriebssystem erreicht werden (rechen- und ein-/ausgabeintensive Programme bzw. deren Pufferung).

In neuerer Zeit gewinnt hier die virtuelle Speichertechnik an Bedeutung (siehe Abschnitt 6.2.2). Unter **Multiprocessing** wird die Arbeitsweise verstanden, wenn ein DV-System mindestens zwei miteinander verbundene Zentraleinheiten enthält. Normalerweise wird diese Form gewählt, um große Verarbeitungsprobleme verteilt bearbeiten zu können (die Leistungsfähigkeit einer Anlage ist überfordert), bzw. das Ausfallrisiko einer Anlage auszugleichen.

Anstoß zur Entwicklung der Betriebsart Multiprogramming (Mehrprogrammbetrieb) war das Problem der stark unterschiedlichen Arbeitsgeschwindigkeiten von Zentraleinheit und Peripherieeinheiten. Beim Einprogrammbetrieb wird immer nur ein Programm vom Prozessor verarbeitet. Werden Daten über ein Endgerät ein- oder ausgegeben, so steht während dieser Zeit die Zentraleinheit fast still; das bedeutet, die Zentraleinheit wird schlecht genutzt. Die Betriebsart Multiprogramming vermeidet diesen Nachteil, indem sie mehrere Programme "gleichzeitig" - sequentiell verzahnt - vom Prozessor bearbeiten läßt, wobei Voraussetzung ist, daß sich diese Programme im Zentralspeicher befinden und aktiv sind.

Zentraleinheit und Peripherie arbeiten weitgehend unabhängig voneinander. Der Datentransfer erfolgt über ein E/A-Werk (Kanalprinzip). Dadurch kann der Prozessor ein Programm bearbeiten, während z.B. über eine Ausgabeeinheit die Ergebnisse eines zweiten Programms gedruckt und über Eingabeeinheiten die Daten eines dritten und vierten Programms eingelesen werden (Abbildung 4.12).

Die Steuerung der Verarbeitung durch den Prozessor erfolgt über **Prioritäten**. Sobald mehrere Programme auf Weiterverarbeitung warten, wird das Programm aktiviert, das die höchste Priorität besitzt. Das Prioritätenprinzip hat den Vorteil, daß später hinzukommende "eilige" Programme auch mit Vorrang durch die Verarbeitung geschleust werden können (Abbildung 4.12). Die Prioritäten der Programme beziehen sich auf die Verarbeitungsreihenfolge durch den Prozessor. Der Prozessor verläßt ein Programm, wenn ein Programm höherer Priorität den Prozessor anfordert, oder in dem Programm, an welchem der Prozessor gerade arbeitet, eine Ein-/Ausgabeoperation begonnen wird.

Die Abbildung 4.12 macht die bessere Ausnutzung des Prozessors und damit der Zentraleinheit beim Multiprogramming deutlich. Datenverarbeitungssysteme, die mit der Betriebsart Multiprogramming arbeiten, benötigen zur Aufnahme mehrerer Programme einen großen Zentralspeicher und mehrere Ein-/Ausgabegeräte, die auch eine gleichzeitige Ein- bzw. Ausgabe von mehreren Programmen ermöglichen.

Der Einsatz der Datenfernverarbeitung führte zu der Betriebsart **Mehrprogrammbetrieb mit Zeitteilung** (engl.: time-sharing). Bei dieser Betriebsart wird jedem Benutzer die DV-Anlage anteilmäßig zur Verfügung gestellt (Abbildung

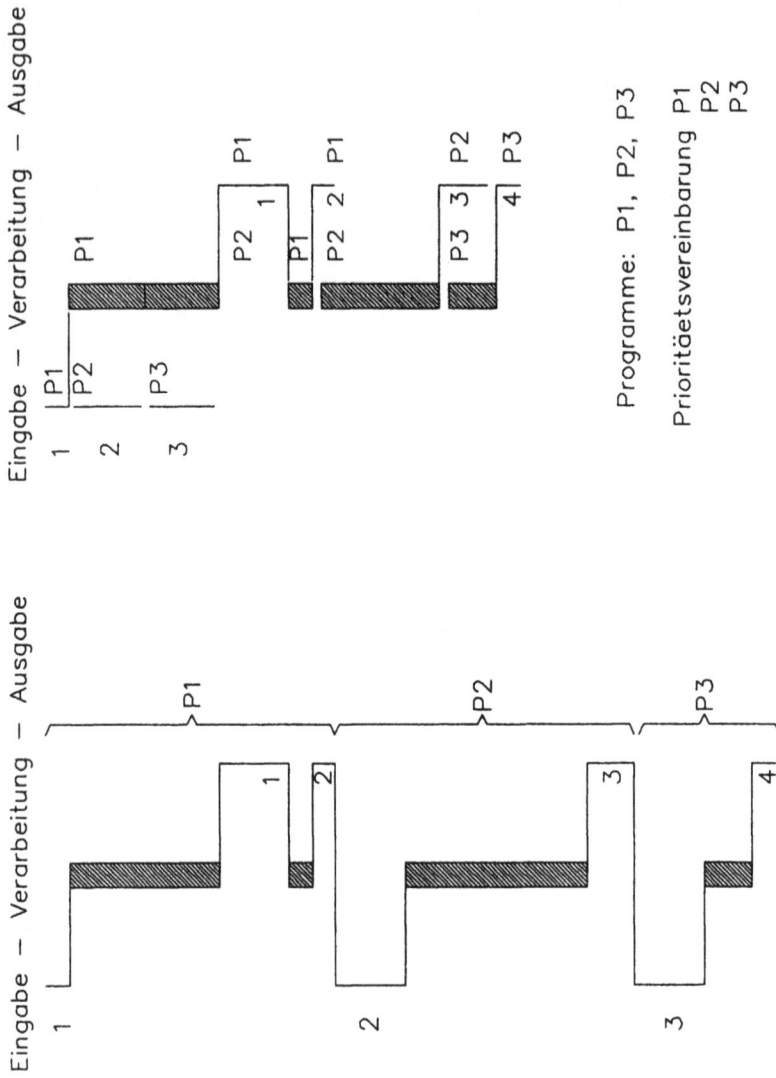

Eingabe – Verarbeitung – Ausgabe

Eingabe – Verarbeitung – Ausgabe

Programme: P1, P2, P3

Prioritaetsvereinbarung P1
P2
P3

Abb. 4.12: Gegenüberstellung der Betriebsarten Ein- und Mehrprogrammbetrieb

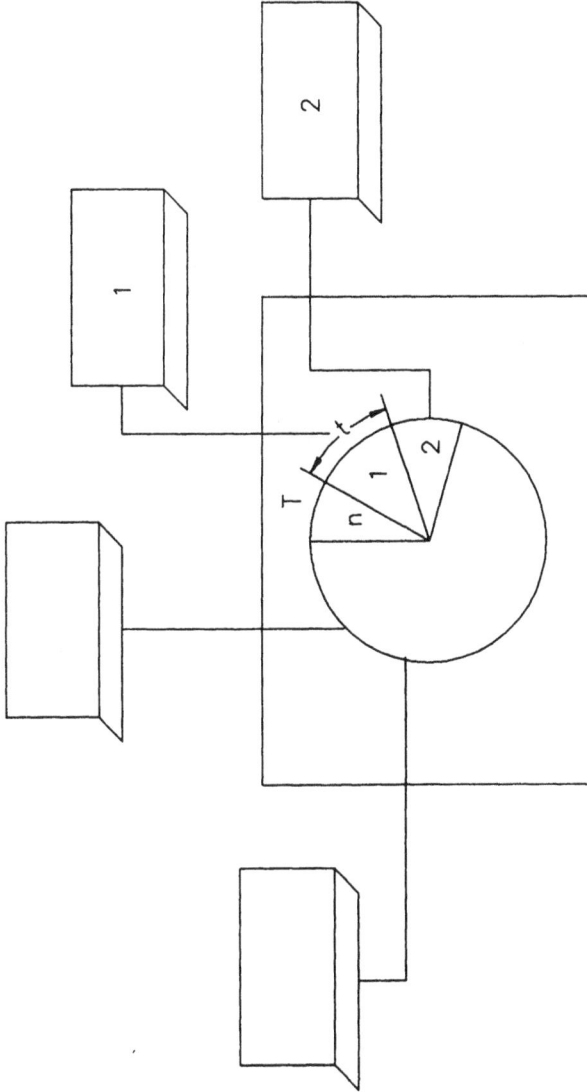

Abb. 4.13: *Das Prinzip des Time-sharings*

4.13). Die Benutzer können die unterschiedlichsten Aufgaben (Programme) unabhängig voneinander gleichzeitig bearbeiten. Programmerstellung, Testarbeiten, Datenänderungen, Programmausführungen etc. können über Datenstationen individuell - ohne Einschaltung des Bedienungspersonals des Rechners - durchgeführt werden. Erforderlich ist eine Datenendstation (Dialoggerät oder Stapelstation/Drucker und Leser), die über Datenfernübertragungseinrichtungen mit einer DV-Anlage verbunden ist.

Wesentliches Merkmal dieser Betriebsart ist die Zuordnung der Prozessorzeit mittels Zeitteilung an die einzelnen Benutzer. Die Zuordnung wird so geregelt, daß bei der Kommunikation keine unzumutbaren Wartezeiten entstehen. Dadurch hat der Benutzer den subjektiven Eindruck, die DV-Anlage arbeite ausschließlich für ihn.

Die Betriebsart Time-sharing arbeitet analog der Betriebsart Multiprogramming mit einem Steuer- und einem Rechenwerk (Einprozessorbetrieb). Der Unterschied zu Multiprogramming liegt in dem zeitlich geregelten Zuteilungsplan für die einzelnen Programme.

Bei Multiprogramming wird ein Programm solange bearbeitet, bis eine Ein- oder Ausgabe dieses Programm in den Wartezustand versetzt bzw. ein Programm mit höherer Priorität den Prozessor anfordert. Dieses Verfahren garantiert eine optimale Auslastung des Prozessors, es schließt aber nicht aus, daß durch ein rechenintensives Programm viele andere Benutzerprogramme u.U. extrem lange warten müssen.

Dieser Nachteil entfällt beim Time-sharing durch die Zuordnung von Zeitintervallen. Dieses Verfahren, auch Time-slicing genannt, teilt die Zeit des Prozessors anteilmäßig auf (Abbildung 4.13).

Grundzyklus   : $T = n * t$

Teilnehmerzahl   : n
Zeitsegment   : t

Ein zeitlicher Grundzyklus T wird in n-Zeitsegmente aufgeteilt, wenn n-Teilnehmerstationen angeschlossen sind. Dann gilt $T = n * t$.

In jedem Grundzyklus T wird jedes der n Programme vom Rechner einmal t-sek. lang bearbeitet.

Ist ein Programm während eines Zeitsegments t nicht vollständig verarbeitet, so wird es im folgenden Grundzyklus weiter bearbeitet.

Das Zeitscheibenverfahren unterbricht das jeweils aktive Programm nach Ablauf einer festen Zeitspanne (0.1 bis 1 Sekunde) und aktiviert das nächste. Das

Verfahren geht reihum, solange Programme vorhanden sind. Die Lücken der fertigen Programme werden durch nachfolgende Programme ersetzt. Für diese Betriebsart ist ebenfalls ein Zentralspeicher mit großer Speicherkapazität erforderlich.

Der Time-sharing Betrieb entspricht dem **Teilnehmersystem.** Charakteristisch dafür ist, daß mehrere Benutzer gleichzeitig und direkt (on-line) mit dem Computer verbunden sind und verschiedene Jobs "fahren" können. Damit verbunden ist der **Dialogbetrieb,** bei dem zur Abwicklung einer Aufgabe Wechsel zwischen Stellen von Teilaufgaben und Antworten darauf stattfindet (dynamisches Programmieren, dynamisches Testen, interaktives Programmieren etc.). Bei dieser Betriebsform kann auch gemischt, d.h. Stapelbetrieb und Dialogbetrieb, gefahren werden:

- Interaktive Verarbeitungswünsche haben erste Priorität; sie sind die sog. **Vordergrundprogramme,**
- Programme der Stapelverarbeitung sind dann die sog. **Hintergrundprogramme.** Sie kommen zur Ausführung, wenn keine interaktiven Programme vorliegen, oder diese die Rechnerkapazität nicht voll auslasten.

Eine besondere Variante zeichnet sich beim **Realzeitbetrieb** (engl.: real-time-processing, Abbildung 4.14) ab. Diese Betriebsart ist für den Prozeßbetrieb unerläßlich, da sowohl die Datenerfassung nach Anfall, wie auch notwendig gewordene Regelungen keinen Zeitaufschub zulassen. Gelegentlich wird diese Bezeichnung auch beim Teilnehmerbetrieb angewendet, wie nachfolgendes Beispiel dies darstellt. Das Grundkriterium ist dabei die ständige Betriebsbereitschaft. Nach DIN 44300 ist Realzeitbetrieb der Betrieb eines Rechnersystems, bei dem Programme zur Verarbeitung anfallender Daten ständig derart betriebsbereit sind, daß die Verarbeitungsergebnisse innerhalb einer vorgesehenen Zeitspanne verfügbar sind. Die Daten können je nach Anwendungsfall nach einer zeitlich zufälligen Verteilung oder zu vorbestimmten Zeitpunkten anfallen. Die Daten werden nicht als geschlossenes Paket, sondern unmittelbar nach ihrem Entstehen oder Eintreffen verarbeitet, da die Ergebnisse Grundlagen für sofortige Entscheidungen sind.

Die Forderungen an das Real-time-processing lauten daher:

- Anfragen über Dialogstationen müssen innerhalb weniger Sekunden beantwortet werden.
- Regelungsmaßnahmen bei Veränderung eines Arbeitsprozesses müssen in Millisekunden erfolgen, damit keine Konfliktsituationen entstehen.

DV-Anlagen für diese Betriebsart besitzen große schnelle Speicher und eine große Anzahl von Datenendstationen (Dialoggeräte oder Meßstellen), die i.d.R. über Datenfernübertragungseinrichtungen mit der DV-Anlage verbunden sind (Eine Vor-Ort-Lösung ohne Datenfernübertragung ist ebenfalls möglich.). Die Datenendstationen senden ihre Daten unabhängig voneinander an die DV-Anlage, die dann innerhalb einer vorgegebenen Antwortzeit das Ergebnis übermitteln.

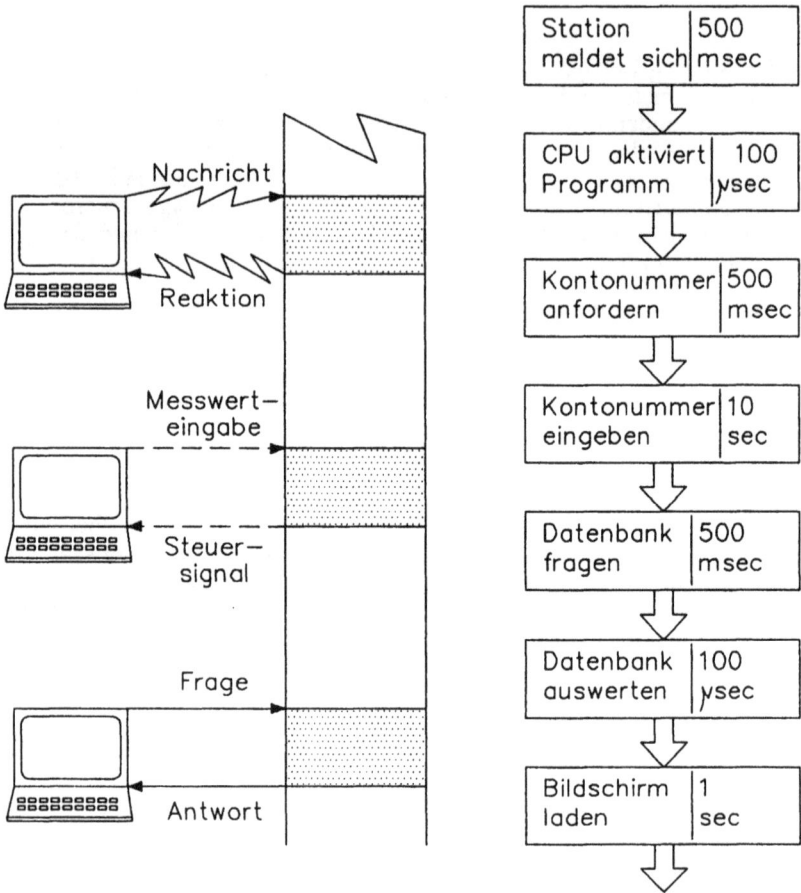

Abb. 4.14: *Real-time-processing*

4.3.2.3 Prozeßbetrieb

Unter **Prozeßbetrieb** (engl.: process control) ist die Überwachung, die Steuerung und/oder die Regelung physikalisch-technischer Prozesse durch fortlaufenden Datenaustausch zu verstehen. Der Computer empfängt über Meßgeräte die Prozeßdaten, diese sind sofort (zeitgerecht) aufzunehmen, mit anderen (steuernden) Daten zu vergleichen und in Abhängigkeit vom Resultat zu agieren (zu regeln).

Diese Betriebsart ist eine Unterform der **interaktiven** Verarbeitung, in der als "Auftraggeber" der physikalisch-technische Prozeß agiert.

4.3.2.4 Stapelbetrieb

Die **Stapelverarbeitung** (engl.: batch processing) ist dadurch gekennzeichnet, daß die Verarbeitungsaufgaben (Jobs) sequentiell eingelesen und in der Reihenfolge der Eingabe verarbeitet werden:

- der Computer ist erst nach völligem Aufarbeiten eines Programms für eine weitere Aufgabe verfügbar,
- die Vorlage der Jobs erfolgt bei lochkartenorientierten Anlagen in Kartenstapeln,
- der Monitor des Betriebssystems sorgt für einen reibungslosen Ablauf (ohne zeitliche Unterbrechung). Im Laufe der Zeit sind hier Betriebssysteme entwickelt worden, die eine allmähliche Umstellung auf den automatischen Ablauf ohne manuelle Eingriffe ermöglichen.

Nach DIN 44300 ist der Stapelbetrieb ein Betrieb eines Rechensystems, bei dem eine Aufgabe aus einer Menge von Aufgaben vollständig gestellt sein muß, bevor mit ihrer Abwicklung begonnen werden kann, d.h. es müssen das Programm und die zu verarbeitenden Daten zur Verfügung stehen und nach Start des Programms (der Verarbeitung) besteht keine Möglichkeit eines Eingriffs in die Verarbeitung von außen. Solche vollständig gestellten Aufgaben, die eine nach der anderen vollständig abgearbeiteten Aufgabe (Eingabe, Verarbeitung, Ausgabe) waren typisch für den Einprogrammbetrieb der ersten und zweiten Computergeneration. Die Verarbeitung vollständig gestellter Aufgaben, d.h. der Stapelbetrieb, tritt jedoch auch beim Mehrprogrammbetrieb auf, nur mit dem Unterschied, daß mehrere Programme nebeneinander bearbeitet werden.

4.3.2.5 Dialogbetrieb

Nach DIN 44300 ist der **Dialogbetrieb** (engl.: conversational mode) ein Betrieb eines Rechensystems, bei dem zur Abwicklung einer Aufgabe Wechsel zwischen dem Stellen von Teilaufgaben und dem Antworten darauf stattfinden können, d.h. nach Start des Programms (der Verarbeitung) besteht die Möglichkeit eines Eingriffs in die Verarbeitung von außen.

Der Mensch steuert den Fortgang der Verarbeitung entsprechend der Auswertung der Antworten (Das sind die Ergebnisse der Teilaufgaben.). Voraussetzung für die Dialogverarbeitung ist das Vorhandensein eines Dialoggerätes (oft Sichtgerät), das mit der Datenverarbeitungsanlage verbunden ist. Der Dialogbetrieb ist neben dem Stapelbetrieb typisch für den Mehrprogrammbetrieb der dritten Computergeneration.

Der Dialogbetrieb ist eine Unterart des **interaktiven Betriebes** (engl.: interactive processing), der auch den Prozeßbetrieb (technisch-physikalisch) vom menschlichen Benutzer (Dialog) abtrennt.

4.3.2.6 Einbenutzerbetrieb

Ist der Auftraggeber ein einzelner Benutzer (engl.: single user mode) - was gegenwärtig bei Mikrocomputern als Einplatzsystem der Fall ist - dann wird die Nutzungsform **Einbenutzerbetrieb** genannt.

Für diese Betriebsart gilt somit, daß von einem Benutzer bedient wird, mit einem Programm (single tasking) in der Echtzeitverarbeitung gearbeitet wird.

4.3.2.7 Teilhaberbetrieb

Der **Teilhaberbetrieb** (engl.: transaction mode) wird auch **Transaktionsbetrieb** genannt, weil der Benutzer mit Hilfe eines vorgegebenen Kommandovorrats (Transaktionscodes) vorgefertigte Anwendungsprogramme anstößt. Charakteristisch für diese Betriebsart ist, daß mehreren voneinander räumlich getrennten Benutzern die Möglichkeit eröffnet wird, gleichzeitig mit einem einzigen gemeinsamen zentral verwalteten Programm (Auskunftssysteme, Buchungssysteme, Datenbanken usw.) zu arbeiten (Abbildung 4.15).

4.3.2.8 Teilnehmerbetrieb

Beim **Teilnehmerbetrieb** (engl.: time sharing mode) können mehrere voneinander räumlich getrennte Benutzer gleichzeitig viele/beliebige eigene Programme unabhängig voneinander abwickeln (Abb. 4.16).

Daraus ergibt sich folgende Gegenüberstellung zwischen Teilhaber- und Teilnehmerbetrieb:

	TH	TN	
- viele Anwender	+	+	
- räumlich getrennt	+	+	
- gleichzeitig	+	+	(hintereinander, simultan)
- ein Programm	+	-	
- mehrere Programme	-	+	

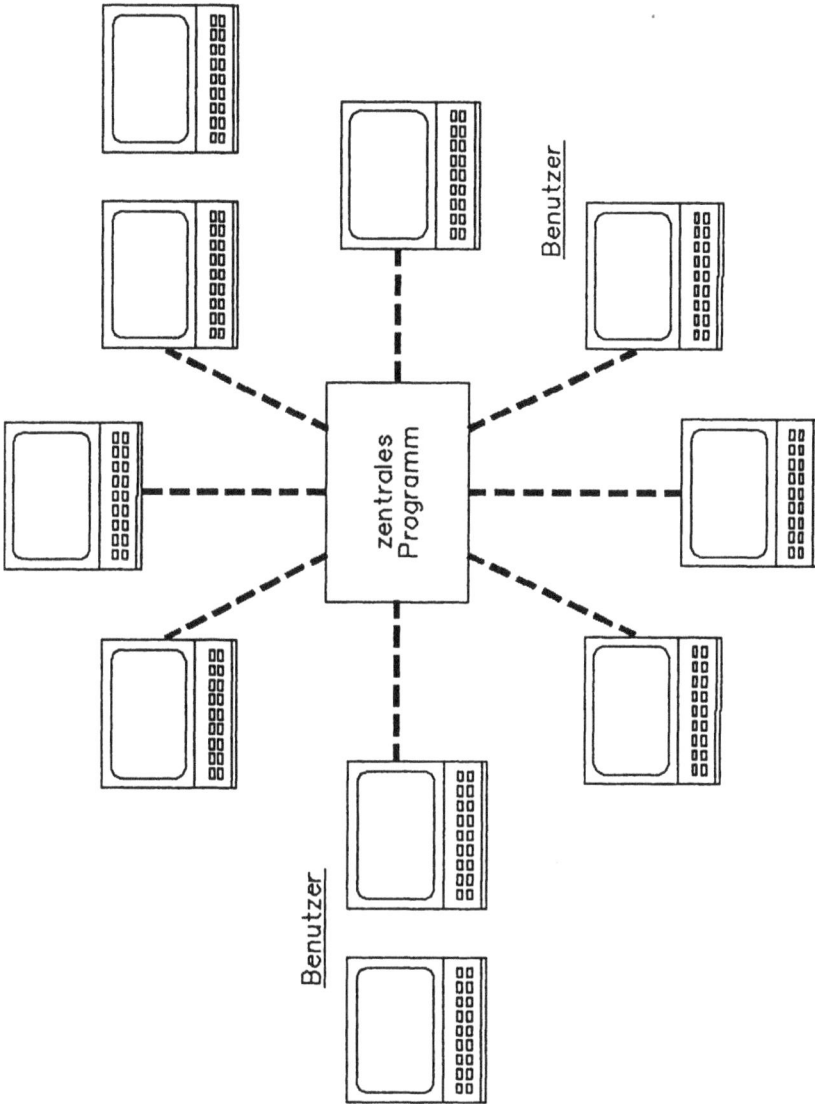

Abb. 4.15: *Teilhaberbetrieb*

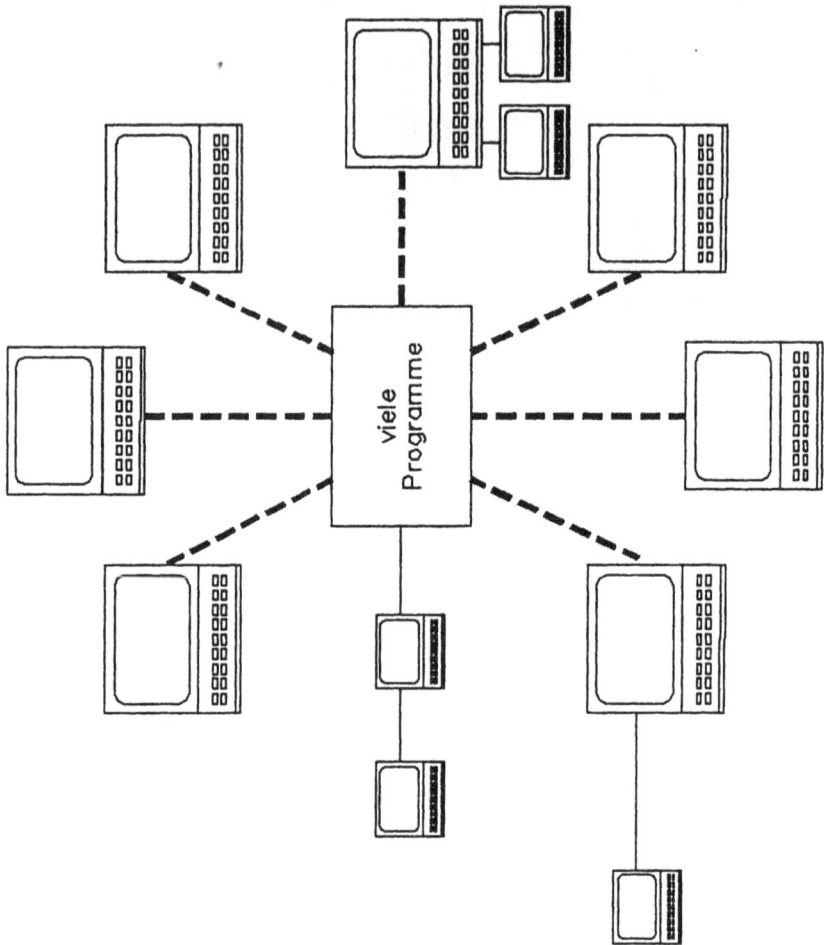

Abb. 4.16: *Teilnehmerbetrieb*

- Programm veränderbar -   +

Der Teilhaberbetrieb verdeutlicht bzw. drängt die Problematik vor, womit moderne Rechenanlagen fertig werden müssen. Dies ist die (optimale, bestmögliche) Nutzung vorhandener Kapazitäten, sowie die Überwindung räumlicher Entfernungen (Abschnitte 4.4.1).

4.3.2.9 Sonstige Ausprägungen

Die aufgezeigten Betriebsarten stellen eine Auswahl von Möglichkeiten dar, die je nach Betrachtungsweise oder Kombination weiter aufgefächert oder charakterisiert werden können. So führt z.B. eine Unterscheidung im Hinblick auf die echte Parallelverarbeitung zur 3er-Teilung möglicher Betriebsformen in

- Einprozessorbetrieb,
- Mehrprozessorbetrieb und
- Mehrrechnerbetrieb.

Ein **Einprozessorsystem** (engl.: single processor system) ist ein digitales Rechensystem, das über einen Zentralspeicher und einen Prozessor (Leit- und Rechenwerk) verfügt. Da der Prozessor zu einem Zeitpunkt immer nur an einem Programm arbeiten kann, ist beim Mehrprogrammbetrieb in einem Einprozessorsystem nur eine sequentiell verzahnte Verarbeitung der gestarteten Programme möglich.

Ein **Mehrprozessorsystem** (engl.: multiprocessor system) ist nach DIN 44300 ein digitales Rechensystem, bei dem ein Zentralspeicher ganz oder teilweise von zwei oder mehreren Prozessoren gemeinsam benutzt wird, wobei jeder über mindestens ein Rechenwerk und mindestens ein Leitwerk allein verfügt. Dadurch ist eine parallele Verarbeitung von zwei oder mehreren Programmen möglich (Jeder Prozessor arbeitet jeweils an einem Programm und bedient sich des gemeinsamen Zentralspeichers.).Kontinuierliche Arbeitsprozesse, bei denen eine Unterbrechung nicht gestattet ist, werden oft im Mehrprozessorbetrieb verarbeitet. Bei Ausfall eines Prozessors übernimmt der andere Prozessor unverzüglich die Arbeiten des ausgefallenen Prozessors.

Bei extremen Sicherheitsanforderungen können die Prozessoren die gleiche Aufgabe mit ständiger Ergebnisabstimmung bearbeiten.

Der Zusammenschluß mehrerer selbständiger Zentraleinheiten mit jeweils eigenem Betriebssystem wird als **Mehrrechnersystem** (engl.: multicomputer system) bezeichnet. Der Übergang von Multiprozessorsystemen im Mehrrechnersysteme ist fließend. Drei Arten werden unterschieden:

- Einem **Vorrechnersystem** mit einem Hauptrechner (Master Computer) und einem/mehreren Terminals (Slave Computer) liegt das Konzept der System-

Verteilung (System Distribution) zugrunde, d.h. die Verteilung der Computerkapazität in einem EDV-System.

- Ein **Doppelsystem** liegt vor, wenn ein Datenbestand (Datenbank) mehr als einer Zentraleinheit zum gleichzeitigen unabhängigen Zugriff zur Verfügung steht (Datenverbund - File sharing).

- Das **Duplex-/Satellitenrechnersystem** zeichnet sich dadurch aus, daß die Programme von einem Teil der zum Verbund zusammengeschlossenen Rechner erledigt werden (Funktions- bzw. Lastverbund).

Ein Mehrrechnersystem also ist nach DIN 44300 ein digitales Rechnersystem, bei dem eine gemeinsame Funktionseinheit zwei oder mehr Zentraleinheiten steuert, deren jede über mindestens einen Prozessor verfügt. Die steuernde Funktionseinheit kann ein Programm sein. Beim Mehrrechnersystem werden zwei oder mehrere selbständige Zentraleinheiten miteinander gekoppelt. Die Zentraleinheiten verfügen entweder über eine eigene Peripherie oder benutzen gemeinsam dieselbe Peripherie.

4.4 Rechnernetze

Die Vernetzung von Computern und Peripheriegeräten ist eine bereits jahrelang praktizierte Technik. In ihren ersten Anfängen war sie ausschließlich auf **homogene** Gerätekonfigurationen beschränkt, d.h. auf eine Maschinen-Umgebung, in der sämtliche Teilnehmer von ein und demselben Hersteller stammen. Ein größerer Nutzen ergibt sich für den Anwender, wenn seine Maschinen-Umgebung **inhomogen** ist, d.h. wenn er mit Geräten verschiedener Maschinen-Hersteller arbeiten kann. Durch die technischen Entwicklungen der letzten Jahre sind solche Vernetzungen verbreitet, in denen die verschiedenen Kommunikationsarten (Daten, Text, Bild) auch über heterogene Komponenten ausgetauscht werden. Somit ist der Weg geebnet für eine breite Vielfalt von Kombinationen, die je nach zu erfüllenden Funktionen, lokal, räumlich fern, mit Terminals, mit intelligenten Datenstationen, oder mit sog. multifunktionalen Arbeitsplatzgeräten universeller Nutzung betrieben werden können. Der Weg dorthin begann mit der Rechnerkopplung auf Großrechnerebene und mit der Anbindung (Ankopplung) von unintelligenten Terminals an diese Mainframes. Seitens der Mikrocomputer waren es die Mehrplatzsysteme. Diese letztere Entwicklung liegt zeitlich näher, sie prägt zur Zeit die DV-Landschaft in besonderem Maße. Somit ist der Übergang zu Rechnernetzen mit inzwischen durchschlagender Bedeutung hier anzusiedeln.

4.4.1 Rechnernetze und ihre Ausprägungen

Das Zusammenwirken mehrerer Computersysteme, die räumlich nah oder räumlich fern durch Datenübertragungseinrichtungen und -wege miteinander verbunden sind, werden als **Rechnernetze** (engl.: computer network) bezeichnet. Dabei wird der Begriff Computersystem weit gefaßt. Es können Computer, deren periphere Geräte und Steuereinheiten sein. In diesem Zusammenhang wird von der verteilten oder dezentralen Verarbeitung gesprochen. Datenstationen werden zunehmend intelligenter (mit Software versehen), um Vorverarbeitungsaufgaben (Prüfungen, Erfassungskontrollen, Plausibilitätskontrollen etc.) zu erledigen. Hierzu werden rechnerähnliche Datenstationen oder spezielle sog. Datenstationsrechner eingesetzt. Auch diese Rechner sind mit den Zentralrechnern gekoppelt. Hierfür hat sich der Begriff "**dezentrale Verarbeitung**" (engl.: distributed data processing) durchgesetzt. Der Übergang zwischen verteilter Verarbeitung und dezentraler Verarbeitung ist fließend.

Ziele solcher Verbindungen können verschieden sein. Sowohl die Gerätearten, wie auch die Benutzer bzw. deren Bedürfnisse bestimmen die Inhalte und damit die Variante des Rechnernetzes. Es stehen folgende Verbundarten zur Auswahl:

- **Lastverbund**: Er sorgt für eine gleichmäßige Verteilung der anfallenden Arbeiten und verhindert gleichzeitig das Auftreten von Lastspitzen und lokalen Engpässen. Von Lastverbund wird daher dann gesprochen, wenn aufwendige Probleme von überlasteten Rechnern automatisch auf schwach belastete Rechner übertragen werden können. Wird ein solcher Lastverbund durch das Netzbetriebssystem unterstützt, kann unter Umständen die Verarbeitungsleistung derart gesteigert werden, daß bei der Vernetzung von Mikrocomputern die Leistung von Großrechnern übertroffen wird.

- **Leistungsverbund**: Dieser gestattet eine gleichzeitige Bearbeitung von Vorgängen durch mehrere Prozessoren, die auch räumlich voneinander getrennt sein können. Diese Lösung ist vergleichbar mit einem Multiprozessorsystem, allerdings auf Netzwerkbasis. Dies gilt auch für den Intelligenzverbund von Rechnern. In diesem Fall werden spezialisierte Rechner miteinander verbunden. Die Prozesse werden entsprechend der Eignung der Rechner aufgeteilt, so daß jeder Rechner einen spezifischen Teilbetrag zur Lösung eines Problems beisteuert.

- **Datenverbund**: Hier greifen verschiedene Terminals und Rechner auf geographisch verteilte Datenbanken zu, wobei der physikalische Transport von Datenträgern durch einen Echtzeitbetrieb (online) ersetzt wird. Der Datenverbund gestattet somit jedem Netzteilnehmer an verschiedenen Orten den Zugriff auf Netzdatenbestände. In der Praxis bedeutet dies, daß die Daten, auf die ein direkter Zugriff erwünscht wird, nicht mehr an verschiedenen Orten gespeichert und aktualisiert werden müssen. Innerhalb des Netzes wird es möglich, auf zentrale oder dezentrale Datenbestände zuzugreifen.

- **Verfügbarkeitsverbund**: Er dient zur Realisierung einer hohen Betriebssicherheit. An Hand von verschiedenen Bereitstellungstechniken von Ersatzrechnern (cold- oder hotstandby, Ausweich-Rechenzentrum etc.) läßt sich eine hohe Verfügbarkeit erreichen, wenn ein ausgefallener Computer durch einen anderen ersetzt werden kann, so daß die Zuverlässigkeit des Gesamtsystems erhalten, oder sogar gesteigert wird.

- **Funktionsverbund:** Hier werden verschiedenartige Rechner für unterschiedliche Anwendungen über entsprechende Gateways an ein gemeinsames (Transport-) Netzwerk gekoppelt.

- **Peripherieverbund:** Zwei oder mehrere Rechner greifen auf nur einmal implementierte Peripheriegeräte zu, wie z.B. teure Plotter oder Laserdrucker. Durch die Möglichkeit, beliebige Peripheriegeräte des Netzes anzusprechen und zu nutzen, wird es möglich, spezialisierte Peripheriegeräte, wie z.B. schnelle Drucker oder Plattenlaufwerke, anzuschaffen, die im "Einfachzugriff" nicht ausgelastet wären. Diese Geräte können Aufgaben von weniger leistungsfähigen Geräten übernehmen, so daß möglicherweise Kosten eingespart werden können und das Netz leistungsfähiger wird.

- **Werkzeugverbund:** Das Ziel ist, die in einem Rechner speziell vorhandenen Entwicklungswerkzeuge wie Compiler und Programmgeneratoren auch anderen Rechnern zugänglich zu machen.

4.4.2 Von Mehrplatzsystemen zu Rechnernetzen

Die Schaffung eines von EDV-Anbietern stark propagierten Netzwerkes stellt eine Art Abschluß des Automatisierungsprozesses dar. Zur Auswahl stehen

- lokale Netzwerke (LAN),
- Mehrplatzsysteme und
- eine gemischte Form von lokalen Netzwerken sowie Mehrplatzsystemen, welche als Mehrplatzsysteme mit der Betriebsform Master-Slave bezeichnet werden, an.

Mehrplatzsysteme werden auch als Multi-User-, Mehrbenutzer-, Multiprogramming- oder Time-Sharing-Systeme bezeichnet. Charakteristisch für diese Gruppe von Computern ist, daß mehrere (in der Regel 4 - 16 mit wachsender Tendenz) Terminals quasi gleichzeitig mit dem eigentlichen Computer arbeiten können. Voraussetzung für eine solche Betriebsart sind Betriebssysteme, die multi-user-fähig sind. Das Betriebssystem hat in diesem Falle zusätzlich die Aufgabe, den Datentransfer mit der angeschlossenen Peripherie zu regeln, den angeschlossenen Terminals einen Arbeitsbereich im Arbeitsspeicher zuzuweisen und die Prozessorleistung den Terminalbenutzern scheibchenweise zuzuteilen. Der Vorteil solcher Systeme besteht darin, daß sie einen Mehrfachzugriff nicht nur auf die Peripheriegeräte, sondern auch auf den Prozessor gestatten. Dadurch werden die einzelnen Teile des Systems besser ausgenutzt als in Single-User-Systemen.

Der Grund, weshalb man Mikrocomputer, die ursprünglich als Einzelplatzsysteme konzipiert wurden, zu Mehrplatzsystemen ausbaut, liegt in der schlechten Ausnutzung des Leistungsvermögens heutiger Prozessoren in Einzelplatzsystemen. In Single-User Systemen mit nur einem Anwender werden die Leistungen dieser Prozessoren nur bei wenigen Anwendungen voll ausgenutzt, so daß Überlegungen nachgegangen wurde, wie die Prozessorleistung durch mehrere parallel ablaufende Vorgänge besser ausgenutzt werden könnten.

Als logische Konsequenz entstanden einmal die **Multi-Tasking**-Betriebssysteme, die es bei Einzelplatzsystemen ermöglichen, mehrere ablauffähige Programme oder voneinander unabhängige Programmteile (Tasks) quasi gleichzeitig ablaufen zu lassen, und zum anderen die Multi-User-Betriebssysteme, mit denen zusätzlich mehrere Netzteilnehmer durch einen zentralen Computer bedient werden können.

Der Hauptvorteil solcher Systeme besteht darin, daß sie einen Mehrfachzugriff nicht nur auf die Peripheriegeräte, sondern auch auf den Prozessor gestatten. Dadurch werden die einzelnen Teile des Systems besser ausgenutzt als in Single-User-Systemen, und es können Spezialperipheriegeräte angeschafft werden, die bei Einzelplatzsystemen hinsichtlich ihres Leistungsvermögens nicht ausgelastet werden würden. Auf diese Weise wird es möglich, neueste Technologie zu relativ günstigen Anschaffungspreisen im System auf die Netzteilnehmer zu verteilen und dadurch die Rationalisierungspotentiale der neuen Technologie im vollen Umfang zu nutzen.

Neben den Rationalisierungsvorteilen durch die Einsatzmöglichkeiten neuester Entwicklungen ergeben sich weitere Vorteile in der Datenverwaltung. Im Unterschied zu lokalen Netzwerken, in denen dem einzelnen Anwender nur ganze Dateien zur Bearbeitung zur Verfügung gestellt werden können, die dann für die anderen Netzteilnehmer gesperrt sind, können in einem Multi-User-System den Teilnehmern auch einzelne Datensätze zur Verfügung gestellt werden, ohne daß dann die ganze Datei für die anderen Teilnehmer gesperrt wird. Wichtig wird diese Fähigkeit, wenn gemeinsame Datenbanken genutzt werden sollen. Will bspw. ein Sachbearbeiter eine Adresse in einem lokalen Netzwerk ermitteln, muß er zunächst die ganze Adreßdatei in seinen Computer laden, bevor die Abfrage möglich wird. Bei einem Multi-User-System mit mehrplatzfähiger Datenbank kann er demgegenüber gezielt den gewünschten Datensatz erfragen, so daß die Übertragung der gesamten Datei entfällt.Die Möglichkeit, auf einzelne Datensätze zuzugreifen, ohne daß dadurch die gesamte Datei für andere Netzteilnehmer gesperrt wird, ist ferner die Voraussetzung für dialogorientierte Anwendungen, bei denen die Aktualität der Dateien im Vordergrund steht. Diese Fähigkeiten sind insbesonders dann gefragt, wenn mehrere Netzteilnehmer mit einer Datei arbeiten, deren Daten immer aktuell sein sollen. Ein typisches Beispiel in Klein- und Mittelbetrieben bilden die Lagerdateien. Hier können mehrere Personen im Lager damit beschäftigt sein, Dateien nach jedem Zugang und Abgang zu aktualisieren, damit ein Disponent, der im Verwaltungsgebäude sitzt, die fehlenden Artikel neu bestellen kann. Diese Aktualität der Daten kann in der Regel in einem lokalen Netzwerk nicht erreicht werden, da immer nur eine Person auf die Datei zugreifen kann.

Da Ausstattung und Form der einzelnen Systemangebote sehr stark variieren, können Mehrplatzsysteme nach verschiedenen Kriterien in verschiedenen

Gruppen eingeordnet werden. Ein wichtiges Kriterium sind die Anschaffungspreise. Diese unterliegen allerdings ständigen Änderungen, so daß sie jeweils nur für kurze Zeit gelten.

Multi-User-Systeme als Mehrplatzsysteme setzen sich in der Praxis trotz der niedrigen und fallenden Preise für Einplatzsysteme durch. Dabei treten verschiedene Betriebsarten in Erscheinung, die je nach Anwender unterschiedlich gewertet werden. Im einzelnen handelt es sich um:

- den Master-slave-Betrieb,
- den Time-sharing-Betrieb,
- die Einbindung in lokale Netze, sowie
- die Nutzung der Mikrocomputer als Terminal eines Mainframes (Abbildung 4.17).

Die Betriebsart "Master-Slave" bspw. mit MP/M-86 als Master- und mit CP/M-86 als Slave-Rechner eignet sich besonders für diejenigen Fälle, bei denen 8- und 16-Bit-Prozessoren verwendet werden sollen. Die Dateien können unter beiden Betriebssystemen erstellt und unter CP/M-86 gelesen werden, wenn gleichartige Aufzeichnungsformate und Diskettenlaufwerke benutzt werden. Im Falle der Kombination eines Concurrent DOS 286 Master-Rechners mit PC-DOS Slave-Rechner sind erweiterte Fehlerbehandlung, File-Organisation, Datenschutz und Zeitfunktionen gegeben, so auch eine Schnittstelle zum Netzwerk CP/M-NET, wodurch neben Batch- auch Real-time-Processing gleichzeitig betrieben werden können. Hinzu kommen verschiedene Nutzungsformen der Window-Technik.

Die verschiedenen Kombinationen verfolgen die Strategie, leistungsfähige Prozessoren, Arbeitsspeicher oder Massenspeicher, sowie Peripheriegeräte entsprechend den jeweiligen Bedürfnissen angepaßt, für viele Benutzer zugänglich zu machen. Anstelle multifunktionaler Stand-Alone-Systeme werden **multifunktionale Arbeitsplatzgeräte** mit universeller Nutzung den Vorrang haben. Dadurch kann eine mit dem Ziel abgestimmte Arbeitsteilung verfolgt werden, ohne dabei eine völlige Abhängigkeit - wie dies bspw. bei Mehrplatzsystemen der Fall ist - zu bewirken. Der Weg dazu heißt **Rechnernetz**. Es bestimmt zukünftig die meisten Anwendungen.

4.4.3 Aufbau eines Netzwerkes

Ein Netzwerk besteht im wesentlichen aus 4 Komponenten (Abschnitt 3.5). Diese sind:

- die Teilnehmerstationen,
- der Server (Netzbetriebssystem),
- der Netzwerkadapter und
- das Kommunikationsmedium.

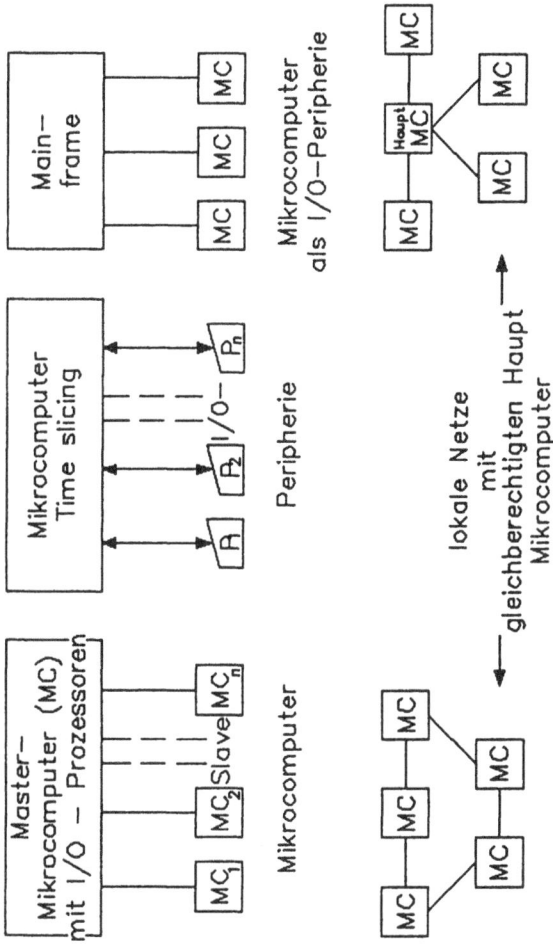

Abb. 4.17: *Betriebsarten von Mehrplatzsystemen*

Die **Teilnehmerstationen** bilden im Normalfall Mikrocomputer, welche bestimmte Eigenschaften mitbringen. Derjenige Mikrocomputer, der die Verwaltung der Informations- und Datenflüsse innerhalb des Netzes übernimmt, wird als "Master" bezeichnet, weil er den größten Teil des Netzbetriebssystems enthält. Je nachdem, wie groß der Arbeitsspeicher dieses Rechners ist, kann er weiterhin als Arbeitsstation mitbenutzt werden, oder er sorgt ausschließlich für die Zuordnung und Verwaltung innerhalb des Netzwerkes. Damit er seinen Aufgaben gerecht werden kann, erhält der Masterrechner eine Transporterkarte mit eigenem Prozessor und Betriebssystemerweiterung, welche einen Zugriff auf die angeschlossenen Peripherieeinheiten gestattet. Die anderen Rechner erhalten ebenfalls je eine Transporterkarte; diese dienen aber dem Zweck, an dem Netzwerkbetrieb mit teilnehmen zu können.

Das Betriebssystem des Netzes bilden die sog. **Server**. Bei den Servern handelt es sich um Programme, die den Zugriff auf die Peripherieeinheiten (Bedienstationen) gestatten. Jede Bedienstation wird von einem Server der Bedienstation (Master) verwaltet. Man unterscheidet zwischen dem File-, Print-, User Process-, Location-, Application-, Message- und Interconnect Server.

Der **File-Server** verwaltet alle Datei-Betriebsmittel in einem Netz, unabhängig davon, ob es sich um Dateien handelt, die auf Platten oder Disketten abgespeichert sind. Der File-Server transportiert Dateien zwischen den Bedienstationen und sorgt dafür, daß genügend Raum für die Abspeicherung der Daten geschaffen wird. Mit der Hilfe des **Printer-Servers** können die verschiedenen Drucker-Betriebsmittel innerhalb des Netzes angesprochen werden. Sofern im Netz vorhanden, können bei Bedarf wahlweise Matrixdrucker, Typenraddrucker oder Laserdrucker adressiert und genutzt werden. Der **User-Process-Server** oder Interaction-Server stellt die Benutzerschnittstelle zur Verfügung. Mit Hilfe dieses Servers können Dienst- und Anwenderprogramme aufgerufen und genutzt werden. Der **Location-Server** übernimmt zwei wichtige Funktionen in der Auswahl von Menüs (Connection) und in der Adressierung (Name). Über die "Connection Funktion" werden dem Benutzer die Menüs zur Verfügung gestellt, über die Dienstleistungs- und Anwenderprogramme aufgerufen werden können. Innerhalb dieser Funktion wird auch der Datenschutz verwirklicht, indem über Berechtigungslisten geprüft wird, ob die Dienste des Systems von einer bestimmten Benutzernummer in Anspruch genommen werden dürfen. Die zweite Funktion, die "Name-Funktion", ersetzt die physischen Adressen der Dienstleistungen im Netz oder vor Ort mit logischen, benutzerfreundlicheren Namen. Mit Hilfe der verschiedenen **Application-Server** werden die Geräte angesprochen, die notwendig sind, um Benutzeranwendungen abarbeiten zu können. Der **Message-Server** übernimmt das Sammeln, die Übertragung, die Ablieferung und die Quittierung der Nachrichten bzw. Informationen. In Zusammenarbeit mit dem Location Server und dem File Server stellt der Message-Server dem Benutzer ein volles Botschaftensystem zur Verfügung, mit dem alle Möglichkeiten eines z.B. Electronic Mail implementiert werden können. Für den Anschluß an fremde Netze sorgt der **Interconnect-Server** (Gateway). Die Aufgaben, die wahrgenommen werden, sind Aufdeckung und Behandlung von Zugriffskonflikten, das Schalten von Verbindungen und die Transformation von Hardware- und Softwareprotokollen.

Mit **Netzwerkadapter** wird die Verbindung zwischen der Arbeitsstation und dem Netz hergestellt. In der Regel stellen die Netzwerkadapter nach außen hin V.24 Schnittstellen zur Verfügung, über die der Rechner und Peripheriegeräte, die ebenfalls über eine synchrone oder asynchrone V.24 Schnittstelle verfügen, angeschlossen werden können. Werden andere Schnittstellen verwendet, müssen auch die Computer und Betriebsmittel mit der gleichen Schnittstelle nachgerüstet werden. Je nachdem, ob man über ein digitales oder analoges Netz verfügt, muß ein Modem zwischengeschaltet werden. Erfolgt der Netzanschluß über einen für diesen Zweck installierten Computer, bezeichnet man solche Rechner als Knotenrechner. Sie sind notwendig, wenn Protokolländerungen durchgeführt werden müssen. In einem heterogenen Netz kann in der Regel auf solche Rechner nicht verzichtet werden.

Der Zugang zu den Netzen erfolgt nach bestimmten **Netzwerk-Zugangsverfahren**. Bekannte Verfahren sind (siehe Abschnitt 3.5.3):

- Token-Passing,
- Slot-Verfahren,
- Register Insertion und
- Contention Control.

Als **Kommunikationsmedium** kommen 2- bzw. 4-Drahtleitungen, Koaxialkabel oder Lichtleiter in Frage. 2- oder 4-Drahtleitungen können für sog. Basisübertragungen verwendet werden, während letztere auch für Breitbandübertragungen verwendet werden können. Der Unterschied beruht auf den höheren Übertragungsraten und auf der Möglichkeit, mehrere Verbindungen innerhalb des Netzes gleichzeitig aufrecht zu erhalten.

4.4.4 Normungen in Rechnernetzen

Die Organisation von Rechnernetzen mit inhomogenen (heterogenen) Komponenten macht die Normung von

- Komponenten,
- Schnittstellen,
- Protokollen,
- Zugriffsverfahren und
- Diensten

notwendig. Besonders wichtig sind diese Fakten bei der Einrichtung von Arbeitsplätzen, wenn die Frage beantwortet werden muß, wie der Anwender seine künftigen Arbeiten gestaltet. Die Frage: "Einzelplatzkonzept oder Verbundkonzept" ist im Prinzip verkehrt gestellt. Der Trend geht zum Verbund, weil die Inanspruchnahme verschiedener Nutzungsarten (Last-, Verfügbarkeits- etc. Verbund) zeitlich bedingten und anwendungsfall-orientierten Kriterien unterliegt. Im Endergebnis kommt es darauf an, daß

- Mainframes untereinander,
- Mikrocomputer untereinander und
- Mikrocomputer mit Mainframes

verbunden, vernetzt werden können. Entsprechend dieser Varianten fallen die Normungen aus. Werden z.B. PC's vernetzt, so müssen sie mit Netzwerkkarten ausgestattet sein. Hinzu kommen die Verkabelung und evtl. der Frequenzumsetzer, oder auch sog. Transceiver, die den Anschluß an andere, fremde Netzwerke ermöglichen. Dann allerdings sind die Protokoll-Normungen zu beachten.

In den nachfolgenden Ausführungen wird das Schwergewicht auf die beiden letzten Arten, weniger auf den Verbund der Mainframes untereinander, gelegt. Der Grund ist, daß die Vernetzung von Mikrocomputern untereinander und zu eigenen und fremden Großrechnern die Zukunft der Rechnernetze sein dürfte. Denn Mikrocomputer dürften die universellen Terminals der Zukunft sein. Zumindest gilt diese Aussage aus Anwendersicht, wobei Mainframe-Verbund durchaus seine Bedeutung hat und seinen Platz behalten, ja ausbauen wird (Beispiel: Informations-Center).

4.4.5 Kommunikationsprotokolle

Um Daten zwischen unterschiedlichen Geräten auszutauschen, genügt es nicht, diese einfach mit einem Kabel miteinander zu verbinden. Die Geräte müssen sich auch "verstehen" können. Genau wie bei menschlicher Kommunikation gewisse Regeln eingehalten werden müssen, gelten bei der Verbindung der Geräte bestimmte Richtlinien. Es sind sog. Kommunikationsprotokolle zu beachten. Diese Kommunikationsprotokolle, kurz "Protokolle" genannt, sind Vereinbarungen, die festlegen, wie zwei Datenstationen eine Verbindung zwischen sich aufbauen, Daten austauschen und die Verbindung wieder abbauen. Innerhalb eines Datenübertragungssystems - einer Verbindung von zwei oder mehr Datenstationen - werden mehrere unterschiedliche Protokolle verwendet. Die International Standardization Organization (ISO), eine Organisation zur Festlegung internationaler Standards, hat ein einheitliches, herstellerunabhängiges Konzept zur Datenübertragung erarbeitet. Dieses Konzept, bekannt unter dem Namen ISO-OSI-Architekturmodell oder auch ISO-Referenzmodell (engl.: Open Systems Interconnection), beschreibt allgemeingültig ein Modell für die Kommunikation zwischen Datenstationen. Dieses Modell unterscheidet entsprechend den Funktionen, die innerhalb eines Datenübertragungssystems zu erfüllen sind, sieben verschiedene Ebenen bzw. Schichten. Hierbei bezeichnet man die unteren vier Schichten als Transportfunktionen oder als **Transportsystem**, die oberen drei als **Anwendersystem** (Abbildung 4.18).

OSI ist ein Sammelbegriff für eine öffentliche Standardisierung der allgemeinen Netzwerkprobleme. OSI beruht auf einer Schnittstellenkonzeption in 7 Ebenen. Diese Ebenen protokollieren den Übergang von der drahtgebundenen reinen Bitübertragung bis hinein in die Anwendungsprogramme.In der **Bitübertragungsschicht** (engl.: physical layer) wird die Art des Signalaustausches zwischen den Endsystemen beschrieben (z.B. Darstellung des 0- und 1-Zustandes eines Bits, Übertragungsrate in bit/sec). Die **Sicherungsschicht** (engl.: data link layer) sorgt für eine fehlerfreie Übertragung, z.B. durch Verwendung von Prüf-

ziffern. Die **Vermittlungsschicht** (engl.: network layer) baut Verbindungen auf
und ab, führt Fehlerbehandlungen durch und stellt so mit Hilfe der beiden
darunterliegenden Schichten einen fehlerfreien Übertragungskanal bereit.
Über die **Transportschicht** (engl.: transport layer) wird der Übertragungskanal
dem Anwendersystem zur Verfügung gestellt. Werden die Protokolle dieser
vier zum Transportsystem gehördenden Schichten eingehalten, so ist gewährleistet, daß der Empfänger im Anwendersystem die Daten fehlerfrei und in der
richtigen Reihenfolge erhält.

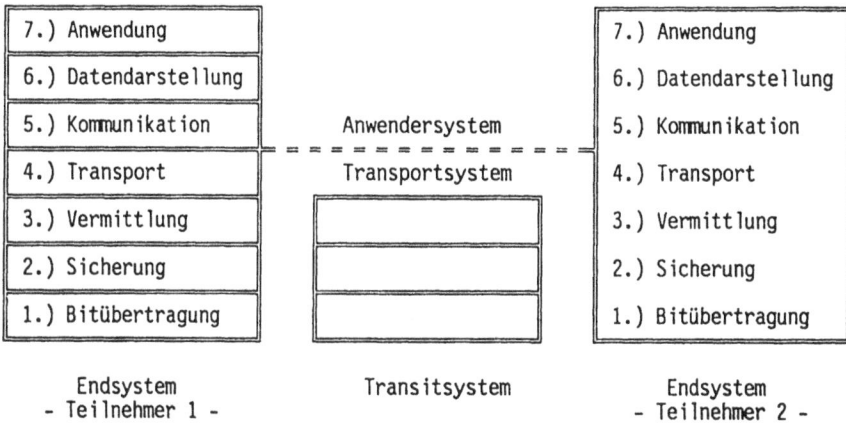

7.) Anwendung		7.) Anwendung
6.) Datendarstellung		6.) Datendarstellung
5.) Kommunikation	Anwendersystem	5.) Kommunikation
4.) Transport	Transportsystem	4.) Transport
3.) Vermittlung		3.) Vermittlung
2.) Sicherung		2.) Sicherung
1.) Bitübertragung		1.) Bitübertragung
Endsystem - Teilnehmer 1 -	Transitsystem	Endsystem - Teilnehmer 2 -

Abb. 4.18: *Das 7-Schichtenmodell von OSI*

Die **Kommunikations-, Datendarstellungs- und Anwendungsschichten** (engl.:
session, presentation, application layer) beschäftigen sich mit der Steuerung
der Kommunikation zwischen Prozessen (Kommunikationssteuerungs-Schicht),
der Bereitstellung, ggf. Transformierung und Formatierung der Daten (Daten-
darstellungs-Schicht) sowie der Interpretation und Bedeutung der Daten (An-
wendungs-Schicht). International genormte Protokolle für diese drei Schichten
des Anwendersystems sind insbesondere sinnvoll, die z.B. von Electronic-Mail-
Systemen genutzt werden.

Ein konkreter Fall für die Anwendung eines genormten Protokolls ist z.B. das
Datex-P-Netz. An dieses Netz können alle Datenstationen direkt angeschlossen
werden, die nach dem X.25-Protokoll arbeiten. X.25 ist ein Protokoll, das die
unteren drei Schichten des Transportsystems umfaßt. Sie heißen in diesem Fall
HDLC-Schicht (HDLC: High Level Data Link Control) und X.21-Schicht. Das
öffentliche Datex-P-Netz ist somit ein offenes System, das für beliebige Daten-
übertragungen genutzt werden kann.

4.4.6 Arten von Rechnernetzen

Rechnernetze lassen sich auf Grund der unterschiedlichen räumlichen Entfernungen der beteiligten Geräte zueinander in lokale und räumlich ferne Netze einteilen. Zur letzteren Gruppe gehört - wenn auch als Sonderfall - das öffentliche Netz Bildschirmtext.

4.4.6.1 Lokale Netze

Lokale Netze basieren auf dem von Xerox entwickelten ETHERNET-Konzept, das für Basisband-Netzwerke entwickelt worden ist. Parallel dazu wurde 1980 im Institut of Electrical and Electronic Engineers (IEEE) eine Projektgruppe zur Normung lokaler Netzwerke gegründet, die das ETHERNET-Konzept übernahm. Dieses ist eine Vereinbarung über die Festlegung der unteren zwei Schichten des ISO-Modells. Die Vereinbarung wurde durch die Firmen

- Digital Equipment (Minicomputer),
- Intel (Halbleiter) und
- Xerox (Büroequipment)

getroffen. Sie unterstützt damit das Entstehen homogener und inhomogener lokaler Netze, die ihrerseits der lokalen Datenverarbeitung (engl.: local processing) dienen. Diese liegt vor, wenn die Eingabe eines Benutzerauftrages und die Ausgabe der Resultate des Verarbeitungsprozesses in räumlicher Nähe der CPU liegen. Sie wird in homogenen und in heterogenen **lokalen Netzen** (engl.: local network) betrieben.

Homogene lokale Rechnernetze haben - trotz des starken Trends zu offenen, heterogenen Netzen weiterhin eine große Bedeutung. Insbesondere gilt diese Aussage für Multicomputer-Konfigurationen und für Subnetze im Rahmen übergeordneter Netze. Die ersten dieser Art wurden ausgelegt zwischen einem Mainframe und einer unterschiedlichen Anzahl von Terminals. Die Verbindung entsprach also dem Stern-Konzept (siehe Abschnitt 3.5.1), in dem der Mainframe steuernd gewirkt hat und die Terminals über Konzentratoren an festgemietete Stand- oder Wählleitungen angeschlossen waren. Die einzelnen Leitungen mündeten in einen Multiplexer; dieser war an den Rechner angeschlossen. Mit der Entwicklung verteilter Systeme boten Hersteller Rechner-Architekturen an, in denen ihre eigene Hard- und Software kompatibel war. Es entstanden ab Mitte der 70er Jahre homogene Netze

- für Terminals mit unterschiedlichen Anwendungen,
- zwischen Computern mit unterschiedlichen Anwendungsprogrammen,
- mit integrierten Vor- und Knotenrechnern usw.

Mit der Version 1 von **SNA (System Network Architecture)** begann IBM 1974 die Aera der Netzwerke für flächendeckende Anwendungen. Sie wurde 1976 mit der Version 3 auf mehrere Rechner erweitert, so daß Terminals mit Programmen in verschiedenen Computern in Verbindung treten konnten. SNA besteht aus vier Komponenten, und zwar aus

- SNA geeigneten Terminals,
- Frontend-Rechnern mit einem spezifischen Netzwerk-Steuerprogramm,
- gemeinsamen Zugriffsmethoden und
- gemeinsamen Leitungsprotokollen.

Besondere Bedeutung kommt dabei der Zugriffsmethode zu. Sie stellt die Schnittstelle zu den Anwendungsprogrammen und damit zur Anwendungsschicht des ISO-Modells dar (Abbildung 4.18). SNA verwendet VTAM (Virtual Telecommunications Access Method).

Siemens hat im Gegensatz zu SNA mit dem **TRANSDATA**-Netzwerk eine Architektur vorgelegt, in der keine Hierarchien bestehen. Dies wird durch Netzknotenrechner realisiert, die einen wahlfreien Zugriff auf beliebige Computer zulassen. Das Arbeiten setzt übergeordnete Steuereinheiten nicht voraus. Als gemeinsame Zugriffsmethode wird DCM (Data Communication Method) verwendet. Siemens verwendet die HDLC-Leitungsprotokolle und integriert den Zugang zu öffentlichen Netzen.

Weitere Netze dieser Kategorie sind u.a. **DECnet** von Digital Equipment Corporation mit einer großen Breite von Diensten, wie Task-to-Task-Übertragung, Punkt-zu-Punkt-Übertragung, Übertragung von Dateien, adaptive Wahl des Übertragungsweges, Down-line-System-Loading, Multipoint-Kommunikation etc., sowie **WangNet** oder **KOBUS** von Kontron für Mikrocomputer.

Heterogene lokale Rechnernetze ermöglichen die Kommunikation zwischen standardisierten Komponenten verschiedener Hersteller. Der daraus resultierende Vorteil für den Anwender ist, daß er den eigenen Bedürfnissen entsprechend Rechnersysteme und Datenendgeräte kombiniert, soweit sie normgerecht sind. Er wird hersteller-unabhängig, was die Geräte und die Transportmedien anbelangt. Besondere Bedeutung haben dabei das ALOHA-, das ETHERNET- und das NET/ONE-Netz errungen.

Das **ALOHA-Netz** ist zu Forschungszwecken aufgebaut worden. Es hat eine sternförmige Struktur und verfügt über Zugänge zu anderen Datennetzen wie ARPANET. Als Zentralcomputer fungiert ein HP 2100-Minicomputer und übermittelt die Daten einem Mainframe.

Die **ETHERNET-Spezifikationen** wurden von Digital Equipment, Intel und Xerox entwickelt. Sie beschreiben die Leistungen eines lokalen Netzes auf der physikalischen und auf der Datensicherungsebene unter Einbeziehung der ISO-Schichten für die Kommunikation in herstellerunabhängigen Netzen. Benutzt wird ein Koaxialkabel als gemeinsames Übertragungsmedium. Der Abstand zwischen zwei Endgeräten besteht bei 1,5 km. Er kann zwei sog. remote repeater, die durch ein 1 km langes Kabel verbunden werden, auf 2,5 km erhöht werden. Die Datenformate spezifizieren die Folge

- 6 Bytes für den Empfänger,
- 6 Bytes für den Sender,
- 2 Bytes für den Typ,
- zwischen 46 - 1500 Bytes für die zu sendenden Daten und
- 4 Bytes für Prüfbits.

Das **NET/ONE**-Netzwerk basiert auf den ETHERNET-Spezifikationen. Interessant ist es insbesondere durch seine Eigenschaft, eine Reihe von Kommunikationsaufgaben durch das Netz selbst zu erledigen. Dazu gehören die Wegefindung, die Fehlererkennung und die Reaktion auf erkannte Fehler. Um dies zu realisieren werden Knotenrechner eingesetzt (Mikroprozessor Z80A). Die Sende-Daten laufen von der Anwenderschnittstelle an den gemeinsamen RAM-Bereich. Jedem Prozessor ist ein Datenbus zugeordnet. Dadurch sind mehrere Daten- und Adreßleitungen erforderlich. Der Datenbus übergibt nach Prüfung des Zieles auf "frei" die Datenpakete über das Businterface an den 4 Byte großen FIFO-Puffer (first in - first out). Parallel dazu werden Ein- und Ausgabekommandos über den Bus gesandt und in einem gemeinsamen Register abgelegt. Im Zielrechner werden die Daten decodiert, vom Puffer übernommen, auf Integrität geprüft und den Netzwerk- bzw. Applikationscomputern zur Verfügung gestellt. Konfigurations-, Kommando-, Dateitransfer-, Protokolltransparenz- und Betriebssoftware runden das Paket ab. Außer diesen Standards hat der Anwender die Möglichkeit zur eigenen Softwareentwicklung auf Basis des Betriebssystems CP/M und der Programmiersprache C.

4.4.6.2 Digitale Nebenstellenanlagen

Private Nebenstellenanlagen existieren in jedem Haus, in jeder Organisation, sobald mehrere Telefonapparate miteinander kommunizieren und über eine gemeinsame Zentralnummer von außen her zugänglich sind. Das lokale Nachrichtennetz benötigt eine Vermittlungseinrichtung. Die Kommunikation läuft in Form der Sprache. Moderne Nebenstellenanlagen setzen Mikroprozessoren ein. Damit bieten sie die Möglichkeit, Daten-, Text- und Sprachkommunikation nebeneinander zu betreiben. In Anbetracht der Tatsache, daß hier auf ein umfassendes Netz zurückgegriffen werden kann, sind sie von hoher Bedeutung.

Solche Anlagen werden PBX (Private Branch Exchange) oder PABX (Private Automatic Branch Exchange) genannt, wobei:

- PBX sternförmig angelegt ist und als lokales Netzwerk den direkten Anschluß, d.h. ohne Modem, von digital Geräten ermöglicht,
- PABX mit Digitalübertragungen von 110 - 9600 bit/s bzw. 56k bit/s im Gespräch für professionelle Anwendungen zwar langsam, jedoch auch aufwandslos mit Sprache arbeiten.

Nachdem sich immer mehr busorientierte Netzwerke durchsetzen, ist die Konstruktion (Stern), sowie die Arbeitsgeschwindigkeit für große Netze nicht geeignet. Erwartet werden kann ihre Verbreitung in kleinen Installationen mit niedrigen Transferraten.

Eine Reihe verschiedener Produkte werden angeboten, so bspw. von Ericsson, Nixdorf, Siemens, SEL, TELENORMA, um einige zu nennen. Dabei erfüllen sie in unterschiedlichem Maße die ISDN-Standards (siehe Abschnitt 3.4.6).

Beispielhaft für die Leistungsbreite, gerätemäßige Ausstattung und Software in digitalen Nebenstellenanlagen wird nachfolgend das **HICOM**-System von Siemens skizziert. Es handelt sich dabei um eine Kommunikationsanlage, die über Schnittstellen zu den öffentlichen Fernmeldenetzen (bis zu 2.000 Amtsleitungen), zum lokalen ETHERNET-Netz (Bürosystem 5800) Verbindung aufnehmen und bis zu 20.000 Nebenstellen ausgebaut werden kann. Die angeschlossenen Endgeräte sind ISDN-fähig. Der Benutzer kommuniziert mit dem System bzw. mit anderen Teilnehmern über das Multi-Service-Telefon 3510. Es bietet dem Benutzer die Möglichkeit der Sprachkommunikation (Telefonieren), der Sprachinformation (Sprachaufzeichnung), der Textkommunikation und -bearbeitung, schließlich die Datenkommunikation. Im einzelnen handelt es sich um eine Vielzahl von Funktionen, so z.B. um die Funktion "Elektronische Post" mit Briefe versenden und empfangen; um die Funktion "Textbearbeitung" mit Erstellen von Dokumenten, Texte suchen, einfügen, löschen, ausdrucken, umkopieren usw. Das System übernimmt die Aufgaben der Vermittlung. Zu diesem Zweck sind die 3510 untereinander über Adapter mit dem Bürosystem 5800, mit verschiedenen multifunktionalen Terminals (Teletex, Telefax) und über die Zentrale mit dem Computer, sowie sonstigen Netzen zu verbinden (Abbildung 4.19). In bezug auf die Software wird das System durch das Betriebssystem T3510 mit Prozeß-, Ressourcen- und Zeitsteuerung, sowie durch verschiedene Programme zur Kommunikation (HDLC, Protokolle, File-System etc.) unterstützt. Die Software der Terminalserver 3510 umfaßt drei Einheiten, und zwar den Server mit SINIX, das Grundsystem zur Kommunikationshardware, sowie die einzelnen Dienste (Text, Teletex, Ladeservice etc.)

4.4.6.3 Verbindung mehrerer Netzwerke

Die Einrichtung lokaler Netzwerke widerspricht zunächst einem wichtigen Grundsatz der Kommunikation, wonach Informationen nicht ortsgebunden zur Verfügung stehen sollen. Da lokale Rechnernetze aufgrund ihrer Entstehung einen bestimmten Platz eingenommen haben, mußten Einrichtungen geschaffen werden, die einen Informationsaustausch über das lokale Netz hinaus zulassen. Solche Einrichtungen sind

- Bridges und
- Gateways.

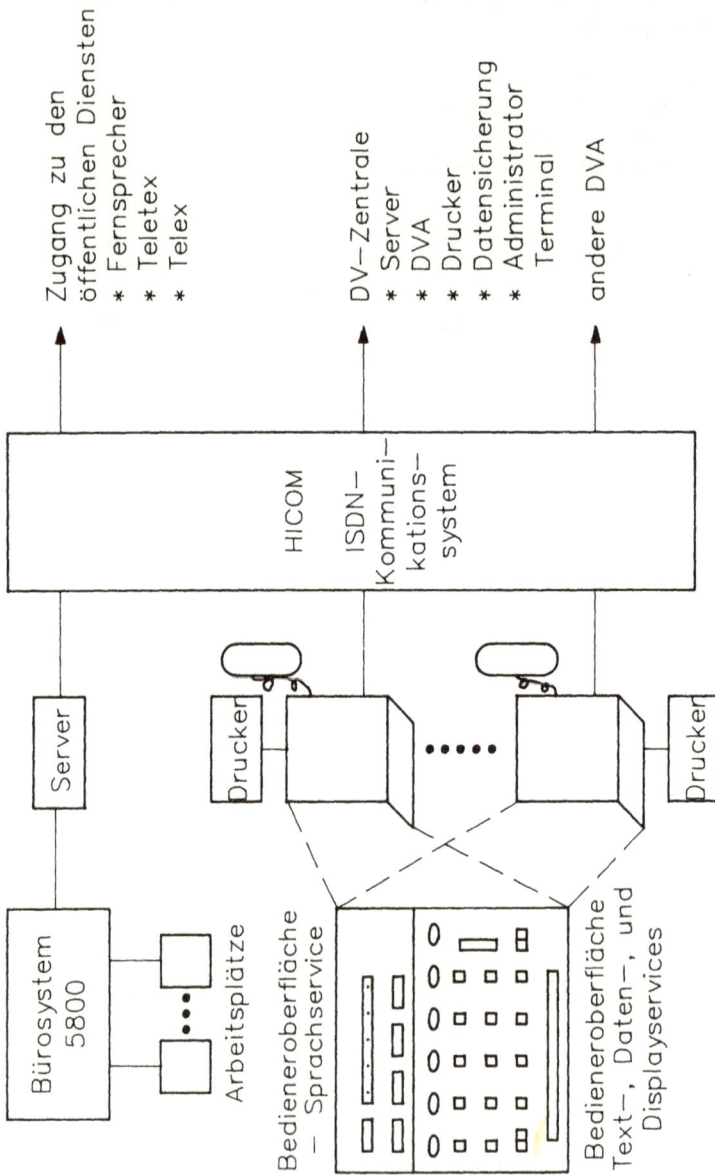

Abb. 4.19: *Grundschema des HICOM-Systems*

Ein **Gateway** ist ein Knoten, der die Verbindung zwischen mindestens zwei Netzen herstellt, also gleichzeitig an mindestens zwei Netzwerken angeschlossen ist. Dieser Knoten wirkt wie ein Kommunikationsrechner, er empfängt die Informationen und leitet sie an ein anderes, an das Zielnetz weiter. Es sind komplexe Geräte, die eine Vielzahl von Funktionen, so die Protokollwandlungen, Formatierungen, Anpassungen und Verwaltungen auf sich vereinigen. Hinzu kommt, daß - je nach Netzen - Umsetzungen auf verschiedene Codes, Übertragungsgeschwindigkeiten, Protokolle, Übertragungsmedien ablaufen müssen. Im einfachsten Falle arbeiten die zu verbindenden Netze mit unterschiedlichen Transportmedien und Zugangsmechanismen. Im Falle von Anwendungs-Umsetzungen müssen möglicherweise alle sieben Kommunikationsschichten, Übertragungsmedien, Datenformate, Zugangsmechanismen etc. umgesetzt werden. Nach Vereinheitlichung der Protokolle (Es sollen z.B. die Protokolle der Schichten 4 - 6 für Teletex, Telefax und Textfax in Kürze vereinheitlicht werden.) wird sich die Funktionsbreite einfacher gestalten.

Unter **Bridges** werden Anpassungsschaltungen verstanden, die die Kopplung einzelner gleichartiger lokaler Netze miteinander erlauben und somit eine Kommunikation zwischen den Teilnehmern verschiedener Netze gleicher Art ermöglichen. Mit Hilfe von Bridges wird die räumliche Ausdehnung, die die maximale Anzahl zugelassener Teilnehmer eines Netzes flexibel gestaltet, erweitert. Bridges bestehen aus zwei zueinander symetrisch aufgebauten Teilen. Jedes dieser Teile ist an eines der beiden zu verbindenden Netzwerke angeschlossen. Die beiden Bridge-Teile (Hälften) kommunizieren miteinander, jedoch ohne Protokolle (Identität), allerdings mit der Fähigkeit zur Adreßerkennung, damit jedes Datenpaket richtig adressiert an die Zieladresse geleitet wird.

4.4.6.4 Mikrocomputer im Verbund mit Mainframes

Die Benutzung von Mikrocomputern als Stand-alone-Rechner stößt in einigen Problemkreisen an gewisse Grenzen, die eine Verbindung zum Mainframe zweckvoll machen. Dies gilt in besonderem Maße in Unternehmen mit zentralen DV-Anlagen, aber auch in kleinen und mittelständigen Unternehmen bei spezifischen Anwendungen. So kann ein Verbund des Mikrocomputers mit einem Mainframe insbesondere

- zwecks Zugriff auf zentrale Datenbestände,
- zwecks Benutzung von auf dem Mainframe verfügbaren Applikationen,
- bei Benutzung verschiedener Ressourcen des Mainframes wie Speichermedien, schnelle Drucker,
- zur Kommunikation mit anderen Teilnehmern

und in ähnlichen Fällen angebracht sein. Die technischen Verbundmöglichkeiten sind - Abschnitte 4.4.6.1 - 4.4.6.3 - vielfältig. Die Erscheinungs- und Funktionsformen dagegen eingruppierbar. In diesem Zusammenhang wird auch von den sog. "Connectivity-Anwendungen" gesprochen. Die wichtigsten werden nachfolgend beschrieben und in Abbildung 4.20 dargestellt.

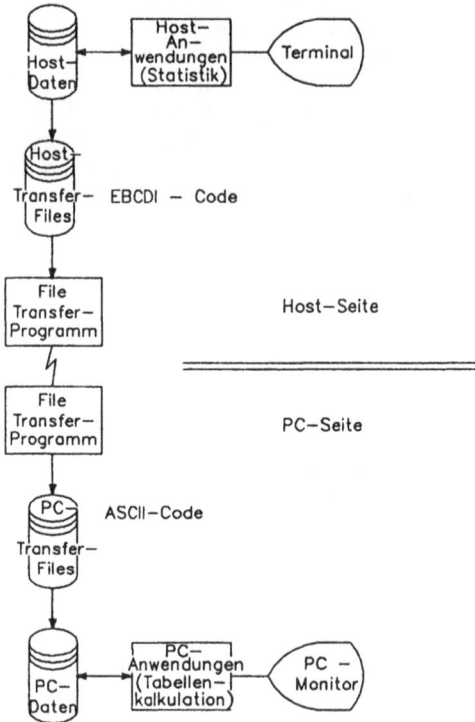

Abb. 4.20: *Grundschema der Connectivity-Anwendungen*

Mit der **Terminal-Emulation** wird eine einfache Kommunikationsart realisiert. So kann z.B. der Kommunikationsserver des HICOM-Systems (Abschnitt 4.4.6.3) 3270- und 9350-Emulationen vornehmen. Es handelt sich dabei um ein Programm, mit dem das Verhalten eines unintelligenten Terminals (3270 und 9350) auf dem Mikrocomputer nachgebildet wird. Daraufhin benutzt der Anwender den Mikrocomputer bspw. als Eingabestation. Die auf der Tastatur eingegebenen Zeichen gehen als Bildschirmänderungen an das Mainframe-Programm.

Eine wichtige Funktion betrifft den **Zugriff auf Hostfiles**, d.h. die Dateiübertragung (engl.: file transfer). Vorausgesetzt werden müssen File-Transfer-Systeme, die hostseitig angeordnete Daten (Datensatz, Datenfeld, tabellarische Anordnung etc.) PC-seitig (nicht strukturierte Zeichenketten, MS-DOS-Dateien) abgeben bzw. umgekehrt abnehmen. Mit anderen Worten, hier müssen bei bereits formatierten Files gemäß vordefinierten Host- und PC-seitigen File-Definitionen Datenumsetzungen vorgenommen werden.

Eine interessante Anwendung kann in der **automatischen Dialogabwicklung** bestehen. Hier sollen geführte Dialoge registriert und zu einem späteren Zeitpunkt abrufbar, wiederholbar sein, und zwar bspw. in der Weise, daß sie protokolliert werden. Solche Anwendungen können bei Lernprogrammen, bei Dialogen mit Auskunftssystemen etc. von Bedeutung sein. Im Wiederholungsfall bleibt das benutzte System (Lernprogramm, Auskunftssystem) unberührt.

Eine weitere Variante stellen **die virtuellen Services** dar. Sie betreffen Dienste des Host-Rechners, so in bezug auf die Möglichkeit, PC-Datenbestände auf dem Host abzuspreichern (disk service), oder die Ausgabe von Daten auf einem hostseitig installierten Drucker auszugeben (print service). Durch diese Leistungen kommt der PC-Benutzer zu Vorteilen, die gegenüber lokalen PC-Disks und -Drucker sehr bedeutungsvoll sein können. So kann der Benutzer sein Speichervolumen beliebig groß gestalten, unerlaubten Zugriff durch Vorkehrungen gewährleisten, die am Hostrechner implementiert sind; ebenso wird das Back-up der Files hostseitig erledigt. In diese Kategorie fallen die Zugriffsmöglichkeiten auf typische Host-Kommandos, bzw. Host-Programme.

Besondere Bedeutung ist in diesem Zusammenhang der **elektronischen Post- und Dokumentenservices** zu geben, die spezielle Datenorganisationen für Dokumente, Texte und Faksimilien unterstützen. Die Unterstützung erstreckt sich sowohl auf die Archivierung und Wiederfindung, wie auch auf die Formatierung. Die Gesamtheit dieser Unterstützungen wird vielfach als "message handling system" bezeichnet und insbesondere in Verbindung mit der Büroautomatisierung (-kommunikation) hervorgehoben.

5. Anwendungssoftware

Anwendungssoftware Software - Produktion	Begriffliche Abgrenzungen Entwicklungstendenzen
	Systemanalyse
	Systementwicklung - Programmierung - (Software-Produktion i.e.S.)
	Systemeinsatz - Software-Wartung -

5.1 Begriffliche Abgrenzungen

Unter Anwendungssoftware (engl.: application software) ist die Gesamtheit aller Anwendungsprogramme zur Lösung von Anwendungsaufgaben zu verstehen. Anwendungssoftware ist somit ein Sammelbegriff. Er dient dazu, Software, die vom Anwender zur Lösung seiner Probleme eingesetzt wird, von der Systemsoftware abzugrenzen. Letztere dient dem Betrieb eines Computers (Kapitel 4).

5.1.1 Software-Produktion

Die Erstellung von Software ist ein Produktionsvorgang. Sie ist vergleichbar mit der industriellen Produktion. Der Unterschied ist, daß die Software-Produktion auf die Herstellung von Computerprogrammen gerichtet ist. Das Produkt ist ein Computerprogramm, das zur Lösung einer Aufgabe dient.

Die Produktion ist ein Herstellungsvorgang. Er läßt sich in die Phasen der Analyse, Entwicklung und Einsatz untergliedern. Phaseneinteilung und -benennung sind im allgemeinen Sprachgebrauch, ebenso in der Literatur, unterschiedlich. Angebracht ist, nach der Einteilung in Abbildung 5.1 zu verfahren. Sie regelt eindeutig die Inhalte, die Funktionen, die Zuständigkeiten usw.

Software- Produktion	Entwicklung	Systemanalyse
		Systementwicklung Programmierung (Produktion i.e.S.)
	Wartung	Systemeinsatz Programmeinführung

Abb. 5.1: *Software-Produktion*

Die Produktion beginnt mit der Analyse und Aufbereitung des Problems (der Aufgabe) auf die Programmierung (Produktion i.e.S.) und schließt mit der laufenden Wartung, d.h. mit der aktualisierten Aufrechterhaltung der Betriebsbereitschaft der Programme ab. Die Aktionen vor der Programmierung werden unter dem Sammelbegriff **Systemanalyse** (engl.: system analysis) subsumiert.

Die Programmierung selbst, d.h. die Software-Produktion i.e.S. umfaßt Auswahl, Entwicklung, Programmierung und Test von vorgegebenen anwendungsbezogenen Aufgaben und Techniken. Die Arbeiten schließen auch die Dokumentation und die Überwachung der richtigen Funktionsweise des Anwendungsprogrammes ein. Die Programmierung wird - in Anbetracht der aufgezeigten Inhalte - häufig **Systementwicklung** (engl.: system development) genannt. Die Software-Produktion schließt mit Übergabe, Einführung und laufendem Einsatz des Anwendungsprogramms. Die Tätigkeiten schließen die Anpassung der Software an die veränderten Bedingungen, an die Software-Umgebung, ebenso die Pflege- und Wartungsarbeiten ein. Daher werden auch sie unter der Bezeichnung **Systemwartung** (engl.: system maintenance) subsummiert.

Die drei Phasen Analyse, Entwicklung und Einsatz bilden - auch programmtechnisch gesehen - eine Einheit. An ihrer Entstehung sind sie mit unterschiedlichem Umfang beteiligt. Wird der beanspruchte Zeitbedarf für die Produktion eines bestimmten Anwendungsprogramms auf 100 gesetzt, so ergeben sich im Durchschnitt folgende Anteile am Gesamtaufwand:

- Systemanalyse   40 %
  - davon Istaufnahme   5
     Sollanalyse   5
     Planung   5
     Entwicklung   20
     Programmvorgabe   5

- Systementwicklung	50 %	
- davon Analyse		5
Design		10
Codierung		10
Modultest		15
Implementierung		10
- Systemeinsatz	10 %	

Diese Aufteilung sagt über die absolute Größe, über den realen Zeitaufwand, nichts aus. Sie ist je nach Aufgabe, je nach verwandten Techniken und sonstigen Kriterien unterschiedlich groß. So kann sie einen Umfang von einigen Tagen bis zu mehreren Mannjahren einnehmen. Eine starke Abhängigkeit resultiert aus den Möglichkeiten, die der Produzent hard- und softwaremäßig einsetzt. So kann er z.B.

- auf organisatorische Hilfsmittel (Standards, Richtlinien),
- auf Verwaltungshilfen (Datenadministration, Data Dictionary),
- auf Software-Tools (Werkzeuge) usw.

zurückgreifen, die seine Arbeit erleichtern, beschleunigen, systematisieren oder Teile davon adaptieren, automatisch gestalten. Vor diesem Hintergrund gesehen ist die Frage nach der Beteiligung an der Produktion von großer Bedeutung. Einzelne Anwender neigen nämlich kaum oder nur selten dazu, eigene Programme, Standards, Vorschriften und Tools zu bilden. Eher gilt dies für Anwendergruppen, besser gesagt für professionelle Institutionen, wie Softwarehäuser und Computerhersteller. Ihre Beteiligung an der Software-Produktion ist in Abbildung 5.2 dargestellt.

Software - Kategorie	Software - Produzent		
	Computer-hersteller	Software-haus	Anwender
Systemsoftware - Betriebssystem - andere	 x x	 - x	 - -
Anwendungssoftware - Standard-Software - Branchen-Software - Individual-Software - PC-Software	 x x - -	 x x x x	 - - x x

Abb. 5.2: *Verteilung der Software-Produktion nach Produzenten*

5.1.2 Entwicklungstendenzen

Von einer Software-Produktion kann bereits seit Konrad Zuse (1946) gesprochen werden, wobei die ersten Standards sehr frühzeitig (1949) durch Francis Holberton und Fortesque Fingerhut mit Sort/Merge Routines und Programdebugging folgten. Die ersten weit verbreiteten Sprachen (Autocode) und Subroutines gehen auf Glennie, Wilkes, Wheeler bis 1955 zurück. So wäre die Reihe fortsetzbar: Fortran (1957), Algol (1960), Cobol (1960), APL (1965) usw.

Die Entwicklung geht eindeutig auf die verstärkte Benutzung von Programmierunterstützung in jeglicher Form zu. Daher besteht und wächst die Nachfrage nach Standardsoftware und nach Werkzeugen (Tools), die die Anwendersoftware-Produktion unterstützen. Hierbei gehen die Bestrebungen und die Erwartungen bis zur Programmierung in natürlichen Sprachen.

Statistiken weisen nach, daß die hohen Wachstumsraten auf dem Softwaremarkt durch kommerzielle, branchenorientierte und System-Programme bedingt sind. Ihr Umsatz hat sich in zehn Jahren versechsfacht. Starker Beliebtheit erfreuen sich Systemprogramme wie Betriebssystemerweiterungen, Sprachübersetzer, Software-Tools, Netzwerkprogramme, Datenbanksysteme u.a. Bei den Standardprogrammen dominieren Tabellenkalkulationen, Datenbanklösungen, Textverarbeitung und Grafikprogramme. Hier wird der Boom weiterhin bestehen. Entwicklungen wie MS-Window, dBase u.a. mit ständig verbesserter Benutzeroberfläche sind unerläßlich geworden. Die gleiche Aussage gilt für die Netzwerkprogramme, oder für Programme kommerzieller Art, wie Finanzbuchhaltung, Lohn und Gehalt etc. Die Integrierung gewisser, inzwischen als Standard geltender Makros aus der Anwendungssoftware in die Systemsoftware wird sich fortsetzen; ebenso die Kommando-Interpreter (Shells) als Werkzeuge der Softwareentwicklung. Es sind Schnittstellen an der Benutzeroberfläche zur Systemsoftware, über welche der Anwender Systemleistungen abruft (z.B. Maus- und Windowtechnik).

Weitere Schwerpunkte künftiger Entwicklungen werden die sog. **Expertensysteme** (eng.: expert system) bilden. Es sind Anwendungsprogramme, die fachspezifische Kenntnisse in einem Anwendungsfall (-bereich) zugänglich machen. Sie bestehen aus

- einer Wissensbasis des Experten auf einer Datenbank, sowie
- Problemlösungskomponenten (Inferenzkomponenten).

Wesentliche Eigenschaften sind neben der komfortablen Benutzeroberfläche, das Arbeiten mit nicht-deterministischen Aussagen und eine gewisse Lernfähigkeit.

5.2 Systemanalyse

Die Systemanalyse ist ein iterativer, rückgekoppelter und heuristischer Prozeß. Ihre Zielrichtung ist die Generierung, Gestaltung und Implementierung eines Systems oder einzelner Teile davon. Im zeitlichen Ablauf folgt sie einem 3-Phasenschema mit der Aktionsfolge

- der kognitiven Systemgenerierung,
- der konzeptionellen Systemgestaltung und
- der realen Systemimplementierung.

Die Systemanalyse beinhaltet somit sowohl die Vermittlung, wie auch die Beurteilung von theoretischen Erkenntnissen, ebenso die Heranziehung formaler und rechnergestützter Hilfsmittel zur Identifizierung, Formulierung und Lösung des Problems. Das Ergebnis ist das Anwenderprogramm, das je nach Umfang der Aufgabe ein einzelnes oder ein umfassendes Programmsystem sein kann. Die Aufgaben und die damit verbundenen Anforderungen an die Systemanalyse sind einerseits auf die Aufgabe, andererseits auf das Projekt ausgerichtet. So sind aufgabenorientierte, technologisch geprägte Anforderungen im Rahmen der **Systemanalyse** und projektbegleitende Anforderungen an das **Projekt(-System-)management** zu unterscheiden. Eine Auswahl der am häufigsten genannten Anforderungen gibt folgendes an:

- Durch gleichartige Informationsdarstellung und Dialogführung ist eine einheitliche Schnittstelle zwischen dem Benutzer und dem Computer einzuhalten, d.h. es ist eine benutzerunabhängige Schnittstelle zu realisieren.
- Die Unterstützung des Benutzers ist in den Bereichen des interaktiven Arbeitens, der lehrenden Benutzerführung, der kurzen Dialogzeiten u.ä.m. sicherzustellen. Hinweis: Künftige Entwicklungen - so bspw. in bezug auf die Gestaltung der Benutzeroberfläche - werden Veränderungen hervorrufen, bisherige Techniken überlagern.
- Das System soll nach zwei Seiten erweiterbar sein, und zwar bezüglich der Aufnahme und des Entfernens von Systemteilen, wie auch der Nutzung benutzerindividueller Werkzeuge.
- Das System muß hardwareunabhängig sein.

5.2.1 Der Abbildungsprozeß

Die Umsetzung realer Systeme oder Teile davon in Programme und Programmsysteme läuft über Projekte ab, wobei die Systemanalyse die Überführung des Problems über Projekte zum Anwenderprogramm systematisch begleitet. Die Abgrenzung eines Projektes zu anderen Projekten wird im Normalfall unter Zuhilfenahme der Techniken der **Systemtheorie** vorgenommen. Dabei wird das Projekt als ein Teil des realen Systems in Modellform angesehen, auf das die Kriterien und Eigenschaften des Systems anwendbar sind. Das Modell selbst ist eine abstrakte und vereinfachte Form zur Repräsentation von Teilen der Realität. Um die Abbildungsgenauigkeiten zu erhöhen und die Fehler einzuschränken, werden verschiedene Techniken und Methoden benutzt. Zwei Möglichkeiten sind denkbar, um die Umsetzung der Realität in ein Modell zu vollziehen:

- die Isomorphie (= Strukturgleichheit) und
- die Homomorphie (= Strukturähnlichkeit; Abbildung 5.3).

Im Falle der **Isomorphie** ist jedem Element und jeder Relation von S (System) eindeutig ein Element und eine Relation von M (Modell) zugeordnet. Die Zuordnung ist auch umgekehrt eindeutig. Einander zugeordnete Relationen enthalten nur einander zugeordnete Elemente. System und Modell haben die gleiche Struktur --- > (SiM) = (MiS).

Im Falle der **Homomorphie** ist jedem Element und jeder Relation von S eindeutig ein Element und eine Relation von M zugeordnet. Die Zuordnung ist nicht umgekehrt eindeutig. System und Modell haben nur eine ähnliche Struktur -- > (ShM) < > (MhS).

5.2.2 Ablauffolge in der Systemanalyse

Die Abbildung realer Systeme oder Teile davon in Modelle läuft in mehreren Schritten ab. Die Schrittfolge und deren Aktionen sind geordnet. Vielfach wird eine Unterteilung des Arbeitsprozesses vom Beginn der Aktionen bis zum vollständigen Abschluß der Arbeiten mit Einsatz des Anwendungssystems so vorgenommen, daß zwischen

- der SW-Erstellung mit den Phasen Analyse, Design, Umsetzung, Wartung und Qualitätssicherung bzw.
- dem SW-Management mit Planung, Leitung und Kontrolle

vorgenommen. Sinnvoller ist dagegen, die in Abbildung 5.4 aufgezeigten Arbeitsschritte anzuwenden, die innerhalb jeder Phase exakt abgegrenzte Aufgaben, Ziele und damit verbundene Aktionen aufweisen.

Ausgangspunkt für den Anstoß eines Projektes (**Initialisierung**) sind erkannte Problemstellungen aufgrund interner oder externer Anforderungen oder eines bestehenden Rahmenplanes.

Aufgabe dieser Initiierungsphase ist es, nach Analyse der bestehenden Situation und grundsätzlichen Betrachtungen die Unterlagen für einen Projektantrag zu erarbeiten. Sie ist somit der eigentlichen Systemanalyse vorangestellt. Als Ziel wird die Entscheidung des für Projektgenehmigungen zuständigen Gremiums angestrebt, das geplante Vorhaben als Projekt durchzuführen.

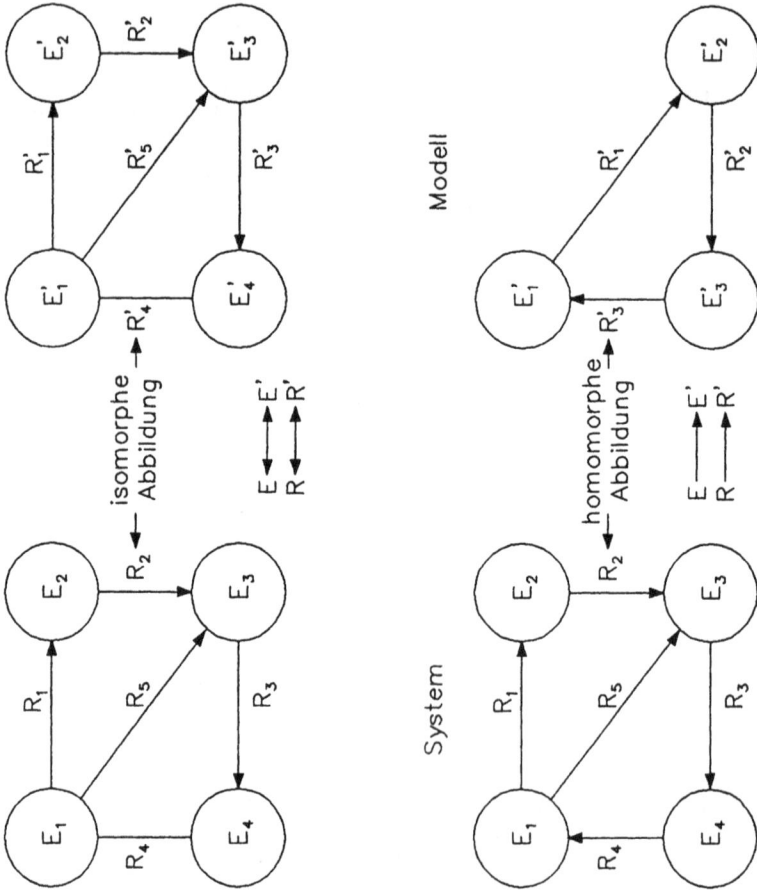

Abb. 5.3: *Strukturgleichheiten und -ähnlichkeiten*

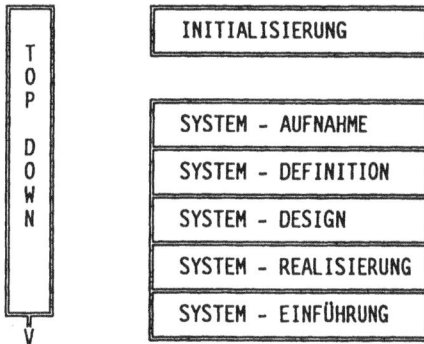

Abb. 5.4: *Arbeitsschritte in der Systemanalyse*

Aufgabe der Phase **Aufnahme** ist es, die Problemstellung abzugrenzen und Lösungsalternativen zu entwickeln, die den Forderungen nach technischer und betrieblicher Durchführbarkeit gerecht werden. Aufgrund von Wirtschaftlichkeitsbetrachtungen wird eine Rangfolge der alternativen Konzepte festgelegt, für die zur Realisierung bevorzugte Alternative ein Stufenplan erstellt. Als Ziel dieser Phase wird angestrebt, eine Entscheidung herbeizuführen, ob das Projekt weiterentwickelt und die nachfolgende Phase der Systemdefinition durchgeführt werden soll.

Aufbauend auf den mehr allgemeinen Erkenntnissen und Ergebnissen der System-Studie besteht die Aufgabe der Phase **Systemdefinition** in der Erstellung eines detaillierten Lösungskonzeptes, das Forderungen technischer, betrieblicher und wirtschaftlicher Durchführbarkeit erfüllt. Im erarbeiteten Organisationsmodell mit Funktionenstruktur, Funktions-, Schnittstellen- und Verfahrensbeschreibungen ist klar konzipiert, **WAS** in der Anwendung geschehen und realisiert werden soll. Am Ende der Phase fällt die Entscheidung, ob das Projekt weiterentwickelt und die nachfolgenden Phasen (Design, Realisierung, Einführung) durchgeführt werden sollen. Brachte die Systemdefinition die detaillierte Konzeption **WAS** das System beinhalten soll, so steht in der Phase **Systemdesign** die systemtechnische Realisierung und das **WIE** des Systemablaufs im Vordergrund. Die zentrale Aufgabe besteht in der konkreten Festlegung der künftigen Aufbau- und Ablauforganisation und im Sicherstellen der Funktionserfüllung auf organisatorischem und dv-technischem Gebiet. Mit dem Zusammenstellen der in verschiedenen Reviews überprüften Dokumente zu System- und Benutzer-Dokumentationen sowie Programmvorgaben werden die Voraussetzungen für die nachfolgenden Phasen der Realisierung und Systemeinführung geschaffen.

Basierend auf den Arbeiten der vorausgehenden Phasen bestehen die wesentlichen Aufgaben der Phase **Systemrealisierung** in der Erstellung und dem Testen der Programm-Module. Die Programmerstellung erfolgt in zwei Stufen, und zwar in der Festlegung der Modullogik und in der Codierung. Zu den verschiedenen Arten von Tests am Ende jeder Stufe (Schreibtisch-, Maschinentests) kommen entsprechende Reviews. In dieser Phase werden sämtliche Arbeiten für die System-Programm- und Benutzerdokumentation abgeschlossen und Unterlagen für die Arbeitsvorbereitung des Rechenzentrums erstellt.

Ziel der Phase ist die Erstellung eines Systems, das in sachlicher Hinsicht den Festlegungen der Systemdefinition entspricht und von Auftraggeber und Anwendern akzeptiert und angenommen wird.

Die Aufgabe der Phase **Systemeinführung** besteht darin, das fertige System in die laufende Produktion einzugliedern und den Anwendern nach entsprechender Schulung, Bedienungsanleitung und eventuellen organisatorischen Anpassungsmaßnahmen zur Benutzung zur Verfügung zu stellen. Die Auswirkung des neuen Systems auf die laufende Produktion wird erfaßt. Gegebenenfalls werden Maßnahmen zur Verbesserung des Systems ergriffen. Das Ziel der Phase ist der erfolgreiche Projektabschluß mit der Entlastung des Projektteams.

Die Umsetzung realer Systeme über Modelle in Anwendersysteme ist somit eine Schrittfolge, die von außen als eine Art koordinierende, führende, begleitende Tätigkeit anzusehen ist. Daher wird in diesem Zusammenhang vielfach vom sog. **Projektmanagement** gesprochen. Das Projektmanagement selbst ist nach DIN 69901 die Gesamtheit der Führungsaufgaben und des Führungsaufbaus sowie der Führungstechniken und Führungsmittel für die Planung und Durchführung eines Projektes. Die Kerntätigkeiten umfassen somit die

- Projektplanung, -steuerung und -kontrolle,
- Projekt-Entwicklungsunterstützung durch Beschaffung der benötigten Ressourcen und
- Festlegung der projektspezifischen Organisationsform.

Im Mittelpunkt des Projektmanagements stehen Fragen zur Beantwortung an, und zwar

- nach den verfügbaren Finanzen, Personal, Zeiten, ebenso
- nach den verfügbaren Methoden.

Fragen der Finanzen, Personal und Zeiten werden in der weiteren Folge ausgeklammert; dafür wird für die Methoden, Hilfsmittel, Werkzeuge ein breiter Rahmen vorgesehen.

5.2.3 Vorgehen in der Systemanalyse

Die Systemanalyse basiert auf der Annahme, daß die Erhebung und die Sammlung von Daten und Informationen aus dem zu analysierenden System genügt, um den Status des Gesamtsystems zu einem festgelegten Zeitpunkt angeben zu können. Die daran anschließende Zusammenfassung dieser Daten läßt dann die Beschreibung des Gesamtsystems zu. Mit Hilfe von Simulationen wird es ferner möglich sein, die Eigenarten von Gesamtsystemen nachzubilden. Dabei wird versucht, im Simulationsmodell insbesondere das Objektsystem mit seinen Funktionen und seinem Aufbau darzustellen und die in der Realität ablaufenden Vorgänge und Prozesse nachzuvollziehen. Soweit sich im Aufbau und in den Funktionen des Objektsystems das Zielsystem manifestiert, wird dieses Teilsystem auch im Modell berücksichtigt, in dem Funktionen und ihre Begrenzungen oder vorgeschriebene Reihenfolgen von nacheinander zu erfüllenden Funktionen nachgebildet werden. Die strategischen Ziele werden in der Durchführung eines Simulationsexperimentes berücksichtigt, so z.B. durch eine Veränderung des Modells oder seiner Input-Größen gegenüber dem ursprünglichen Modell und eine anschließende Untersuchung, wie sich der Grad der Zielerreichung dadurch verändert.

Wenn die Analyse eines Gesamtsystems Grundlage für eine anschließende Simulationsmodellbildung sein soll, wird sie sich vor allem mit dem Objektsystem beschäftigen müssen. In Abbildung 5.5 ist das vorgeschlagene Vorgehen bei der Zustandsanalyse aufgezeichnet. Ausgehend von der Gesamtfunktion werden Funktionen ermittelt. Die Funktionsträger werden im realen Objektsystem aufgesucht. Unter Berücksichtigung der übergeordneten Problemstellung werden Funktionsträger zu Subsystemen zusammengefaßt und damit gleichzeitig das Objektsystem von der Umwelt exakt abgegrenzt. Die Subsysteme sind gekennzeichnet durch ihre Eigenschaften, die zur Funktionserfüllung notwendig sind.

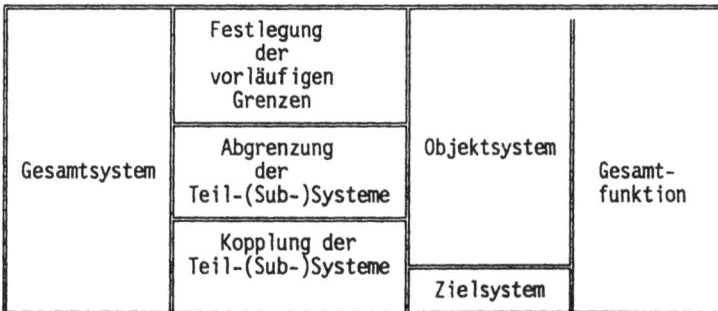

Abb. 5.5: *Analyse des Gesamtsystems*

5.2.3.1 Analysestrategie

Die Analyse des Gesamtsystems zerfällt in die Analyse der

- Systemzustände mit deren Inhalten und Strukturen, sowie
- Systemänderungen mit Zustandsnachweis zu verschiedenen Zeitpunkten.

Aus der Problemstellung lassen sich Kriterien ableiten, die zusammen mit aus Merkmalen des Gesamtsystems ermittelten Kriterien Anhaltspunkte dafür liefern, wie das Gesamtsystem in Subsysteme und Elemente zu unterteilen ist und wie die für die Aufgabenstellung wesentlichen Eigenschaften, Funktionen und Beziehungen erfaßt werden können. Dadurch wird die Datenerhebung von Anfang an auf für die Problemlösung wesentliche Daten sowohl in bezug auf die Breite (Vielfalt) als auch auf die Tiefe (Genauigkeit) der Daten beschränkt werden. Die dabei verfolgte Strategie ist darauf ausgerichtet, Kriterien zu finden und damit Anhaltspunkte zu gewinnen, wie das Gesamtsystem abgegrenzt, in Subsysteme und Elemente unterteilt, Eigenschaften, Funktionen und Beziehungen definiert und ihre Änderungen registriert werden können (Abbildung 5.6).

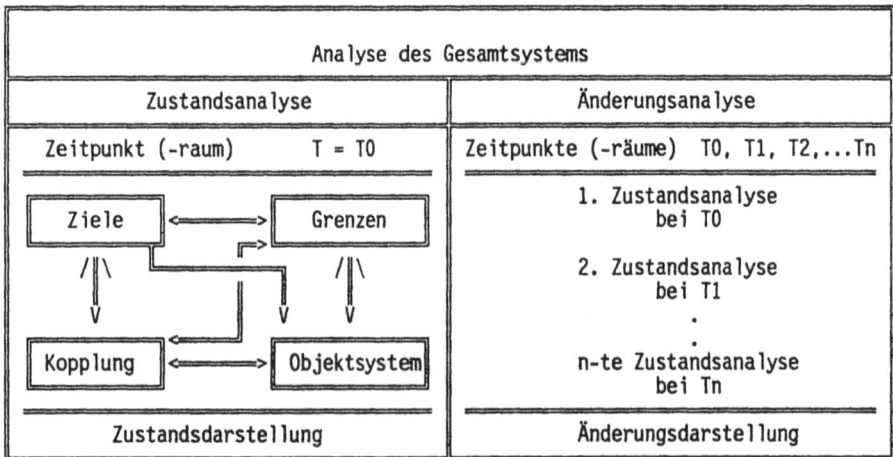

Analyse des Gesamtsystems	
Zustandsanalyse	Änderungsanalyse
Zeitpunkt (-raum) T = T0	Zeitpunkte (-räume) T0, T1, T2,...Tn
Ziele ⟷ Grenzen Kopplung ⟷ Objektsystem	1. Zustandsanalyse bei T0 2. Zustandsanalyse bei T1 . . n-te Zustandsanalyse bei Tn
Zustandsdarstellung	Änderungsdarstellung

Abb. 5.6: *Schematischer Zusammenhang zwischen Zustands- und Änderungsanalyse*

Die Zustandsanalyse zerfällt in Inhalts- und Strukturanalyse, wobei

- die Inhaltsanalyse auf die Festlegung des Ziel-(Objekt-)Systems bzw. deren Inhalte durch Definition der Menge der Subsysteme, ihrer Funktionen und Eigenschaften;
- die Strukturanalyse auf die Definition der Beziehungen der Subsysteme untereinander und zur Umwelt gerichtet ist.

Die Gesamtfunktion von Realsystemen kann in eine Menge von verschiedenen Unterfunktionen zerlegt werden, die durch ihr Zusammenwirken die Gesamtfunktion ergeben. Im Falle eines Transportsystems bspw. besteht die Gesamtfunktion in der Bereitstellung und in der Durchführung des Transportes von Gütern über definierte Räume. Zu dieser Gesamtfunktion tragen neben anderen die Funktionen bei, das Gut in angemessener Weise zu transportieren, die Sicherheit beim Transport zu gewährleisten usw. Die Koordination der verschiedenen Funktionen wird durch Anweisungen des Zielsystems so geregelt, daß die Gesamtfunktion erfüllt werden kann. Informationen dienen dazu, bei materiellen Objekten bestimmte Funktionen auszulösen, die als Steuerung des Gesamtsystems auf ein bestimmtes Ziel hin zu interpretieren sind. Sieht man das Zielsystem als eine Menge in bestimmter Weise geordneter Informationen an, so kann daher geschlossen werden, daß das Zielsystem selber keine Funktionen im genannten Sinn ausführen kann. Der umgangssprachliche Gebrauch des Begriffs "Funktion" verleitet in diesem Zusammenhang zu Fehldeutungen, da doch das Zielsystem scheinbar die Funktion haben soll, das Gesamtsystem zu führen und Anweisungen für das Objektsystem vorzugeben. Es wird dabei aber vergessen, daß Führung eine Funktion ist, die von einem Teil des Objektsystems wahrgenommen wird. Ein Unternehmen wird z.B. nicht von einem Schriftstück geführt, das die Unternehmensziele und das abgeleitete Zielsystem enthält, sondern von Personen, die entsprechende Anweisungen geben und die Ausführung kontrollieren. Allerdings wird dieses Schriftstück vom Management erarbeitet. Es enthält die Richtlinien, nach denen das Management und das übrige Objektsystem seine Funktionen ausführen. Das Zielsystem selbst zeigt aber keine eigenen Verhaltensweisen.

5.2.3.2 Arbeiten mit der Beziehungsmatrix

Zur systematischen Analyse der Beziehungen zwischen Subsystemen eignet sich besonders die Darstellung des Objektsystems (Beispiel in Abbildung 5.7) in der Form einer quadratischen **Beziehungsmatrix**. Die abgegrenzten Subsysteme werden in den Zeilen und Spalten in beliebiger, jedoch jeweils gleicher Reihenfolge eingetragen (Abbildung 5.8). Innerhalb der Matrix symbolisiert jedes Element die Möglichkeit, daß zwischen den beiden das Element definierenden Subsystemen a und b eine unmittelbare, gerichtete Beziehung B (a, b) von a nach b bestehen kann. Eine solche Beziehung liegt dann vor, wenn Eigenschaftsänderungen eines Subsystems a Eigenschaftsänderungen des Subsystems b hervorrufen, ohne daß ein drittes Subsystem c notwendigerweise davon betroffen ist. Für aktive Beziehungen bedarf diese Definition keiner weiteren Erläuterung. Inaktive Beziehungen werden untersucht, wenn sie für die Problemstellung wesentlich sind. In diesem Fall kann ebenfalls die Beziehungsmatrix verwendet werden. Die möglichen Beziehungen sind zu analysieren durch eine systematische, paarweise Untersuchung der jeweiligen Subsysteme. Vorausgesetzt wird, daß

- die Zahl der Subsysteme während der Beobachtung bekannt und konstant ist,
- Inputs und Outputs beobachtbar sind,
- alle in der Realität zwischen zwei Subsystemen unmittelbar existierenden Beziehungen einer Richtung in der Matrix zu einer Beziehung zusammengefaßt werden,
- die aktiven Beziehungen gerichtete Output- oder Input-Beziehungen sind (Sie gehen von einem Subsystem als Output aus und münden in ein anderes als Input; entsprechendes gilt für die Umwelt.),
- ein Subsystem keine Beziehung unmittelbar zu sich selbst haben kann,
- ein Subsystem Beziehungen zu mehreren anderen haben kann, d.h. mehrere Inputs können in ein Subsystem münden (Bündelung) und mehrere Outputs können von einem Subsystem ausgehen (Verzweigung),
- ein Subsystem nur eine Input- und nur eine Output-Beziehung zur Umwelt haben kann,
- Subsysteme, die während des Beobachtungszeitraumes keinerlei Beziehungen aufweisen, während eines anderen Zeitraumes sehr wohl Beziehungen zu anderen haben können.

Insgesamt gesehen und übertragen auf ein Subsystem bedeuten diese Charakterisierungen, daß sich Subsysteme zu anderen Subsystemen und zum System als Subsystem-Umwelt ebenso verhalten, wie Systeme zu anderen Systemen und zu deren Umwelt. So gesehen gilt der in Abbildung 5.9 aufgezeigte Zusammenhang sowohl für Systeme wie Subsysteme.

Die 0,1-Beziehungsmatrix enthält vereinfachte Aussagen über die formale Beziehungsstruktur. Die vermeintliche Schwäche dieses Ansatzes ist aber gleichzeitig eine seiner Stärken. Als **aktive Beziehung** wird nicht nur eine Input-Output-Beziehung in der Form eines offensichtlichen Flusses angenommen, sondern ganz allgemein jede Form der gerichteten Beziehung zweier Subsysteme. Wenn genügend scharf definiert wird, welche Arten von Einflüssen zu untersuchen sind, kann der Ansatz für jede Art sinnvoll verwendet werden, um Einfluß-Strukturen aufzudecken.

Die Beziehungsmatrix wird ergänzt durch eine Zeile und eine Spalte für Umwelt-Input und Umwelt-Output und für den zur Auswertung benötigten Zeilen bzw. Spalten Input (außer Umwelt) und Input bzw. Output (außer Umwelt) und Output. Nach der Methode der paarweisen Analyse wird vom jeweiligen Subsystem am Kopf der Zeile ausgehend untersucht, ob unmittelbar zu den anderen Subsystemen dieser Zeile oder der Umwelt Beziehungen bestehen (Ja-Nein-Entscheidung). Die Beziehungsmatrix wird Element für Element mit den Ziffern 0 und 1 ausgefüllt (0, 1 - Beziehungsmatrix $M_{0,1}$). Es bedeutet:

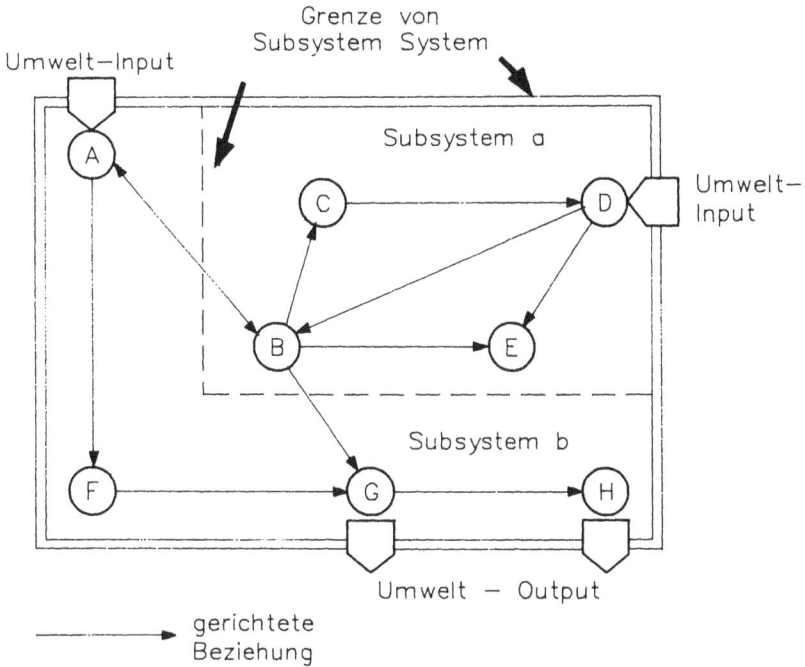

Abb. 5.7: *Systemdarstellung*

	A	B	C	D	E	F	G	H	Ou	Oau	O	
A	0	1	0	0	0	1	0	0	-	2	2	
B	1	0	1	0	1	0	1	0	-	4	4	
C	0	0	0	1	0	0	0	0	-	1	1	
D	0	1	0	0	1	0	0	0	-	2	2	
E	0	0	0	0	0	0	0	0	-	-	-	
F	0	0	0	0	0	0	1	0	-	1	1	
G	0	0	0	0	0	0	0	1	1	1	2	
H	0	0	0	0	0	0	0	0	1	-	1	
Iu	1	-	-	1	-	-	-	-				2
Iau	1	2	1	1	2	1	2	1				11
I	2	2	1	2	2	1	2	1				13
									2	11	13	

Abb. 5.8: *0,1-Beziehungsmatrix*

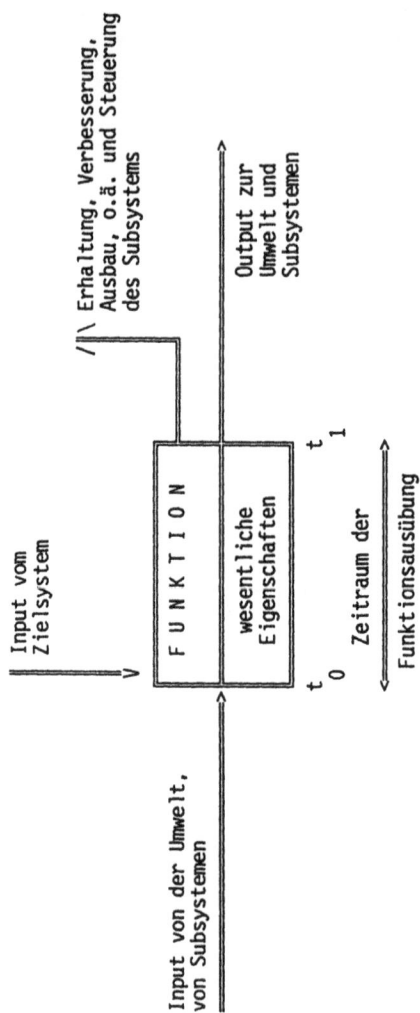

Abb. 5.9: *Das Beziehungsschema*

0 : Eine unmittelbare Beziehung B (a,b) von a nach b ist nicht vorhanden.

1 : Eine unmittelbare Beziehung B (a,b) ist vorhanden.

Die Beziehungsstruktur im System kann sowohl in Matrizenform als auch in der Form eines Graphen dargestellt werden (Abbildungen 5.7 und 5.8). Den Subsystemen der Kopfzeile bzw. -spalte der Matrix entsprechen die Knoten des Graphen, den Beziehungen in den Elementen der Matrix die Kanten des Graphen. Nicht ermittelte Beziehungen, die in der Matrix durch eine 0 oder Nichtausfüllen des Elementes gekennzeichnet sind, tauchen im Graphen nicht auf. Die Richtung der Beziehungen, die in der Matrix durch Vereinbarung festliegt, wird im Graphen durch Pfeile (gerichtete Kanten) angegeben. Der Graph hat den Vorteil der größeren Anschaulichkeit, die jedoch bei zunehmender Zahl von Subsystemen wieder verlorengeht. Die Matrix bietet die Möglichkeit, formale Eigenheiten der Struktur durch Deutung, Umordnung und verschiedene Manipulationen zu erkennen, auch wenn das System eine große Zahl von Subsystemen aufweist und daher diese formalen Eigenheiten durch Anschauung des Graphen nicht ohne weiteres erkennbar sind. Abgesehen von einzelnen isolierten Subsystemen kann das System in seinen Grenzen Untermengen der Gesamtmenge der Subsysteme enthalten, die zwar in sich, aber nicht untereinander durch Beziehungen verbunden sind. Die (inhaltlich) **Unterklasse der Beziehungen** sei bereits bei der Erstellung der Matrix festgelegt worden. Die Bestimmung derartiger, unabhängiger Untersysteme im System ist für die Strukturanalyse von großer Wichtigkeit, da zwischen diesen Untersystemen aktive Beziehungen und damit z.B. Austauschprozesse oder Beeinflussungen nicht möglich sind.

5.2.3.3 Ermittlung von Subsystemen

Ein Verfahren zur Ermittlung unabhängiger Subsysteme beruht auf der Anwendung der Matrizenmultiplikation, bzw. auf der Multiplikation von Matrizen und Vektoren. Es werden systematisch in bestimmter Reihenfolge die unmittelbaren Beziehungen zwischen Subsystemen aufgesucht:

(1) Symmetrische Ergänzung der Matrix;

(2) Untersuchung des ersten Subsystems der Matrix (hier A): In Zeile A sind alle unmittelbaren Beziehungen zu anderen Subsystemen angegeben. Diese Subsysteme notieren (hier F), da sie natürlich zum selben Untersystem wie A gehören;

(3) Mit dem Spaltenvektor dieses Subsystems (A) Multiplikation der Matrix;

(4) Bildung sämtlicher Zeilensummen; (5) Aufsuchen aller Subsysteme, deren Zeilensumme > 0 ist (hier G): Diese Subsysteme notieren, da sie zum selben Untersystem wie das erste (A) gehören, jedoch nicht unmittelbare Beziehungen zu diesem haben. Die Beziehungen zwischen den neu gefundenen Subsystemen und dem ersten bestehen über ein drittes Subsystem. Die Beziehungen sind zweistufig und mittelbar;

(6) In der gleichen Art wird mit allen Subsystemen (hier F) verfahren, zu denen das erste (A) eine unmittelbare Beziehung hat: Es ergeben sich alle Subsysteme (hier H), die mit dem ersten in einer dreistufigen Beziehung stehen;

(7) Mit allen Subsystemen, zu denen vom ersten aus zweistufige Beziehungen bestehen (hier G), wird die Rechenoperation (3. - 5.) sinngemäß wiederholt;

(8) Die Untersuchungen werden fortgesetzt, bis entweder die gesamte Matrix erfaßt ist, oder sich keine neuen, mit dem ersten verbundene Subsysteme mehr ergeben: Im ersten Fall ist das Objektsystem zusammenhängend, im zweiten Fall bildet die Menge der gefundenen Subsysteme ein unabhängiges Untersystem. Das Verfahren wird dann mit einem der bisher noch nicht erfaßten Subsysteme der Matrix von vorn begonnen;

(9) Ist die gesamte Matrix nach diesem Verfahren untersucht worden, können alle Untersysteme angegeben werden.

Um den Ermittlungsvorgang von Subsystemen zu verdeutlichen, wird das System (Abbildung 5.6) verkleinert, in dem die Zeilen und Spalten des bereits isolierten Untersystems gestrichen werden. Es sind die Beziehungen (B,A), (A,B) und (B,G). Hieraus resultieren die beiden Untersysteme A-F-G-H und B-C-D-E. Werden - um Übersicht zu wahren - die Umwelt-Inputs und -Outputs ebenfalls weggelassen, so ergeben sich folgende Arbeitsschritte und Ergebnisse (Untersysteme des Objektsystems):

(0) Ausgangsmatrix

$$
M0,1 = \begin{array}{c}
A \\ B \\ C \\ D \\ E \\ F \\ G \\ H
\end{array}
\begin{bmatrix}
0 & 0 & 0 & 0 & 0 & 1 & 0 & 0 \\
0 & 0 & 1 & 0 & 1 & 0 & 0 & 0 \\
0 & 0 & 0 & 1 & 0 & 0 & 0 & 0 \\
0 & 1 & 0 & 0 & 1 & 0 & 0 & 0 \\
0 & 0 & 0 & 0 & 0 & 0 & 0 & 0 \\
0 & 0 & 0 & 0 & 0 & 0 & 1 & 0 \\
0 & 0 & 0 & 0 & 0 & 0 & 0 & 1 \\
0 & 0 & 0 & 0 & 0 & 0 & 0 & 0
\end{bmatrix}
$$

(1) Schritt:

$$
M0,1 = \begin{array}{c}
 \\ A \\ B \\ C \\ D \\ E \\ F \\ G \\ H
\end{array}
\begin{array}{cccccccc}
A & B & C & D & E & F & G & H \\
\end{array}
\begin{bmatrix}
0 & 0 & 0 & 0 & 0 & 1 & 0 & 0 \\
0 & 0 & 1 & 1 & 1 & 0 & 0 & 0 \\
0 & 1 & 0 & 1 & 0 & 0 & 0 & 0 \\
0 & 1 & 1 & 0 & 1 & 0 & 0 & 0 \\
0 & 1 & 0 & 1 & 0 & 0 & 0 & 0 \\
1 & 0 & 0 & 0 & 0 & 0 & 1 & 0 \\
0 & 0 & 0 & 0 & 0 & 1 & 0 & 1 \\
0 & 0 & 0 & 0 & 0 & 0 & 1 & 0
\end{bmatrix}
$$

(2) Schritt: A und F gehören zu einem Subsystem.

(3) und (4) Schritt:

	A		A	B	C	D	E	F	G	H		A	B	C	D	E	F	G	H	Summer
A	0		0	0	0	0	0	1	0	0		0	0	0	0	0	1	0	0	1
B	0		0	0	1	1	1	0	0	0		0	0	0	0	0	0	0	0	0
C	0		0	1	0	1	0	0	0	0		0	0	0	0	0	0	0	0	0
D	0	x	0	1	1	0	1	0	0	0	=	0	0	0	0	0	0	0	0	0
E	0		0	1	0	1	0	0	0	0		0	0	0	0	0	0	0	0	0
F	1		1	0	0	0	0	0	1	0		0	0	0	0	0	0	0	0	0
G	0		0	0	0	0	0	1	0	1		0	0	0	0	0	1	0	0	1
H	0		0	0	0	0	0	0	1	0		0	0	0	0	0	0	0	0	0

(5) = Zu einem Subsystem gehören A,F,G.

(6) und Folgeschritte: Wiederholung der Rechenoperationen mit Zeile F als Spaltenvektor, Zeile G und Zeile H. Es ergeben sich keine neuen Subsysteme, nur wieder A und F, so daß A-F-G-H bestätigt sind. Darauf folgend wird die neue Matrix für die Elemente B, C, D und E gebildet und es werden die Rechenoperationen durchgeführt.

5.3 Systementwicklung (Programmierung)

Der Prozeß der Systementwicklung läßt sich in mehrere Teilaufgaben unterteilen, die allerdings nicht getrennt scharf nacheinander ablaufen, sondern die teilweise gleichzeitig oder überlappt, mitunter auch wiederholt zur Entstehung des Anwendungsprogramms (kurz: Programm) beitragen. Das Ergebnis ist das sog. Computer-Programm, daher wird anstelle des Begriffs Systementwicklung häufig der Begriff Programmierung benutzt.

Dieses Computerprogramm ist ein Abbild des Problems mit Lösungsalgorithmen (Abschnitt 5.3.1). Die Lösungsalgorithmen sind in einzelne Arbeitsschritte in einer dem Computer verständlichen Sprache als Befehle zusammenzustellen (Abschnitt 5.3.2). Dieser Vorgang des Zusammenstellens, des Prüfens, des Dokumentierens gilt schließlich als Programmierung (Abschnitt 5.3.3).

5.3.1 Das Anwenderprogramm

5.3.1.1 Begriffliche Abgrenzung

Ein Programm (engl.: program) ist die vollständige Anweisungsfolge an eine Datenverarbeitungsanlage zur Lösung eines Problems (einer Aufgabe). Soll ein Computer eine bestimmte Aufgabe lösen, so muß ihm dies in einer eindeutigen und für den Computer verständlichen Form "gesagt" werden. Eine solche Anweisung an den Rechner besteht aus einer Folge von Einzelbefehlen. Eine solche, logisch aufeinander abgestimmte Befehlsfolge ist ein **Programm** (Abbildung 5.10):

- Ein **Programm** ist also die Aufeinanderfolge von Befehlen (= Instruktionen, Anweisungen) zur Lösung einer bestimmten Aufgabe.
- Das **Programmieren** (engl.: Programming) ist eine Tätigkeit zur Herstellung von Programmen für den Computer. Sie erfolgt mit Hilfe einer Programmiersprache. Der Herstellungsvorgang wird vom Programmierer vorgenommen.

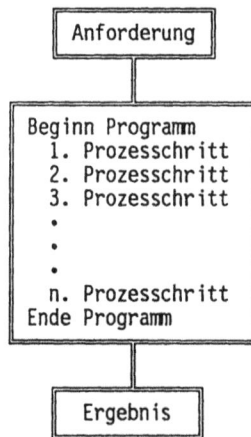

Abb. 5.10: *Programm*

Das Programm enthält somit die Vorschriften zur Bearbeitung der Daten durch Auflösung eines Problems in Einzelschritte (Prozeßschritte, Anweisungen, Instruktionen). Es wird im internen Speicher der Zentraleinheit aufgenommen. Es enthält die Anweisungen für die Verarbeitung nach dem Schema des EVA-Prinzips (Abbildung 3.1), d.h. in der Folge:

Eingabe --> Verarbeitung --> Ausgabe

5.3.1.2 Vom Problem zur Lösung

Ein Programm wird in einer vorgegebenen Schrittfolge entwickelt (Abbildung 5.11). Je nach Organisation, Rechenzentrum, Softwarehaus etc. existieren eindeutige Regelungen, die auf der einen Seite die einzelnen Aktionen regeln, andererseits für die Qualität der Programme die notwendigen Voraussetzungen schaffen. Besondere Bedeutung kommt dabei den Informationsquellen zu, auf die der Programmierer (Programmsystem-Entwickler) zurückgreifen kann, so auf

- die Beschreibung des Problems einschließlich dessen Daten,
- die Verarbeitungsregeln einschließlich der Ablauffolge,
- die Umsetzung der Prozeßschritte in eine Programmiersprache,
- die Umwandlung des Quellenprogramms (engl: source program) in ein Objektprogramm (engl.: object program).

Die Begriffe "Programmierung" bzw. "Programmieren" werden sehr uneinheitlich gebraucht. Zur Klarstellung des Sachverhaltes wird deshalb zwischen Programmierung i.e.S. und Programmierung i.w.S. unterschieden. Letztere Deutung als eine stufenförmig ablaufende Arbeitsfolge aufgefaßt werden, die folgende Phasen umschließt:

- Analyse der Aufgabe,
- Erarbeitung von Lösungsverfahren,
- Erstellen eines Datenflußplans,
- Erstellen eines Programmablaufplans,
- Wahl der Programmiersprache,
- Erstellen des Programms in der gewählten Programmiersprache (Programmierung i.e.S. oder Codierung),
- Programmtest,
- ggf. Korrektur des Programms,
- Erstellen der Programmdokumentation sowie
- Programmwartung.

Die ersten Phasen beinhalten organisatorische Vorarbeiten, die die logische Vorstrukturierung der gestellten Aufgabe zum Ziel haben, ehe die Aufgabenlösung in die Programmiersprache übersetzt und auf ihre praktische Verwendbarkeit getestet wird.

Abbildung 5.11 zeigt ein Stufenschema. Es zerlegt die Aktionen in vier Arbeitsstufen, deren Inhalte der Abbildung zu entnehmen sind. Zusätzliche Erläuterungen folgen in den nächsten Abschnitten.

Während der Programmierung bewegt sich der Programmierer sukzessive von der **Benutzerumgebung zur EDV-Umgebung**. Mit der Beschreibung und Zerlegung der Anwendung werden Auslöser, Arbeitsunterlagen, Funktionen, Daten etc. auf der Benutzerseite angesprochen. Mit der Organisation, Festlegung von

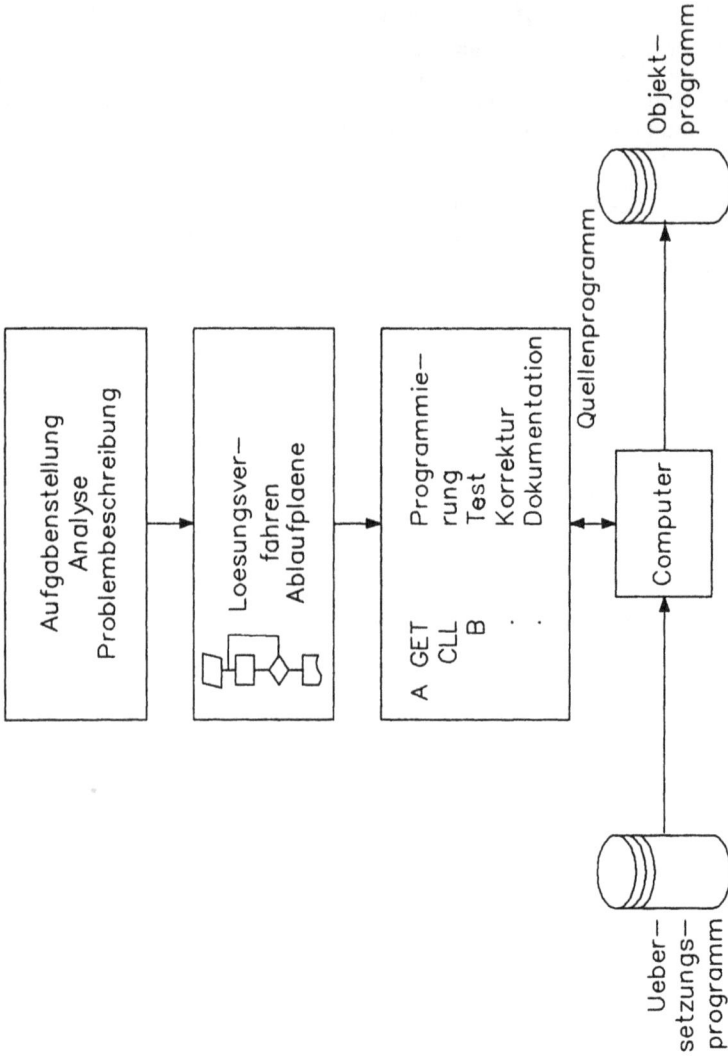

Abb. 5.11: Schrittfolge der Programmierung

Routinen etc. dagegen das "Ausführbare" auf der DV-Seite. Hierzu einige Hinweise:

Die **Beschreibung** der Anwendung erfolgt durch Untersuchung des Informationsflusses (Arbeitsergebnisse, Unterlagen, Auslöser). Die Verwendung eines Netzwerk-Konzeptes vermeidet die manchmal nur willkürlich durchführbare hierarchische Strukturierung eines Systems. Die Abhängigkeit zwischen einzelnen Systemkomponenten und die im System vorhandene Dynamik des Ablaufes werden explizit aufgezeigt. Die **Zerlegung** der Anwendung in überschaubare und reproduzierbare Einheiten fördert eine geordnete und transparente Entwicklung und erleichtert die spätere Wartung. Möglichkeiten der Arbeitsteilung und Entwicklung in Teams werden verbessert. Die **Beschreibung** der Funktionen einer Anwendung (Entscheidungslogik und Aktionen) geschieht anwenderorientiert; d.h. ohne Einbeziehung der für den Anwender in der Regel unverständlichen dv-spezifischen Details. **Organisation**, Verwaltung und Nutzung der Daten erfolgen möglichst funktionsneutral, um spätere Erweiterungen der Anwendung nicht unnötig einzuschränken. Entscheidungssteuernde Daten werden in Form von Tabellen so geführt, daß der Anwender Definition und Pflege weitgehend selbst übernehmen kann. Schließlich stehen Entwurf und Realisierung in eindeutiger **Beziehung** zueinander. Realisiert wird nur das, was auch im Entwurf spezifiziert wurde; und dies gilt sinngemäß auch umgekehrt.

5.3.2 Befehle in einem Programm

Jedem Computer sind eine Reihe von Maschinenoperationen (engl.: computer operation) fest vorgegeben. Sie werden durch Signale des Steuerwerkes ausgelöst. Ihre Anzahl bewegt sich zwischen 50 bis 250, d.h. ein Computer operiert mit diesem Befehlsvorrat. Aus der Sicht des Programmierers sind die einzelnen Maschinenoperationen durch Anweisungen, Befehle (engl.: instruction) aufzurufen.

5.3.2.1 Der Aufbau von Befehlen

Ein Programm, das Ergebnis der Programmierung, besteht aus einer Folge von Anweisungen, genannt **Befehle.** Um die einzelnen Elemente der Zentraleinheit in Tätigkeit zu versetzen, sind Befehle (Instruktionen, Anweisungen) erforderlich. Computer erhalten ihre Aufgaben in einer Folge von Befehlen. Ein Befehl spezifiziert,

- was getan werden soll (Operationsteil) und
- wo die zu bearbeitenden Daten stehen (Operandenteil).

Sie sind das logische Abbild des Lösungsweges eines Problems. Jeder Befehl entspricht dabei einem Arbeitsschritt, wobei er entsprechend Abbildung 5.12 aufgebaut ist.

Operationsteil		Operandenteil	
O-Schlüssel	Längen-Schlüssel	Adresse O-1	Adresse O-2
1 Byte	1 Byte	2 Bytes	2 Bytes
1. Halbwort		2. Halbwort	3. Halbwort

Abb. 5.12: *Befehlsaufbau*

Bei großen Speichern lassen sich die Adressen nicht in zwei Bytes unterbringen. Hier wird mit **relativen** Adressen gearbeitet:

- der Adreßteil wird gespalten;
- im ersten Teil steht die Basisadresse (Basis-Register);
- im zweiten Teil steht die relative Adresse.

Jeder Befehl enthält somit vier verschiedene Informationen, die sich auf die auszuführende Aktion und deren Objekte (Daten) bzw. Orte (Adressen) konzentrieren. Dies wird in Abbildung 5.13 skizziert.

WAS	WIEVIEL	WOHIN	WOHER
1 Byte	1 Byte	2 Bytes	2 Bytes

Abb. 5.13: *Aufbau und Inhalt eines Befehls*

Ein Befehl sagt aus:

WAS	Ist zu tun (Operationsschlüssel)
WIEVIEL	Bytes sind zu verarbeiten (Feldlänge)
WOHIN	kommen die Daten (Adresse von Feld 1)
WOHER	kommen die Daten (Adresse vom Feld 2)
WAS	(Der Operationsschlüssel) gibt an:
	welche Operation ausgeführt werden soll,
	ob Daten fester oder variabler Länge verarbeitet werden sollen,
	ob die Daten in dezimaler oder binärer Form gegeben sind.
	ob die Daten im Register oder im Hauptspeicher stehen,
	wie lang die Instruktion ist.
WIEVIEL	(Die Feldlänge) gibt an:
	wieviel Bytes durch die Instruktion verarbeitet werden, sofern nicht Felder fester Länge zu arbeiten sind.

WOHIN   (Die Adresse des ersten Feldes) kennzeichnet die Speicherstel-
          len, auf denen nach Ausführung der Instruktion das Ergebnis zu
          finden ist.
WOHER   (Die Adresse des zweiten Feldes) kennzeichnet die Speicherstel-
          len, auf denen der zu verarbeitende Datenwert steht.

5.3.2.2 Einteilung der Befehle

Die Arbeitsanweisungen lassen sich in Ein- und Ausgabebefehle, sowie in Verarbeitungsbefehle einteilen. Die **Eingabebefehle** sorgen dafür, daß das Programm von außen mit Daten versorgt wird; ohne sie könnten nur die im Programm festgeschriebenen internen Daten verarbeitet werden. Die **Verarbeitungsbefehle** dienen der Umformung, der sachlichen Transformation der Eingabedaten, um dadurch zu neuen Daten, zu neuen Informationen zu gelangen;
ohne sie könnten die Eingabedaten unverändert wieder ausgegeben werden.
Die **Ausgabebefehle** haben die neuen Informationen als Ergebnisdaten nach
außen abzugeben. Die Ausgabe kann über den Bildschirm, oder auf einer Liste
usw. erfolgen; ohne sie wäre weder die Eingabe, noch die Verarbeitung sinnvoll, da sie zweckgerichtet, d.h. ergebnisorientiert tätig werden. Somit bilden
die drei Arten eine Einheit, wofür das Programm sorgt.

Diese Befehlsarten lassen sich weiter unterteilen, je nachdem ob z.B. die Ausgabe auf dem Bildschirm, oder als Druckausgabe auf Listen erfolgen soll. Üblich ist die Unterteilung der Verarbeitungsbefehle in arithmetische, logische
und Transport-Befehle (Abbildung 5.14).

5.3.3 Programmierung

Das Programm ist eine logische Folge gekoppelter Anweisungen. Es ist das
Produkt der Programmierung, die in mehreren Arbeitsschritten erfolgt. Der
Gesamtvorgang (Abbildung 5.11) reicht von der Planung des Programms mit
der Aufgabenstellung bis hin zur Dokumentation bzw. Programmeinführung.

Im allgemeinen Sprachgebrauch wird unter Programmierung der Vorgang der
Codierung, des Verschlüsselns, also die Zuordnung eines Zeichenvorrats zu
denjenigen eines anderen Zeichenvorrats verstanden. Durch die Umsetzung
der Lösungsalgorithmen in eine vom Computer verständliche Sprache wird es
möglich, die gewünschten Operationen durchzuführen. Das Programmieren
i.e.S. oder das Codieren läßt sich aus heutiger Sicht nicht mehr auf einen einfachen Vorgang reduzieren. Dies wird sichtbar, wenn dieser Arbeitsschritt in

Befehlsarten		
Ein- und Ausgabe-Befehle	Eingabe	READ — Konto-Nr: ...... 4711 / Menge .... 20 / Betrag .... 250 / Datum 0711
	Ausgabe	PRINT — 4711 0020 0250 0711 → K-NR M DM / 4711 20 250,00
Verarbeitungs-Befehle	Arithmetik	ADD BETRAG TO SUMME
		Betrag / Summe — vorher 250 / 2750, nachher 250 / 3000
		Addieren + / Multiplizieren * / Subtrahieren − / Dividieren /
	Logik	COMPARE A B [− + < >]
		1000 500 0101
		1000 1000 1000
		500 1000 0110
		1000 −500 0101
	Transport	MOVE — BETRAG ⟶ FELD A

Abb. 5.14: *Einteilung der Befehlsarten*

seinen verschiedenen Ausprägungen nachvollzogen wird. Dazu müssen die gegenwärtig üblichen, aber auch die dv-technisch möglichen Formen gegenübergestellt werden. Folgende Ausprägungen (Formen) stehen an:

- konventionelles Codieren,
- interaktives Programmieren,
- Programmieren mit Hilfe von Software-Entwicklungswerkzeugen und
- Teleprogrammieren.

Beim **konventionellen Codieren** werden die einzelnen Arbeitsschritte in Anweisungen (Befehle) einer gewählten Programmiersprache umgesetzt. Dieser Vorgang ist im engsten Sinne des Wortes ein Codewechsel. Die ausführende Person, der Codierer, muß die beiden Codes (Quellen- und Objektcode) beherrschen. Der Quellencode steht ihm durch die Systemanalyse in verbalen und symbolischen Beschreibungen vor. Den Objektcode entnimmt er der ausgewählten Programmiersprache. Dieser ist eine problemorientierte Programmiersprache (z.B. Fortran, Cobol, Algol; siehe Abschnitt 7.5.4). Der Codierer trägt die Anweisungen auf spezielle Formblätter (Codierblätter) und von dort auf einen Datenträger. Im Anschluß an diesen Vorgang steht die Umwandlung (Abschnitt 5.3.3.2).

Beim **interaktiven Programmieren** erfolgt der Vorgang der Codierung im Dialog mit dem Computer. Dies ist ein Programmierstil, der Dialogarbeitsweise voraussetzt, d.h. Datenstationen oder Mikrocomputer auf der Hardware-Seite, Teilnehmerbetrieb auf der Software-Seite und im Regelfall dialogorientierte Programmsprachen z.B. Basic, APL, Turbo Pascal, C (Abschnitt 7.5.4). Für nicht dialogorientierte Programmiersprachen können in Teilnehmersystemen interaktive Hilfen als Testhilfen zur Verfügung gestellt werden. Damit sind die Möglichkeiten gemeint, Programme durch Abfragen von Speicherinhalten, Diagnose bestimmter Programmzustände, gezielte Programmstops, Verfolgung der Steuerung und andere Hilfen gemeint. Dies wird dadurch möglich, daß beim interaktiven Programmieren die Interpretation (formale Tests) der Eingabe sofort erfolgt; somit kann das System sofort reagieren und Unzulänglichkeiten anzeigen.

Gegenwärtig herrschen **Software-Entwicklungswerkzeuge** vor, obwohl insgesamt gesehen das interaktive Programmieren nach wie vor eine gewisse Bedeutung erhalten hat. Es handelt sich dabei um Werkzeuge (Abschnitt 7.5.5), die das Programmieren von den Anforderungen bis zum Quellencode unterstützen, so z.B. die Beschreibung von Datenstrukturen, Pseudo-Code, Bildschirm-Masken, Menüsteuerung usw.

Das **Teleprogrammieren** ist ein spezifischer Arbeitsstil des Programmierens, bei dem die Tätigkeit selbst dezentral mit Hilfe der Telekommunikation räumlich ferne Verrichtung der Arbeit mit Telekommunikationsmedien erfolgt. Diese sind zentraler Computer (Mainframe, Host), Telearbeitsplatz (PC, Datenterminal, Telefon, elektronische Post), Datenübertragungswege und Büroeinrichtungen.

5.3.4 Übersetzungsprogramm

Ein in symbolischer Sprache geschriebenes Programm wird als Ursprungs-/Quellprogramm bezeichnet. Es muß in ein **Objektprogramm** oder Zielprogramm (Maschinenprogramm) umgewandelt werden. Hierzu werden sog. **Übersetzungsprogramme** eingesetzt (Abbildung 5.15):

- Das Übersetzungsprogramm für maschinenorientierte Sprachen heißt Assemblierer; der Vorgang "assemblieren".
- Das Übersetzungsprogramm für problemorientierte Sprachen heißt Kompilierer oder Compiler. Der Vorgang heißt "kompilieren".
- Der Interpreter ist ein Programm, das jeden Befehl in die Maschinensprache übersetzt und sofort ausführt. Sie finden vor allen bei Mikrocomputern Anwendung.

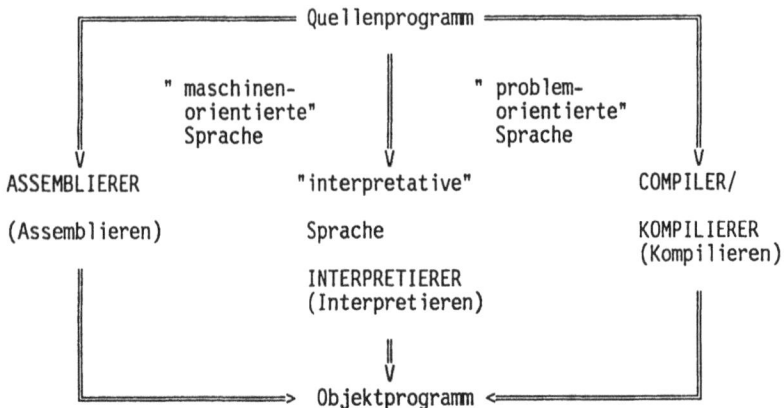

```
┌──────────────────── Quellenprogramm ═══════════════════┐
│                              ║                          │
│          " maschinen-        ║      " problem-          │
│            orientierte"      ║        orientierte"      │
│            Sprache           ║        Sprache           │
V                              V                          V
ASSEMBLIERER          "interpretative"           COMPILER/

(Assemblieren)           Sprache                 KOMPILIERER
                                                 (Kompilieren)
                      INTERPRETIERER
                      (Interpretieren)

│                         ║                               │
│                         V                               │
└───────────────> Objektprogramm <───────────────────────┘
```

Abb. 5.15: *Übersetzungsarten*

5.3.5 Programmtest

Bevor ein Programm zur Anwendung gelangt, muß seine Richtigkeit geprüft werden. Geprüft wird das Ergebnis der Problemlösung. Je nach Art des Prüfverfahrens werden gewisse Testfälle erfaßt und somit eine Teilmenge der Fehler im Programm aufgedeckt. Diese Art Programmprüfung wird **Test** genannt. Der Test dient also der Sicherstellung der sachgerechten Problemlösung. Seine Durchführung ist zunächst auf die Erkennung von Syntaxfehlern gerichtet. Darauf folgend sollen logische Fehler aufgedeckt werden, die eine korrekte Ergebnislieferung nicht zulassen.

Der Programmtest wird in drei Stufen abgewickelt:

- Schreibtisch- oder Trockentest,
- Formaltest und
- Simulation der Arbeit mit Hilfe von speziell vorbereiteten Testdaten.

Der **Schreibtischtest** wird zunächst am Programmablaufplan und später am niedergeschriebenen (codierten) Programm vollzogen, bevor das Programm an den Übersetzer übergeben wird. Im Schreibtischtest wird der vorgesehene Lösungsweg darauf überprüft, ob die Arbeitsschrittfolge ausnahmslos zu dem gewünschten Arbeitsergebnis führt. Insbesondere muß geprüft werden, ob sämtliche Ausnahme-, Sonder- und Nebenwirkungen, welche sich aus den zu erwartenden Eingabedaten ergeben können, berücksichtigt sind. Gegebenenfalls ist der Programmablaufplan zu berichtigen und zu vervollständigen. Nach Codierung des Programms ist zu überprüfen, ob die codierten Anweisungsfolgen die korrekte maschinentechnische Realisation der im Programmablaufplan dargestellten Arbeitsschrittfolgen gewährleisten. Hiermit überprüft der Programmierer die Qualität seiner Übersetzung in der Programmiersprache. Diese Stufe des Programmtests wird Schreibtischtest oder auch Trockentest genannt, weil er ohne maschinelle Unterstützung durchführbar ist.

In der Stufe des **Formaltests** werden Syntaxfehler im codierten Programm beseitigt. Hierzu bedient sich der Programmierer der Hilfe des Übersetzers. Der Übersetzer stellt in dem ihm zur Übersetzung eingegebenen Programm Syntaxfehler fest und liefert eine Fehlerliste, die der Programmierer zur Fehlerbeseitigung benutzt.

Die Teststufe **Simulation** mit speziell vorbereiteten Testdaten wird mit dem Zielprogramm durchgeführt, welches der Übersetzer aus einem syntaktisch fehlerlosen Quellenprogramm erstellt hat. Ziel dieser Teststufe ist es, festzustellen, ob das Programm zuverlässig arbeitet. Hierzu müssen Testdatensätze speziell so vorbereitet werden, daß nach Möglichkeit alle Programmzweige durchlaufen werden. Diese Testdaten sind grundsätzlich von der Fachabteilung bereitzustellen. Die aus den Testdaten erwarteten Ergebnisse werden manuell und mit dem maschinellen Ergebnis verglichen. Außerdem überprüft der Programmierer, ob mit den Testdaten auch alle Programmzweige durchlaufen wurden. Gegebenenfalls müssen die Testdaten ergänzt werden. Sofern der Test Fehler im logischen Ablauf offenbart, muß der Programmablaufplan berichtigt werden und das Testverfahren beginnt erneut bei der ersten Stufe (Schreibtischtest).

Der gesamte Testaufwand wird um so geringer, je sorgfältiger die Lösungsvorbereitungen und insbesondere der Schreibtischtest durchgeführt werden. Durch die Tätigkeit der Fehlersuche und Fehlerbeseitigung werden Programme von zwei Arten von Fehlern befreit, und zwar von

- syntaktischen oder formalen Fehlern
  (Sie entstehen durch Verstöße gegen die Regeln einer Programmiersprache.

Sie werden bei der Übersetzung in die Maschinensprache durch Assemblierer oder Kompilierer entdeckt.), sowie
- semantischen oder logischen Fehlern
  (Sie sind Fehler im Programmaufbau. Sie entstehen durch Verstöße gegen die Programmlogik. Sie werden nur durch Überprüfung der Resultate durch Beispielsrechnungen entdeckt.).

Einfachste Form der Testarbeiten stellen Plausibilitätskontrollen dar (numerische Werte in alphabetischen Feldern; Überschreitung zulässiger Bereiche als logische Plausibilitätskontrolle). Die gegenwärtigen Entwicklungstendenzen in der Software-Technologie beziehen diese Arbeitsphase immer mehr in die Reichweite von Software-Werkzeugen (Abschnitt 7.5.5).

5.3.6 Programmdokumentation

Dokumentieren bedeutet das Sammeln von Dokumenten. Das Ergebnis dieser Tätigkeit ist die Sammlung der Dokumente, also die Dokumentation. Die sog. **Programmdokumentation** ist die Sammlung aller Dokumente eines Programms im Hinblick auf seine Gestaltung und Implementation. Sie beinhaltet also als Dokumente

- Ablaufdiagramme,
- Programmlisten,
- Fehlerroutinen,
- Datendefinitionen,
- Verarbeitungszeiten,
- Möglichkeiten von Programmänderungen usw.

Die Vielfalt der benötigten Programmdokumente deutet an, daß deren Inhalte alle Teile und Teilaspekte der Programme betreffen und somit sehr umfangreich werden können. Hinzu kommt, daß die Dokumente für verschiedene Benutzergruppen geeignet sein müssen, um deren Aufgabenerfüllung zu unterstützen. Zumindest sind in diesem Zusammenhang Programmbenutzer, Operator und Programmprüfer von Bedeutung. Die Forderung nach einer Programmdokumentation mit den Eigenschaften

- einfach in der Handhabung,
- klar in der Übersicht,
- fortgeschrieben in der abgebildeten Form,
- mehrfach verwendbar in der Aufgabenwahrnehmung sowie
- wirtschaftlich in der Erstellung und im Einsatz.

Sie gilt als "gut", wenn sie

- den implementierten Stand des Programms widerspiegelt,
- alle benötigten Informationen enthält und
- ein schnelles, sowie einfaches Wiederfinden der Informationen gewährleistet.

Die Bedeutung der Programmdokumentation ist vielschichtig. Zumindest ist sie für die Aufgabenerfüllung in vier Fällen nachweisbar. **Komplexe** Datenverarbeitungsaufgaben bedingen einen Arbeitsaufwand von mehreren Mannjahren. Parallel zur Entwicklung der Programme mit den Phasen Problemdefinition, Ablaufdiagramm, Codieren und Testen muß das Erreichte dokumentiert werden, um **Änderungen, Korrekturen** etc. nachvollziehen zu können. Dies gilt in besonderem Maße für Rückkopplungen und Festhalten aller Wechselbeziehungen zwischen den Programmodulen bei der modularen Arbeitsweise. Software-Entwicklungswerkzeuge übernehmen mitunter automatisch oder teilweise automatisch die Erstellung solcher Dokumente (Abschnitt 7.5.5).

Das **Operating** eines Programms setzt die Beschreibung der Hard- und Software voraus, die Aufzählung der Verarbeitungsregeln, sowie die Nutzungsformen des Objektprogramms. Es existieren normalerweise eine Reihe von Anweisungen und Bedingungen, deren Einhaltung für den Programmbenutzer - ebenso wie für den Operator - zwingend sind.

Die Datenverarbeitung kann im Falle sich wiederkehrender Aufgaben in verschiedenen Organisationen standardisierend wirken. So kann die Frage des **Austausches** von Programmen relevant werden, was wiederum ohne Programmdokumentation nicht denkbar ist. Typische "Vertreter" dieser Aufgabengruppe sind Standardprogramme der DV-Hersteller oder Anwendungsprogramme der Service-Rechenzentren.

Der vierte Fall tritt in Verbindung mit der **Überprüfung** von Programmen auf. Sie wird notwendig bspw. in der Steuer- und Wirtschaftsprüfung. Die Programmdokumentation muß hier das Nachvollziehen der Informationsentstehung, sowie das Wiederfinden der Informationen gewährleisten.

Unterschiedliche Aufgaben bedingen verschiedene Arten von Programmdokumentationen. So spielen für Aufgaben der Programmverwaltung, Programmlisten und Fehlerroutinen die entscheidende Bedeutung. Demgegenüber sind Ablaufdiagramme, Verarbeitungszeiten und Möglichkeiten von Programmänderungen für den Systemplaner von Bedeutung. Im Hinblick auf die zu entwickelnden Standard-Programmdokumentation erscheint es ausreichend, die Programmdokumentation nach ihren wichtigsten **Funktionen** zu unterteilen.

Angebracht ist, mindestens zwei Arten von Handbüchern (engl.: manuals) zu erstellen, und zwar

- ein **Anwenderhandbuch** für die Benutzer mit Informationen und Beispielen bezüglich des Programmeinsatzes, sowie
- ein **Operatinghandbuch** für den technischen Prozeß, für den Einsatz, für die Wartung und für spätere Systemangleichungen (-anpassungen).

Unter Beachtung dieser Prämissen, sowie der vorliegenden Erfahrungen in der Programmdokumentation haben sich folgende Dokumente als "**Standard**" herauskristallisiert:

- Programmkonzept mit Spezifikationen der Aufgaben, des Lösungswegs und der Voraussetzungen,
- Programmorganisation mit Programmstrukturierung und Ablaufdiagrammen,
- Datenorganisation mit Spezifikationen (Datenformaten) der Inputs, Outputs, Arbeitsdaten und Speicherdateien,
- Einsatzvereinbarungen mit Angaben der Maschinenkonfiguration (Maschinenbedarf), Software (Dienst-programme), Verarbeitungsart (Multiprogramming, Multiprocessing etc.), Ein- und Ausgabesteuerung (Dateiverwaltung, Übertragungsmedien), Verarbeitungshilfen, Testhilfen, Steuerungen und schließlich
- Einsatzwerte mit Zeitangaben und Prüfroutinen der Programmabläufe im Einsatz einschließlich Erfah-rungswerte.

5.4 Systemeinsatz

Ausgetestete Programme sind einsatzbereit. Ihr Einsatz verläuft ähnlich, unabhängig davon, wie das Programm entstanden ist (Programmiersprachen etc.). Die Programme können auf einer Programmbibliothek bereitgestellt oder als Jobs eingesetzt werden.

5.4.1 Anwendung des Programms

Im Regelfall sind Anwendungsprogramme zyklisch aufgebaut, d.h. sie bestehen aus je einem Vorlauf-, Haupt- und Nachlaufteil. Im Vorlaufteil sind die Ein- und Ausgabeproceduren, im Hauptteil die Verarbeitung i.e.S. und im Nachlaufteil Dateischließungs- und Kontrollarbeiten enthalten. Jeder Programmteil kann unterschiedliche Ressourcen (Ein- und Ausgabeperipherie, Speicherbereiche, Workspaces etc.) beanspruchen. Insgesamt gesehen ergeben sich je nach Anwendungsfall, gewählter Technik der Systementwicklung u.a. Kriterien, eine Vielzahl von denkbaren Einsatzformen. Dies zu regeln, die Ressourcen bereitzustellen, ist Aufgabe der DV-Abteilung. Handelt es sich um kleine Organisationen oder um Single-User, dann muß er den Programmeinsatz, die Anwendung selbständig durchführen. Allerdings erhält er dabei im Dialogbetrieb auf zweierlei Weise Unterstützung. Im ersten Fall durch die sog. **Programmsteuerung** wird der Ablauf vom System bzw. vom benutzten Werkzeug bestimmt. Der Anwender paßt sich an. Im zweiten Fall durch die sog. **Benutzersteuerung** erlaubt das System dem Benutzer, den Ablauf des Dialogs selbst zu bestimmen. Diese Hilfen, Auswahlmöglichkeiten über Menüs usw. charakterisieren eindeutig die zukünftige Form künftiger Anwendungen. Durch diese Arbeitsstile erhöht sich die Komplexität aller Systemeinsätze, da neben der Anwendung die Aktualisierung, die Verwaltung, die Sicherung, die bedarfsorientierte Bereitstellung sowohl der Programme, wie auch der Daten ansteht. Aufgaben, die in der traditionellen, klassischen Datenverarbeitung vorrangig durch Programmbibliotheken, Datenbanken etc. gelöst werden.

5.4.2 Lebenszyklus des Programms

Der Lebenszyklus eines Anwendungsprogramms beginnt mit der Entwicklung (Problemanalyse) und endet mit seiner Ablösung z.B. durch ein anderes Programm. Dieser Zeitraum umfaßt den Aufbau und den Betrieb (**Betriebszeitraum**), in dem das Programm in der entwickelten Weise funktionieren soll. Dieser Zeitraum wird in der Realität durch Wartungs- und Pflegeaktivitäten unterbrochen. Sie dienen der Fehlerbeseitigung, der Verbesserung der Effizienz, der Anpassung an veränderte Vorschriften, Regelungen, an die neue hard- und softwaremäßige Programmumgebung. Erweiterungsmaßnahmen und ähnliche Veränderungen gehören auch dazu. Diese Aktionen werden und sind unter dem Sammelbegriff **Programmwartung** (engl.: program maintenance) zusammengefaßt.

5.4.3 Datensicherung und Datenschutz

Unter **Datensicherung** versteht man die Sicherung der Daten gegen Verlust, Verfälschung, Datenpreisgabe und Zerstörung. Von Datensicherung zu unterscheiden ist der **Datenschutz** = Schutz vor Mißbrauch von Daten.

In der Datenverarbeitung gibt es vielfältige Maßnahmen der Datensicherung, z.B. Sicherung von Magnetbandarchiven gegen Feuer und Wasser. Im Rahmen der Datenübertragung versteht man unter Datensicherung die Sicherung der übertragenen Daten gegen Übertragungsfehler. Die **Datensicherung** ist somit eine technisch-organisatorische Aufgabe, um Dateien und Datenverarbeitung gegen o.g. Fälle zu schützen. Dazu zählen Maßnahmen, so auch das sog. Backup-Rechenzentrum, also ein Ausweichsystem für Katastrophenfälle. Am weitesten verbreitet sind sog. Sicherungskopien von Daten und Programmen.

Nachfolgend wird am Beispiel der Datenübertragung gezeigt, wie eine Datensicherung mit Hilfe der eingesetzten Technik abläuft: Bei der Übertragung von Daten werden mehr oder weniger häufig einzelne Bits oder auch Gruppen von Bits verfälscht. Zur Erkennung derartiger Übertragungsfehler sind verschiedene Verfahren üblich. Am bekanntesten ist die sog. Längsparität (LRC) und Querparität (VRC; Abbildung 5.16). Bei der Querparität werden die Bits eines jeden Datenzeichens um ein weiteres Bit ergänzt, das sich aus der Quersumme Modulo 2 der Datenzeichenbits errechnet. Bei der Längsparität werden in gleicher Weise über alle Datenzeichen eines Übertragungsblockes hinweg die Quersummen Modulo 2 der einzelnen Bitstellen gebildet und als sog. BCC-Zeichen dem Übertragungsblock angefügt. Der Empfänger rechnet diese Quersummen nach. Bei Übertragungsfehlern ergibt sich mit großer Wahrscheinlichkeit ein anderer Wert.

Weist die Quersummenprüfung auf einen Übertragungsfehler hin, so wird der betreffende Übertragungsblock wiederholt.

$\longleftarrow$ DÜ - BLOCK $\longrightarrow$

Zeichen		VERARBEITUNG	Längspari-tät (LRC), BBC
	1	0 1 0 1 0 0 1 1 0 1 0 1	0
	2	1 0 1 0 1 1 0 0 0 0 1 1	φ
Bit-	3	1 1 0 0 0 0 1 0 1 1 1 1	1
Stelle	4	0 0 0 0 0 0 0 1 0 0 1 0	0
Nr.	5	1 0 1 0 1 0 0 0 1 1 0 0	1
	6	0 0 0 0 0 0 0 0 0 0 0 0	0
	7	1 1 1 1 1 1 1 1 1 1 1 1	φ
Querpari-tät (VRC)	8	1 0 0 1 0 1 0 0 0 1 1 1	1

Abb. 5.16: *DÜ-Block mit Dateninhalt "Verarbeitung" verschlüsselt im ISO-7-Bit-Code (DIN 66003) Übertragungssicherung mit LRC und VRC*

Mit Wirkung vom 1. Januar 1978 trat das Bundes-**Datenschutz**-Gesetz (BDSG) in Kraft. Es löst die früheren Gesetze dieser Art der einzelnen Bundesländer ab. Seine Grundzüge, so insbesondere der Schutzzweck, der Schutzbereich, die Pflichten, die Regelungen usw. konzentrieren sich auf die Kontrolle des Zugangs zu den Daten, des Benutzers, des Datenzugriffs, der Dateneingabe usw. Hinter dem Datenschutz verbirgt sich eine gesellschaftspolitische Aufgabe, den Menschen zu schützen vor Zweckentfremdung, Mißbrauch und totaler Erfassung. Dies gilt für die Individualdaten. Der Maßnahmenbereich erstreckt sich auf Zulässigkeitsbeschränkungen für die Datenverarbeitung, auf Rechte der Betroffenen, auf die Datensicherheit, -kontrolle und -aufsicht sowie auf Sanktionen.

6. Daten- und Datenbankorganisation

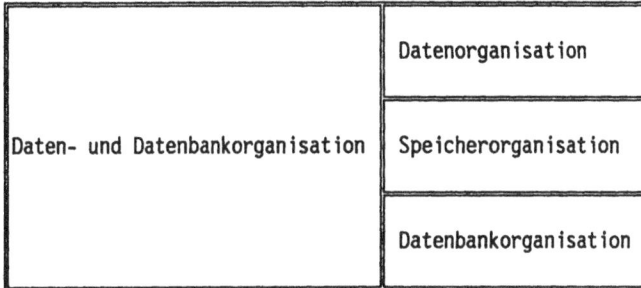

Daten- und Datenbankorganisation	Datenorganisation
	Speicherorganisation
	Datenbankorganisation

6.1 Grundzüge der Datenorganisation

Im Prozeß der Datenverarbeitung sind Daten zu erfassen (einzugeben), in den Speicher zu transportieren (zu übertragen), dort zu speichern (aufzubewahren), wiederzufinden, sachlich umzuformen (zu verarbeiten) und in geeigneter Form auszugeben (abzugeben). Diese Aktionen laufen in vereinbarter und damit in geregelter Form ab. Die Gesamtheit aller in diesem Zusammenhang benutzten Regelungen, Vorschriften und Verfahren wird nachfolgend als **Datenorganisation** (i.w.S. Dateiorganisation) verstanden. Sie umfaßt somit die

- Bildung von **Organisationseinheiten** (Dateneinheiten, Datenstrukturen) und Festlegung ihrer materiellen Inhalte (Werte),
- Zuordnung der Organisationseinheiten zu **Speicherplätzen** (Speicherorganisation) und
- Bildung einer **formalen Ordnung**, um den materiellen Inhalt der gespeicherten Organisationseinheiten wieder auffinden zu können (Zugriff, Zugriffsmethode).

6.1.1 Abgrenzung der Daten

Daten (engl.: data) sind

- Rohstoffe (Eingabedaten, Inputs) und
- Erzeugnisse (Ausgabedaten, Ergebnisse, Outputs)

von Datenverarbeitungsprozessen. Sie treten in verschiedenen Ausprägungsformen wie Zahlen, Texte, Bilder (Grafiken), Sprache, Signale auf. Sie sind auf der einen Seite **Nutzdaten** (engl.: user data), auf der anderen Seite **Steuerdaten** (engl.: control data). In der Praxis hat sich allerdings eine Einteilung eingebürgert, wonach Daten als verarbeitbare Informationen gelten und in Steuerungsinformationen (Befehle, Steuerdaten), sowie Mengen- und Ordnungsinformationen (Nutzdaten) untergliedert werden. Übertragen auf die betriebliche Informationswirtschaft bedeutet dies, daß bspw. die Angaben über die eingesetzten Produktionsfaktoren, deren Mengen, Bezugsquellen (Lieferanten) u.a.m. Nutzdaten, währenddessen Befehle eines Programms zur Berechnung bspw. einer Umsatzstatistik Steuerdaten sind. Ihre weitere Einteilung erfolgt in

- numerische Daten (Informationen, die Zahlenwerte und Ziffernkombinationen ausdrücken wie Mengen und Geldbeträge),
- alphabetische Daten (alle Arten von Textinformationen, die aus den Buchstaben und den Sonderzeichen des Alphabets gebildet werden, so bspw. Namen, Materialbezeichnungen) und
- alphanumerische Daten (Kombinationen aus Ziffern und Buchstaben wie Autokennzeichen, Ortsnamen und Postleitzahlen).

Durch diese Einteilung wird zugleich deutlich, daß je nach Betrachtungsweise verschiedene Kriterien für die Einteilung von Daten benutzt werden können. Zur eindeutigen Abgrenzung werden nachfolgend die operationalen Daten des Unternehmens verfolgt, also solche, die von den Anwendungssystemen eines Unternehmens manipuliert und benutzt werden. Es sind betriebliche Daten, wie Produkte, Konten, Ausgaben u.ä. Operationale Daten sind die fundamentalen Informationsgrößen (engl.: entities), die in einer Datenbank gespeichert werden. Wichtig ist die Tatsache, daß zwischen diesen Informationsgrößen Assoziationen (engl.: associations, relationships) bestehen, die in Abbildung 6.1 als Pfeile mit Beschriftung dargestellt sind. Diese Assoziationen stellen wichtige Informationen dar; sie müssen in einer Datenorganisation mitgespeichert werden, wenn Aussagen über betriebliche Abläufe, Ergebnisse etc. für Kontroll-, Planungs- u.ä. Zwecke gefordert werden.

Diese Daten sind ihrer zeitlichen Gültigkeit nach

- **Stammdaten** (engl.: master data) als zustandsorientierte Daten, die ihre Gültigkeit für eine längere Zeitdauer oder für immer behalten;
- **Bestandsdaten** (eng.: inventory data) ebenfalls als zustandsorientierte Daten, die jedoch nur für kurze Zeit, häufig sogar nur einmalig gültig sind; sie kennzeichnen Mengen- und Wertestrukturen; ihre Änderung während der betrieblichen Aktivitäten erzeugt die
- **Bewegungsdaten** (engl.: transaction data), die prozeßorientiert sind und jeweils einen Ausschnitt, eine Veränderung zwischen zwei Zuständen registrieren.

Diese Daten werden in einer organisierten Form für die Datenverarbeitung aufbereitet und gespeichert. Dabei gelten die in Abbildung 6.2 benutzten Organisationsbegriffe (-paare)

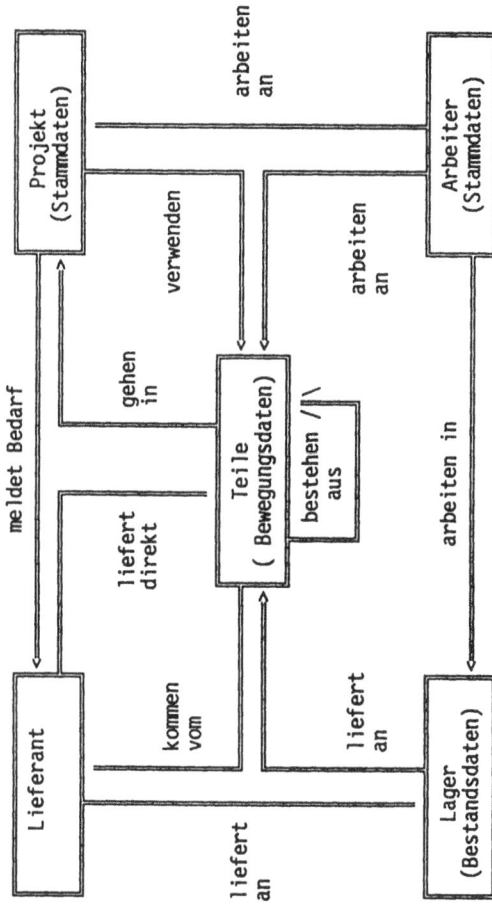

Abb. 6.1: *Operationale Daten und ihre Assoziationen im Produktionsbetrieb*

6.1.2 Bildung von Dateneinheiten

Geordnete Datenmengen oder Datenanordnungen werden Dateneinheiten oder Datenstrukturen genannt. Hierbei sind zu unterscheiden:

- die **logisch**-semantischen Dateneinheiten des menschlichen Informationsaustausches, die vom inhaltlichen Gesichtspunkt her bestimmt sind und
- die **physischen** Dateneinheiten, die von den technischen Gegebenheiten (Hardware, Speichertechnik) her bestimmt sind.

6.1.2.1 Bildung von logischen Dateneinheiten

Grundlagen der Datenorganisation sind bestimmte Einheiten, die der Untergliederung von Daten, so bspw. folgender Anordnung dienen:

Bit -- > Byte -- > Feld -- > Segment -- > Satz -- >
Datenblock -- > Datei -- > Datenbank

Hierbei bildet aus der Sicht des Benutzers das Feld das kleinste Element; demgegenüber das Bit aus der Sicht der Verarbeitung (siehe Abbildung 6.2 und 6.3).

Ein **Datenfeld** (engl.: data field) ist die kleinste formale Dateneinheit innerhalb einer Dateiorganisation. Der materielle Inhalt eines Datenfeldes wird Wert genannt. Eine weitere gebräuchliche Bezeichnung für Datenfeld ist Feld oder Datenelement. Es wird durch einen gemeinsamen Oberbegriff seiner möglichen Inhalte und durch seine Größe (Feldlänge) definiert. Diesen Oberbegriff bezeichnet man allgemein als "Datenname". Der materielle Inhalt (Wert) eines Datenfeldes besteht aus Zeichen (Symbole des menschlichen Informationsaustausches - Alphazeichen, Ziffern, Sonderzeichen).

Mehrere Datenfelder zusammengenommen bilden ein **Segment**. Die Summe der Feldlängen der Datenfelder bestimmt die Segmentlänge. Ein Segment faßt mehrere Datenfelder unter einem weiteren Oberbegriff (Datenname) zusammen. Segmente stellen i.d.R. logisch zusammengehörige Merkmalsausprägungen dar: z.B. Straße, Hausnummer, Postleitzahl, Ort mit dem Oberbegriff "Anschrift". Im Grenzfall besteht ein Segment nur aus einem Datenfeld.

Ein **Datensatz** (engl.: data record) ist eine Menge von Segmenten und faßt diese wiederum unter einem Oberbegriff zusammen. Die Summe der Segmentlängen der Segmente bestimmt die Satzlänge. Datensätze stellen i.d.R. logisch zusammengehörige Merkmalsausprägungen dar: z.B. Personalnummer, Name, Adresse, Beruf mit dem Oberbegriff "Personal". Im Grenzfall besteht ein Datensatz nur aus einem Segment.

Eine Menge von sachlich zusammengehörigen und evtl. gleichartig aufgebauten Datensätzen, die sich unter einem Oberbegriff zusammenfassen lassen, bilden eine **Datei.** Die Anzahl der Datensätze in der Datei bestimmt ihren Umfang.

Der Oberbegriff "Personalbestand" bezeichnet z.B. eine Datei, deren Datensätze die benötigten Werte aller Mitarbeiter enthalten.

Datenfelder (fields)

| 1 | 2 | 3 | 4 | 5 | 6 | 7 | ...... m |

Segmente (segments)

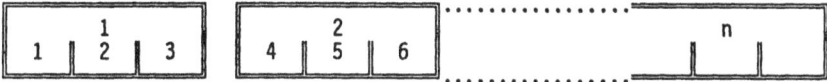

Datensätze (records)

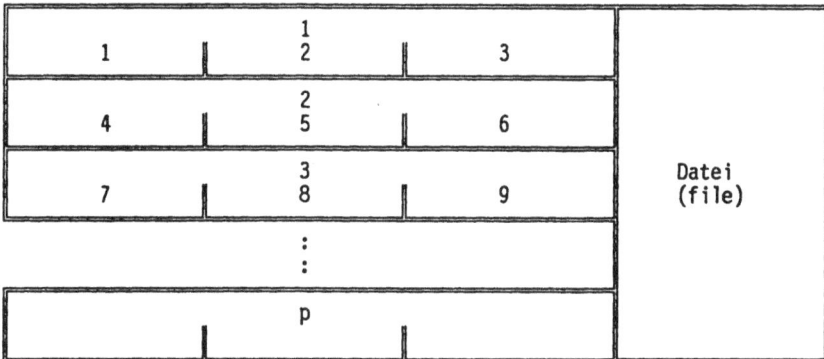

Datei (file)

Abb. 6.2: *Logische Dateneinheiten*

6.1.2.2 Bildung von physischen Dateneinheiten

Die kleinste physische Dateneinheit ist das Bit mit den beiden möglichen zugeordneten Werten 0 und 1. Die nächsthöhere Dateneinheit ist bei Bytemaschinen das Byte, bei Wortmaschinen das Wort (Abschnitt 1.4.3). Eine im Zusammenhang mit der Dateiorganisation wichtige physische Dateneinheit ist der **Block** (engl.: block). Hierbei handelt es sich um die mit einer einzigen Ein/Ausgabeoperation zwischen der Zentraleinheit und einem Gerät der on-line-Peripherie übertragene Bitmenge. Ein Block ist zugleich bei peripheren Speichern die physisch identifizierbare bzw. adressierbare Speichereinheit.

Werden den semantischen Dateneinheiten, Datenfeld, Satz und Datei die physischen Dateneinheiten Byte, Wort und Block gegenübergestellt, so ergeben sich folgende Entsprechungen:

Datenfeld < --------- > Byte(-kette) oder Wort(-kette)
Satz (Sätze) < ------ > Block
Datei < ------------- > Blockfolge

Bei der Zuordnung von semantischen Dateneinheiten zu Blöcken gibt es jedoch einige Freiheitsgrade. So können in einem Block ein Datenfeld, ein Segment, ein Datensatz oder mehrere Datensätze oder sogar eine ganze Datei enthalten sein (Abbildung 6.3).

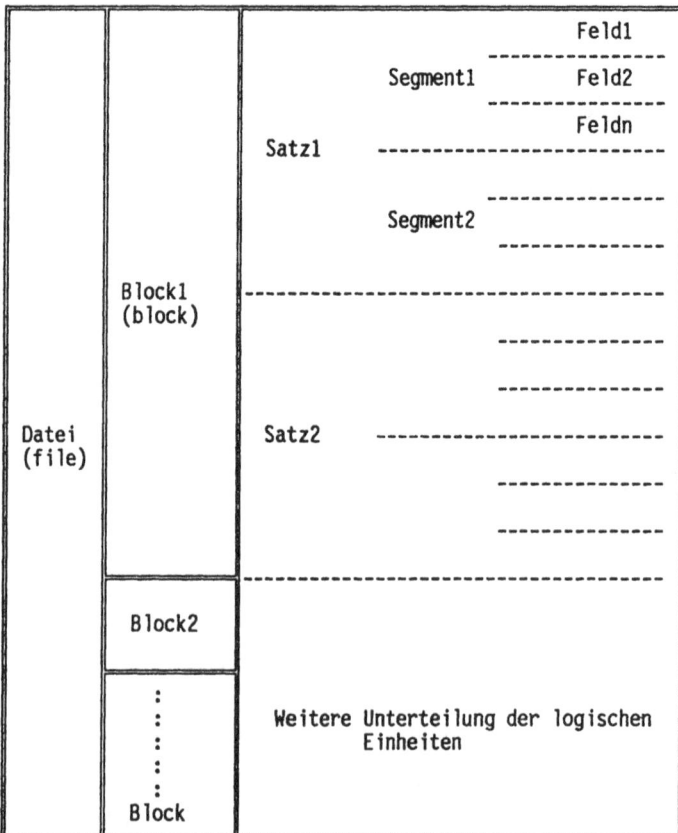

Abb. 6.3: *Der Zusammenhang zwischen logischen und physischen Einheiten*

Zwischen den gebildeten logischen und physischen Einheiten bestehen somit enge Verknüpfungen, so wie sie auch aus Abbildung 6.4 zu entnehmen sind. Hinzu kommt, daß für die Datenorganisation zwei Satztypen von Bedeutung sind, und zwar

- der lineare Satz und
- der nichtlineare Satz (Abbildung 6.5).

Der lineare Satz mit Feldern gleicher Rangordnung ist allein dem Ordnungsbegriff des Satzes zugehörig, ohne unter sich logisch unter- oder übergeordnet zu sein. Lineare Sätze sind von der Dateiorganisation her leicht zu handhaben und werden daher häufig realisiert. Enthalten Sätze Segmente, also logisch zusammengehörige Felder, so lassen sich diese durch lineare Graphen darstellen, wenn alle Segmente gleichgeordnet sind. Die Knoten stellen dann nicht mehr Felder, sondern Segmente dar (Baumstruktur).

Sonstige, **nichtlineare Strukturen** lassen beliebige Verbindungen zwischen den Knoten (Feldern) eines Satzes zu. Die Folgerung ist, daß

- der Aufbau der Sätze sehr unterschiedlich sein kann, die logische Struktur braucht jedoch nicht erhalten zu bleiben
- die Beschreibung der Sätze die Verbindung zwischen den Feldern zum Ausdruck bringen muß und
- die Zugriffsart und die Suchschritte eindeutig festgelegt sein müssen.

benutzerorientiert	verarbeitungstechnisch orientiert
Feld/Element kleinste Einheit (item)	bit einzelne; zweiwertige Stelle
Gruppenfeld Gruppe von Feldern (group item)	Byte (Wort) kleinste Verarbeitungseinheit
Datensatz Einheit von Feldern und/oder Gruppenfeldern (record)	Feld Zusammenfügung mehrerer Bytes oder Worte
Datei Sammlung sachlich zusammengehöriger Datensätze (file)	Satz physische Zusammenführung mehrer Felder zu einer logischen Verarbeitungseinheit
Datenbank System aus Dateien (data base)	Block Zusammenfügung mehrerer Sätze zu einer physischen Eingabe/ Ausgabeeinheit

Abb. 6.4: *Gegenüberstellung benutzer- und verarbeitungstechnisch orientierter Begriffe*

Felder gleicher Rangordnung (linear)

Personal – Nr.	Name	Beruf	F. – Stand	Kostenstelle	Gehalt

Felder ungleicher Rangordnung (nicht–linear) – hirarchisch

Teile
(Felder)

Zwischenprodukt
(Segmente)

Endprodukt
(Satz)

Felder ungleicher Rangordnung (nichtlinear) – vernetzt

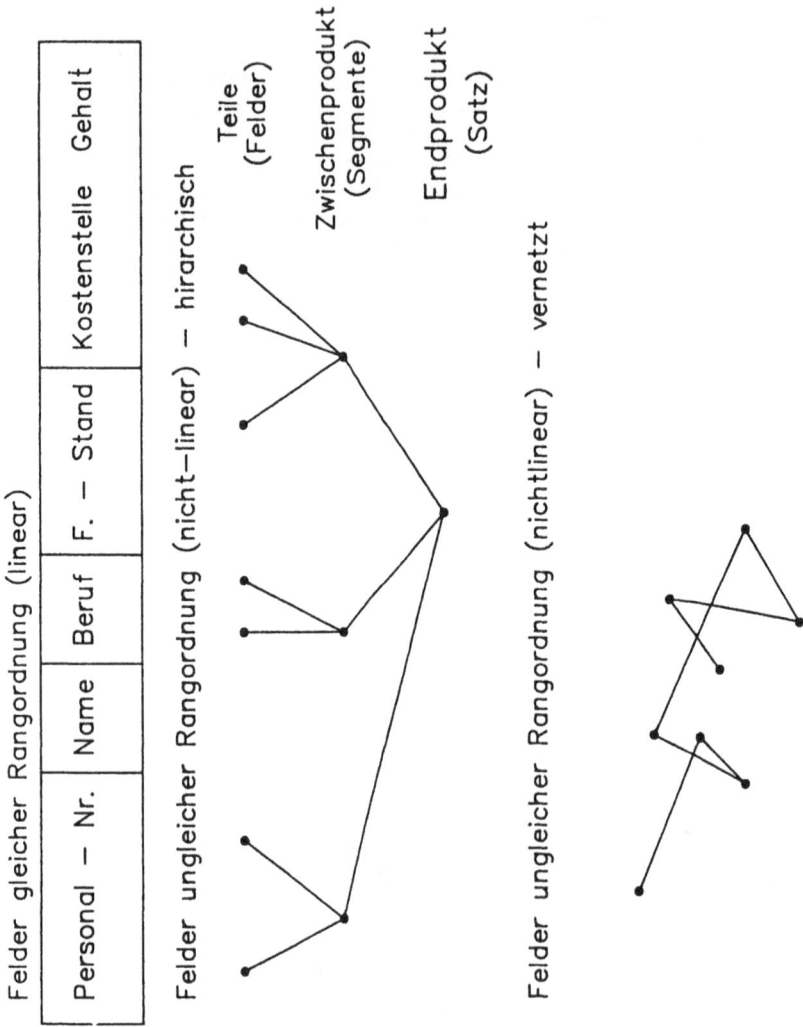

Abb. 6.5: Strukturtypen

6.2 Speicherorganisation

Daten können auf nicht adressierbaren Speichern (z.B. Magnetband) und auf adressierbaren Speichern (Direktzugriffsspeicher, z.B. Magnetplatte) gespeichert werden. Nicht adressierbare Speicher werden sequentiell mit Daten belegt. Bei adressierbaren Speichern kann die Belegung der Speicherplätze entweder sequentiell oder gezielt auf bestimmte Speicherplätze erfolgen.

6.2.1 Speicherungsformen

Der jeweilige Datenträger(-speicher) hat somit direkten Einfluß auf die Organisationsform. Hieraus resultieren die Speicherungsformen

- sequentiell,
- index-sequentiell und
- gestreut.

6.2.1.1 Sequentielle Speicherorganisation

Die **sequentielle** Organisation ist dadurch gekennzeichnet, daß sämtliche Datensätze in auf- oder absteigender Reihenfolge eines Ordnungsbegriffes (Schlüssels) abgespeichert sind, z.B. aufsteigende Reihenfolge von Kontonummern. Das Speichermedium wird fortlaufend (sequentiell), lückenlos beginnend beim ersten Speicherplatz mit Datensätzen belegt, wobei der Ordnungsbegriff die Folge der Datensätze auf dem Speichermedium bestimmt (Abbildung 6.6). Werden nicht alle verfügbaren Speicherplätze benötigt, so bleiben die Plätze mit den höchsten Speicheradressen frei:

- die Speicherung ist seriell, ebenso der Zugriff (Das Suchverfahren ist ohne Zeiger, ohne Adressrechnung.), wenn das Ordnungsprinzip für die Speicherung der zeitliche Anfall der Daten ist;
- die Speicherung ist logisch fortlaufend, wenn die Datensätze entsprechend dem Ordnungsbegriff der Datei aufsteigend oder absteigend sortiert gespeichert sind.

6.2.1.2 Index-sequentielle Speicherorganisation

Die **index-sequentielle** Organisation ist nur bei adressierbaren Speichern möglich. Sie verwendet sog. **Indextabellen** (Adreßtabellen). In der Indextabelle wird für jeden Datensatz der Ordnungsbegriff des Datensatzes mit der dazugehörigen Speicheradresse des Datensatzes gespeichert. Der Ordnungsbegriff ist in der Indextabelle entweder in auf- oder absteigender Reihenfolge gespeichert (Abbildung 6.7). Die Indextabelle wird bei der erstmaligen Speicherung der Daten erzeugt und zusätzlich zu den Daten gespeichert. Soll auf einen Datensatz zugegriffen werden, so wird mit Hilfe des Ordnungsbegriffes des entspre-

1. Datensatz

4711	Schulze, Karl	Stadtgraben 21, 4300 Essen

2. Datensatz

4712	Schulze, Michael	Wiesenstraße 2, 4000 Düsseldorf

n-Datensatz

9800	Maier, Kurt	Hauptstraße 1, 6300 Giessen

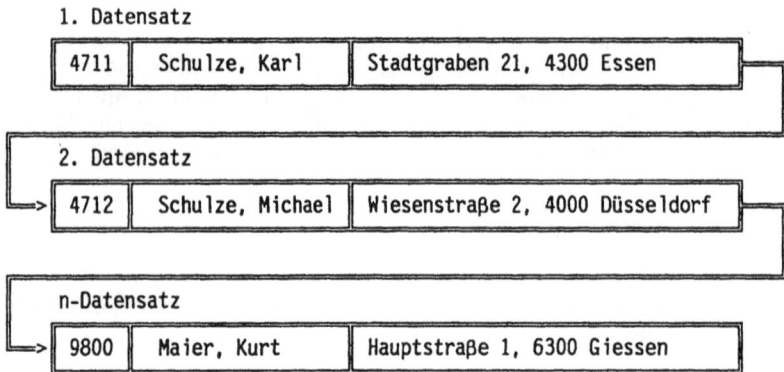

Abb. 6.6: *Beispiel für die sequentielle Speicherorganisation*

chenden Datensatzes zuerst in der Indextabelle der Ordnungsbegriff gesucht und dann kann anhand der dort ebenfalls gespeicherten Adresse auf den Speicherplatz des Datensatzes zugegriffen werden. Da der Ordnungsbegriff im Datensatz mit abgespeichert ist, kann zusätzlich geprüft werden, ob auch auf den richtigen Datensatz zugegriffen wurde.

Aus ökonomischen Gründen werden die adressierbaren Bereiche oft so groß gewählt, daß sie einen ganzen Datenblock, d.h. mehrere Datensätze, aufnehmen können. Die Indextabelle enthält dann bei z.B. aufsteigender Reihenfolge des Ordnungsbegriffes nur den höchsten Ordnungsbegriff der im Block (adressierbarer Bereich) gespeicherten Datensätze.

Bei umfangreichen index-sequentiellen Dateien läßt sich die Indextabelle zusätzlich in hierarchischen **Indexstufen** organisieren. Die höheren Indexstufen enthalten dabei keine Satzadressen, sondern immer nur die Adresse eines bestimmten Abschnittes der darunterliegenden Indexstufe, erst die letzte Indexstufe enthält schließlich die gesuchte Satzadresse. Je nach Bedarf können beliebig viele Indexstufen gebildet werden.

6.2.1.3 Gestreute Speicherorganisation

Bei der **gestreuten** Organisation können die Datensätze über die Beziehung "Ordnungsbegriff-Adresse" angesprochen werden; die Speicheradresse wird mit Hilfe eines Umrechnungsverfahrens aus dem Ordnungsbegriff ermittelt.

Indextabelle

Ordnungsbegriff	Speicheradresse
1022	001
1023	002
1025	003
1026	004
1027	005
1029	006
:	:

Aufsuchen eines
Datensatzes mit
dem Ordnungs-
begriff 1025

Speicherung der Datensätze

Speicheradresse	Ordnungsbegriff	Datenfelder	
001	1022	Mueller	Franz
002	1023	Scholz	Emil
003	1025	Braun	Inge
004	1026	Klot	Hans
005	1027	Werner	Margot
006	1029	Assmus	Volker
:	:	:	:

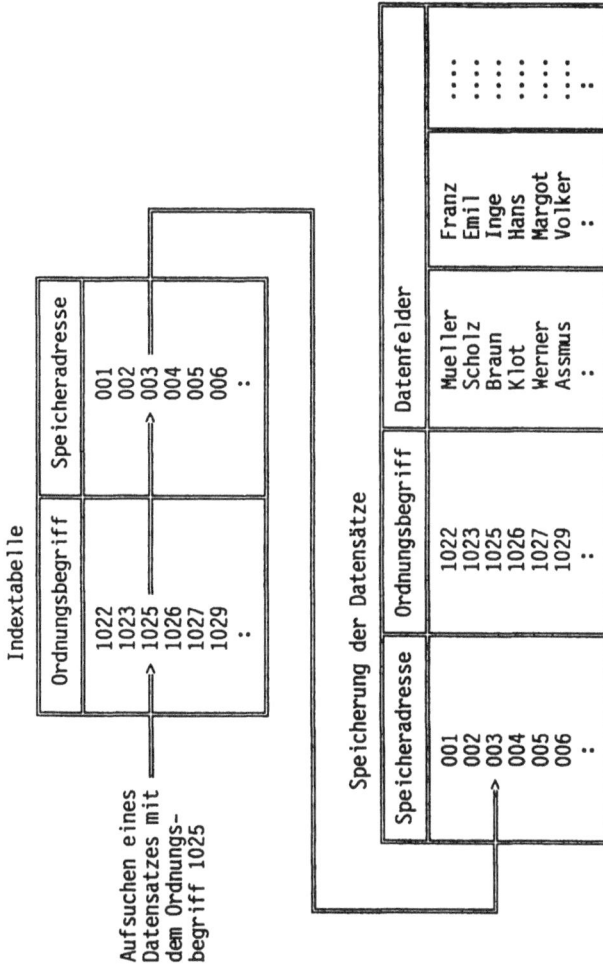

Abb. 6.7: Beispiel für die index-sequentielle Speicherorganisation

Folgende Schrittfolge ist notwendig:

Ordnungsbegriff des Datensatzes --- > Umrechnungsverfahren --- > Speicheradresse des Datensatzes

Bei der gestreuten Speicherung sind die Sätze ohne Verwendung eines Ordnungsprinzips auf dem Speichermedium angeordnet. Dabei treten Lücken der Belegung der Speicherplätze auf (Speicherplatzermittlung mit Hilfe einer Rechenformel; Adressierung etc.) Als Umrechnungsverfahren werden in der Praxis verschiedene Formen benutzt. Eine häufig anzutreffende Form wird in Abbildung 6.8 charakterisiert.

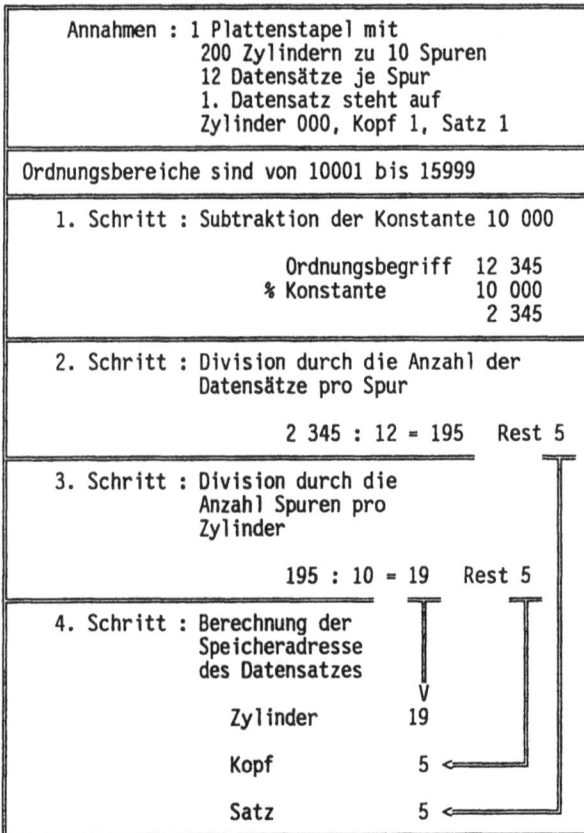

```
┌────────────────────────────────────────────────────────┐
│   Annahmen : 1 Plattenstapel mit                       │
│                200 Zylindern zu 10 Spuren              │
│                12 Datensätze je Spur                   │
│                1. Datensatz steht auf                  │
│                Zylinder 000, Kopf 1, Satz 1            │
├────────────────────────────────────────────────────────┤
│ Ordnungsbereiche sind von 10001 bis 15999              │
├────────────────────────────────────────────────────────┤
│   1. Schritt : Subtraktion der Konstante 10 000        │
│                                                        │
│                    Ordnungsbegriff   12 345           │
│               % Konstante            10 000           │
│                                       2 345           │
├────────────────────────────────────────────────────────┤
│   2. Schritt : Division durch die Anzahl der           │
│                Datensätze pro Spur                     │
│                                                        │
│                    2 345 : 12 = 195    Rest 5          │
├────────────────────────────────────────────────────────┤
│   3. Schritt : Division durch die                      │
│                Anzahl Spuren pro                       │
│                Zylinder                                │
│                                                        │
│                    195 : 10 = 19    Rest 5             │
├────────────────────────────────────────────────────────┤
│   4. Schritt : Berechnung der                          │
│                Speicheradresse                         │
│                des Datensatzes                         │
│                                                        │
│                Zylinder    19                          │
│                                                        │
│                Kopf         5 <─                       │
│                                                        │
│                Satz         5 <──────                  │
└────────────────────────────────────────────────────────┘
```

Abb. 6.8: *Beispiel für die Anwendung eines Umrechnungsverfahrens bei der gestreuten Speicherorganisation*

6.2.2 Die virtuelle Speicherorganisation

Als virtueller Speicher wird der gesamte, für eine Installation festgelegte Adreßraum, einschließlich der des installierten Hauptspeichers/Arbeitsspeichers der Zentraleinheit verstanden. Aufgabe des **virtuellen Speichers** ist die ablauffähige Bereithaltung aller Programme in der verlangten Form im Kernspeicher. Tatsächlich erfolgt die Abspeicherung und die Verwaltung der Programme auf einem externen Speicher. Der virtuelle Speicher umfaßt daher

- einen realen Teil und
- einen virtuellen Teil

als Adreßraum. Beide Teile sind gleich strukturiert und der **reale** Teil entspricht der Größe des realen, installierten Hauptspeichers; der **virtuelle** Teil ist der Bereich oberhalb des realen Adreßraumes. Virtuelle Speicher simulieren einen einzelnen großen Speicher mit schnellem Direktzugriff, in dem sie eine Speicherhierarchie (Stufenfolge von Speichern) mit Steuermechanismus versehen werden.

Um den realen Arbeitsspeicher effizient zu nutzen, beanspruchen beim Konzept des virtuellen Speichers nur solche Programmteile den realen Arbeitsspeicher, die bei der Ausführung unmittelbar benötigt werden. Der virtuelle Arbeitsspeicher (meist auf einem Magnetplattenspeichergerät) dient der Aufnahme aller zur Verarbeitung im Mehrprogrammbetrieb anstehenden Programme. Realer und virtueller Arbeitsspeicher werden hierbei organisatorisch in Bereiche ("Seiten") eingeteilt (Abbildung 6.9).

Auf einer Magnetplatte wird der virtuelle Adreßraum zur Verfügung gestellt. Dieser Adreßraum wird vom System in kleine Abschnitte aufgeteilt und verwaltet. Die Abschnitte entsprechen sog. **Seiten**, die bspw. 1024 oder 2048 oder 4096 Bytes groß sind. Auch der reale Adreßraum wird in solche Seiten eingeteilt. Sie werden **Blöcke** oder **Seitenrahmen** genannt. Jeder Block kann zur Ausführungszeit eine Seite aufnehmen. Speicherverwaltungsroutinen übernehmen in Form von Tabellen den Zustand der Seiten und der Blöcke, ebenso ihre Verwaltung. Sind alle Seitenrahmen belegt, sucht sich das System einen solchen längere Zeit nicht mehr benutzten Seitenrahmen.

Programme, die zur Ausführung in den realen Teil eingelesen werden sind **aktiv**; Programme, die in den Seiten des virtuellen Speichers bereitstehen, sind **inaktiv** (Abbildung 6.10).

Vor der Ausführung werden die Programme in den virtuellen Arbeitsspeicher gebracht. Die Adressen beziehen sich auf den virtuellen Arbeitsspeicher und müssen bei einer Verlagerung von Programmteilen (Seiten) in den realen Arbeitsspeicher umgerechnet werden. Die Umrechnung geschieht über Tabellen.

Magnetplatte

Seiten

virtueller Arbeitsspeicher

realer Arbeitsspeicher

Arbeitsspeicher

Seiten

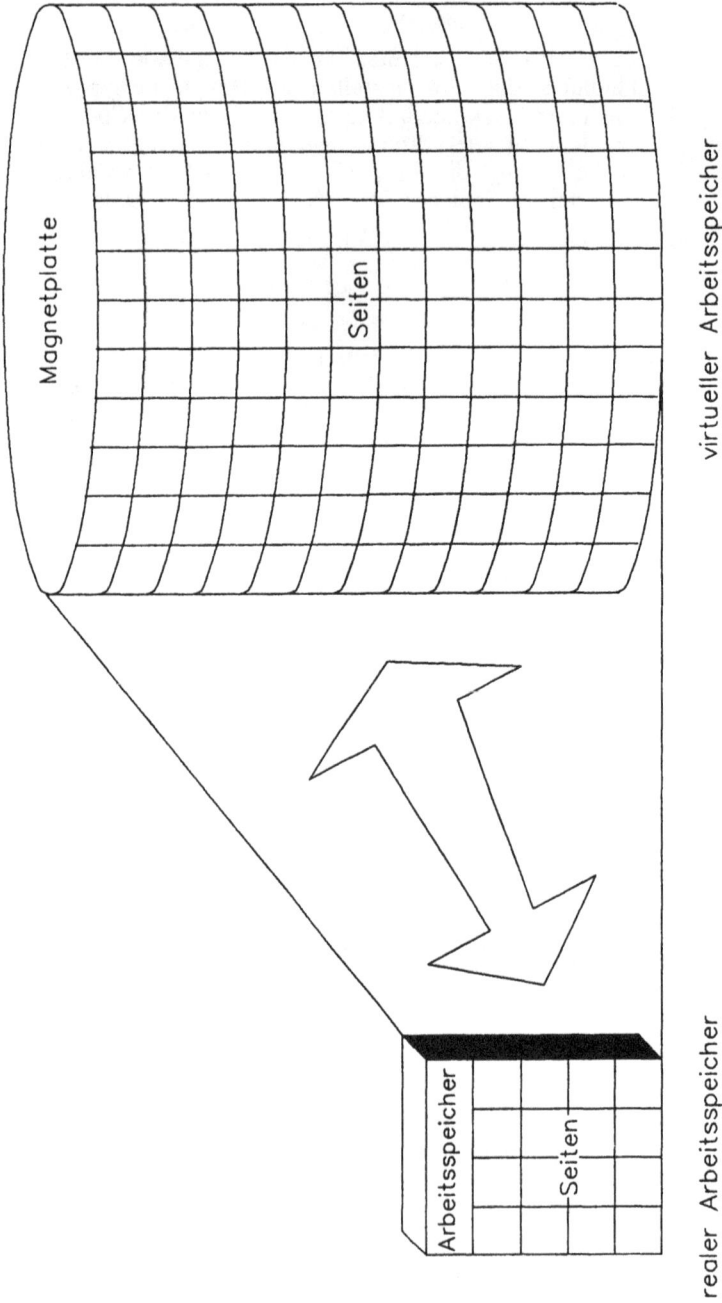

Abb. 6.9: *Schema der virtuellen Speicherorganisation*

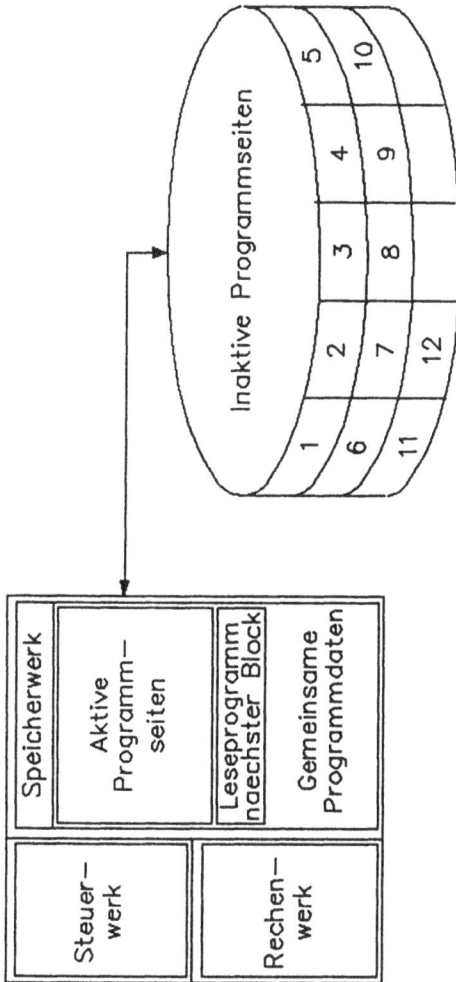

Abb. 6.10: *Aktive und inaktive Programmseiten*

Die **virtuelle Adresse** besteht aus

- einer Basisadresse mit Segment- und Seitennummer, sowie
- einer Distanzadresse (Abstand zum Seitenanfang)

mit einer Länge von je 12 Bits, Gesamtlänge 24 Bits. Die Adressen sind fortlaufend numeriert. Daher ist ihre Umrechnung (Interpretierung) einfach, wie
dies aus Abbildung 6.11 hervorgeht.

0 0 0 0 0 0 1 1	0 0 0 0 0	0 0 1 0 0 1 0 1 1 0 0
Segment	Seite	Distanzadresse

3   0   300

Segmenttabelle   Seitentabelle für Seite 3

Segment- Nr.	Verweis zur Seitentabelle		Seiten- Nr.	Seiten- rahmen
7			31	
6			:	
:			:	
3			:	
:			0	27

Abb. 6.11: *Komponenten und Interpretation der virtuellen Adresse*

6.2.3 Datenadressierung

Einmal abgespeicherte Daten müssen wiederfindbar und damit adressierbar
sein. Die Notwendigkeit ergibt sich aus dem Tatbestand, daß sie auf der einen
Seite Inputs für verschiedene Anwendungsprogramme sind, auf der anderen
Seite unterliegen sie - eben durch die Anwendungsprogramme - gewissen Änderungen, die als Aktualisierungsvorgänge jede Datei betreffen. In diesem Zusammenhang wird vielfach von der sog. Datenpflege gesprochen.

6.2.3.1 Anlässe der Datenadressierung

Unter **Datenpflege** versteht man alle Änderungen in der Speicherorganisation,
die sich aufgrund von Änderungen im Umweltbereich, den diese Daten abbil-

den, ergeben. Die Daten, die die Änderungen auslösen, werden allgemein als Bewegungsdaten bezeichnet. Die gespeicherten Daten, die geändert werden sollen, bezeichnet man allgemein als Bestandsdaten (Beachte synonyme Begriffsverwendung zur Datenbildung in betrieblichen Organisationen).

Es lassen sich grundsätzlich drei Fälle der Datenpflege unterscheiden:

- **Einfügen** eines Datensatzes (z.B. Einfügen einer neuen Kto.-Nr.),
- **Löschen** eines Datensatzes,
- **Aktualisieren** des Inhaltes eines Datensatzes, d.h. Änderung in einzelnen Datenfeldern (z.B. Aktualisieren des Gehaltsfeldes im Buchungssatz).

Ein großer Vorteil der index-sequentiellen Organisation ist die einfache Datenpflege. Sollen einzelne Felder eines Datensatzes **aktualisiert** werden, wird der entsprechende Datensatz in den Zentralspeicher eingelesen, die Felder werden geändert und der aktualisierte Datensatz wird auf den Speicherbereich zurückgeschrieben. Das **Löschen** ist ebenfalls recht einfach, da häufig nur der Eintrag (Ordnungsbegriff, Adresse) in der Indextabelle entfernt wird und somit der Datensatz nicht mehr angesprochen werden kann. Beim **Einfügen** eines Datensatzes gibt es prinzipiell zwei Möglichkeiten:

- Der einzufügende Datensatz wird in einem besonderen Bereich abgespeichert. In der Indextabelle wird der Ordnungsbegriff und die Speicheradresse an der entsprechenden Stelle eingefügt. Bei dieser Art entspricht die physische Reihenfolge der Datensätze nicht mehr der logischen Reihenfolge.
- Bei der zweiten Art des Einfügens entspricht die physische Reihenfolge der logischen Reihenfolge, da der einzufügende Datensatz an der logisch richtigen Stelle physisch eingefügt wird. Hierzu ist es allerdings notwendig, die dem einzufügenden Datensatz folgenden Datensätze zu verschieben. Diese erhalten somit eine andere Speicheradresse. In der Indextabelle ist dann der Ordnungsbegriff und die Speicheradresse des einzufügenden Datensatzes an der entsprechenden Stelle einzutragen und die Speicheradressen der folgenden Datensätze sind zu ändern.

6.2.3.2 Methoden der Datenadressierung

Prinzipiell sind zwei Methoden der Datenadressierung von wesentlicher Bedeutung, und zwar die direkte und die indirekte. Beide sind bereits im vorangegangenen Abschnitt 6.2.1 bzw. 6.2.2 angesprochen. Bei der **direkten Adressierung** werden Umrechnungsverfahren verwendet, die die Speicheradresse umkehrbar eindeutig aus dem Ordnungsbegriff bestimmen. Es besteht eine 1 : 1 Relation zwischen Ordnungsbegriff und Adresse. Somit bleibt die vorgegebene Sortierfolge der Datensätze erhalten, die physische Reihenfolge entspricht der logischen Reihenfolge.

Im einfachsten, aber auch seltensten Fall entspricht der Nummernkreis des Ordnungsbegriffes dem für die Speicherung vorgesehenen Nummernkreis der

Adressen, so daß eine Umrechnung entfällt:

Ordnungsbegriff	Speicheradresse
100	100
101	101
102	102
.	.
.	.
.	.

Hier haftet der Nachteil an, daß, wenn nicht alle Ordnungsbegriffe geschlossen belegt sind, Lücken entstehen, wodurch das Speichermedium nicht voll genutzt wird.

Bei der **indirekten Adressierung** werden Umrechnungsverfahren verwendet, die die Speicheradresse nicht mehr eindeutig aus dem Ordnungsbegriff ermitteln. Charakteristisch ist deshalb hier das Auftreten von Duplikatadressen und somit von theoretischen Mehrfachbelegungen einzelner Speicherbereiche, d.h. mehrere Datensätze mit unterschiedlichem Ordnungsbegriff haben die gleiche Speicheradresse. Ein Beispiel wurde in Abbildung 6.8 beschrieben. Tritt eine Mehrfachbelegung auf, so gilt i.a. folgende Regel:

- Der erste Satz (Haussatz) wird unter der errechneten Speicheradresse im sog. Hausbereich gespeichert.
- Der zweite, dritte usw. Satz (Überlaufsatz), für den die gleiche Speicheradresse zu errechnen ist, wird im sog. Überlaufbereich gespeichert.

Die vorgegebene Sortierfolge, d.h. Übereinstimmung von logischer und physischer Reihenfolge, bleibt somit nicht erhalten.

Ein weitverbreitetes Umrechnungsverfahren ist das sog. Divisions-Rest-Verfahren nach der Formel:

$$SA = \underbrace{\underbrace{S - [S:R] * R}_{\text{relative Adresse}} + A}_{\text{absolute Adresse}}$$

wobei

SA	=	Satzadresse
S	=	Ordnungsbegriff
A	=	Anfang des Speicherbereichs
B	=	Ende des Speicherbereichs
R	=	größte Primzahl kleiner B-A
[S : R]	=	ganzzahliger Teil des Klammerausdrucks

Beispiel:

A = 1000, B = 2000, B-A = 1000, R = 997, S = 48101
relative Adresse: 48101- [48101:997] * 997 = 245
absolute Adresse: 1000 + 245 = 1245

6.2.3.3 Datensuchverfahren

Die Fundstelle eines gesuchten Datensatzes auf dem Speichermedium ist seine **physische Adresse.** Jener Zusammenhang, der die gespeicherten Daten mit dem aktuellen Verarbeitungsprozeß verbindet, ist die **logische Adresse.** Bei einem Suchvorgang muß bei der Verwendung des wahlfreien Zugriffs die physische Adresse bekannt sein, im Falle des sequentiellen Speicherzugriffs werden die geforderten Daten in der Reihenfolge ihrer physischen Speicherung gelesen. Ein "Suchproblem" und damit die Notwendigkeit eines Suchverfahrens besteht daher beim wahlfreien Zugriff, wobei die Speicherungsart zumeist gestreut ist.

Suchverfahren sind Zugriffsverfahren. Beispiele sind in den Abbildungen (siehe Hinweise im Text) enthalten. Bei einem Suchvorgang können mehrere Zugriffe erforderlich sein. Ebenso können mit einem Zugriff mehrere Dateneinheiten erfaßt werden. Die Suchverfahren werden wie folgt eingeteilt:

- Suchverfahren ohne Zeiger, ohne Adreßrechnung,
- Suchverfahren ohne Zeiger, mit Adreßrechnung,
- Suchverfahren mit Zeigern, mit Adreßkettung und
- Suchverfahren mit Zeigern, Indizierung.

Beim Suchverfahren **ohne Adreßrechnung** werden drei Methoden unterschieden (Abbildung 6.12):

- Bei der **sequentiellen Suche** wird eine Datei von Beginn an Satz für Satz durchsucht, bis der das Suchargument führende Satz gefunden ist (Zugriffsgraphen).

- Beim **m-Wege Suchen** oder Sprungverfahren wird die zu durchsuchende Datei in Blöcke eingeteilt, wobei alle Blöcke dieselbe Anzahl von Sätzen enthalten. Zunächst muß der den Satz führende Block gefunden werden (Vergleich mit >, <, =);

- Bei der **binären Suche** wird die Suche in der Mitte der zu durchsuchenden Datei begonnen, das Suchargument mit dem Ordnungsbegriff verglichen; bei Ungleichheit wird die verbleibende Hälfte halbiert, derselbe Vergleich durchgeführt usw.

Beim Suchverfahren mit **Adreßrechnung** kann aus dem Suchargument die Adresse ermittelt werden, an der der gesuchte Satz steht. Es liegt ein logischer Zusammenhang zwischen dem Suchargument und dem Speicherplatz des gesuchten Satzes vor:

- Bei der **direkten** Adressierung liegt ein eindeutiger Zusammenhang zwischen dem Ordnungsbegriff und dem Speicherplatz des Satzes (siehe auch Abschnitt 6.2.3.2).
- Bei der **indirekten** Adressierung werden Algorithmen verwendet, um die Speicherplätze zu errechnen. Es gibt eine Vielzahl von möglichen Algorithmen (siehe auch Abschnitt 6.2.3.2 und Abbildung 6.8).

Bei der **Adreßverkettung** werden logisch zusammengehörige Daten, die getrennt voneinander gespeichert sind, durch sog. "Zeiger" miteinander verbunden. Zusammen mit jedem Datum wird der Zeiger (die Adresse) des folgenden logisch zugehörigen Datums gespeichert:

Suchargument - > Zeiger - > Datum - > Zeiger - > usw.

Verkettungen sind üblich zwischen

- Sätzen mehrerer Dateien,
- Sätzen einer Datei und
- Feldern, Segmenten eines Satzes (Abbildung 6.12).

Bei der **Indizierung** werden - im Gegensatz zur Adreßverkettung - die Zeiger nicht als Kettadresse in den Datensätzen gespeichert, sondern in speziellen Dateien, den sog. Indextabellen zusammengefaßt. Jeder Satz dieser Indextabelle enthält die Adressen der indizierten Datei. Ein Suchvorgang geht in zwei Schritten vor,

- durch Aufsuchen der Indexzeile und
- durch Zugriff zu den in der Indexzeile angegebenen Sätzen (Abbildung 6.7).

6.3 Datenbankorganisation

Im Rahmen der konventionellen Datenorganisation legt jeder Anwendungsprogrammierer den Satz- und Dateiaufbau selbst fest, d.h. er ist für die Organisation der benötigten Daten selbst verantwortlich. Er bedient sich ferner der vom Betriebssystem zur Verfügung gestellten Speicherungsverfahren (sequentiell, index-sequentiell usw.), wodurch auch der weitere Zugriff auf die Daten weitgehend festgelegt ist. Es werden Datenstrukturen bzw. -einheiten geschaffen, die in einzelnen Dateien münden.

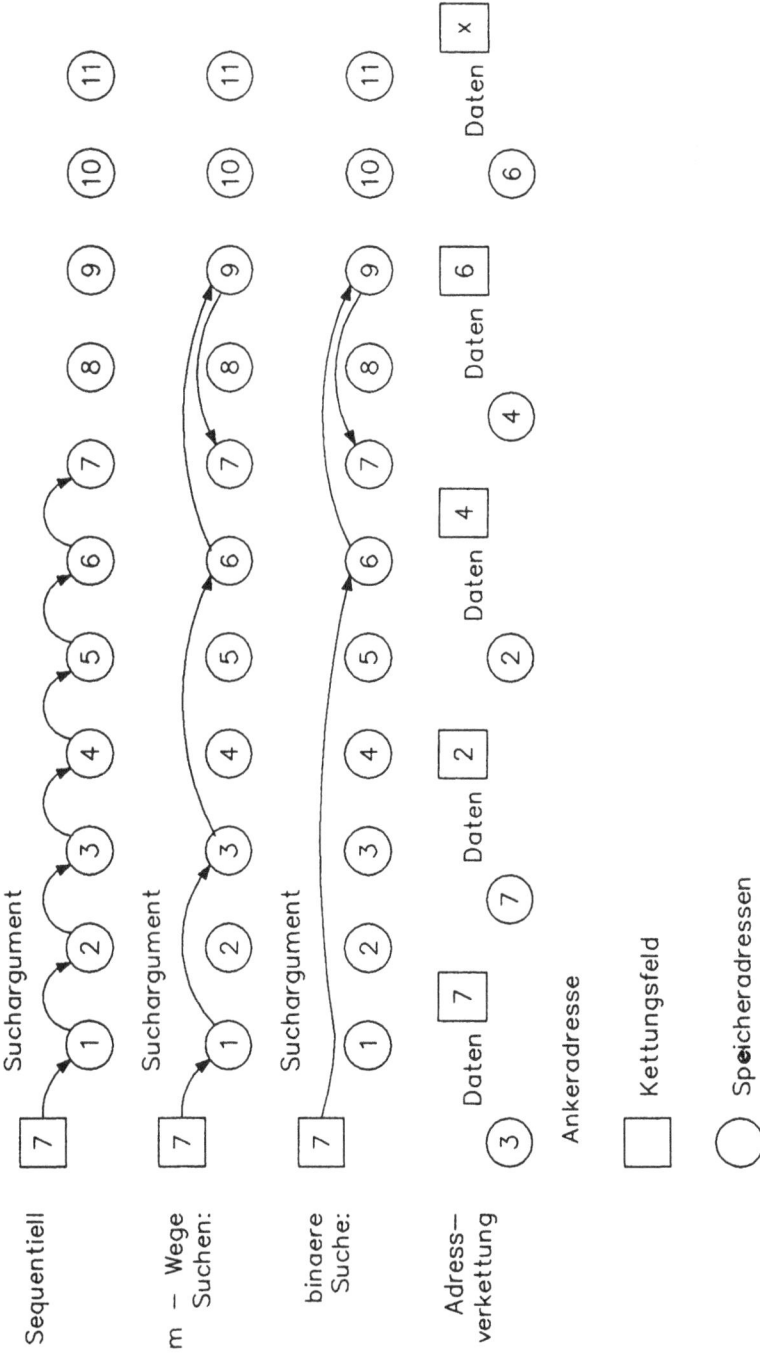

Abb. 6.12: *Ausgewählte Beipiele für Suchverfahren*

Gegenwärtig zeichnet sich eine Abkehr von dieser Arbeitsweise ab. Eine Vielzahl von Gründen, so die Mehrfachnutzung gleicher Datenbestände, oder die Rechnernetze mit neuartigen Zugriffsmechanismen oder andere Fakten sind verantwortlich:

- Die Datenverarbeitung dringt in die Fachabteilungen. Sie wird individuell. Die Benutzer benötigen aktuelle und aussagekräftige Daten.
- Die informellen Verflechtungen verschiedener betrieblicher Bereiche (Rechnungswesen, Logistik, Produktionssteuerung) und die damit verbundenen komplexen Datenbeziehungen verlangen die Nachbildung von Assoziationen.
- Doppelarbeiten, insbesondere im Erfassungsbereich weisen auf mangelhafte Beherrschung der Informationsmengen hin. Hinzu kommen Informationslawine, Wissensexplosion und heterogene Anwendungen.
- Die Informationsbedürfnisse wachsen; es droht Datenexplosion.

Diese Gründe bedingen einen Einsatz von Datenbanken bzw. -systemen.

6.3.1 Begriffliche Abgrenzungen

Unter einer **Datenbank** (engl.: data base) wird die systematische Sammlung von Datenbeständen (Dateien) verstanden, die durch ein Datenverwaltungssysssystem verwaltet und über ein Datenzugriffssystem mehreren Benutzern für beliebige Anwendungen zur Verfügung stehen. Charakteristisch für eine Datenbank sind folgende Eigenschaften:

- Zusammenfassung mehrerer Dateien,
- Trennung der Daten von den Anwendungen (Datenunabhängigkeit),
- Datenzugriff mit Hilfe eines Datenzugriffsystems,
- Verwendung der Daten für beliebige Anzahl von Anwendungen,
- Einmalspeicherung der Daten (Redundanzfreiheit),
- gleichzeitiger Zugriff mehrerer Anwender.

Zur genauen begrifflichen Abgrenzung ist anzufügen, daß sich der Begriff Datenbank eigentlich nur auf die gespeicherten Daten bezieht, während der Begriff **Datenbanksystem** (engl.: data base system) alle Funktionen, die der Speicherung und Wiedergewinnung von Daten in einer Datenbank dienen, beinhaltet.

Datenbanksysteme wurden also vorrangig entwickelt, um

- Redundanz zu vermeiden,
- eine zentrale Kontrolle der Datenintegrität zu ermöglichen, sowie
- Datenunabhängigkeit zu erreichen. Darunter ist die Eigenschaft von Anwendungsprogrammen, gegenüber Änderungen der Speicherstruktur und Zugriffspfade zu verstehen, in dem sie invariant ist, d.h. eine derartige Änderung erfordert keine Anpassung der Benutzerprogramme selbst.

Dadurch ergeben sich erhebliche Unterschiede zur konventionellen Dateiorganisation, wie diese in Abbildung 6.13 komprimiert zusammengefaßt sind. Die Vorteile der Datenbankorganisation werden insbesondere in bezug auf Datenunabhängigkeit, Strukturflexibilität und Redundanz sichtbar. Die **Datenunabhängigkeit** ist eine Eigenschaft, von Anwendungsprogrammen gegenüber Änderungen der Speicherstruktur und Zugriffspfade invariant zu sein. Eine Änderung der Strukturen zieht keine Anpassung der Anwendungsprogramme mit. Der Grund dafür liegt in der Eigenschaft von Datenbanksystemen, wo Speicherstruktur und Zugriffspfade im internen Schema definiert sind. Die **Strukturflexibilität** besagt, daß die gesamte Datenmenge oder Teile davon nach dem Bedarf der einzelnen Anwendung gelesen und strukturiert geliefert wird. Dies steht im Gegensatz zur konventionellen Datenorganisation, wo es kaum möglich ist, mit den gespeicherten Daten, andere als die vorgegebenen Auswertungen durchzuführen. Die **Redundanz** ist derjenige Teil der Nachricht, der keine Information enthält. Im Zusammenhang mit der Datenorganisation wird mit Redundanz das mehrmalige Vorhandensein der gleichen Daten artikuliert. Auf das Beispiel Kostenrechnung bezogen bedeutet Redundanz, daß Buchungen, die in die Kostenrechnung einfließen, meist aus der Finanzbuchhaltung, Fertigung, Materialabrechnung usw. stammen, so daß Einzelbuchungen, wenn sie in die Kostenarten-, Kostenstellen- und Kostenträgerrechnungen übernommen werden, nochmals gespeichert werden (redundant). Zwischen Kostenart und Buchungen bestehen 1:n-Beziehungen, die durch physisches Hintereinanderspeichern realisiert werden. 1:n-Beziehung bedeutet, daß zu jeder Kostenart mehrere Buchungen gehören; ebenso zu jeder Kostenstelle etc. Die Beziehungen zwischen Kostenarten und Kostenstellen sind vom Typ m:n, d.h. es sind in beiden Richtungen mehrere Verknüpfungen möglich. Da von jeder Kostenart mehrere Kostenstellen belastet werden können und für jeden Betrag ein Satz angelegt wird, führt dies zu redundanten Daten der Kostenarten- und Kostenstellenbeziehungen.

Vereinfacht dargestellt gilt folgende Vorstellung einer Datenbank (Abbildung 6.14).

6.3.2 Datenbankmodelle

Es gibt drei allgemein akzeptierte Datenmodelle:

- hierarchisches Datenmodell, z.B. IMS, BTRIEVE, DL1
- Netzwerk-Datenmodell, z.B. CODASYL, UDS
- relationales Datenmodell, z.B. ADABAS, ORACLE, SQL/DS, DB2, DBASE III, IMS/DC, DATAFLEX, RBASE, K-Man, REVELATION.

Man unterscheidet heute diese drei grundsätzlichen Konzepte, die sich durch ihre Darstellungsform und ihren Umfang hinsichtlich der abzubildenden Datenbeziehungen unterscheiden. Ihre Ausprägung erfahren sie durch die ihnen zugrundeliegenden Datenmodelle, wobei unter einem Datenmodell ein Vorschlag zur Beschreibung der Entities und ihrer Beziehungen, die im Schema abgebildet werden zu verstehen ist. Ein **Entity** bezeichnet alle Dinge z.B. einer

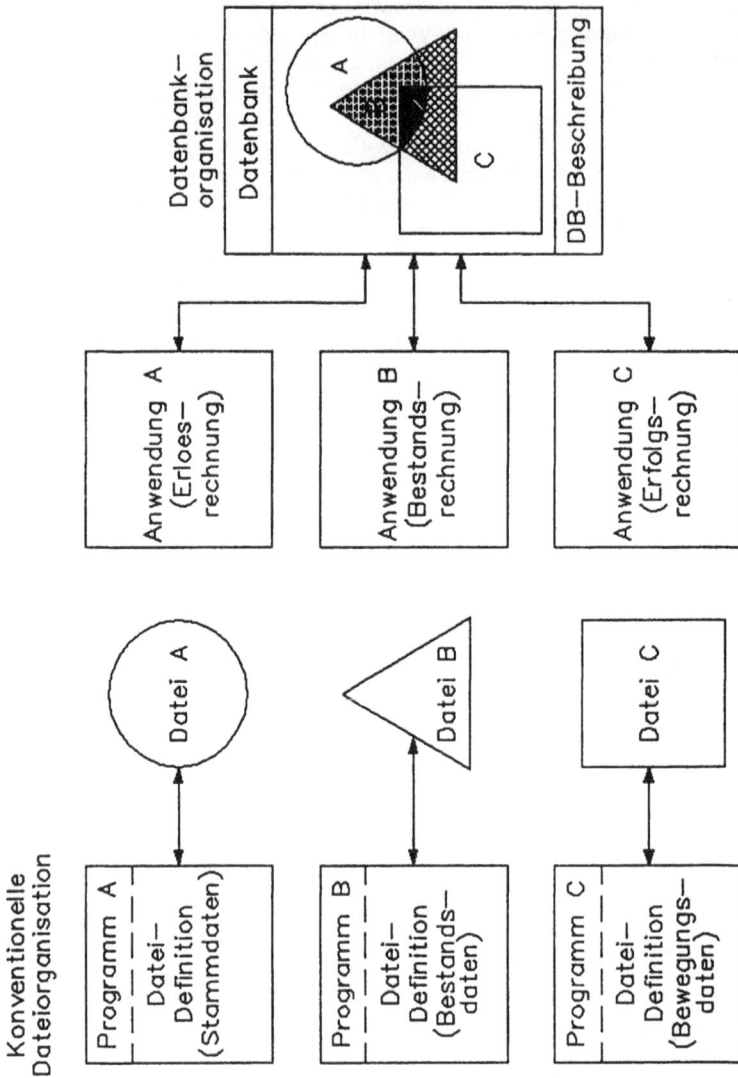

Abb. 6.13: *Vergleich konventioneller Datenorganisationen mit der Datenbankorga-nisation*

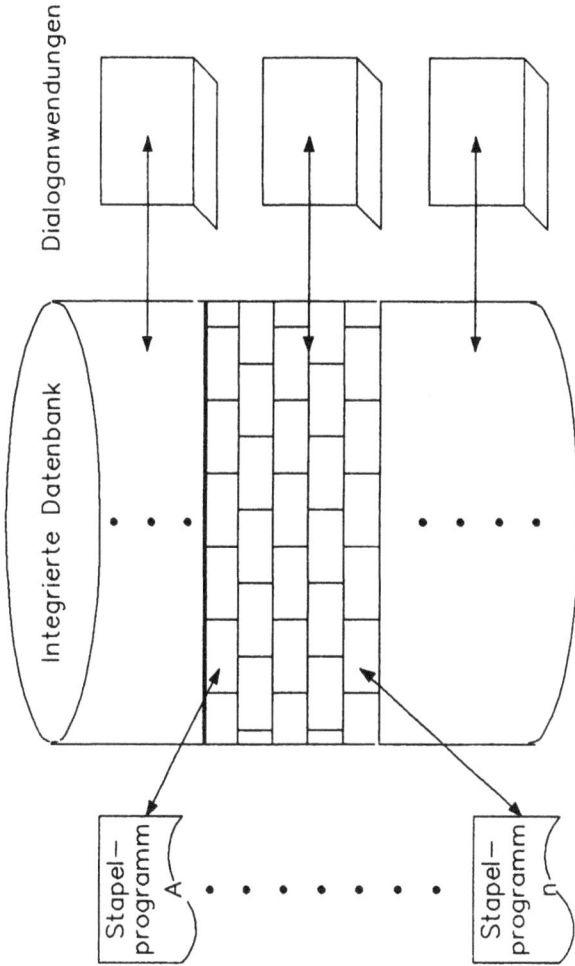

Abb. 6.14: *Vereinfachte Vorstellung über eine integrierte Datenbank*

Unternehmung, deren Eigenschaften als Daten gespeichert werden sollen (Kunden, Lieferanten, Kostenarten, Kostenstellen, Artikel usw.). Gleichartige Entities werden zu Mengen, den Entity-Typen, zusammengefaßt. So bilden z.B. alle Kostenarten den Entity-Typ "Kostenart".

Es ist von fundamentaler Bedeutung, daß alle auftretenden Beziehungen zwischen Entity-Typen auf binäre Verbindungen der Art 1:1, 1:n und m:n zurückgeführt werden können.

6.3.2.1 Das hierarchische Modell

Hierarchische Datenmodelle (engl.: hierarchical data model) haben ihren Ursprung in der Verarbeitung von sequentiellen Dateien innerhalb konventioneller Dateiverwaltungssysteme. Daher besteht nur ein geringer Unterschied zwischen Datenmodell und Speicherstruktur. Hierarchische Datenmodelle spielen heute keine wesentliche Rolle mehr, obwohl einige stark verbreitete Datenbanken (z.B. DL/1 und IMS von IBM) diesem Modell zugrundeliegen.

Innerhalb des hierarchischen Modells sind nur Baumstrukturen zugelassen (Abbildung 6.15). Die oberste Hierarchiestufe (ROOT) beinhaltet genau einen Entity-Typ, der als Einstieg in die Datenbank dient. Die darunterliegenden Entities werden über eine festgelegte Suchfolge (von oben nach unten, von rechts nach links) erreicht (Abbildung 6.16).

Das hierarchische Modell bietet lediglich die Möglichkeit 1:n-Beziehungen redundanzfrei zu speichern, während eine Netzstruktur (m:n-Beziehungen) in zwei Bäume aufgelöst werden muß, wodurch wieder Redundanzen auftreten.

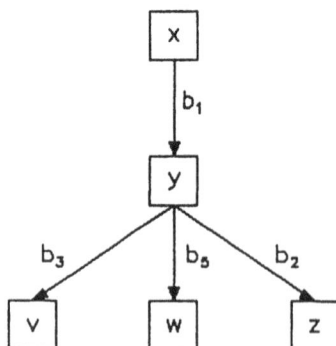

Abb. 6.15: *Baumartiger Graph*

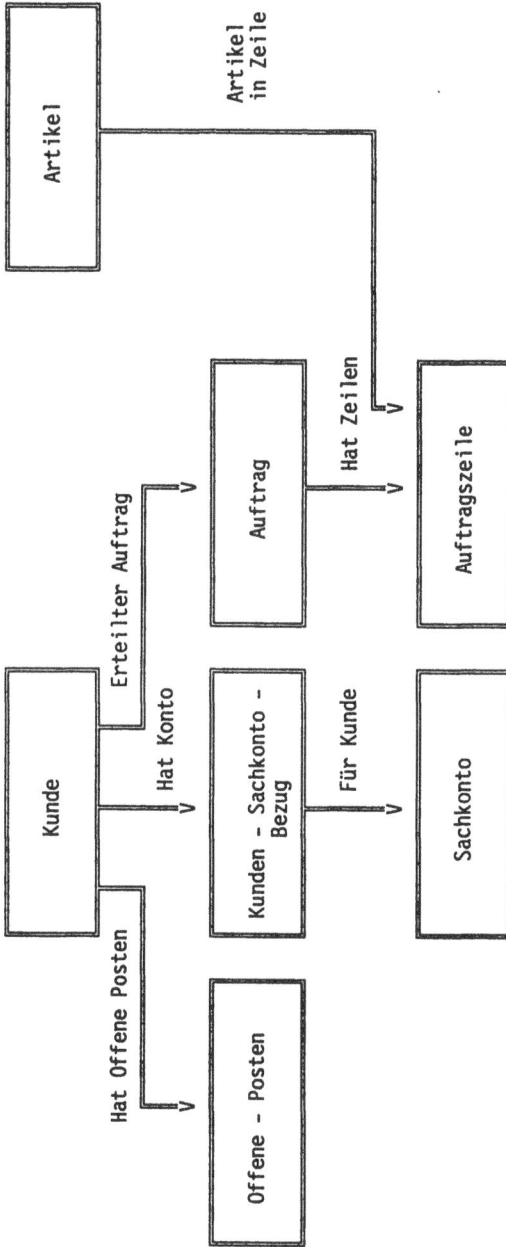

Abb. 6.16: *Grundaufbau des hierarchischen Datenbankmodells*

6.3.2.2 Das Netzwerk-Datenmodell

Netzwerkmodelle (engl.: network data model) basieren auf einem Vorschlag der DATA BASE TASK GROUP (DBTG) auf der Conference on Data Base Systems Languages (CODASYL). Im Abschnitt 6.3.4 werden die Grundzüge dieses Datenmodells detailliert beschrieben. Innerhalb dieses Datenmodells sind alle möglichen Beziehungen zwischen Entity-Typen zugelassen, wodurch man ein Netzwerk erhält.

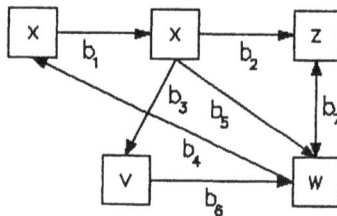

Abb. 6.17: *Netzwerkstruktur*

Das Netzwerkmodell muß dabei die Beschreibung der vorhandenen Entity-Typen und der vorkommenden Set-Typen beinhalten (Set = abstrakte Beziehung zwischen Entity-Typen). Als Eigenschaften des Netzwerkmodells sind folgende zu nennen:

- Verbindungen und Entity-Typen besitzen Namen,
- Verbindungen drücken 1:n-Beziehungen aus und
- eine m:n-Beziehung wird in zwei 1:n-Beziehungen aufgelöst.

Obwohl im Netzwerkmodell die logischen Datenstrukturen sehr anschaulich wiedergegeben werden, sind dennoch einige Nachteile vorhanden:

- Der Benutzer muß den Zugriffspfad für jedes Entity angeben, was die Datenunabhängigkeit einschränkt und
- m:n-Beziehungen können nicht direkt, sondern nur über die Einführung eines Verbindungsentity-Typs redundanzfrei dargestellt werden.

6.3.2.3 Das relationale Datenmodell

Für das **Relationenmodell** (engl.: relational data model) gelten nicht die bei der Beschreibung der anderen beiden Modelle aufgeführten Nachteile. Es wurde erstmals von CODD formuliert und 1970 veröffentlicht. Es zeichnet sich dabei vor allem durch seine Einfachheit und seine mathematische Formulierung aus.

In der Praxis ist das Relationenmodell von IBM in Form des System R und SQL/DS (Structured Query Language) existent, wobei SQL/DS in Zusammenarbeit mit anderen IBM Produkten wie CICS/DOS/VS und DL/I DOS/VS entwickelt wurde. Inzwischen existiert eine Vielzahl von Produkten, wobei für PC's dBase III und für Mainframes herstellerabhängige Lösungen Verbreitung fanden. Wesentlich für das Relationenmodell ist, daß viele Datenzusammenhänge innerhalb von Tabellen und zwischen verschiedenen Tabellen vom Benutzer hergestellt werden können. Die Darstellung einer Relation in einer Tabelle zeigt Abbildung 6.18.

Relation Kostenart

Kart-Nr.	Text	Betrag
1	Gehälter	100.000
2	Energie	20.000
.	.	.
.	.	.
.	.	.
.	.	.

Relation Kostenstelle

Kst-Nr.	Text	Betrag
a	Fertigung	150.000
b	Vertrieb	50.000
.	.	.
.	.	.
.	.	.

Relation Zurechnung

Kart-Nr.	Kst-Nr.	Betrag
1	a	50.000
1	b	100.000
2	b	2.000
.	.	.
.	.	.

Abb. 6.18: *Darstellung von Relationen*

Im Beispiel der Abbildung 6.18 bestehen m:n-Beziehungen zwischen Kostenarten und Kostenstellen, die durch die Kombination der beiden Attribute Kart-Nr. und Kst-Nr. ausgedrückt werden. "Zugriffspfade" wie beim Netzwerk-Modell brauchen beim Suchen einer Zeile nicht eingehalten zu werden, so daß direkt auf die Relation Kostenzurechnung zugegriffen werden kann. Zur Abbildung 6.18 ist noch folgendes anzufügen:

- Jede Tabelle ist genau ein Entity-Typ.
- Jede Zeile ist ein Entity.

- Die Spaltenüberschriften sind die Attribute und
- ein Attribut oder mehrere Attribute sind identifizierbare Schlüssel.

Für eine Relation sind dabei mehrere Merkmale charakteristisch (Abbildung 6.19):

- Keine Zeile kommt mehrfach vor.
- Es gibt mindestens ein Attribut, das ein Tupel eindeutig identifiziert (Schlüssel).
- Mehrere solcher Attribute heißen "Schlüsselkandidaten".
- Der gewählte Schlüssel heißt "Primärschlüssel".

Bei den Attributnamen wird vorausgesetzt, daß alle verschieden sein müssen. Neben den genannten Schlüsselattributen existieren auch Nicht-Schlüsselattribute.

Das Relationenmodell zeichnet sich gegenüber anderen Modellen durch eine Reihe von Vorteilen aus. Diese sind:

- ein hohes Maß an Datenunabhängigkeit, da nach Bedarf Relationen definiert werden können;
- Benutzerfreundlichkeit, da der Benutzer nichts über Zugriffspfade, Verbindungen, Ketten, Zeiger und dgl. wissen muß;
- leichte Verständlichkeit der tabellarischen Darstellung;
- hoher Nutzungsgrad, da der Benutzer seine eigenen Abfragen formulieren kann.

Das Relationenmodell ist deshalb in seiner Grundkonzeption als besonders flexibel und benutzerfreundlich anzusehen.

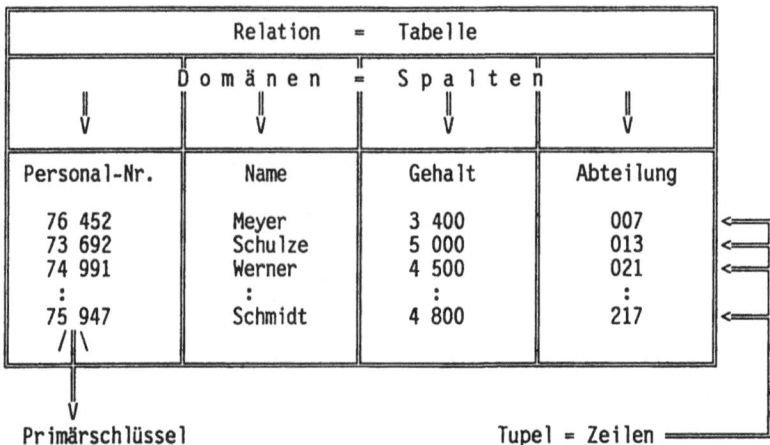

Abb. 6.19: *Relationales Datenbankmodell*

6.3.2.4 Codd'sche Normalformenlehre

Als wichtigstes Grundkonzept zur Strukturierung von relationalen Datenbanken ist der Normalisierungsprozeß anzusehen, bei dem aus vorgegebenen Datenstrukturen übersichtliche und redundanzfreie Relationen erzeugt werden. Bei diesem Normalisierungsprozeß kommt es zur Überführung einer unnormalisierten Relation in eine normalisierte Relation. Eine unnormalisierte Relation enthält auch unnormalisierte Attributmengen, während eine normalisierte Relation aus einfachen Attributmengen besteht, d.h. aus einer Menge von Werten, die nicht weiter zerlegbar sind. Von Codd wurde ein umfangreiches Instrumentarium entwickelt, um unnormalisierte Relationen in normalisierte Relationen umzuformen. Innerhalb der normalisierten Relationen können wiederum Relationen der 1., 2. und 3. Normalform unterschieden werden. Eine Relation befindet sich dabei in der 1. Normalform, wenn sie nicht weiter zerlegbare, d.h. nur einfache, Attribute besitzt. Relationen der 2. Normalform sind nur solche, die sich schon in der 1. Normalform befinden und wenn jedes Nicht-Primärattribut von R voll funktionsabhängig ist von jedem Schlüsselkandidaten von R. Die 3. Normalform hat Codd wie folgt definiert: Eine Relation ist in der 3. Normalform, wenn sie sich in der 2. Normalform befindet und jedes Nicht-Primärattribut von R nicht transitiv abhängig ist von jedem Schlüsselkandidaten.

Die Codd'sche Normalformenlehre dient dazu, logische Strukturen auf konzeptioneller Ebene zu bilden, wobei der Normalisierungsprozeß auf der funktionalen Abhängigkeit beruht.

6.3.3 Architektur von Datenbanksystemen

Ein **Datenbanksystem** (engl.: data base system) setzt sich aus

- einer Datenbank (engl.: data base) und
- einem Verwaltungssystem der Datenbank (engl.: data base management system)

zusammen. Die Datenbank dient der Aufnahme, der Speicherung der Daten; das Verwaltungssystem regelt den Aufbau, die Kontrolle und die Manipulation der Daten. Das Verwaltungssystem ist ein Softwareprodukt, das die Gesamtheit aller Komponenten enthält, die dem Aufbau, der Datenwiederfindung (-gewinnung) und der Kommunikation gelten. Es gliedert sich in drei Teile, in

- das **Datenaufbausystem** (Es dient dem Einspeichern, dem Aufbau und der Aktualisierung der Datenbestände; weiterhin wären hier Datensicherungs- und Schutzaufgaben anzuführen.),
- das **Datenwiedergewinnungssystem** (Es enthält die Funktion zur Datenbereitstellung, also Prüfen, Auswählen, Verknüpfen etc.) und
- das **Kommunikationssystem** (Es ist das Bindeglied zwischen EDV-Anwender und der Datenbank; Benutzerschnittstelle zur anwendergerechten Datenbe-

reitstellung incl. Sicherung der Daten gegen unbefugten Zugriff, Zerstörung und Manipulation).

6.3.3.1 Das Datenbanksystem

Zu einem Datenbanksystem gehören also nicht nur die Datenbank mit den gespeicherten Daten, sondern auch Komponenten, mit deren Hilfe der Dialog des Benutzers mit der Datenbank ermöglicht wird. Hier sind vor allem die **Datenbeschreibungssprache** DDL (Data Description Language) und die **Datenmanipulationssprache** DML (Data Manipulation Language) zu nennen (Abbildung 6.20).

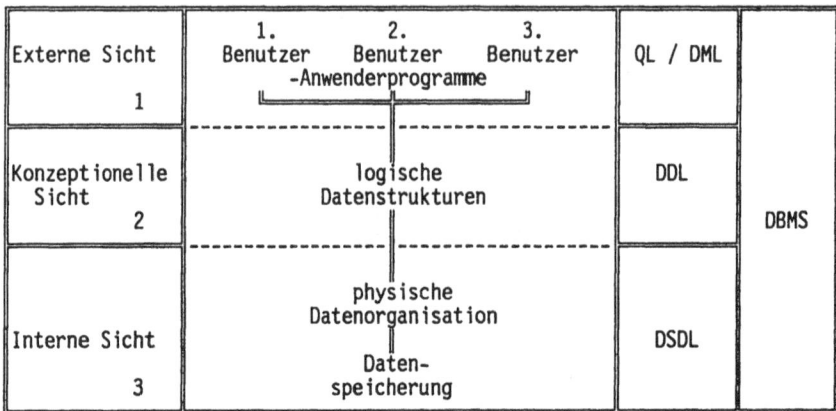

Externe Sicht 1	1. 2. 3. Benutzer Benutzer Benutzer -Anwenderprogramme	QL / DML	
Konzeptionelle Sicht 2	logische Datenstrukturen	DDL	DBMS
Interne Sicht 3	physische Datenorganisation Daten- speicherung	DSDL	

```
1  Applikation administrator : Entwicklung der Daten sowie der DB aus
                               externer Sicht, für die externen Modelle
2  Enterprise administrator  : Entwicklung und Pflege der Datenstruk-
                               turen aus konzeptioneller Sicht
3  Database administrator    : Entwicklung, Implementierung und Betreuung
                               der internen Datenmodelle
```

Abb. 6.20: *Schema des Datenbanksystems*

Das Herz jedes Datenbanksystems ist das **Datenmodell**. Aus dem Datenmodell kann die Menge der möglichen Operationen abgeleitet werden. Die Menge der Operationen für ein bestimmtes Datenmodell bildet die **Datenbanksprache**. Sie setzt sich aus

- der Datendefinition (konzeptuelles und externes Schema) und
- der Datenmanipulation

zusammen (Abbildung 6.21). Erstere wird mit Hilfe der Datenbeschreibungssprache (Abschnitt 6.3.3.2), letztere mit Hilfe der Datenmanipulationssprache (Abschnitt 6.3.3.3) geregelt.

Benutzer A1 Workspace

Benutzer A2 Workspace

Benutzer B1 Workspace

Benutzer B2 Workspace

externes Schema A

externes Schema B

Externes Modell A

Externes Modell B

extern <-> konzeptionell

Schema-wechsel

Daten-Modell - konzeptionelles Schema -

konzeptionell <->intern

Schema-wechsel

DBMS

Definition gespeicherter Strukturen (intern)

Wirkungsbereich Datenbank-Administrator

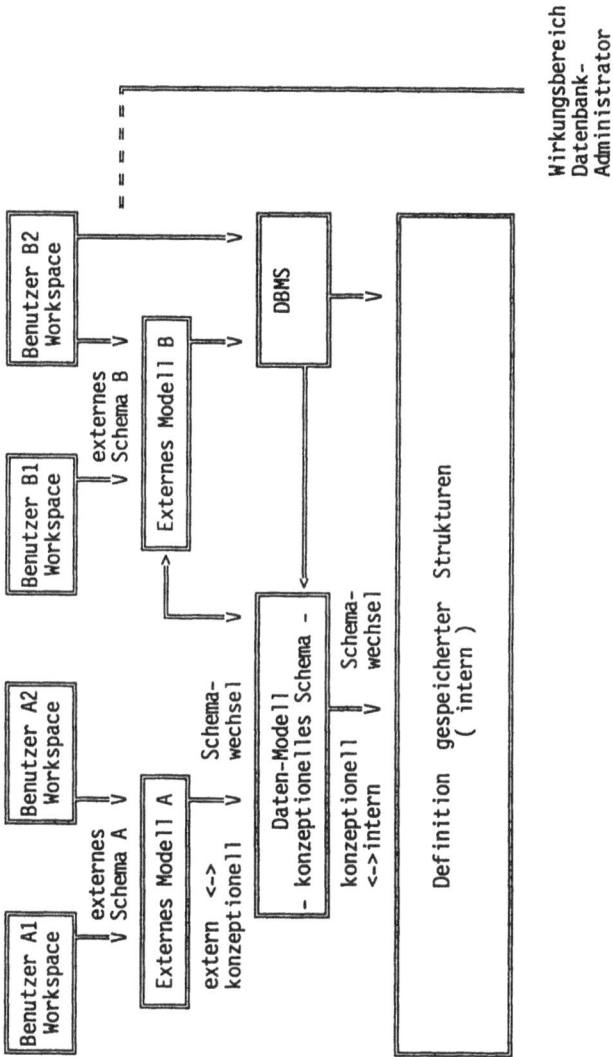

Abb. 6.21: *Architekturschema*

6.3.3.2 Die Datenbeschreibungssprache

Die **Datenbeschreibungssprache**, DDL, beschreibt die Daten; es wird das
Schema vom Benutzer formuliert. Die Beschreibung wird in einer **speziellen
Bibliothek** (engl.: data dictionary) extern gespeichert. Auf diese Beschreibung
greifen Anwendungsprogramme programmunabhängig zu. In ihr sind alle in
der Datenbank gespeicherten Daten und Dateien aufgeführt, deren Sätze und
Segmente beschrieben, und zwar bis zu den Namen der Datenfelder und ihrer
Attribute. Die Datenbeschreibungstafeln weisen schließlich auch die Zugriffsmöglichkeiten zu den Daten aus (Abbildung 6.22). Im Anschluß an die Abbildungen folgt ein Beispiel, aus dem das Umgehen mit Datenbeschreibungstafeln
ersichtlich wird.

Dateien -Datenfelder-	Feldattribute Länge	Zeichen		Zugriffsattribute d	i	k	
Konto-Nr.	6	num		X			
Bezeichnung	18	alpha					
Datum	6	num			X		
Betrag	10	num			X		
:	:	:					
:	:	:					
Personal-Nr.	6	num		X			
Name	20	alpha					
Anschrift	50	alpha					
Kostenstelle	4	num			X		
Konto-Nr.	6	num				X	
:	:	:					

d=direkt   k=Verkettung
i=Index

Abb. 6.22: *Auszug aus einer Datenbeschreibungstafel*

Beispiel:

Datenbeschreibung (Entities und Attribute) für den Vertrieb eines Handels-
unternehmens in Anlehnung an Abbildung 6.23.

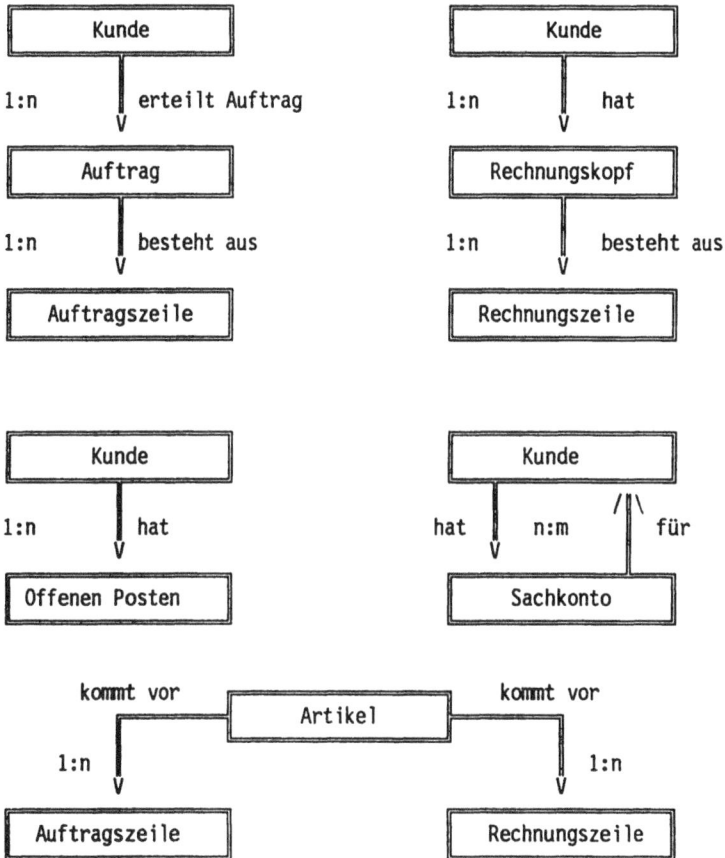

Abb. 6.23: *Daten und ihre Beziehungen*

Datenbeschreibung:

Artikel   (Artikel-Nr., Bezeichnung, Preis, Rabatt, Bestand, Meldebe
               stand)

Auftrag   (Auftrags-Nr., Kunden-Nr., Lieferdatum, Bestelldatum, < Ar
               tikel-   Nr., Menge, Preis, Konditionsschlüssel >; Notation
               für Wiederholungsgruppe < repeating group >)

Kunde   (Kunden-Nr., Kundenname, Kundenadresse, Versandan
               schrift, < Rechnungs-Nr., Auftrags-Nr. >)

Offene-Posten/
Debitoren   (Rechnungs-Nr., Auftrags-Nr., Kunden-Nr., Aus-gangsdatum,
                   Rechnungsbetrag, Skonto, Zahlungstermin, Mahnkennziffer)

Sachkonto   (Konto-Nr., Summe-Soll, Summe-Haben)

Rechnung   (Rechnungskopf, < Rechnungszeile >)

Rechnungs-
name   (Rechnungs-Nr., Kunden-Nr., Datum, Kundenkopf, Kunden
                   anschrift, Rechnungsbetrag)

Rechnungs-
zeile   (Rechnungs-Nr., Artikel-Nr., Artikelbezeichnung, Preis,
                   Menge, Betrag)

Datendefinition (auszugsweise):
.
.
.

AREA NAME IS Vertrieb

RECORD NAME IS Kunde
    LOCATION MODE IS CALC USING Kunden-Nr.
    DUPLICATES ARE NOT ALLOWED WITHIN Vertrieb.
    02 Kunden-Nr.   PIC X(8)
    02 Kundenname   PIC A(32)
    02 Kundenanschrift   PIC A(255)
    02 Versandanschrift   PIC A(255)
.

.

.

RECORD NAME IS Auftrag
    LOCATION MODE IS VIA Erteilter-Auftrag SET WITHIN Vertrieb.
    02 Auftrags-Nr.   PIC X(10)
    02 Lieferdatum   PIC A(8)
    02 Bestelldatum   PIC A(8)
    02 Auftragsbeschreibung   PIC A(255)

RECORD NAME IS Auftragszeile
    LOCATION MODE IS VIA Hat-Zeilen SET WITHIN Vertrieb.
    02 Artikel-Nr.   PIC X(10)
    02 Artikelbeschreibung   PIC A(255)

RECORD NAME IS Artikel
    LOCATION MODE IS CALC USING Artikel-Nr.
    DUPLICATES ARE NOT ALLOWED WITHIN Vertrieb.
    02 Artikel-Nr.   PIC X(10)
    02 Artikelbezeichnung   PIC A(20)
    02 Beschreibung   PIC A(255)
    .
    .
    .

    SET NAME IS Alle-Artikel
    OWNER IS SYSTEM
    ORDER IS PERMANENT SORTED BY DEFINED KEYS
    MEMBER IS Artikel MANDATORY AUTOMATIC
    KEY IS ASCENDING Artikel-Nr.
    SET SELECTION IS THRU Alle-Artikel
    OWNER IDENTIFIED BY SYSTEM
    .
    .
    .

    SET NAME IS Alle-Sachkonten
    OWNER IS SYSTEM
    ORDER IS PERMANENT SORTED BY DEFINED KEYS
    MEMBER IS Sachkonto MANDATORY AUTOMATIC
    KEY IS ASCENDING Artikel-Nr.
    SET SELECTION IS THRU Alle-Sachkonten
    OWNER IDENTIFIED BY SYSTEM

    SET NAME IS Hat-Offene-Posten
    OWNER IS KUNDE
    ORDER IS PERMANENT SORTED BY DEFINED KEYS
    MEMBER IS Offene-Posten MANDATORY AUTOMATIC
    KEY IS Rechnungs-Nr.
    SET SELECTION IS THRU Hat-Offene-Posten
    OWNER IDENTIFIED BY CALC-KEY
    .
    .
    .

    SET NAME IS Erteilter-Auftrag
    OWNER IS Kunde
    ORDER IST PERMANENT SORTED BY DEFINED KEYS
    MEMBER IS Auftrag MANDATORY AUTOMATIC
    KEY IS ASCENDING Auftrags-Nr.
    SEARCH KEY IS Auftrags-Nr. USING INDEX DUPLICATES ARE
NOT ALLOWED.

SET SELECTION IS THRU Erteilter-Auftrag
OWNER IDENTIFIED BY CALC-KEY

SET NAME IS Hat-Zeilen
OWNER IS Auftrag
MODE IS CHAIN
ORDER IST SORTED
MEMBER IS Auftragszeile OPTIONAL AUTOMATIC
LINKED TO OWNER
KEY IS ASCENDING Artikel-Nr.
SET SELECTION IS THRU Hat-Zeilen
OWNER IDENTIFIED BY Auftrags-Nr.
THEN THRU Artikel-In-Zeile WHERE OWNER IDENTIFIED BY
Artikel-Nr.

SET NAME IS Artikel-in-Zeile
OWNER IS Artikel
ORDER IST PERMANENT SORTED BY DEFINED KEYS
MEMBER IS Auftragszeile MANDATORY AUTOMATIC
KEY IS ASCENDING Artikel-Nr.
MEMBER IS Rechnung OPTIONAL MANUAL
SET SELECTION IS THRU Artikel-in-Zeile
OWNER IDENTIFIED BY CALC-KEY

6.3.3.3 Die Datenmanipulationssprache

Datenmanipulationssprache, DML, dient dem Wiederauffinden, dem Ändern
und Einfügen von Daten in einer Datenbank, wobei sie zum einen eine selbständige Sprache, zum anderen in eine höhere Programmiersprache (z.B. CO-
BOL), die als Trägersprache (engl.: host language) dient, eingebaut sein kann.
Die DML ist die wichtigste Benutzerschnittstelle des Datenbanksystems.

Heute besteht der Trend, benutzerfreundlichere Sprachen zu entwickeln, um
vor allem gelegentlichen Benutzern die Möglichkeit zu geben, mit der Datenbank zu arbeiten. Es wird zwischen prozeduralen und deskriptiven Sprachen, je
nachdem, wie die Daten bei der Anfrage ausgewählt werden, unterschieden.
Prozedurale Sprachen finden vor allem Einsatz in Datenbanksystemen nach
dem Hierarchischen- und dem Netzwerk-Modell und erfordern Programmier-
kenntnisse. Typische Sprachelemente für prozedurale Sprachen sind Holen,
Speichern und Löschen von einzelnen Sätzen. **Deskriptive Sprachen** sind dagegen mehr auf gelegentliche Benutzer und interaktive Anwendungen ausgerichtet. Hier steht die Formulierung des Ergebnisses im Vordergrund. Alle Typen
von DML sind sowohl auf Datenbanksysteme des Netzwerk- und des Relatio-
nenmodells aufsetzbar. Es ist aber unbestritten, daß für besondere benutzer-
freundliche Sprachen, die also die Merkmale Selbständigkeit, Deskriptivität
und Freiheit besitzen, Datenbanksysteme nach dem Relationenmodell beson-

ders geeignet sind. Die drei genannten Attribute: selbständig, deskriptiv und frei sind z.B. bei der interaktiven Query-Sprache von SQL/DS realisiert durch die Wörter SELECT, FROM, WHERE. Mit diesen drei Wörtern können bereits sehr komplizierte Anfragen gestellt werden:

- SELECT welche Daten (Feldnamen),
- FROM woher (Tabellennamen)
- WHERE bestimmte einzuhaltende Bedingungen (falls vorhanden).

Außerdem können Anlisten, Anzeigen, Sortieren etc. von Daten, Tabellen oder Teilen daraus; Kombinieren, Berechnen, Formatieren, Hinzufügen, Ändern, Löschen und andere Funktionen erfüllt werden.

Nachfolgendes Beispiel zeigt die Anwendung einiger Sprachelemente von Datenmanipulationssprachen:

(1) **Update**
MOVE Given-Kunden-Nr. TO Kunden-Nr.
FIND Kunde RECORD.
FIND Offene-Posten RECORD VIA CURRENT OF Hat-Offene-Posten
SET USING Given-Rechnungs-Nr.
MOVE Neuer-Rechnungsbetrag TO Rechnungsbetrag.
MODIFY Offene-Posten RECORD.

(2) **Einfügen**
MOVE Given-Kunden-Nr. TO Kunden-Nr.
MOVE Neue-Auftrags-Nr. TO Auftrags-Nr.
MOVE Neues-Lieferdatum, Bestelldatum, Auftragsbeschreibung TO
    Auftrag.
STORE Auftrag RECORD.

(3) **Auflisten**
MOVE Given-Auftrags-Nr. TO Auftrags-Nr.
FIND Auftrag RECORD.
FIND FIRST Auftragszeile RECORD OF Hat-Zeilen-SET.
LOOP: IF STATUS = "NOT FOUND"
    THEN GO TO FINISHED
    GET Auftragszeile RECOR
    WRITE Auftragszeile FROM LINE.
    FIND NEXT Auftragszeile RECORD OF Hat-Zeilen-SET.
    GO TO LOOP.
FINISHED: CLOSE Database-Area.

6.3.4 Charakterisierung von CODASYL-Datenbanksystemen

Die DV-Praxis setzt Datenbanksysteme in verschiedenen Formen mit verschiedenen Modellen ein. Nicht zuletzt durch den Mikrocomputer sind Datenbanksysteme nach dem relationalen Schema im Vormarsch. Ein weit verbreitetes System stellen Anwendungen dar, die auf den CODASYL-Empfehlungen beruhen. Die nachfolgende auszugsweise Wiedergabe dieser Systemgruppe soll die Arbeitstechniken mit Datenbanken aus Benutzersicht charakterisieren. Auf Einzelheiten und Wertungen wird daher verzichtet.

Bei CODASYL-Datenbanksystemen wird eine Datenbank in ihrer Struktur mit Hilfe einer Datendefinitionssprache beschrieben. Die Datenbankdefinition umfaßt die Festlegung aller **Satzarten** der Datenbank und aller logischen **Beziehungen** zwischen Satzarten, soweit die Beziehungen durch die Datenbankstruktur wiedergegeben werden sollen. In den nachfolgenden Ausführungen ist eine Datenbankstruktur mit drei einfachen Satzarten gegeben: Bestandsätze (alt), Bewegungssätze und Bestandsätze (aktualisiert, neu). Ein Auftrag des Kunden mit der Firmennummer 4711 wird in der Datenbank wiedergegeben durch einen **Auftragskopfsatz** (AUFTRAG), der die allgemeinen Auftragsdaten wie Auftragsnummer, Auftragsdatum, enthält und durch einen Satz je **Auftragsposition** (AUFTRAGSPOSITION), der jeweils den gewünschten Artikel und die gewünschte Menge angibt.

In der **Datenbankstruktur** ist eine Beziehungsart F-A zwischen FIRMA und AUFTRAG und eine Beziehungsart A-P zwischen AUFTRAG und AUFTRAGSPOSITION definiert. Die Festlegung dieser Beziehungsarten führt dazu, daß die zusammengehörigen Einzelsätze bei der Einspeicherung miteinander zu verketten sind.

Diese Datenbankstruktur wird bei CODASYL-Datenbanksystemen in einer Datendefinitionssprache festgelegt, und zwar werden konkret alle Satzarten der Datenbank (FIRMA,...) mit ihren Datenfeldern (FIRMENNUMMER, FIRMENANSCHRIFT,....) definiert, ebenso alle Beziehungsarten. Beziehungsarten (SET) sind bestimmt durch die Angabe der Satzart, von der Beziehung ausgeht (**OWNER-Satzart**) und durch die Angabe der Satzarten, die als Glieder (**MEMBER-Satzarten**) in diese Beziehung mit aufgenommen werden. In dem angegebenen Beispiel ist FIRMA Owner in der Beziehung F-A und AUFTRAG ist Member. SET's können zwischen einer Ownersatzart und beliebig vielen Membersatzarten aufgebaut werden, solange eine Restriktion erfüllt ist, und zwar darf in einer Beziehungsart nicht gleichzeitig zwei oder mehr zugehörige Ownersätze vorkommen. Diese Restriktion liegt in der Verweistechnik zwischen den einzelnen Sätzen einer Beziehung begründet. Jeder Einzelsatz kann nur einen Pointer (Verweis zum nächsten zugehörigen Satz in dieser Beziehung) tragen. In einem Datenbankschema sind alle Satzarten mit ihren Beziehungsarten enthalten, daneben wird auch noch eine Unterteilung der Datenbank in Teilbereiche definiert, die mit der Unterteilung nach Satzarten nicht konform sein muß. Ein Teilbereich kann Sätze unterschiedlicher Satzarten enthalten und eine Satzart kann mit ihren Einzelsätzen über mehrere Teilbereiche verteilt werden. Die Unterteilung ist auf die Verwaltung der Gesamtdatenbank ausgerichtet, während die Unterteilung nach Satzarten durch die Logik der Anwendung bestimmt ist (Abbildung 6.24).

Aus einem Teilbereich werden die Sätze, wie bei anderen Dateien auch, nicht einzeln in den Arbeitsspeicher übertragen, sondern in Seiten. Ein Datenbankschema umfaßt Daten unterschiedlicher Anwendungsbereiche, die von Programmen in unterschiedlichen Programmiersprachen verarbeitet werden sollen. Als Programmiersprache kommt bei CODASYL-Datenbanksystemen vor allem COBOL in Frage, aber auch FORTRAN oder PL/1 können eingesetzt werden. Sie werden zur Abwicklung von Datenbankoperationen erweitert um **Datenmanipulationsbefehle**. Diese Datenmanipulationsbefehle fließen mit in das COBOL-Anwendungsprogramm ein. Beispiele für Datenmanipulationsbefehle sind z.B. Schreiben (STORE...), Lesen (FIND, GET, ...) Verändern (MODIFY,...) und Löschen (DELETE,...).

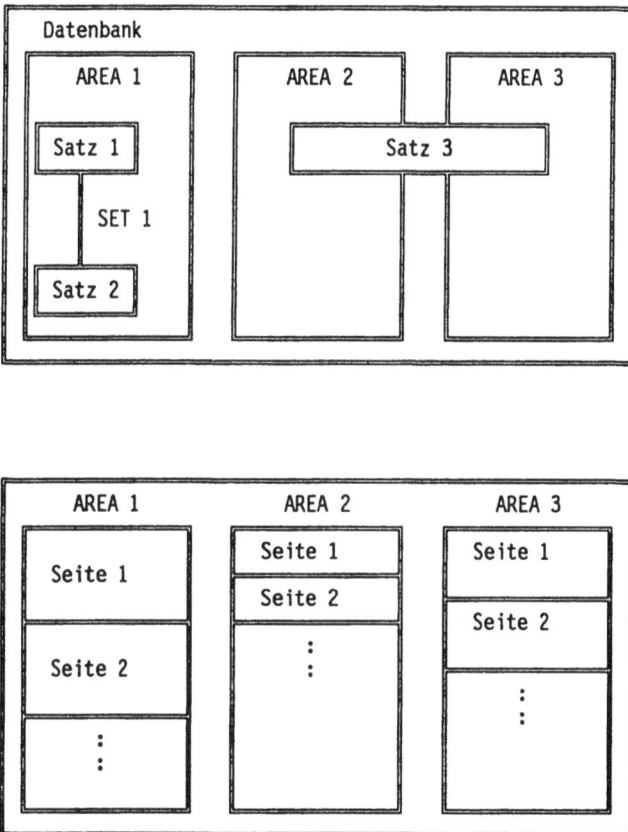

Abb. 6.24: *Aufteilung einer Datenbank nach Satzarten und Beziehungsarten (oben) und nach Teilbereichen (Areas) und Seiten (unten).*

Abbildung 6.25 zeigt die Abwicklung eines Datenbankzugriffs aus einem Anwendungsprogramm heraus.Sie zeigt eine Arbeitsspeicherbelegung mit zwei Anwendungsprogrammen, die jeweils einen besonders ausgewiesenen Arbeitsbereich für die Aufnahme der Datensätze besitzen. Vom ersten Anwendungsprogramm wird eine Anforderung zum Lesen eines Datensatzes aus einer Datei der Datenbank an die Datenbankverwaltungsroutinen im Arbeitsspeicher geleitet. Diese Anforderung wird unter Zuhilfenahme des Datenbankschemas und des Datenbanksubschemas analysiert und aufbereitet. Nach dieser Aufbereitung kann die Dateiverwaltung des Betriebssystems eingeschaltet werden, um auf die Speicherperipherie zuzugreifen und die Seite, in der der gesuchte Materialsatz liegt, in den Seitenpuffer des Arbeitsspeichers zu übertragen. Aus dem Seitenpuffer wird dann der gewünschte Satz ausgewählt und in die Anwender Working Area übertragen. Damit stehen dem Anwendungsprogramm die erforderlichen Daten für die weitere Verarbeitung zur Verfügung.

Bei CODASYL-Systemen ist zwischen dem Datenbankschema einer ganzen Datenbank und den Anwendungsprogrammen eines bestimmten Anwendungsbereiches die Führung von **Subschemata** erforderlich. Ein Subschema ist stets auf eine bestimmte **Wirtssprache** ausgerichtet. Es wählt Satzarten und Beziehungsarten aus einem gegebenen Schema aus und erlaubt Datenredefinitionen im Hinblick auf spezifische Datenstrukturen der Wirtssprache. Aus diesem Grunde müssen sich Anwendungsprogramme mit Datenmanipulationsbefehlen stets auf ein vorhandenes Subschema beziehen.

Die Sprache zur Definition eines Datenbankschemas hat die Aufgabe, eine vollständige Datenbank mit ihren Areas, ihren Satzarten und ihren Beziehungsarten zu beschreiben. Diese Beschreibung erfolgt in sechs Abschnitten, getrennt nach

- SHEMA ENTRY zur Identifikation der Datenbank und des Schemas,
- AREA ENTRIES zur Definition der Teilbereiche (mindestens ein),
- RECORD ENTRIES zur Definition der Satzart innerhalb des Teilbereiches,
- DATA SUBENTRIES zur Definition der Felder innerhalb der Satzart,
- SET ENTRIES zur Definition der Beziehungsart (Owner) und
- MEMBER SUBENTRIES zur Definition der Beziehungsart (Member).

Die Datendefinitionssprache ist somit darauf ausgerichtet, eine Datenbank vollständig mit all ihren Teilbereichen, ihren Satzarten und Beziehungsarten zu beschreiben.

Eine Datenbank kann die Daten mehrerer betrieblicher Informationssysteme führen. In Abbildung 6.26 ist eine Datenbank skizziert mit den Daten der Finanzbuchhaltung, Fakturierung und Debitorenbuchhaltung. Die drei Systeme benutzen gemeinsam den zentralen Kontenplan und besitzen diverse eigene Datenbestände für die Speicherung von Bilanzen, Listen etc. Neben den Daten dieser Anwendungen können auch die Daten anderer Anwendungen in dergleichen Datenbank geführt werden, z.B. für Einkauf, Materialwirtschaft und Fertigungssteuerung, so auch ein Personalinformationssystem geführt werden, das mit den anderen Systemen kein einziges Datum gemeinsam hat, aber dennoch auf dergleichen Datenbank aufbaut.

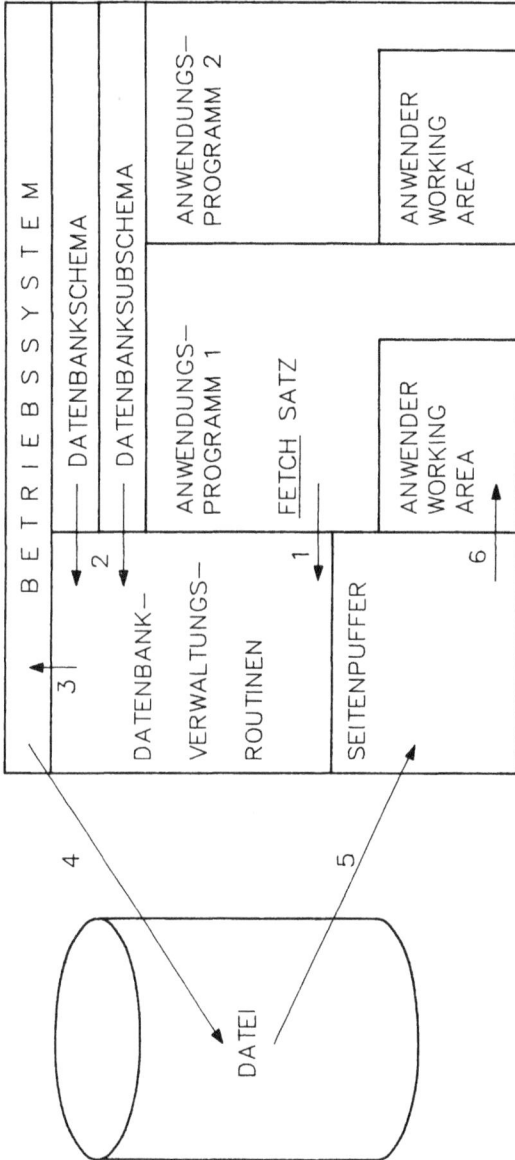

Abb. 6.25: *Abwicklung des Zugriffs auf eine Datenbank (1, 2, 3 ... 6 = Schrittfolge)*

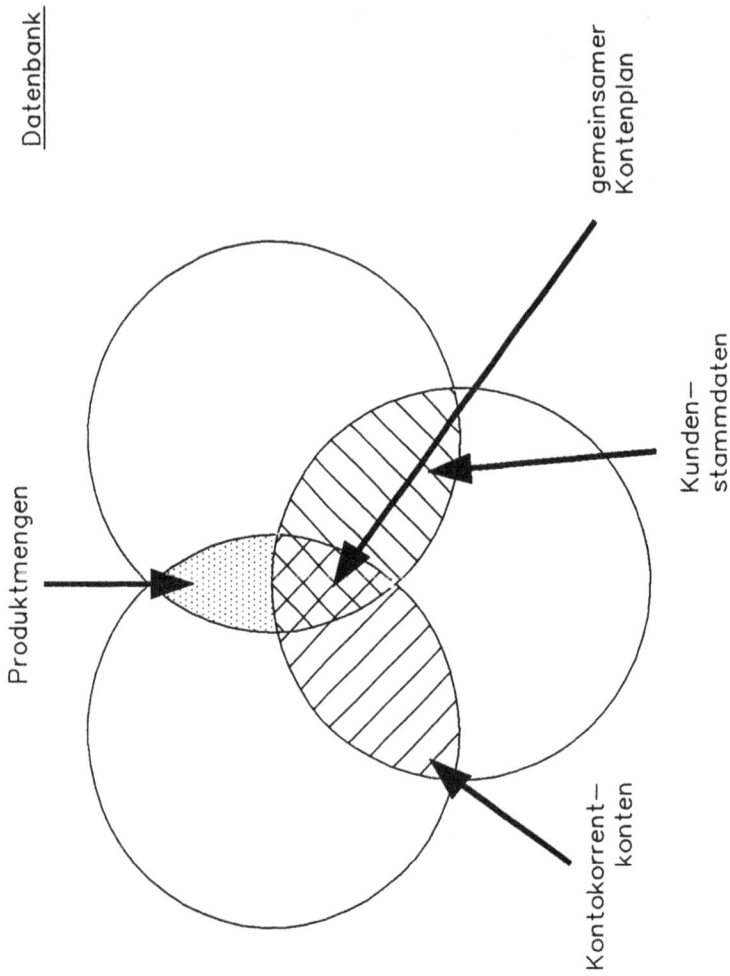

Abb. 6.2.6: Datenbank mit Subschemata

6.3.5 Gruppierung und Wertung von Datenbanken

Nachfolgend werden Dateiverwaltungs- und Datenbanksysteme allgemein in fünf Gruppen unterteilt und an einigen wesentlichen Kriterien gemessen skizziert. Ein Bezug zu einem speziellen Datenbanksystem wird vermieden. Diese sind zumeist sehr kurzlebig - bezogen auf die Verbesserungen/Veränderungen pro Version - und es gibt eine Fülle von Systemen, die nicht annähernd nennbar wäre. Die Gruppierung folgt einem häufig verwendeten Schema:

(1) EINFACHE DATEI-VERWALTUNGSSYSTEME (einfache Programme für direkten und sequentiellen Zugriff auf Datendateien)

- Preisspanne: DM 100,-- bis 1.000,--
- Datenmodell: Dateiverwaltung
- Datenzugriff: sequentiell/direkt
- Implementierte Sprache: Basic
- Aufgabenbereich: Kartei-Haltung
- Benutzerfreundlichkeit: hoch
- Leistungsfähigkeit: sehr gering
- Einsatzflexibilität: gering
- Reorganisation: sehr niedrig

(2) DATEI-MANAGEMENT-SYSTEME (leistungsfähige, benutzer-freundliche, anwendungsunabhängige Dateiverwaltung)

- Preisspanne: DM 200,-- bis 2.000,--
- Datenmodell: Dateiverwaltung
- Datenzugriff: sequentiell/direkt
- Implementierte Sprache: Basic, Pascal
- Aufgabenbereich: flexible Datei-Haltung
- Benutzerfreundlichkeit: sehr hoch
- Leistungsfähigkeit: mittel
- Einsatzflexibilität: hoch
- Reorganisation: hoch

(3) KLEINE Datenbanken (vorwiegend ISAM-Strukturen)

- Preisspanne: DM 500,-- bis 2.500,--
- Datenmodell: ISAM
- Datenzugriff: Indexsequentiell
- Implementierte Sprache: Assembler
- Aufgabenbereich: beliebige Suchkriterien
- Benutzerfreundlichkeit: mittel
- Leistungsfähigkeit: mittel
- Einsatzflexibilität: hoch
- Reorganisation: mittel

(4) MITTLERE DATENBANKEN (Baum-, Netzwerk- und relationale Datenstrukturen)

- Preisspanne: DM 1.000,-- bis 8.000,--
- Datenmodell: Baum, Netz, Relational
- Datenzugriff: Listen, Pointer
- Implementierte Sprache: Assembler
- Aufgabenbereich: beliebige Aufgaben
- Benutzerfreundlichkeit: mittel bis sehr hoch
- Leistungsfähigkeit   hoch
- Einsatzflexibilität   sehr hoch
- Reorganisation: sehr hoch

(5) GROSSE DATENBANKEN (Baum-, Netzwerk- und relationale Datenmodelle, i.d.R. nach CODASYL-Empfehlungen)

- Preisspanne: DM 4.000,-- bis 40.000,--
- Datenmodell: Baum, Netz, Relational
- Datenzugriff: Listen, Pointer
- Implementierte Sprache   Assembler
- Aufgabenbereich: beliebige Aufgaben
- Benutzerfreundlichkeit: sehr gering
- Leistungsfähigkeit: sehr hoch
- Einsatzflexibilität: sehr hoch
- Reorganisation: sehr hoch
- Host languages: ja

7. Software-Technologie

Software-Technologie	von Programmgeneratoren zu Softwaretools(-werkzeugen)
	Fixierung von Daten- und Programmabläufen mit den Darstellungsmitteln Entscheidungstabelle und Ablaufplan
	Programmdesign mit Hilfe der Strukturierten Programmierung
	Struktogramme in der Darstellung der Programmlogik und -dokumentation
	Programmiersprachen

7.1 Von Programmgeneratoren zu Softwaretools (-werkzeugen)

Die Disziplin **Software-Technologie** umfaßt alle Prinzipien, Methoden und Verfahren, die der Entwicklung und Nutzung der Software, insbesondere der Anwendungssoftware, dienen. Sie betont die ingenieurmäßige Vorgehensweise in der Umsetzung des realen Problems über Hypothesen, Modelle und Techniken in validierte Programme, einschließlich der Qualitätssicherung und Wartung. In Anbetracht dieser Tatsachen wird häufiger der Sammelbegriff **Software-Engineering** benutzt. Sie ist - nach allgemeiner Auffassung - die Anwendung wissenschaftlicher Erkenntnisse und Verfahren auf die Konstruktion von Software mit den Problembereichen

- Entwicklung neuer Softwaresysteme bis zur Übergabe an den Anwender,
- Sicherung der geplanten Qualität des Produktes,
- Management und Organisation des Entwicklungs- und Einsatzprozesses und
- Wartung mit weiterentwickelnder Pflege genutzter Systeme.

Die Disziplin Software-Engineering umfaßt somit den Gesamtprozeß der Systemanalyse-, -entwicklung und -nutzung.

7.1.1 Softwaregenerationen

Die 40jährige Geschichte der Softwareentwicklung ist durch eine Reihe verschiedener Eigenarten geprägt. Die wissenschaftliche Literatur teilt die einzelnen Entwicklungsstufen als spezifische Ausprägungen bestimmter Kriterien in sog. **Softwaregenerationen** ein. Sie gelten jeweils als Sammelbegriffe für einen Zeitraum, wobei die ersten drei Softwaregenerationen grundsätzlich am Schema der auf v. Neumann zurückgehende Architektur von Computern basierten. Für sie galt ganz allgemein:

> Ablage von Daten und Programmen (= Informationen)
> in einem Speicher und ihre Verarbeitung in einem
> Prozessor.

Hieraus resultierten die Aufgaben für die Software-Entwickler, d.h. die Speicherbelegung, die Vereinbarung von Lösungsalgorithmen nach Problem, Reihenfolge (Kontrollfluß) und Datenfolge (Datenfluß) zu organisieren. So sind für die einzelnen Softwaregenerationen verschiedene Techniken, Sprachen, Verfahren etc. entwickelt worden. Typisch für die 3.Softwaregeneration waren die allmähliche Loslösung der Anwendungen von der Hardwarearchitektur und die Benutzung prozedualer Programmiersprachen (Abschnitt 7.5.4). Damit ist vorausgesetzt, daß der Lösungsalgorithmus bekannt sein muß, um das Problem zu lösen. Mit dem Wachstum der zu lösenden Probleme ist und wird jedoch die Beherrschung, die Umsetzung der Lösungsalgorithmen in Programme immer schwieriger. Einzelne Anwendungen werden zu übergreifenden Systemen zusammengefaßt, und zwar mit einem Arbeitsaufwand, der in keinem Verhältnis zur Komplexität des zu lösenden Problems steht.

Im Mittelpunkt der sich gegenwärtig anbahnenden **4.Softwaregeneration** stehen Datenbanken als Datenbasis auf der Seite der Information und Softwaretools (-werkzeuge) auf der Seite der Verarbeitung. Der Zugriff zum Datenbanksystem erfolgt über Data Dictionary, das alle Datendefinitionen enthält (Abbildung 7.1).

Die 4. Softwaregeneration wird somit durch den Tatbestand des Übergangs **von den Programmgeneratoren zu den Softwaretools** geprägt. Hierzu sind folgende Fakten von Bedeutung:

Computerhersteller, Softwarehäuser, Forschungseinrichtungen und Anwender bemühen sich seit Beginn der 60er Jahre, Hilfsmittel zu entwickeln, die die Software-Produktion partiell in den einzelnen Arbeitsphasen oder begleitend zum Gesamtprozeß unterstützen. So entstanden zunächst sog. **Programmgeneratoren**, die nach bestimmten Normen aufbereitete Systemabläufe in Programme umgewandelt haben. Die einfachsten Formen sind in Verbindung mit der normierten Programmierung (Dateiverarbeitung nach Satzgruppen gemäß DIN 66220) bekannt geworden. Sie generieren einen bestimmten Programmablauf für eine Problemklasse. Der Programmierer hat ein solches Standardprogramm um die problemabhängigen Teile zu ergänzen. Weitere charakteristische Vertreter dieser Programmgeneratoren waren solche, die aus den Entscheidungstabellen einzelne Befehle (Programmanweisungen) ableiten konnten oder die nach der Methode der normierten Programmierung aufgezeichneten symbolischen Programmabläufe in Programme umgewandelt haben. Dadurch wurde sowohl der Zeit-, wie auch der Kostenaufwand reduziert. Hinzu kamen Fehlerprüfungen über formelle Fragen hinaus.

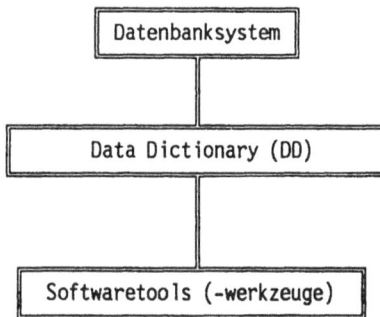

```
          ┌─────────────────────┐
          │   Datenbanksystem   │
          └─────────────────────┘
                     │
       ┌─────────────────────────────┐
       │    Data Dictionary (DD)     │
       └─────────────────────────────┘
                     │
        ┌──────────────────────────────┐
        │  Softwaretools (-werkzeuge)  │
        └──────────────────────────────┘

        - Maskensysteme mit Editoren,
          Window-Funktionen, Help- und
          Textdatenbasen
        - Report Writer
        - Query-Language
        - Hochsprachen-Schnittstellen
        - Erweiterungsfunktionen mit
          Grafik, Statistik, Text und
          Kalkulation
```

Abb. 7.1: *Das Modell der 4.Softwaregeneration*

Diese Aufzählung ist insofern von eminenter Bedeutung, daß zwar gegenwärtig die 4.Softwaregeneration und damit die **Softwaretools** mit wachsender Tendenz an Bedeutung gewinnen, die gegenwärtig als "klassisch" geltenden Methoden und Verfahren der strukturierten Programmierung u.a.m. für die Systemanalyse und für Teile der Systementwicklung weiterhin ihre Bedeutung erhielten. Der Grund liegt zum einen darin begründet, daß letztere sehr verbreitet benutzt und eingesetzt worden sind, d.h. es existieren unzählige Softwarepakete mit diesen Methoden; zum anderen weil die Softwaretools zumeist partiell auf bestimmte Funktionen wie z.B. Repräsentationsgrafik und damit nicht auf das Gesamtsystem ausgerichtet sind. Erst mehrere Tools, ihre Zusammenfügung, Integration führt zu einer systematischen Ganzheit.

Und dies dürfte mit der **5.Softwaregeneration** erreicht sein, die auf der Seite der Information über eine Wissensbasis, auf der Seite der Verarbeitung über die sog. Wissensherleitung (Herleitung neuen Wissens) verfügt. Gemeint ist hier im gewissen Sinne die "Künstliche Intelligenz", bzw. deren Teildisziplin die **Expertensysteme** (engl.: expert systems). Es sind Informationssysteme mit fachspezifischen Kenntnissen. Sie bestehen aus einer Wissensbasis (engl.: knowledge base) und einem Problemlösungsteil (engl.: inference mechanism). Die Problemlösung erfolgt durch Anwendung von Anwendungsregeln, die durch Befragung von Experten, Analyse von Fachmeinungen etc. erforscht und durch Wissenserwerbskomponente (Weiterentwicklung) und Erklärungskomponente ergänzt werden.

7.1.2 Hilfsmittel für die Softwareproduktion

Die herkömmliche Datenverarbeitung weist häufig unflexible, zeitlich verspätete Anwendungen auf, die nicht zuletzt auf methodische Mängel zurückzuführen sind. Die heute benötigte Flexibilität, Benutzernähe und Zeitnähe lassen sich nur mit speziellen Software-Hilfsmitteln realisieren. Dies gilt insbesondere für Arbeitsplatzrechner mit ihrer besonderen Infrastruktur, aber auch für Anwendungen, die im Hintergrund auf Mainframes zugreifen. Die einfachste Form stellen Hilfsmittel dar, die gewisse organisatorische Maßnahmen beinhalten und das Vorgehen in der Softwareproduktion systematisieren, erleichtern. Dazu können auch mathematische Hilfsmittel, wie z.B. die Petri-Netze gezählt werden, die zur Beschreibung, Analyse und zum Entwurf von Systemen genutzt werden. In ihrer weiteren Ausprägung wirken sie wie Verwaltungshilfen. Typische Vertreter sind hier Data Dictionary's und Dataadministratoren. Schließlich sind die Softwaretools zu nennen, die in vielerlei Formen vertreten sind, sowohl als integrierte (PET/MAESTRO, BFTES) wie auch als dedizierte (cut- and paste, Piktogramme, Editoren).

Softwaretools sind Werkzeuge (automatische Hilfen) für den Prozeß der Softwareentwicklung und -wartung, z.B.

- Übersetzer für Programmiersprachen und Interpreter,
- Editoren zur Aufbereitung von Texten, Grafiken,Masken, Listen, Strukturen etc.
- Entscheidungstabellenvorübersetzer.

In der Umsetzung, Realisierung von Software-Projekten ist die vereinbarte, die gewählte Vorgehensweise (z.B. "top-down") als **Strategie** (Prinzip) zu verstehen. Sie wird in Vorschriften zusammengefaßt. Diese Vorschriften, die zur Lösung einer bestimmten Aufgabe oder Aufgabengruppen führen, sind **Methoden**.

Hier sind Methoden gemeint, wie die sog. strukturierte Programmierung. Werden Methoden vollständig determiniert, so wird von **Verfahren** gesprochen; z.B. Jackson's Strukturierte Programmierung. Sind diese Verfahren ganz oder teilweise DV-unterstützt einsetzbar, dann gelten sie als **Werkzeuge**, auch Tools genannt. Somit sind Softwaretools rechnergestützte Hilfsmittel zur Vorbereitung, Unterstützung und Realisierung von systemanalytischen Phasen. Für sie gilt der Zusammenhang:

Prinzipien (Strategien) - > Methoden - > Verfahren - > Werkzeuge

Zum besseren Verständnis wird dieser Zusammenhang in Abbildung 7.2 dargestellt. Entsprechend dieses Zusammenhanges gilt nachfolgend die Definition,
wonach Softwaretools, oder Softwarewerkzeuge Programme der Softwaretechnik sind, die der Herstellung, Prüfung, Wartung und Dokumentation dienen,
diese vereinfachen, beschleunigen oder in ihrer Qualität verbessern

Prinzipien	Methoden	Verfahren	Werkzeuge (Tools)
Strukturierung (top down und bottom up)	Strukturierte Programmierung	Jackson structu- red programming	integrierte Tools OPUS, ADI, ADRS, MAESTRO, PET, BFTES
Modularisierung	Prototyping	Entscheidungs- tabellentechnik	
Standardisierung	Entscheidungs- tabellen	Struktogramm- technik	Sprachen der 4. Generation NATURAL
Lokalisierung	Hierarchy plus input process output	Struktured ana- lysis and design technique	Data Dictionaries DATACOM DATAMANAGER
			Projekthilfen DATADESIGNER

Abb. 7.2: *Begrifflicher Zusammenhang in der Softwareproduktion*

7.1.3 Anforderungen an die Software-Technologie

Software-Hilfsmittel sind aus der Sicht des Benutzers so zu beurteilen, wie sie
dessen Arbeit beeinflussen. Ausgegangen wird von der Forderung, die Effizienz
der Aufgabendurchführung zu erleichtern. Je nach Benutzertyp resultieren
daraus unterschiedliche Anforderungen. Während der Softwareentwickler
Aspekte technischer, organisatorischer und wirtschaftlicher Art in den Vordergrund stellt, sind Benutzerfreundlichkeit, Verständlichkeit, Mehr-Sachnutzung,
Überprüfbarkeit etc. Anforderungen, die der Softwareanwender stellt. Dabei
können durchaus identische Forderungen bestehen, so z.B. nach Wirtschaftlichkeit, im Regelfall ist eine Trennung angebracht.

Aus **Entwicklersicht** sind Prinzipien, Anforderungen bezüglich der

- Strukturierung (wesentliche Merkmalsprägungen des Ganzen),
- Modularisierung (Modulenbildung in einer funktionalen Einheit),
- Abstrahierung (Herausheben des Wesentlichen),

- Lokalisierung (lokale Komprimierung der Informationen),
- Hierarchisierung (Arbeiten mit Ebenen, Rangordnungen),
- Standardisierung (Vereinheitlichung des Produkts),
- Qualitäts-Sicherung (Brauchbarkeit, Wertbarkeit),
- Mehrfachverwendung (Schnittstellenspezifizierung) etc.

wichtig.

Aus **Anwendersicht** sind insbesondere die Eigenschaften

- Benutzerfreundlichkeit (Transparenz, Flexibilität, Benutzerführung),
- Effizienz (Laufzeit, Wartezeit, Ausnutzungsgrad des Speichers),
- Funktionalität (Vollständigkeit, Korrektheit),
- Wartbarkeit (Überprüfbarkeit, Änderbarkeit) etc.

hervorzuheben.

7.1.4 Überblick über die softwaretechnologischen Hilfsmittel

Die Benutzer von DV-Systemen, die hardwaretechnischen Umgebungen und weitere Faktoren haben sehr frühzeitig eine emsige Tätigkeit zwecks Entwicklung von Software-Hilfsmitteln bewirkt. Gegenwärtig liegt eine Vielzahl von Werkzeugen vor; ihre Zahl ist ständig wachsend. Trotzdem lassen sich einige typische Gruppen abtrennen, die sich auch in der DV-Praxis durchsetzen konnten. Einige Beispiele verdeutlichen exemplarisch die angesprochene Vielfalt. Moderne Betriebssysteme, integrierte Standardsoftwarepakete nutzen die sog. **Window-(Fenster)Technik.** Sie teilt den Bildschirm in mehrere Fenster (engl.: window), so daß mehrere Vorgänge parallel abgewickelt werden. Jedes Fenster übernimmt einen anderen Vorgang (Funktion); es ersetzt den Schreibtisch. Zwischen den einzelnen Fenstern bestehen Schnittstellen; die Inhalte (oder Teile) des Fensters können hin- und hergeschoben, manipuliert werden. Dadurch können Berichte, Tabellen in verschiedenen Fenstern erstellt, berechnet oder grafisch (Grafikeditor) abgebildet werden. Zeigen Fenster bildhafte Darstellungen (Aktenordner, Dokument, Posteingang etc.), so heißen sie **Piktogramme.** Sie werden bei integrierten Systemen der Büroautomation, ebenso bei computerunterstütztem Entwerfen u.ä.m. benutzt. Sie stehen als Bürosystem 5.800, oder CAD (computer aided design oder computer aided drafting) etc. Verbreitet sind sie in erster Linie auf Mikrocomputern. Ihre Ursprünge gehen zurück auf **Datadesigner, Listengeneratoren, Maskengeneratoren** u.ä., die auf Mainframes bzw. für Datenstationen des Host-Rechners entwickelt worden sind. Diese Fälle deuten folgendes an:

Je nach Anwendergruppe, Anwendungen, DV-Umgebungen und Arbeitsphasen kommen verschiedene Werkzeuge in Betracht. Unterschiede, wie auch Identitäten können nebeneinander auftreten. So sind Softwaretools auf Mikrocomputern verfügbar, die ausschließlich auf diese eine Computerkategorie und deren Benutzerkreis zugeschnitten sind. Der typische Fall bei Mikrocomputern sind die Window-Technik, die Desktop-Publishing Programme, der elektronische Schreibtisch mit den Piktogrammen. Denen gegenüber stehen z.B. die Präsentationsgrafiken ADI, ADRS auf Mainframes.

Diese Hilfsmittel werden wiederum von solchen ergänzt, die eine einheitliche Benutzeroberfläche unabhängig von der Hardware-Kategorie unterstützen, d.h. es sind Softwaretools, die sowohl auf Mikrocomputern, wie auch auf Mainframes nutzbar sind. Sie überbrücken das Problem, daß Mainframes im Vergleich zu Mikrocomputern komplexer, schwerer beherrschbar sind. Der Trend geht durchaus auf diese Gleichschaltung. Ausgenommen davon sind Spezialrechner mit Spezialfunktionen. Solche, systemunabhängige Softwaretools sind sowohl bei Prüfungsaufgaben (Syntaxprüfung), wie auch bei Unterstützungsleistungen (Objekterfassung, -verwaltung, -darstellung) zu finden.

Schließlich ist zu beachten, daß solche Unterschiede auch in Verbindung mit den Projektphasen (von der Erfassung/Analyse bis zum Einsatz) stehen. Es sind zumeist Hilfsmittel im organisatorischen Bereich, d.h. Tools der Projektplanung und -management. Sie sind mitunter einfache Hilfsmittel, die mit der Netzplantechnik oder mit Entscheidungstabellen arbeiten.

In Anbetracht dieser Unterschiede und Heterogenität werden nachfolgend einige wichtige Hilfsmittel charakterisiert. Es handelt sich um Hilfsmittel der Organisation und der Programmierung. Die Einschränkung der Diskussion auf einige, historisch gewachsene Hilfsmittel ist hauptsächlich damit zu begründen, daß die Software-Werkzeuglandschaft sehr heterogen ist. Sie verändert sich sehr schnell. Die Anzahl der Werkzeuge wächst weiter, sie unterstützen unterschiedliche Phasen der Entwicklung, ebenso unterschiedliche - vorwiegend - kaufmännische, ingenieurmäßige Anwendungen. Am häufigsten werden die Entscheidungstabellen, HIPO und Strukturierte Programmierung unterstützt; von den Programmiersprachen COBOL. In Anbetracht der Tatsache, daß mit einer Standardisierung von Software-Entwicklungswerkzeugen vorerst in absehbarer Zeit nicht zu rechnen ist, wird nachfolgende Unterteilung beispielhaft in Abbildung 7.3 angeführt (Beachten: Weitere Unterteilungen z.B. Werkzeuge auf UNIX-Basis oder MS-DOS-Basis; universale, kaufmännisch-orientierte etc. werden nicht verfolgt.).

	Mikrocomputer	MAESTRO MOTOR PROMOD
Beispiele für Tools	Mikrocomputer und Mainframes	DELTA MOSES
	Mainframes	OPUS NATURAL BFTES SOFTORG

Abb. 7.3: *Toolseinteilung nach Hardwarekategorien*

7.2 Fixierung von Daten- und Programmabläufen

Zur Fixierung von Daten- und Programmabläufen stehen einige Darstellungs-
mittel zur Verfügung. Sie dienen der Verdeutlichung der Programmierlogik. Sie
verdeutlichen, unter welchen Bedingungen ein oder mehrere Programmbefehle
zur Ausführung gelangen. Darüberhinaus geben sie an, ob es sich um einmalige, wiederholt abzuarbeitende bzw. unter gewissen Umständen zwingend auszuführende Aktionen handelt. Die logischen Zusammenhänge werden dabei
unterschiedlich angezeigt.

7.2.1 Das Verfahren der Entscheidungstabelle

Die **Entscheidungstabelle** ist ein Organisationsmittel. Sie ermöglicht die eindeutige tabellarische Zuordnung von Bedingungen und abhängigen Maßnahmen in Entscheidungssituationen. Dabei ist die eindeutige Zuordnung bestimmter Bedingungen zu bestimmten Maßnahmen als Entscheidungsregel zu
bezeichnen. Diese drei Bereiche prägen also die Entscheidungstabellentechnik:

- die Bedingungen,
- die Entscheidungsregeln und
- die Maßnahmen (abgeleitete/abhängige Aktionen).

Eine Entscheidungstabelle ist somit ein tabellarisches Beschreibungs- und Dar-
stellungsmittel, das formalisierbare Entscheidungsprozesse übersichtlich darstellt.

7.2.1.1 Aufbau der Entscheidungstabelle

Klartextbeschreibungen sind zwar gut geeignet, um systematische Zusammenhänge sequentiell zu beschreiben; bei komplexen Beziehungen findet die ver-
bale Beschreibung jedoch schnell ihre Grenzen:

- die Übersicht geht verloren,
- Beschreibungsfehler in der Entscheidungsphase und
- Interpretationsfehler in der Realisierungsphase

sind Folgen. Entscheidungsdiagramme sind daher aufgrund ihres graphischen
Charakters besser geeignet, komplexe Netzstrukturen zu verdeutlichen.

Jede (programmierbare) Entscheidung ist abhängig von den vorliegenden Bedingungen. Je mehr Bedingungen zu einer Entscheidung beitragen, desto
schwieriger wird die Formulierung des Zusammenhangs zwischen Bedingungen
und entscheidenden Maßnahmen. Eine systematische Darstellung jeder Entscheidung in der Form WENN ..., DANN ...ist die Entscheidungstabelle. Ihre
Anwendung folgt gewissen Praktiken; daher wird von der Entscheidungstabellentechnik gesprochen.

```
┌─────────────────────────────────────────┐
│                 REGEL 1                  │
├─────────────────────────────────────────┤
│  B1  Kundennummer gültig                 │
│  B2  Stammdaten vorhanden                │
│  B3  Kunde kreditwürdig                  │
├─────────────────────────────────────────┤
│  A1  Bestellung bearbeiten               │
└─────────────────────────────────────────┘
```

```
┌─────────────────────────────────────────┐
│                 REGEL 2                  │
├─────────────────────────────────────────┤
│  B1  Kundennummer gültig                 │
│  B2  Stammdaten vorhanden                │
│  B3  Kunde nicht kreditwürdig            │
├─────────────────────────────────────────┤
│  A2  Lieferung gegen Nachnahme           │
│  A1  Bestellung bearbeiten               │
└─────────────────────────────────────────┘
```

```
┌─────────────────────────────────────────┐
│                 REGEL 3                  │
├─────────────────────────────────────────┤
│  B1  Kundennummer gültig                 │
│  B2  Stammdaten nicht vorhanden          │
│  B3  Kunde nicht kreditwürdig            │
├─────────────────────────────────────────┤
│  A3  Auftrag zurück                      │
└─────────────────────────────────────────┘
```

```
┌─────────────────────────────────────────┐
│                 REGEL 4                  │
├─────────────────────────────────────────┤
│  B1  Kundennummer nicht gültig           │
│  B2  Stammdaten nicht vorhanden          │
│  B3  Kunde nicht kreditwürdig            │
├─────────────────────────────────────────┤
│  A3  Auftrag zurück                      │
└─────────────────────────────────────────┘
```

TABELLE	AUFTRAGSBEARBEITUNG	R1	R2	R3	R4
B1	Kundennummer gültig?	J	J	J	N
B2	Stammdaten vorhanden?	J	J	N	-
B3	Kunde kreditwürdig?	J	N	-	-
B4	....				
A1	Bestellung bearbeiten	X	X		
A2	Lieferung gegen Nachnahme		X		
A3	Auftrag zurück			X	X
A4	....				

Abb. 7.4: *Sequentielle Schrittfolge zwecks Erstellung einer Entscheidungstabelle*

Die **Standardlogik** der Entscheidungstabellen läßt sich wie folgt verdeutlichen/erklären:

- aus einer Vielzahl von Bedingungen ergibt sich eine abhängige Anzahl von Kombinationsmöglichkeiten; diese sind gekoppelt mit Entscheidungsregeln und mit den zugehörigen Maßnahmen.

Beispielhaft wird zunächst eine sequentielle Folge einzelner Tabellen beschrieben, anschließend im Zusammenhang (Abbildung 7.4).

Die Entscheidungstabelle besteht daher aus einer vorgegebenen Folge von Bedingungen und Aktionen, sowie aus Entscheidungsregeln. Sie sind in einer zweidimensionalen Notation in eine syntaktische Einheit gebracht

- mit den Eingängen als Bedingungsaussagen (eng.: condition entries) und
- mit den Ausgängen als Aktionsanweisungen (engl.: action entries).

Hieraus ergibt sich der Grundaufbau der Entscheidungstabelle (Abbildung 7.5).

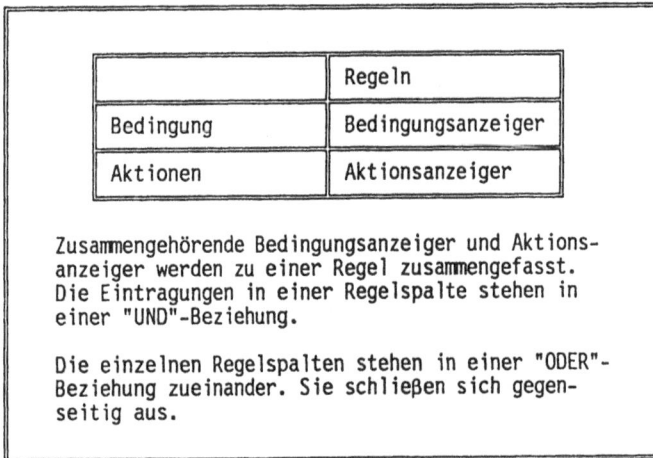

	Regeln
Bedingung	Bedingungsanzeiger
Aktionen	Aktionsanzeiger

Zusammengehörende Bedingungsanzeiger und Aktionsanzeiger werden zu einer Regel zusammengefasst. Die Eintragungen in einer Regelspalte stehen in einer "UND"-Beziehung.

Die einzelnen Regelspalten stehen in einer "ODER"-Beziehung zueinander. Sie schließen sich gegenseitig aus.

Abb. 7.5: *Aufbauschema der Entscheidungstabelle*

7.2.1.2 Bedingungen und Bedingungsanzeiger

Bedingungen sind elementare Einheiten der Entscheidungstabelle, die die WENN-DANN-Beziehung von der Eingangsseite aus darstellen. Ihre Ausprägung wird als Bedingungsanzeiger bezeichnet. Hat eine Bedingung bspw. zwei Ausprägungen, "trifft zu" (J), "trifft nicht zu" (N), dann gilt für Bedingung a folgende Formel:

[a] = {J,N}

Der Anzeiger bejaht oder verneint die gestellte Bedingung. Natürlich können auch andere Ausprägungen bspw. "größer", "kleiner", "gleich" u.ä.m. vorkommen (Abbildung 7.6).

Bedingung a mit (a) = {a1, a2, a3}	a1	a2	a2	a3	a3	a3
Bedingung b mit (b) = {b1, b2}	b1	b2	b2	b1	b2	b2
Bedingung c mit (c) = {J, N}	J	J	N	N	J	N

```
a1 = >; a2 = =; a3 = <
b1 = negativ; b2 = positiv
```

Abb. 7.6: *Bedingungen und ihre Ausprägungen (Beispiele)*

Eine Bedingung besteht aus einem Text und einem Anzeiger, die zusammen eine zu ergreifende Maßnahme beschreiben (Abbildung 7.7).

Bedingungsanzeiger	Bedeutung des Bedingungsanzeigers	Anzeigeart
Y oder J	(Y für engl.: Yes/J für: ja) Zugehörige Bedingung muß erfüllt sein, damit diese Regel zutreffen kann.	Begrenzte Anzeiger
N	(N für engl.: No bzw. für Nein) Zugehörige Bedingung darf nicht erfüllt sein, damit diese Regel zutreffen kann.	
-	Zugehörige Bedingung ist ohne Bedeutung für das Zutreffen dieser Regel.	Begrenzte und Erweiterte Anzeiger
#	Zugehörige Bedingung ist in dieser Regel nicht definiert. Die Verwendung des Anzeigers ist wahlfrei.	
Beliebiger Text	Die durch den Bedingungstext und den hier angeführten beliebigen Text gebildete Bedingung muß erfüllt sein, damit diese Regel zutreffen kann.	Erweiterte Anzeiger

Abb. 7.7: *Bedingungsanzeiger*

7.2.1.3 Aktionen und Aktionsanzeiger

Eine Aktion ist eine Variable in der Entscheidungstabelle mit einer endlichen Anzahl von (möglichen) Ausprägungen. Eine Aktion besteht somit aus einem Text und einem Aktionsanzeiger. Beide zusammen beschreiben eine zu ergreifende Maßnahme (Abbildung 7.8).

Aktionsanzeiger	Bedeutung des Aktionsanzeigers innerhalb einer Regel	Anzeigeart
x	Zugehörige Aktion ist bei Zutreffen dieser Regel auszuführen	Begrenzte Anzeiger
-	Zugehörige Aktion ist nicht auszuführen, wenn nur diese Regel zutrifft.	Begrenzte und Erweiterte Anzeiger
Beliebiger Text	Die durch den Aktionstext und den hier angeführten beliebigen Text gebildete Aktion ist bei Zutreffen dieser Regel auszuführen	Erweiterte Anzeiger

Abb. 7.8: *Aktionsanzeiger*

7.2.1.4 Entscheidungsregeln

Eine Regel legt fest, unter welchen Voraussetzungen bestimmte Maßnahmen zu ergreifen sind. Die Gesamtheit aller Anzeiger einer Spalte bildet eine Regel. Die Gesamtheit der Bedingungsanzeiger kennzeichnet dabei die Voraussetzungen, die Gesamtheit der Aktionsanzeiger die bei Eintritt dieser Voraussetzungen zu ergreifenden Maßnahmen. Eine Regel "trifft zu", wenn alle angegebenen Voraussetzungen eingetreten sind. Die ELSE-Regel/SONST-Regel legt fest, welche Maßnahmen zu ergreifen sind, wenn keine andere Regel innerhalb der Entscheidungstabelle zutrifft. Die ELSE-Regel/SONST-Regel weist folgende Eigenschaften auf:

- Sie hat keine Bedingungsanzeiger;
- Ihre Verwendung ist wahlfrei;
- Sie wird gesondert gekennzeichnet;
- Ihre Position innerhalb des Regelteiles ist beliebig.

So lassen sich aus den Bedingungen a1, a2, a3, b1, b2, J, N, sowie den Aktionen 1, 2, 3, 4, X, -, Y1 und Y2 Entscheidungsregeln bilden, die beispielhaft in Abbildung 7.9 zusammengestellt sind.

$$
\begin{bmatrix}
1 & 2 & 3 & 4 & 5 & 6 \\
a1 & a1 & a1 & a2 & a2 & a3 \\
b1 & b1 & b1 & b1 & b1 & b2 \\
J & J & N & J & J & J \\
\alpha1 & \alpha1 & \alpha1 & \alpha3 & \alpha4 & \alpha3 \\
x & x & x & x & x & x \\
y1 & y2 & y1 & y2 & y2 & y2
\end{bmatrix}
$$

Abb. 7.9: *Beispiel für Entscheidungsregeln*

7.2.1.5 Interpretation der Entscheidungstabelle

Das Festlegen der für einen konkreten Fall auszuführenden Aktionen erfolgt durch Anzeige von Möglichkeiten. Es wird zeilen- oder spaltenweise agiert (Abbildung 7.10). Für diesen Zweck wird im Anzeigerteil mit vier Symbolen gearbeitet. Diese sind:

- Y = die Bedingung muß für diese Regel erfüllt sein;
- N = die Bedingung darf für diese Regel nicht erfüllt sein;
- Kreuze (x) bezeichnen im Aktionsanzeigerteil die Maßnahmen, die aufgrund einer bestimmten Bedingungskonstellation in einer Entscheidungsregel zur Ausführung kommen sollen.
- Die Unwirksamkeit bestimmter Bedingungen in einer Entscheidungstabelle muß jedoch durch einen bestimmten Bedingungsanzeiger, im allgemeinen "-", angezeigt werden. In der Praxis sind jedoch häufig bestimmte Bedingungen für bestimmte Entscheidungen irrelevant; in einem solchen Fall kann eine Entscheidungstabelle erheblich weniger Regeln als maximal zulässig enthalten.

Zunächst werden die zutreffenden Regeln ermittelt, und zwar durch Prüfen der Bedingungen, Vergleich der Konstellation nacheinander mit allen Regeln; im N-Fall (keine Regel trifft zu) kommen die SONST/ELSE-Regeln zum Tragen.

7.2.2 Daten- und Programmablaufplan

Die Fixierung der Programmlogik wird optisch und organisatorisch mit Hilfe der Darstellungstechnik Datenfluß- und Programmablaufplan durchgeführt. Der Normenausschuß Informationsverarbeitung (FIN) im Deutschen Institut für Normung e.V. (DIN) hat im Zusammenhang mit den von der International Organization for Standardization (ISO) herausgegebenen Internationalen

Bedingung 1	Y	N	-	-	N
Bedingung 2	-	Y	Y	N	N
Bedingung 3	-	-	Y	N	N
Bedingung 4	-	-	Y	N	N
Aktion 1	X	-	-	-	-
Aktion 2	-	X	-	X	-
Aktion 3	X	-	X	X	-
Aktion 4	-	-	-	-	X

Ausschluß, weil erste Bedingung erfüllt, Bedingungsanzeiger aber "N".
Ausschluß, weil zweite Bedingung nicht
erfüllt, Bedingungsanzeiger aber "Y".
zutreffende Regeln

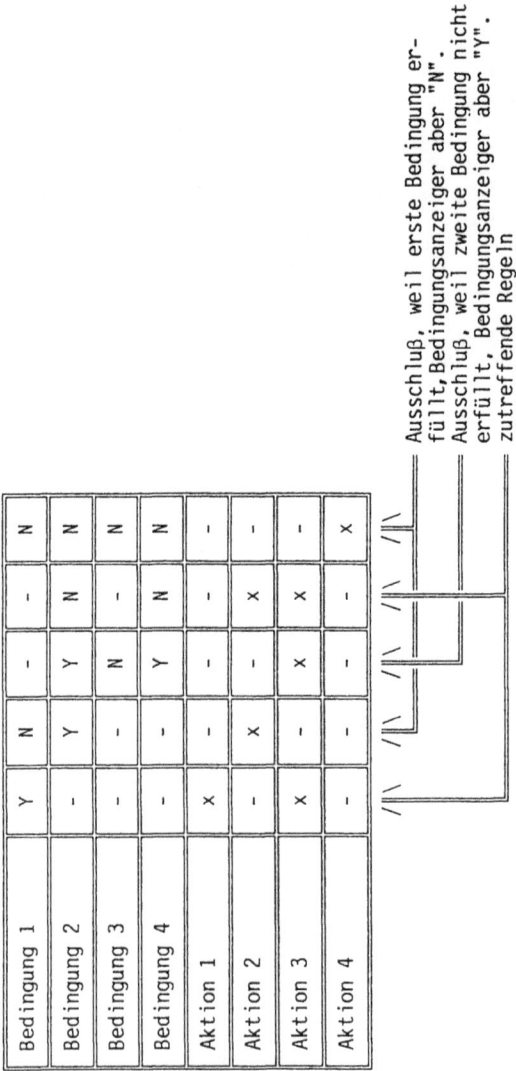

Abb. 7.10: *Interpretationsbeispiele*

Normen ISO 1028-1973 und ISO 2636-1973 in vereinheitlichter Form zur Darstellung von Abläufen in der Datenverarbeitung veröffentlicht. Es sind Sinnbilder allgemeinen Charakters, wobei die Texte als Erläuterungen, nicht als Gegenstand der Normung gelten.

7.2.2.1 Sinnbilder für Datenfluß- und Programmabläufe

Sinnbilder für **Datenflußpläne** (Abbildung 7.11) bestehen aus

- Sinnbildern für das Bearbeiten,
- Sinnbildern für den Datenträger und
- dem Sinnbild Flußlinie (stets mit Pfeilspitze).

Sinnbilder für Programmablaufpläne (Abbildung 7.12) bestehen aus

- Sinnbildern für Operationen,
- Sinnbildern für Ein- und Ausgabe sowie
- dem Sinnbild Ablauflinie.

Sinnbild	Benennung u. Bemerkung
▭	Bearbeiten, allgemein (process)
▢	Ausfuehren einer Hilfsfunktion (auxiliary operation)
⏢	Eingreifen v. Hand (manual operating)
◱	Eingeben von Hand (manual input)
▽	Mischen (merge)
△	Trennen (extract)
⋈	Mischen mit gleich- zeitigem Trennen (collate)
⬖	Sortieren (sort)

Abb. 7.11: *Wichtige Sinnbilder für den Datenflußplan*

Sinnbild	Benennung u. Bemerkung
▱	Datentraeger allgemein (Input/output)
Ⓠ	Magnetband (magnetic tape)
⬚	Plattenspeicher (magnetic disk)
▭	Operation, allgemein (process)
◇	Verzweigung (decision)
⬠	Anzeige (display)
⟶	Flusslinie (flow line)
⟶	Transport der Daten- traeger
⟋⟍	Datenuebertragung (communication link)
◯	Uebergangsstelle (connector)
----[	Bemerkung (comment, annotation)

Abb. 7.12: *Wichtige Sinnbilder für Programmablaufpläne*

7.2.2.2 Der Datenflußplan

Der Datenflußplan (DFP) zeigt den Fluß der Daten durch ein Datenverarbeitungssystem. Er besteht aus verschiedenen Sinnbildern, die die einzelnen Ar-
beitsgänge der Aufgabenstellung und die dabei verwendeten Datenträger wie-
dergeben. Zur einheitlichen Gestaltung der Datenflußpläne werden die nach
DIN 66001 genormten Sinnbilder verwendet (Abbildung 7.13).

Daten
Vormonat

Personal-
datei

Korrektur-
Daten
Vormonat

Sortier-
datei

Journal
Korrekturen

Bereinigte
Daten
Vormonate

Gleit-
zeitdaten

Absenz-
daten

Gleitzeit-
abrechnung

Sortier-
datei

Gleitzeit-
abrechnung

Druck-
band

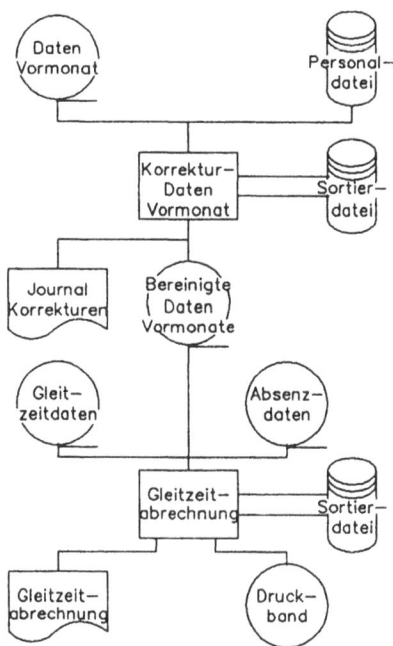

Abb. 7.13: *DV-orientierter Datenflußplan*

7.2.2.3 Der Programmablaufplan

Die einzelnen Schritte eines von einem Datenverarbeitungssystem zu lösenden Problems werden mit einem Schaubild unter Verwendung bestimmter Sinnbilder graphisch dargestellt. Die Folge dieser Sinnbilder wird **Programmablaufplan** (PAP) genannt. Der Programmablaufplan beschreibt den Ablauf der Operationen in einem Datenverarbeitungssystem in Abhängigkeit von den jeweils vorhandenen Daten (DIN 66001). Ein Beispiel wird in Abbildung 7.14 gezeigt.

Während mit dem Datenflußplan wiedergegeben wird, welche Arbeiten durchgeführt werden, beschreibt der Programmablaufplan - im Detail - wie die Arbeitsschritte durchgeführt werden, d.h., er beschreibt den logischen Ablauf des Programms. Der Programmablaufplan ist die Grundlage für das Codieren eines Programms, weil

- er die Anweisungen nennt, die zur Verarbeitung der Daten notwendig sind,
- er die Reihenfolge beschreibt, in der die Anweisungen ausgeführt werden und
- er die Bedingungen benennt für alternative Anweisungsfolgen.

Mit ihm können die Anweisungen eines Programms auf Vollständigkeit, richtige Reihenfolge und auf logische Fehler geprüft werden.

Durch die unterschiedlichen Blöcke bzw. Symbole werden die unterschiedlichen Funktionen eines Programms dargestellt, so z.B. durch einen Ein-
/Ausgabe-Block eine Ein-/Ausgabe-Funktion, durch einen Entscheidungsblock
eine Entscheidungs-Funktion usw. Dabei ist Funktion nicht gleichbedeutend
mit Operation; die jeweiligen Operationen ergeben sich aufgrund der Eintragungen in den Blöcken.

Ermittlung der Summe der ganzen
Zahlen von 1 bis N
(1 + 2 + ... + N)

SUMME = 1 + 2 + ... + N

Ermittlung der Summe der ganzen
Zahlen von 1 bis N
(1 + 2 + ... + N) mit Hilfe
der Formel
SUMME = N * (N + 1) / 2

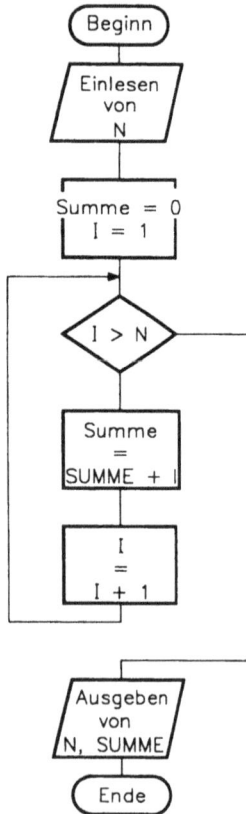

Abb. 7.14: *Beispiel für einen Programmablaufplan*

Es ist üblich in die Sinnbilder sog. Kurzeintragungen vorzunehmen. Eine Auswahl wird in Abbildung 7.15 gezeigt.

Zeichen	Bedeutung
===>	"übertrage ... nach..."
=	"ergibt sich aus" bzw. "wird"
+	"addiere" bzw. "plus"
-	"subtrahiere" bzw. "minus"
* (für .)	"multipliziere mit..." bzw. "mal"
/ (für :)	"dividiere durch..."

Abb. 7.15: *Die Kurzeintragungen*

7.3 Programmdesign mit Hilfe der Strukturierten Programmierung

Die Entwicklung der Softwaretechnologie hat mit der Entwicklung der Hardwaretechnologie und dem Wachstum der Programmierungsaufgaben nicht Schritt halten können. Besonders nachteilig hat sich der Tatbestand ausgewirkt, daß eine alle Phasen der Programmentwicklung begleitende und übergreifende Softwaretechnik gefehlt hat. Eine wirksame und den heutigen Anforderungen adäquate Softwaretechnik muß nämlich bereits zu Beginn der Arbeiten, also in der Phase der Problemanalyse, einsetzen und die Problemlösung über die Phase Programmdesign hinaus in die Phase Programmeinsatz nach einem einheitlichen Konzept und mit aufeinander abgestimmten Techniken unterstützen.

Diese Eigenschaften zeichnen die Strukturierte Programmierung aus. Das Ziel der Strukturierten Programmierung ist es:

- eine methodische Vorgehensweise beim Programmentwurf zu unterstützen und
- eine nach einem einheitlichen Schema entwickelte Programmdokumentation zu gewährleisten.

Sofern man die Methode der Strukturierten Programmierung anwendet, erhält man im Hinblick auf den Programmentwurf und die Dokumentation:

- hierarchisch gegliederte Programmstrukturen,
- leicht lesbare und nachvollziehbare Programme,
- klare und einfache Programme,
- zuverlässige und leicht wartbare Programme, sowie
- vollständige und einheitlich aufgebaute Dokumentationsunterlagen.

Die Regeln der Strukturierten Programmierung verbessern die Analyse, Planung, Wartung, Lesbarkeit u.a. Eigenschaften des Programms und führen zu korrekten, zuverlässig arbeitenden, gut dokumentierten und damit wartungsfreundlichen Programmen.

7.3.1 Grundzüge der Strukturierten Programmierung

Folgende Grundzüge charakterisieren diese Methode:

- Die Strukturierte Programmierung verfügt über Strukturelemente und Strukturierungsregeln, die eine Gliederung der funktionalen, programmtechnischen und datentechnischen Strukturen systematisch bewirken. Techniken also, die bereits in der Phase der Problemanalyse einsetzen und das Programm bis in die Phase des Programmeinsatzes begleiten (Abschnitt 7.3.2).
- In der Strukturierten Programmierung werden verschiedene semantische Ebenen unterschieden, die eine Auflösung des Problems von oben nach unten in überschaubare, einfache Teillösungen bedingen und somit zu eindeutig abgegrenzten Programmfunktionen führen (Abschnitt 7.3.3).
- Die eindeutige Abgrenzung wird dadurch erreicht, daß für jede Teillösung nur ein Eingang und ein Ausgang definiert wird. Eine solche geschlossene Einheit bildet praktisch ein "Eigenprogramm" (Abschnitt 7.3.4).
- Die Steuerung des Programmablaufes erfolgt zentral. Sie geht von einem Punkt aus und kehrt zu diesem Punkt zurück. GOTO-Anweisungen sind nicht zulässig, da ein Programm wie ein "invertierter" Baum gebaut ist, der aus über- und untergeordneten Teilen (Stamm-Hauptzweig-Zweig) besteht, zwischen denen keine Querverbindungen zulässig sind (Abschnitt 7.3.5).

Aus der historischen Entwicklung der Strukturierten Programmierung ist der sachliche Rahmen dieser Methode abgrenzbar. Dies ist umso zwingender, als unter diesem Begriff eine Vielzahl unterschiedlicher Hilfsmittel, Techniken und Darstellungsweisen der Programmierung verstanden werden. Dies ist die Folge einer fehlenden eindeutigen, allgemeingültig anerkannten Definition. Das Problem beginnt nämlich bereits mit dem Ausdruck "strukturiert". Prinzipiell ist jedes Programm strukturiert, nachdem

- ein Programm eine bestimmte Aufeinanderfolge von Anweisungen zur Lösung einer Aufgabe ist und somit über eine gewisse Struktur verfügt,
- jeder Zerlegungsschritt einer Aufgabe in Teilaufgaben oder das Zusammenfügen von Anweisungen zu Teilprogrammen bzw. von Teilprogrammen zum Programm einem Strukturierungsvorgang gleichkommt und schließlich
- es keine festen Regeln für die Auswahl der Strukturen und damit zur Festlegung der Annäherungsschritte zur Problemlösung gibt.

Entscheidend ist, daß

- die Lösung der Teilaufgaben die Lösung der Gesamtaufgabe beinhaltet,

- die festgelegte Folge von Teilaufgaben sinnvoll ist und
- die gewählte Lösung einen Annäherungsschritt an die Gesamtlösung darstellt.

Die Strukturierte Programmierung ist eine Programmiermethode, die auf der Philosophie der klaren Programm- und Datenstrukturen und auf der Anwendung von Techniken basiert, die diese Programmphilosophie zu realisieren ermöglichen; im einzelnen umfassen diese Techniken

- die schrittweise Verfeinerung des Problems in immer kleinere Details durch Zerlegung in eine Folge von Teilproblemen (top-down),
- die Übertragung der Elementarfunktionen und der Teilprobleme in eine programmtechnisch klar strukturierte Folge von elementaren Operationen und Programmfunktionen,
- die Anpassung der Datenstrukturen und eindeutige Zuordnung der Daten zu den Programmfunktionen,
- die Entwicklung von sog. Eigenprogrammen als selbständige Funktionsblöcke mit jeweils nur einem Ein- und Ausgang,
- die zentrale Programmsteuerung entlang den Pfaden der hierarchischen Programmstruktur mit eindeutigen Einwirkungs- und Kontrollmöglichkeiten der Funktionsblöcke in Richtung des Hierarchiegefälles und schließlich
- die Übertragung der Aufgaben- und Programminhalte in die Basisstrukturen Sequenz, Auswahl und Wiederholung sowie deren Darstellung in Struktogrammen.

Das Ergebnis dieser Arbeiten ist ein strukturiertes Programm, zu dem eine mit den gleichen Techniken aufbereitete Aufgabenbeschreibung, Programmdokumentation, Wartungs- und Betriebshilfen u.dgl. gehören.

7.3.2 Strukturelemente

Das Wort "strukturiert" wird im allgemeinen als übergeordneter Begriff für "geordnet", "systematisch", "überprüfbar", "methodisch" usw. gebraucht. Es beschreibt einen Zustand, der bei der Abstrahierung komplexer Zusammenhänge angestrebt wird.

Die Strukturierte Programmierung basiert auf dem Grundsatz, wonach komplexe Probleme und die daraus resultierenden Programme auf logische Strukturen zurückgeführt werden. Sie betreffen sowohl die Daten als auch die Programmabläufe.

7.3.2.1 Programmstrukturen

Die Strukturierte Programmierung unterscheidet vier elementare logische Strukturen, auf die ein Problem zurückgeführt werden kann. Es sind dies im einzelnen

- das Element, die atomare Komponente,
- die Folge oder Sequenz,
- die Auswahl, auch Entscheidung oder Selektion genannt und
- die Wiederholung, also die Iteration.

Ein **Element** (engl.: element) ist eine Grundstruktur, die in der jeweiligen Phase des Entwurfsprozesses nicht weiter untergliedert wird. Dies bedeutet nicht, daß dies zu einem späteren Zeitpunkt nicht möglich ist.

Im Hinblick auf Datenstrukturen kann ein Element z.B. einen Datensatz darstellen, dessen logische Struktur (Segmente, Felder) zunächst nicht interessiert. Bei Programmstrukturen kann ein Element eine einzelne Anweisung oder aber auch einen Programmteil darstellen. In der Abbildung 7.15 steht der Buchstabe "A" für den Namen des Elementes.

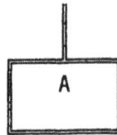

Abb. 7.15: *Die Basisstruktur "Element"*

Die **Folge** (engl.:sequenz) ist eine Struktur, die aus einem oder mehreren Elementen besteht. Jedes Element tritt genau einmal in einer angegebenen Reihenfolge auf. Die Reihenfolge ergibt sich aus der Darstellungsweise. Das ganz links stehende Element ist das erste Element der Folge, während das ganz rechts stehende Element das letzte Element der Folge ist (Abbildung 7.16).

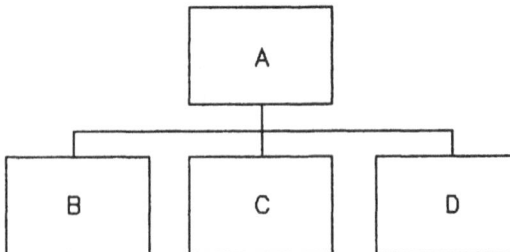

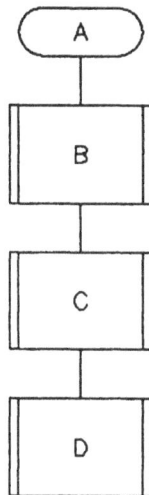

Abb. 7.16: *Die Basisstruktur Folge*

Eine **Auswahl** (engl.: selektion) ist eine Struktur, die aus mindestens zwei Elementen besteht, von denen in Abhängigkeit von einer Auswahlbedingung (Selektionsbedingung) genau ein Element ausgewählt wird (Abbildung 7.17).

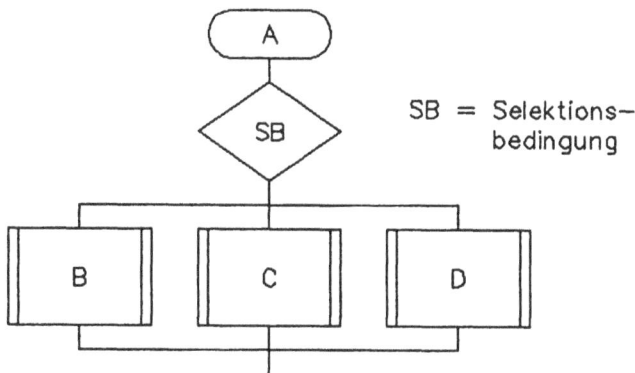

Abb. 7.17: *Die Basisstruktur "Auswahl"*

Die **Wiederholung** (engl.: iteration) ist eine Struktur mit einem Teil, der null- bis n-mal ausgeführt wird. Als Ablaufstruktur ist die Wiederholung eine abweisende Schleife (DO-WHILE-Schleife), da die Schleifenbedingung am Anfang der Schleife geprüft wird (Abbildung 7.18). Der Schleifenrumpf wird daher so oft ausgeführt, wie die Schleifenbedingung nicht erfüllt ist.

Falls die Schleifenbedingung sofort erfüllt ist, führt dies in diesem Fall dazu, daß der Schleifenrumpf überhaupt nicht ausgeführt wird.

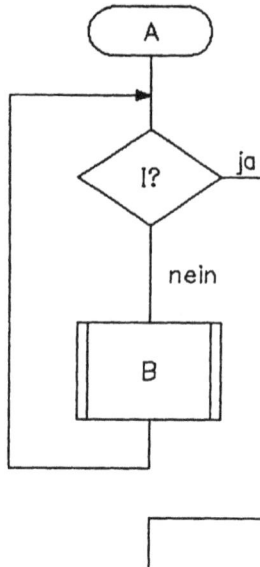

Abb. 7.18: *Die Basisstruktur "Wiederholung"*

7.3.2.2 Datenstrukturen

Die Datenstrukturierung ist die Gliederung einer festen Anzahl von Daten (-elementen) verschiedenen Typs in eine Anordnung. Zu jedem Programm gehören Daten. Welche Daten jedoch von welchem Programmteil benötigt werden, geht aus den zu erfüllenden Aufgaben der betreffenden Funktion hervor. Aufgrund dieser Aussage wird in der Strukturierten Programmierung davon ausgegangen, daß eine Datenstrukturierung aus dem Programm-Design abgeleitet wird.

Daraus folgt eine denkbare Zuordnung

- eines Datenbereiches (mehrere Dateien) zu einem Programm und
- einer Datei zu einem Modul.

Weitere Zuordnungen würden zu starren Datenstrukturen führen, die im Falle der Mehrfachnutzung der Daten durch verschiedene Programmbausteine Mehrfachspeicherungen der gleichen Daten hervorrufen würden. Bei strenger Einhaltung der programmorientierten Datenstrukturierung (Abbildung 7.19) werden Nachteile - wie programmabhängige Datendefinition, Mehrfachspei-

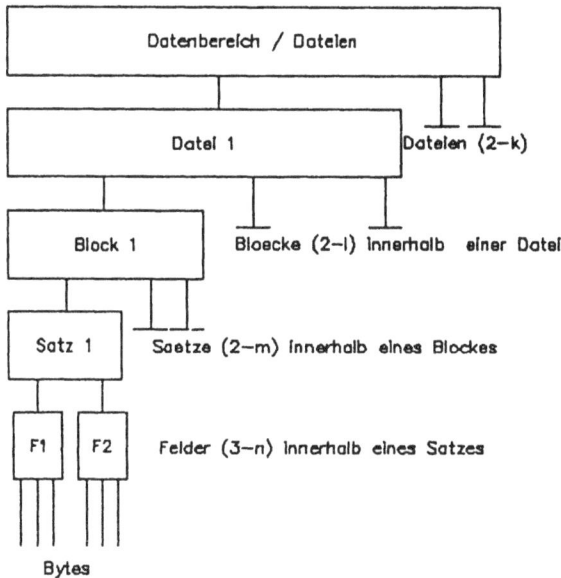

Abb. 7.19: *Programmorientierte, hierarchische Datenstrukturen*

cherung und Mehrfachänderung wiederkehrender Daten - in Kauf genommen, die bei der datenbankorientierten Datenstrukturierung vermieden werden können, ohne dabei auf Vorteile einer klaren, eindeutigen Anordnung verzichten zu müssen. Wird bspw. in den Satzstrukturen der Dateien (teilweise) auf die gleichen Datenfelder (-elemente) zurückgegriffen, so löst die Einfügung eines neuen Datenfeldes (-elementes) die Änderung aller Dateien und der Moduln aus.

So gesehen ist die Anpassung der Datenstrukturen an die programmtechnische Hierarchie nicht angebracht. Hinzu kommt, daß die gegenwärtigen Entwicklungstendenzen im Entwurf der Daten-, Zugriffs- und Speicherungsstrukturen sowie Informationswiedergewinnung eindeutig zur Gleichbehandlung der Daten und deren Beziehungen neigen. Neue Techniken, die in diesem Zusammenhang Verwendung finden, bspw. die Relationenmodelle oder die Bildung einer Hilfsdatei als Sekundärdaten zur besseren Lokalisierung der Primärdaten, sind theoretisch sehr gut fundiert und kommen zunehmend zur Anwendung.

Aus dieser Überlegung wird - in Abweichung zur derzeit herrschenden Meinung in der Literatur - der Datenstrukturierung nach dem Relationenmodell der Vorzug gegeben (Abbildung 7.20). Dabei werden die Dateien in Relationen strukturiert. Aus der Relation oder aus mehreren Relationen können neue (Unter-Relationen) gebildet werden. Dies erfolgt meistens nach den Attributen

RELATION 1

Attribut-namen Tupel	A	B	C	D
1	a1	b1	c1	d1
2	a2	b2	c2	d2
3	a3	b3	c3	d3
4	a4	b4	c4	d4
...	...	...	...	...

RELATION 2

Attribut-namen Tupel	E	F	G
1	e1	f1	g1
2	e2	f2	g2
3	e3	f3	g3
4	e4	f4	g4
...	...	...	...

UNTERRELATION 11

Attribut-namen Tupel	A	B	C
1	a1	b1	c1
2	a2	b2	c2
3	a3	b3	c3
4	a4	b4	c4
...	...	...	...

UNTERRELATION 12

Attribut-name Tupel	A	D
1	a1	d1
2	a2	d2
3	a3	d3
4	a4	d4
...	...	...

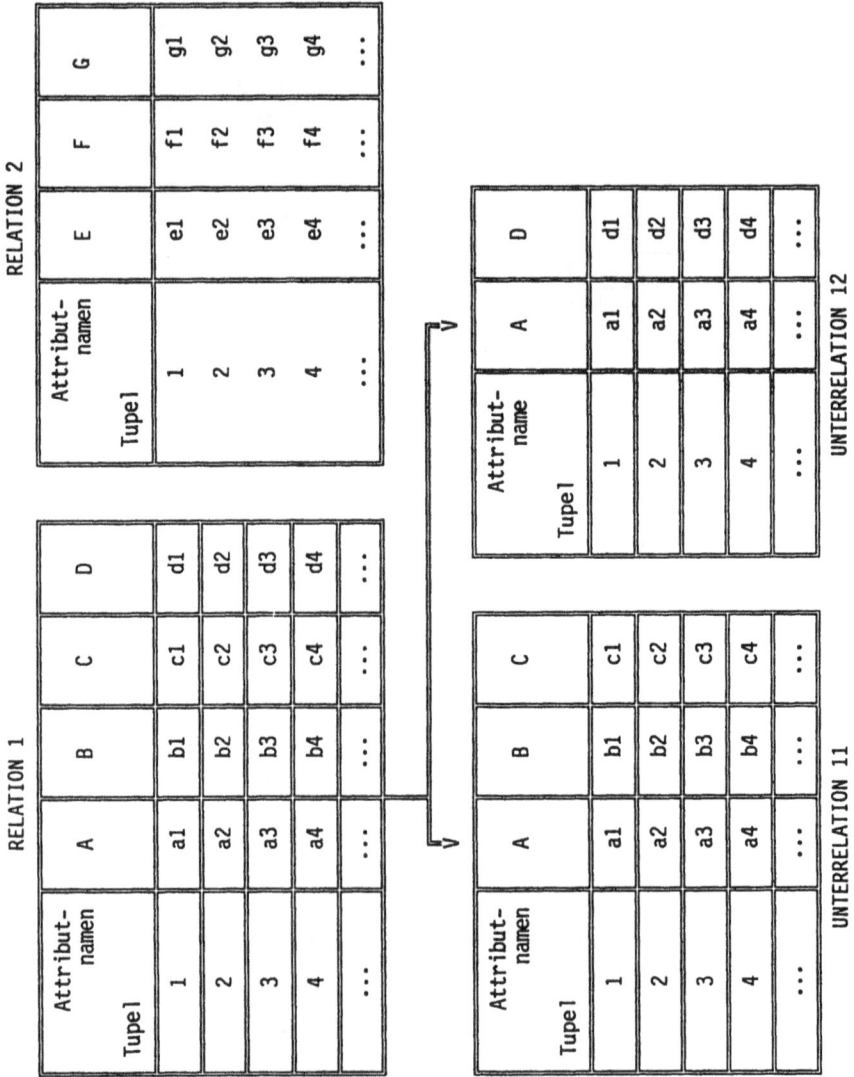

Abb. 7.20: Relational geordnete Datenstrukturen

(Eigenschaften) der Daten. Als Attribute der Daten werden dabei logische oder physikalische Merkmale oder die deren Mischung unterschieden, so bspw. der Typ, der Wert, die Lebensdauer, das Datum und dgl. Je nach Aufgabenstellung und Datenanfall kann ein Modul auf eine oder mehrere Relationen zugreifen und einem Segment eine Relation bereitstellen oder im Bedarfsfall aus den zur Verfügung stehenden Relationen eine neue Relation bilden. Ein Programmblock wiederum kann Unterrelationen aus den geforderten Attributen bilden und die Anweisung schließlich die Verarbeitung tupelweise (zeilenweise) aus der Tabelle vornehmen. Somit werden die Arbeitsweisen und die Vorteile der Strukturierten Programmierung und der Datenstrukturierung nach dem Relationenmodell in einem Konzept zusammengeführt, wobei durch die Nutzbarmachung der Relationsalgebra die Attraktivität dieses Vorgehens erheblich gesteigert wird.

7.3.3 Semantische Ebenen

Zur Bildung der Programm- und Datenstrukturen greift die Strukturierte Programmierung auf die von DIJKSTRA entwickelte Programmhierarchie zurück. Danach ist ein strukturiertes Programm wie ein invertierter Baum aufgebaut: Oben ist der Stamm, der zu den Hauptzweigen führt, die invertiert zu den unteren Zweigen führen. Entsprechend dieser Aussage werden Problemlösung und Programmfunktionen stufenweise von oben nach unten (top down) entwickelt. Die Lösung eines vorgegebenen Problems erfolgt somit dadurch, daß das Problem solange von oben nach unten in Teilprobleme zerlegt wird, bis die Lösung auf einer Ebene liegt, die in Programmbefehle umgesetzt werden kann. Dieser Vorgang wird **Top-down-Entwicklung** bzw. **schrittweise Verfeinerung** genannt. Das Ergebnis bilden semantische Ebenen - entsprechend Abbildung 7.21 - die synchron zur Unterteilung der Problemstellung verlaufen. Die spätere Zusammensetzung des Programms verläuft in umgekehrter Richtung, bottom up.

Zielsetzungen sind

- die Reduktion des Problems auf überschaubare Teile,
- das Prüfen der Ergebnisse auf jeder Entwicklungsstufe im Rahmen der bis dahin erstellten Lösung,
- bei fortschreitender Detaillierung die Unveränderlichkeit der bisher entwickelten Problemlösung (d.h. die Struktur zusammenfassender Funktionen wird durch die Auflösung dieser Funktionen nicht modifiziert),
- der Einbau aller Ergebnisse aller Entwicklungsstufen als Bestandteile in die Gesamtlösung und
- die Entwicklung nach Abschluß einer höheren Entwicklungsebene.

7.3.4 Eigenprogramme

Aus dem Konzept der Programmhierarchie leitet sich das Prinzip zur **Bildung von Eigenprogrammen** ab, die in sich geschlossene, nur mit einem Eingang und Ausgang versehene Einheiten sind. Jeder Programmteil, also die Moduln, Segmente, Blöcke, ja sogar eine einzelne Anweisung, kann als ein Eigenprogramm gelten. Ein Programm besteht aus mehreren Eigenprogrammen. Die Eigen-

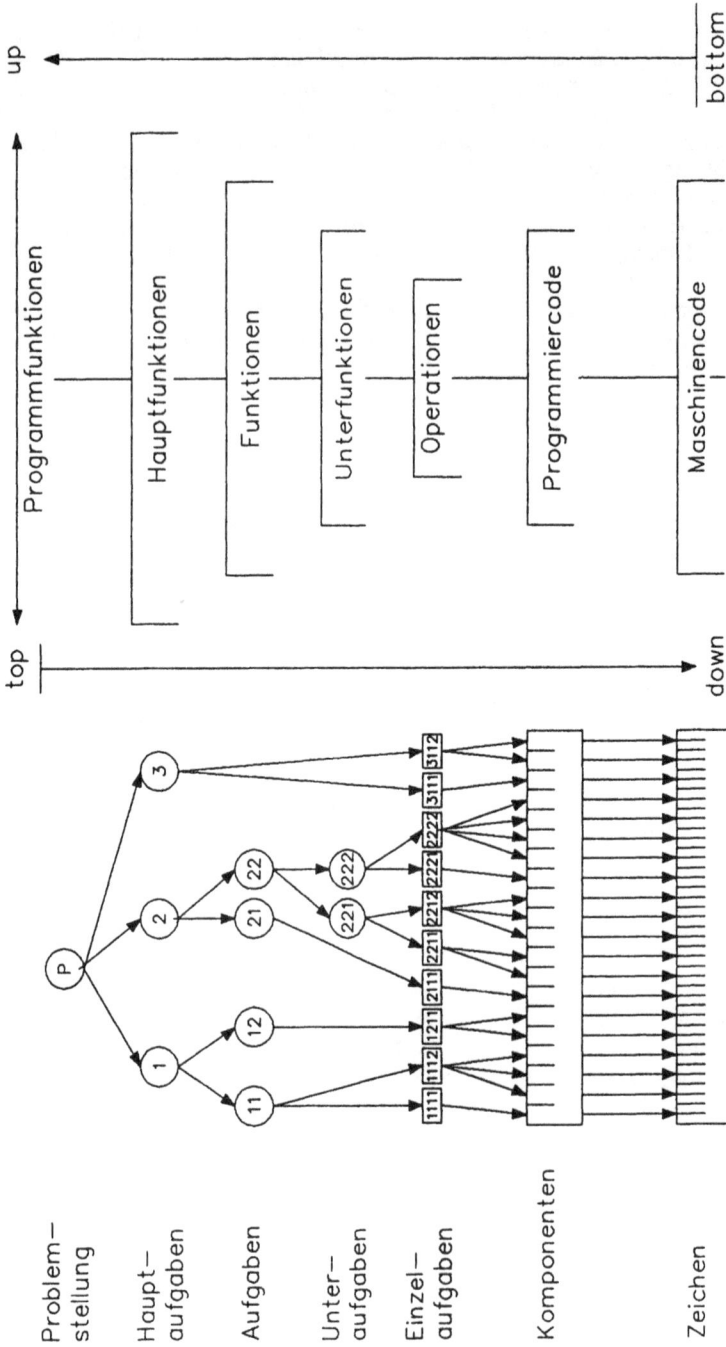

Abb. 7.21: Bildung semantischer Ebenen durch schrittweise Verfeinerung

programme sind nacheinander über- und untergeordnet. Die Stellung eines Eigenprogramms ergibt sich aus der programmtechnischen Hierarchie. Dabei ist ein strukturiertes Programm als ein invertierter Baum aufzufassen. Oben ist der Stamm, der zu den Hauptzweigen führt, die ihrerseits den unteren Zweigen übergeordnet sind. Hieraus ergeben sich folgende Grundzüge:

- Jedes Eigenprogramm kann - nachdem sein Eingang und sein Ausgang eindeutig definiert sind - unabhängig von den übrigen Programmteilen programmiert, getestet, gewartet, ja sogar jederzeit ausgetauscht und in anderen Programmen verwandt werden.
- Jedes Eigenprogramm kann stets nur von einem hierarchisch höher stehenden Programmteil angesteuert werden oder Steueranweisungen erhalten; ebenso gibt es Steueranweisungen nur an einen untergeordneten Teil (Prinzip der zentralen Programmsteuerung).
- Jedes Eigenprogramm steht immer vollständig außerhalb oder bei Kombination mehrerer Eigenprogramme vollständig innerhalb eines anderen Programmteils (Einschachtelung), so daß die semantischen Ebenen eindeutig sichtbar werden.
- Jedes Eigenprogramm erhält nur diejenigen Daten, welche es zur Erfüllung seiner Funktionen benötigt. Die Datenverfügbarkeit wird dabei in Anlehnung an die Datenstrukturen und an die Programmhierarchie geregelt.

Ein solches Eigenprogramm sollte eine praktikable Größe nicht überschreiten. Erfahrungen zufolge soll ein Eigenprogramm nicht mehr als 25 oder 50 Anweisungen lang sein, d.h. in der Regel eine Bildschirm- oder Computerdruckseite. Muß diese Größe überschritten werden, so wird die Bildung von Untermengen empfohlen, damit die logische Einheit schnell verständlich, leicht lesbar und besser programmiert werden kann.

Das Ergebnis der Problemstrukturierung, also die sog. funktionale Hierarchie des Problems, bildet die Grundlage des Programm-Designs. Hier geht es um die Zusammensetzung der Programmkomponenten zu einer programmtechnischen Einheit (Abbildung 7.22). Die Programmkomponenten werden aus der funktionalen Hierarchie abgeleitet, und zwar wie folgt:

- die Anweisungen aus den Operationen,
- die Blöcke aus den Unterfunktionen,
- die Segmente aus den Funktionen,
- die Moduln aus den Hauptfunktionen und
- das Programm aus der Programmfunktion.

Die Anweisungen entsprechen also den Operationen, die Blöcke den Unterfunktionen usw. Auf diese Art werden die Anweisungen sukzessive in hierarchisch höhere Bausteine zusammengesetzt. Daher können bspw. aus einem Block nie Anweisungen an ein Segment oder aus einem Segment Anweisungen an einen Modul gehen. Der Befehlsfluß ist nur entlang dem Hierarchiegefälle möglich und nicht umgekehrt. Da jeder Baustein nur von dem ihn einschließenden Baustein Anweisungen erhalten kann, wird in diesem Zusammenhang auch von der sog. Outside-in-Programmierung gesprochen.

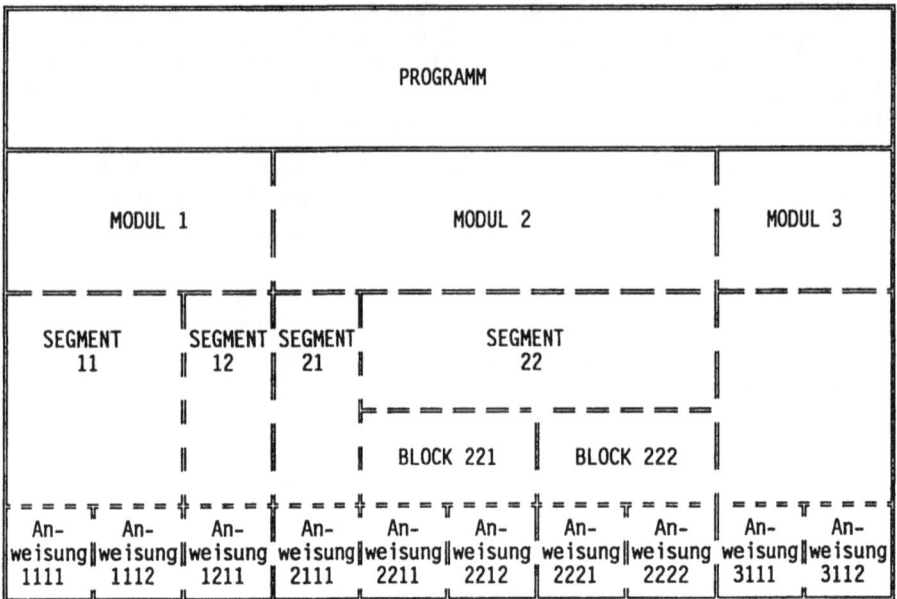

Abb. 7.22: *Grundschema des Programm-Designs*

7.3.5 Ablaufsteuerung

Durch die Bildung von Eigenprogrammen wurde das Programm in durchgehende, logisch aneinandergereihte Programmblöcke strukturiert, die gleichzeitig die Ablaufstrukturen des Programms widerspiegeln. Entscheidend dabei ist, daß die Eigenprogramme unabhängig voneinander sind, jedes Eigenprogramm einem anderen Eigenprogramm vor- oder nachgelagert ist oder schließlich ein Eigenprogramm vollständig in einem anderen Eigenprogramm enthalten ist. Daher bereitet die **Steuerung des Programmablaufs** keine Schwierigkeiten. Es muß lediglich dafür gesorgt werden, daß

- die Beziehungen zwischen den Eigenprogrammen auf die Aktivierung des untergeordneten Eigenprogramms und deren Kontrolle beschränkt wird,
- diese Einflußrichtung ausschließlich entlang des Hierarchiegefälles wirksam wird und
- die Aktivierung eines Eigenprogrammes sowie die Kontrolle der richtigen Ausführung von einem Punkt des Programms ausgeht und auch zu diesem Punkt zurückkehrt.

Damit ist gewährleistet, daß die Steuerung des Programms zentral, entlang den Pfaden der hierarchischen Struktur abläuft. Die Haupt-Steuerungsprozedur aktiviert und kontrolliert die Moduln. Diese enthalten Steuerungsprozeduren, welche die Segmente aktivieren und kontrollieren usw. Auf jeder Stufe werden die Prozeduren detaillierter, so wie dies im Top-down-Ansatz verankert ist. Wenn ein Eigenprogramm abgeschlossen ist, "meldet" es seinen Abschluß an das übergeordnete Eigenprogramm. Eine direkte Verbindung zwischen den Eigenprogrammen auf der gleichen Hierarchieebene ist nicht gestattet. Auch ein evtl. Datenaustausch ist nur über den nächst höheren Programmblock möglich. Die zentrale Programmsteuerung ist also eine vertikale Steuerung von oben nach unten.

7.4 Struktogramme in der Darstellung der Programmlogik und -dokumentation

NASSI und SHNEIDERMAN haben in Anlehnung an die Grundsätze der Strukturierten Programmierung Darstellungstechniken entwickelt, die mit wenig Regeln arbeiten und daher die Programmlogik vereinfacht widerspiegeln.

Ein wesentlicher Nachteil entsteht jedoch dadurch, daß die hierarchisch am tiefsten liegenden Programmteile im kleinsten Maßstab erscheinen, weil die Diagramme von außen nach innen gezeichnet werden. Gerade diese Programmteile sind aber oft ausschlaggebend für die Effektivität eines Programms. Als weiterer Nachteil ist der erforderliche, relativ hohe Zeitaufwand zu nennen.

7.4.1 Technik der Struktogramme

Es werden zwei Gruppen von Struktogrammen unterschieden, die einfachen (Abbildung 7.23) und erweiterten (Abbildung 7.24). Ihre Basiselemente sind Strukturblöcke, die

- nur einen Eingang und Ausgang haben,
- eine Steuerung nur von oben nach unten zulassen,
- eindeutig von anderen Strukturblöcken abgrenzbar (Eigenprogramm) sind,
- ausschließlich mit den nachfolgenden (unteren) Strukturblöcken korrespondieren (Kontrolle von oben) und
- Überlappungen völlig ausschließen.

Durch die Anwendung der sog. einfachen Struktogrammtechnik mit sechs Grundtypen existieren umkehrbar eindeutige Abbildungsregeln für komplexe Programmstrukturen, die sowohl für die Programmierung als auch für die spätere Wartung eminent wichtig sind. Dazu einige Hinweise mit anschließender Verdeutlichung in den Abbildungen:

- Die Untereinanderreihung der Strukturblöcke dokumentiert die Flußrichtung der Steuerungen und die hintereinander erfolgende Abarbeitung der Eigenprogramme (von oben nach unten).
- Die Ineinanderschachtelung der Strukturblöcke stellt die hierarchischen Beziehungen der Eigenprogramme dar (von außen nach innen).

- Die Sequenz ist eine Folge von Anweisungen. Sie verlangt sequentielle Ausführung mehrerer Anweisungen.
- Die Nebeneinanderstellung der Strukturblöcke entspricht der Auswahl (Fallentscheidung); sie kennzeichnet das Vorhandensein von Alternativen.
- Die Auswahl ist eine Entscheidung zwischen mehreren Anweisungen, die
während der Ausführung getroffen wird. Die Ausführung einer Anweisung
kann also von einer Bedingung abhängig gemacht sein. Dabei werden die
Schlüsselworte IF, THEN, ELSE, CASE OF und dgl. verwandt. Drei Unterfälle werden unterschieden:

-- IF-THEN-Auswahl, bei der eine Anweisung in Abhängigkeit von der Bedingung ausgeführt wird oder nicht,
-- IF-THEN-ELSE-Auswahl, bei der in Abhängigkeit von der Bedingung die
eine oder die andere Anweisung ausgeführt wird und
-- CASE-OF-Auswahl, bei der in Abhängigkeit von der Bedingung zwischen
mehr als zwei Anweisungen entschieden werden muß.
- Die Wiederholung verlangt in Abhängigkeit von Bedingung(en) die wiederholte Ausführung einer Anweisung (Schleife). Folgende zwei Unterfälle werden unterschieden:
-- DO-WHILE-Wiederholung, bei der die Bedingung zur Wiederholung vor
der Schleife geprüft wird (abweisende Schleife) und
-- DO-UNTIL-Wiederholung, bei der die Bedingung zur Wiederholung nach
der Schleife geprüft wird (nicht abweisende Schleife).

Weiteres Kennzeichen der beschränkten Ablaufsteuerung ist, daß jede Basisstruktur nur einen Eingang und einen Ausgang hat und daher entweder als ein
selbständiges Eigenprogramm oder als Teil eines Eigenprogramms genutzt
werden kann.

In Abbildung 7.24 sind drei weitere Strukturblocktypen dargestellt. Sie gehören
zur sog. erweiterten Struktogrammtechnik. Ihre Notwendigkeit ergibt sich daraus, daß die Grundtypen der einfachen Struktogrammtechnik nicht alle möglichen Funktionen eines Programms abbilden können, die bei komplexen Aufga-
benstellungen auftreten können. Ihre Anwendung sollte allerdings auf ein Minimum eingeschränkt werden, da sie in den meisten "klassischen" Programmiersprachen keine Unterstützung erfahren und zu ihrer Realisierung die
Sprunganweisung GOTO bedingen können. Im einzelnen handelt es sich dabei
um die Strukturblocktypen

- Unterbrechung der Wiederholung,
- allgemeine Auswahl und
- parallele Prozesse.

SEQUENZ

| Strukturblock a_1 |
| Strukturblock a_2 |
| ... |
| Strukturblock a_n |

IF−THEN−AUSWAHL

JA	NEIN
Strukturblock a	−

DO−WHILE−WIEDERHOLUNG

Ausfuehrung ist zu wiederholen
bis Bedingung gilt

Strukturblock

IF−THEN−ELSE−AUSWAHL

JA	NEIN
Strukturblock a_1	Strukturblock a_2

DO−UNTIL−WIEDERHOLUNG

Strukturblock

Ausfuehrung ist zu wiederholen
bis ENDE−Bedingung erreicht ist

CASE−OF−AUSWAHL

Fall−1
Fall−2
...
Fall−n

| Struktur− block a_1 | Struktur− block a_2 | ... | Struktur− block a_n |

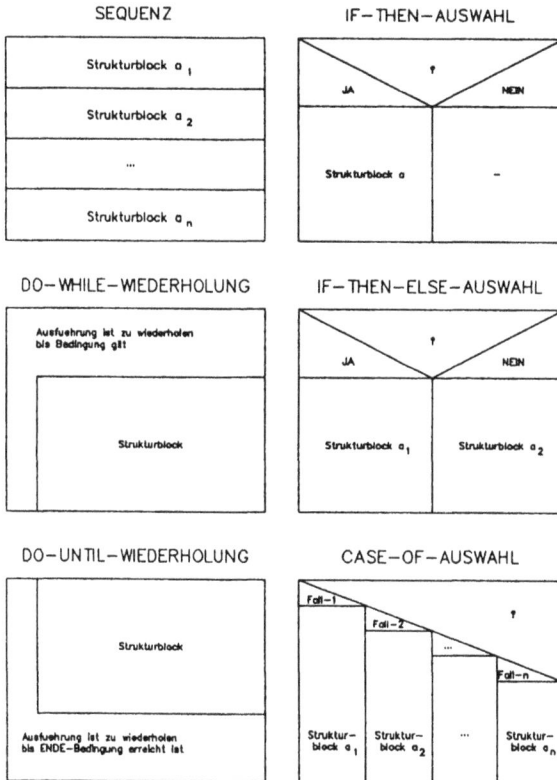

Abb. 7.23: *Einfache Struktogrammtypen*

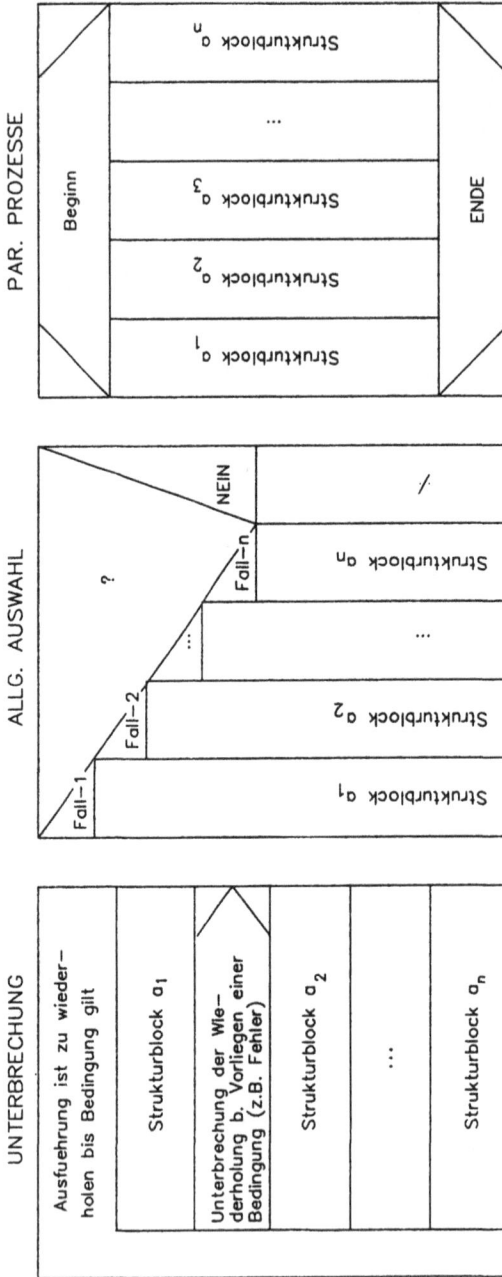

Abb. 7.24: Erweiterte Struktogrammtypen

7.4.2 Das HIPO-Verfahren

Das HIPO-Verfahren (Hierarchy plus Input-Process-Output) ergänzt das Verfahren der Strukturierten Programmierung. Es bevorzugt ebenfalls die hierarchische Darstellung der einzelnen Funktionen. Somit erbringt es eine bereits dargestellte Übersicht. Hinzukommen die Diagramme (IPO-Diagramme), die in der Darstellung der Beziehungen zwischen den Phasen Eingabe, Verarbeitung und Ausgabe bestehen. Somit stehen zwei Aufgaben an, und zwar

- die hierarchische Darstellung der einzelnen Funktionen (Hierarchie) und
- die Visualisierung des prozeßbezogenen Datenflusses (Input-Process-Output).

Das HIPO-Verfahren geht von der Überlegung aus, wonach sich Programme und Programmsysteme aus einer Vielzahl von Funktionen und Prozessen zusammensetzen. Ihre Bündelung in Diagrammen ist eine Dokumentation des Systementwurfs, wobei

- die Phase Input Datenbezug,
- die Phase Process Prozedurbezug und
- die Phase Output Datenbezug

haben (Abbildung 7.25).

Die Methode geht also von der Vorstellung aus, daß bekannt ist, welche Ausgabedaten erwartet werden. Der Prozeß hat diese Ausgabedaten zu erstellen. Dabei ist es gleichgültig, wie der Prozeß aufgebaut ist. Sind Eingabedaten für den Prozeß erforderlich, so sind diese zur Verfügung zu stellen.

Diese Methode ist auch in ihrer Darstellung sowohl funktions- als auch datenorientiert. Übersichtsdiagramme werden für alle Funktionen erarbeitet, die in weitere Funktionen (Teilfunktionen) zu untergliedern sind. Detaildiagramme werden für Funktionen auf der untersten Ebene erstellt, bei denen keine weitere Untergliederung mehr vorgesehen ist. Bei dieser Betrachtungsweise kann davon ausgegangen werden, daß auf den höheren Ebenen die Daten umfassend (z.B. als Datei) und in den niederen Ebenen immer detaillierter (z.B. als Datensatz einer Datei oder Feld eines Satzes) beschrieben werden.

Auf der untersten Ebene, also auf der Stufe der Detaildiagramme, sollte dann von der "erweiterten Beschreibung" Gebrauch gemacht werden. Diese dient zur näheren Erläuterung von Verarbeitungsschritten. Die Folge der Verarbeitungsschritte muß aber nicht zwingend im IPO-Diagramm aufgeführt sein, sondern kann sich auf einer anderen Liste in Form von Entscheidungstabellen oder Struktogrammen befinden (Abbildung 7.25).

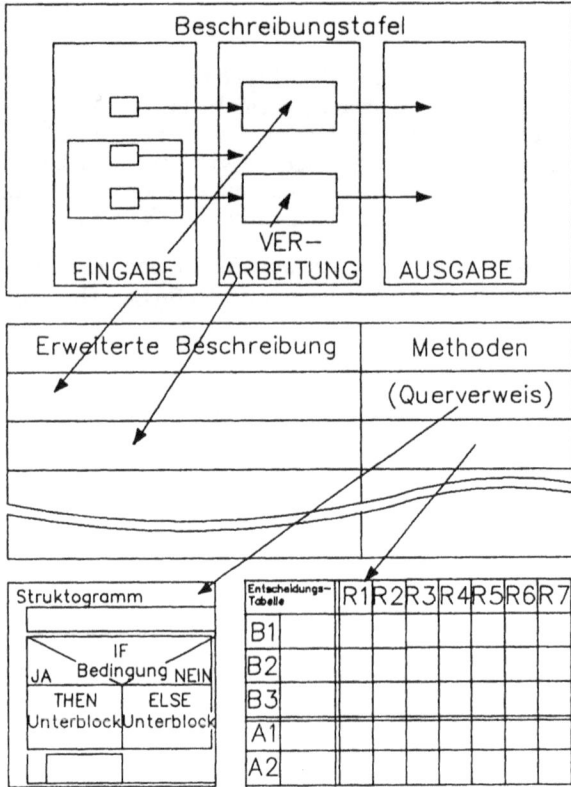

Abb. 7.25: *Kombination verschiedener Methoden*

7.4.3 Pseudocodes

Pseudocodes sind in einer beliebigen, für den Computer nicht direkt verständlichen Sprache geschriebene Codes. In der Regel wird die eigene, natürliche Sprache verwandt, so daß ihrer Anwendung nahezu keine Grenzen gesetzt werden brauchen. Pseudocodes werden in der Strukturierten Programmierung häufig anstelle von Struktogrammen verwandt, um zeitaufwendige Zeichenarbeiten und schwerfällige Abkürzungen zu umgehen. Da bei den Pseudocodes die gleichen Regeln gelten wie in der Struktogrammtechnik, ist ein systematisches Vorgehen zum sprachunabhängigen Programmentwurf ebenso möglich wie die Bildung logischer Programmstrukturen. Das Ergebnis ist ein übersichtlicher, leicht lesbarer und überprüfbarer Programmentwurf, der einfach in ein Programm übertragen (codiert) werden kann. Der in dieser Form aufbereitete Programmentwurf ist zugleich eine detaillierte Programmdokumentation. Besondere syntaktische Regeln liegen nicht vor. Formalsprachlich werden nur die Schlüsselwörter der Steuerungskonstruktion aus der Struktogrammtechnik übernommen (Zur Beschreibung der Bedingungen und der durchzuführenden Operationen wird die natürliche Sprache gewählt, so daß dieses Instrument auch von Anwendern ohne spezielle Kenntnisse in der Datenverarbeitung benutzt werden kann.):

- Für die Sequenz können die Schlüsselworte BEGIN und END herangezogen werden. Andere Schlüsselwörter sind nicht notwendig, da in jeder Programmiersprache die sequentielle Abarbeitung der Operationen die normale Ablauffolge ist.
- Für die Auswahlstrukturen werden die Schlüsselwörter IF, THEN, ELSE und ENDIF (WENN, DANN, SONST und ENDEWENN) benutzt. Bei der Fallentscheidung dagegen CASE OF, CASE n, ENDCASE.
- Für die Wiederholung werden die beiden Schlüsselwörter DOWHILE und ENDDO (WIEDERHOLUNG SOLANGE und ENDEWIEDERHOLUNG) benutzt.
- Außerdem haben sich die für die ergänzende Variante der Wiederholungsstruktur die Schlüsselwörter DOUNTIL und ENDDO eingebürgert; bzw. bei Programmsegmentierungen die Schlüsselwörter INCLUDE und CALL.

In Abbildung 7.26 wird ein einfaches Beispiel unter Verwendung des Pseudocodes aufgezeigt und die zuvor skizzierte Arbeitstechnik verdeutlicht.

7.5 Programmiersprachen

Soll ein Problem mit Hilfe des Computers gelöst werden, so sind auf der einen Seite Problemlösungsprinzipien, die sog. Paradigmen und auf der anderen Seite eine dem Computer verständliche Sprache erforderlich. I.e.S. sind Programmiersprachen Hilfsmittel zur Verständigung mit dem Computer. Diesem Grundsatz entsprechen die meisten in der 40jährigen Computer-Geschichte entstandenen Programmiersprachen. Sie orientieren sich an der jeweiligen Hardware-Architektur und an den Problemen. Sie sind diesen zugeschnitten. Mit einer Programmiersprache wird die Problemlösung als Algorithmus in einer computerverständlichen Form definiert. Die Art der auszuführenden Operationen, ihre Reihenfolge, die Festlegung des Datentyps usw. sind sprachgebunden. Der Programmierer bewegt sich in fest vorgegebenen Regeln.

Anders verhält es sich mit den neueren Programmiersprachen. Sie sind dem Computer nicht nur verständlich, sie enthalten zugleich die Lösungsalgorith-

---

Aufgabe:

Gegeben ist eine Datei "Anlagen" mit der Kontengruppe - Kennzeichnung 1 bis 6.
Für jedes Anlagegut wird ein Datensatz mit den Feldern Anschaffungswert, alter
Buchwert, Abschreibungssatz und dgl. geführt. Zu berechnen sind der neue Buch-
wert und der Abschreibungsbetrag. Es kommen verschiedene Abschreibungen zum
Tragen, so bspw. monatliche und jährliche. Die Ergebnisse werden in eine neue
Datei ausgegeben, wobei je nach Erfüllung von Bedingungen verschiedene Daten-
sätze erzeugt werden, und zwar für den Bestand, Zugang und Abgang sowie für
die Abschreibung.

Lösung:
Die Aufgabe wird in einem Pseudocode gelöst. Die Schlüsselwörter werden in der
üblichen Form, also englisch, vom Text abgehoben. Die Aufgabenlösung wird nachfolgend auszugsweise (nicht komplett) wiedergegeben.

```
Programm initialisieren
Datei "Anlagen" eröffnen
DOWHILE Datensätze vorhanden
  IF    1 ≤ Kontengruppe ≤ 6
  THEN  Datensatz verarbeiten
  IF      Buchwert ≠ 1
  THEN    Prüfen auf Satzart (Zugang, Abgang, Bestand)
  .

  .
  BEGIN
  Abschreibungssatz insgesamt = 100
  Abschreibungsbetrag = Abschreibungssatz * 0,01 *
                        (Abschreibungssatz + Abschrei-
                        bungssatz insgesamt - 100) - 1
  END
  .

  .
  ELSE    Fehlermeldung
  ENDIF
  CASE OF    Bildung neuer Datensätze
    CASE 1   Datensatz "Anfangsbestand"
    CASE 2   Datensatz "Abschreibung"
    .

    .

    .

  ENDCASE
  ELSE    Datensatz unverändert doppeln
  ENDIF
  ENDDO
Datei "Anlagen - neu" schließen
  STOP RUN
```

Abb. 7.26: *Vereinfachtes Beispiel in Pseudocode*

men. Dies hat zur Folge, daß der Anwender nicht mehr belastet ist, Lösungswege auszuarbeiten, sondern die Aufgabe hat, aus Lösungsalternativen das optimale auszuwählen und anzuwenden. Hier steht eine völlig neue Programmphilosophie an, so daß in diesem Zusammenhang eher von Softwaretools, von Werkzeugen gesprochen werden muß.

Die gegenwärtige Situation wird durch diesen Umwälzungsprozeß geprägt. Sie kennt und nutzt die traditionellen, klassisch geltenden Sprachen prozedualen Ursprungs und wendet mit steigender Tendenz nicht-prozeduale höhere Programmiersprachen, sowie Werkzeuge an. Diese sind sowohl auf Mikrocomputern als auch auf Mainframes vorhanden, wenn auch mit unterschiedlichen Ausprägungen.

7.5.1 Definition und Einleitung

Zur Unterstützung der Programmierarbeiten stehen dem Programmierer verschiedene Programmiersprachen zur Verfügung. Eine **Programmiersprache** (engl.: programming language) ist eine formalisierte Sprache,

- deren Sätze aus einer Aneinanderreihung von Zeichen eines festgelegten Zeichenvorrats entstehen,
- deren Sätze aufgrund einer endlichen Folge/Menge von Regeln gebildet werden können (Syntax),
- die die semantische Bedeutung jedes Satzes festlegt.

Daher ist ein Programm ein Algorithmus, formuliert in einer Programmiersprache. Die Programmiersprache ist eine zum Abfassen von Programmen geschaffene Sprache (DIN 44300). Das Programm, das in einer Programmiersprache abgefaßt ist, ermöglicht die Kommunikation Mensch (Benutzer) - Maschine (Datenverarbeitungsanlage), die nur über eine gemeinsame Sprache möglich ist. Ebenso wie der Mensch über seine eigene Sprache (natürliche Sprache) verfügt, "spricht" die Datenverarbeitungsanlage ihre eigene Sprache (Maschinensprache). Soll nun eine Kommunikation Mensch - Maschine stattfinden, so muß entweder der Mensch die **Maschinensprache** benutzen oder die Datenverarbeitungsanlage muß so ausgerüstet sein, daß sie die natürliche Sprache des Menschen versteht. Auf alle Fälle muß eine Übersetzung von der einen in die andere Sprache vorgenommen werden.

Die Kommunikation in der Maschinensprache - wobei die Übersetzung durch den Menschen vorgenommen wird - war in der Anfangszeit der elektronischen Datenverarbeitung üblich. Die Kommunikation in einer natürlichen Sprache - wobei die Übersetzung vollständig durch die Datenverarbeitungsanlage erfolgen würde - ist beim derzeitigen Entwicklungsstand der Technik noch nicht möglich. Heute verwendet man zur Kommunikation überwiegend besondere Programmiersprachen, die zwischen den Extremen "Maschinensprache - natürliche Sprache" liegen und Eigenschaften beider Sprachen umfassen. Hierbei unterscheidet man maschinenorientierte Programmiersprachen und problemorientierte Programmiersprachen. DIN 44300 definiert die Sprachgruppen wie folgt: Eine **maschinenorientierte** Programmiersprache, die zum Abfassen von Arbeitsvorschriften nur Befehle zuläßt, und zwar solche, die Befehlswörter einer bestimmten digitalen Rechenanlage sind. Eine Programmiersprache, die dazu dient, Programme aus einem bestimmten Anwendungsbereich unabhängig von einer bestimmten digitalen Rechenanlage abzufassen und die diesem Anwendungsbereich besonders angemessen sind, ist die **problemorientierte** Programmiersprache.

Bei der Verwendung besonderer Programmiersprachen finden zwei Übersetzungsvorgänge statt. Der Mensch übersetzt aus der natürlichen Sprache in die besondere Programmiersprache; die Datenverarbeitungsanlage übersetzt die besondere Programmiersprache in ihre Maschinensprache.

Die Aktivierung einer Datenverarbeitungsanlage erfolgt also mit Hilfe einer Sprache. Eine Sprache besteht aus einer Menge von Zeichen und einem System von Regeln, nach denen die Zeichen zu Daten (Informationen) zusammengesetzt werden (Syntax der Sprache). Die Syntax sagt nichts darüber aus, ob die zusammengesetzten Zeichengruppierungen auch sinnvoll sind. Deshalb ist es neben der Syntax noch notwendig, Vereinbarungen über den Bedeutungsinhalt der zulässigen Zeichengruppierungen zu treffen (Semantik der Sprache). Es kann vorkommen, daß ein syntaktisch richtiger Satz semantisch unzulässig ist und umgekehrt. Der Satz "Das Auto strickt einen Baum" ist syntaktisch richtig, aber semantisch unzulässig. Die Fähigkeiten eines Datenverarbeitungssystems werden erst durch das Programm aktiviert. Das Programm richtet die universellen Fähigkeiten des Datenverarbeitungssystems auf die Lösung eines Problems aus. Das Problem selbst, sei es mathematischer, kommerzieller oder linguistischer Art, muß logisch vorstrukturiert sein.

Die Eigenschaften der Kommunikationspartner bestimmen weitgehend die Struktur der von ihnen verwendeten Sprachen. Die natürliche Sprache des Menschen ist geprägt durch zahlreiche Ungenauigkeiten und Mehrdeutigkeiten in den Bedeutungsinhalten; z.B. "Das Wetter ist heute weniger schön". Maschinensprachen müssen dagegen semantisch eindeutig sein, da die Bedeutungsinhalte konstruktiv festgelegt sind (eindeutige Binärmuster). Daraus folgt, daß der Computer alles, was ihm formal syntaktisch richtig übermittelt wird, kritiklos eindeutig "versteht", ohne Rücksicht darauf, ob es auch semantisch bzw. logisch korrekt ist. Es fehlt ihm die Interpretationsfähigkeit, die den Menschen in die Lage versetzt, eine ungenaue Übermittlung evtl. noch richtig aufzufassen und Mißverständnisse zu vermeiden. Beim Computer führen Ungenauigkeiten immer zu Mißverständnissen und bewirken den "gigo-Effekt". Das, was der Maschine nicht präzise, eindeutig und in der logisch richtigen Reihenfolge übermittelt wird, ist immer "garbage = Mist" und muß zwangsläufig dazu führen, daß die Maschine als Arbeitsergebnis auch wieder "garbage = Mist" hervorbringt.

Normalerweise werden die Programmiersprachen eingeteilt in die Gruppen

- Maschinensprache (ablaufbereite Maschinenbefehle; binärer Maschinencode; ursprüngliche Form),
- maschinenorientierte Sprachen (Assembler-Sprachen; Befehle und Operanden werden mit Hilfe mnemonisch gewählter/symbolischer Kennzeichen formuliert; komplexe Befehle werden häufig durch Verwendung von sog. Makrobefehlen erreicht: diese sind "fertige" Unterprogramme) und
- problemorientierte Sprachen ("höhere" Programmiersprachen zur Formulierung von Aufgaben in bestimmten Anwendungsbereichen, unabhängig von einer bestimmten Rechenanlage; die Sprachelemente sind problemnah und nicht maschinennah, d.h. auf dem primitiven Sprachvorrat eines Prozessors zugeschnitten).

Eine in neuerer Zeit benutzte Einteilung versucht die Programmiersprachen entsprechend ihrer zeitlichen und inhaltlichen Entwicklung so zu ordnen, wie sie von ihren Ursprüngen in "Richtung" **Künstliche Intelligenz** (engl.: artificial inteligence) ausgebaut werden (Abbildung 7.27). Die Entwicklungsaktivitäten umfassen gegenwärtig optische und akustische Mustererkennungen, natürliche Sprachkommunikation u.ä.

1. Generation	Maschinensprache	
2. Generation (maschinenorientiert)	Assembler-sprachen	prozedural
3. Generation (problemorientiert)	Algol, Basic, RPG, Fortran, Cobol, APL, Pascal, C, Ada, Modula-2	
4. Generation (höhere und Werkzeuge)	Natural, Mantis, ADS Ideal, Focus, Sesam, Datatrieve, Line	nicht-prozedural
	Lotus 1-2-3, Symphony, Open Access, Multiplan Framework, dBase III	Werkzeuge
	AS, SAS, MAPPER, ES	
5. Generation (regelbasiert)	Lisp, Prolog, Smalltalk 80	funktional, objektorientiert, logisch

Abb. 7.27: *Einteilung der Programmiersprachen*

7.5.2 Maschinensprachen der 1.Generation

Als Maschinensprache gilt eine Programmiersprache, wenn ihre Befehlsliste in direktem Zusammenhang mit einer Computer-Architektur steht. Die Sprachstruktur wird durch das technische Konstruktionsprinzip der Anlage bestimmt. Sie arbeitet mit einer individuellen Befehlsstruktur, die von der hardwaretechnischen Architektur der Anlage abhängig ist. Ein Maschinenbefehl besteht aus

- dem Operationsteil und
- dem Adreßteil.

Sie sind intern in binärer Form aufgebaut, d.h. sie bestehen aus dualen Ziffernkombinationen (Abbildung 7.29). Eine Übersetzung erübrigt sich. Das erstellte Programm in der Maschinensprache kann unmittelbar ausgeführt werden. Dieses Vorgehen ist aus heutiger Sicht mit erheblichen Nachteilen verbunden und wird in Anbetracht nachfolgender Fakten von den Anwendern nicht mehr in Erwägung gezogen:

- Der Adreßteil eines Befehls besteht nur aus Ziffern und ist somit schwer merkbar.
- Große Programme führen zu mangelhafter Übersichtlichkeit, schlechter Lesbarkeit und erhöhter Fehlerwahrscheinlichkeit.
- Müssen bei Programmänderungen Befehle eingeschoben werden, so ändert sich die gesamte folgende Speicheraufteilung; Sprungbefehle müssen umgeschrieben werden.
- Da die Befehlsliste bis zu 200 verschiedene Befehle umfassen kann, werden hohe Erwartungen an die Merkfähigkeit des Programmierers gestellt.
- Die Programme können nicht auf Modellen anderer Fabrikate ausgeführt werden.

Um Unterschiede zwischen den Sprachgenerationen und deren Vertreter zu verdeutlichen, werden nachfolgend auf die Problemstellung in Abbildung 7.28 aufbauend, Programme (Lösungen) in verschiedenen Sprachen gezeigt.

7.5.3 Assemblersprachen der 2.Generation

Eine Erleichterung beim Erstellen von Programmen trat durch die Einführung der Assemblersprachen ein, bei denen der Adreßteil des Befehls durch alphanumerische Symbole dargestellt wird (symbolische Adressierung). Die Zuordnung der absoluten Adressen zu den symbolischen Adressen übernimmt ein Übersetzer. Ein Übersetzer ist ein Programm, das in einer Programmiersprache (Quellensprache) abgefaßte Anweisungen ohne Veränderung der Arbeitsvorschriften in Anweisungen einer Programmiersprache (Zielsprache) umwandelt (übersetzt).

Ermittlung der Summe der ganzen Zahlen von 1 bis N
(1 + 2 + ... + N) mit Hilfe der Formel
SUMME = N * (N + 1) / 2

```
        ( Beginn )
            |
         / Einlesen /
        /   von    /
       /    N     /
            |
    | Berechnung |
    | der Summe  |
    | mit Hilfe  |
    | der Formel |
            |
       / Ausgeben /
      /    von    /
     /  N,Summe  /
            |
        ( Ende )
```

Abb. 7.28: *Aufgabenstellung mit Ablaufplan*

```
*SYMBOL   TYPE  ID   ADDR  LENGTH LDID
*INITIALISIERUNG UND IDENTIFIZIERUNG DES PROGRAMMS
RECH0531  SD   0001 000000 00023


*  LOC  OBJECT CODE    ADDR I ADDR" STMT   SOURCE STATEMENT
000074
*  EROEFNEN DER DATEIEN
000074
000074 4510 306A        00080
000078 00
000079 000134
00007C 8F
00007D 000194
000080 0A13
000082 4110 311E        00134
000082 4100 30E4        000FA
00008A 58F0 1030        00030
00008E 05EF
 .
 .
 .
*  MULTIPLIKATION : SUMME = SUMME * N
0000A2 FC73 30E8 30E4 000FE 000FA
*
*  DIVISION : SUMME = SUMME / 2
0000A8 FD70 30E8 31F3 000FE 00209
 .
 .
 .
*  SCHLIESSEN DER DATEIEN
0000E0 4510 30D6        000EC
0000E4 00
0000E5 000134
0000E8 80
0000E9 000194
000EC 0A14
*
*  ENDE DES ARBEITSTEILS
0000EE 58D0 D004        00004
0000F2 98EC D00C        0000C
0000F6 17FF
0000F8 07FE
```

Abb. 7.29: *Auszug aus dem Maschinenprogramm*

Für das Zielprogramm wird auch häufig der Ausdruck **Objektprogramm** (engl.: object program) verwendet. Weiterhin werden Sprungziele innerhalb des Programms durch Symbole (sog. Marken) gekennzeichnet. Der Programmierer hat die Speicheraufteilung nicht mehr zu berücksichtigen. Bei Programmänderungen ermittelt der Assemblierer die veränderte Speicheraufteilung automatisch. Der **Assemblierer** (Assembler) wird von der Herstellerfirma geliefert und ist ein in der Maschinensprache geschriebenes Programm. Er übersetzt das in einer Assemblersprache geschriebene Quellprogramm in das in Maschinensprache abgefaßte Zielprogramm (Abbildung 7.30).

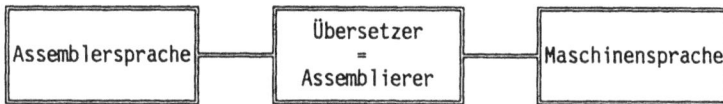

Abb. 7.30: *Assemblieren*

Bei den frühen bzw. einfachen Assemblersprachen entspricht jedem Befehl in der Assemblersprache ein Maschinenbefehl (sog. 1 : 1- Sprache). Neuere bzw. komplexe Assemblersprachen verfügen über sog. Makros, die eine weitere Erleichterung der Programmierarbeit bedeuten. Unter einem Makro-Befehl versteht man ein alphanumerisches Symbol, das an die Stelle mehrerer Maschinenbefehle tritt, die i.d.R. häufig benötigte Standardfunktionen ausführen (z.B. Eröffnen und Schließen von Dateien). Der Assemblierer ersetzt beim Übersetzen einen Makro-Befehl automatisch durch die vorgegebene Folge von Maschinenbefehlen. Die Assemblersprache mit Makros ist eine sog. 1 : n-Sprache.

Die Assemblersprache wurde als streng maschinenorientierte Programmiersprache entwickelt. Sie eignet sich zur Programmierung aller Aufgaben, die mit Hilfe eines DV-Systems gelöst werden sollen. Die Sprache lehnt sich eng an die interne Logik und Speicherungstechnik des Computers an und zeichnet sich durch präzise Formulierung des Lösungsweges aus, wozu ein Befehlsvorrat von über 140 Einzelinstruktionen zur Verfügung steht. Dies hat zur Folge, daß der Schulungsaufwand zum Erlernen der Sprache sehr groß ist, daß dagegen der erforderliche Hauptspeicherbedarf für ein Assembler-Programm relativ klein gehalten werden kann. Gute Maschinenkenntnisse sind für einen Assembler-Programmierer unerläßlich, ebenso wie eine ausführliche Dokumentation.

7.5.4 Problemorientierte höhere Sprachen der 3.Generation

Während bei den maschinenorientierten Programmiersprachen die Sprachstruktur durch das technische Konstruktionsprinzip der DV-Anlage bestimmt ist, ist die Sprachstruktur bei den problemorientierten Programmiersprachen durch die zu lösenden Probleme bestimmt. Die Befehlsstruktur der Sprache

```
*   INITIALISIERUNG UND IDENTIFIZIERUNG DES PROGRAMMS
RECH0531 BEGIN BASE(13),TYPE=UPRO
*
*   EROEFFNEN DER DATEIEN
         OPEN   (EDAT,(INPUT),ADAT,(OUTPUT))
*
*   EINLESEN VON N
         GET    EDAT,N
*
*   SPEICHERUNG VON N (MIT GLEICHZEITIGEM PACKEN)
         PACK   SUMME,N
*
*   PACKEN VON N
         PACK   N,N
*
*   ADDITION : SUMME = SUMME + 1
         AP     SUMME,=P'1'
*
*   MULTIPLIKATION : SUMME = SUMME * N
         MP     SUMME,N
*
*   DIVISION : SUMME = SUMME / 2
         DP     SUMME,P'2'
*
*   RESERVIERUNG VON SPEICHERPLATZ FUER DIE DATEN

N        DS     CL4
SUMME    DS     CL8
ABSATZ   DS     CL44

*
*   DATEIERKLAERUNGEN
*
EDAT     DCB    DDNAME=SYSIN,MACRF=GM,RECFM=FB,LRECL=4,
                BLKSIZE=3120,DSORG=PS
*
ADAT     DCB    DDNAME=SYSOUT,MACRF=PM,RECFM=FB,LRECL=44,
                BLKSIZE=440,DSORG=PS
*
*   PROGRAMMENDE
         END
```

Abb. 7.31: *Lösung in Assembler (auszugsweise)*

ermöglicht es, direkt das zu lösende Problem zu programmieren, ohne auf die jeweiligen Eigenheiten der Maschinensprache Rücksicht nehmen zu müssen. Je größer diese Maschinenunabhängigkeit ist, um so höher ist die Qualität einer problemorientierten Sprache.

Die problemorientierten Programmiersprachen sind sog. Makro-Sprachen oder 1 : n-Sprachen; d.h. einer Anweisung in der problemorientierten Sprache entsprechen in der Regel mehrere Befehle in der Maschinensprache.

Die Symbolik der problemorientierten Programmiersprachen lehnt sich stark an Ausdrücke der menschlichen Umgangssprache und an die mathematische Formelsprache an. Damit gewinnen die problemorientierten Programmiersprachen eine große Maschinenunabhängigkeit und können auf allen DV-Anlagen eingesetzt werden, die über einen entsprechenden **Übersetzer** (hier: Kompilierer) für die jeweilige Sprache verfügen.

Der **Kompilierer** (engl.: **compiler**) übersetzt das in der problemorientierten Programmiersprache erstellte Quellprogramm in ein Zielprogramm in maschinenorientierter Sprache, insbesondere in Maschinensprache (Abbildung 7.32).

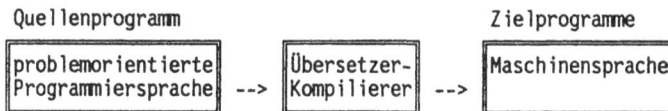

Abb. 7.32: *Kompilieren*

Die problemorientierten Programmiersprachen werden in

- Universalsprachen und
- Spezialsprachen

eingeteilt. Die problemorientierten **Universalsprachen** besitzen eine große Allgemeingültigkeit und werden in technisch-wissenschaftlichen und in kommerziell-administrativen Anwendungsbereichen eingesetzt. Als Vertreter dieser Gruppe werden nachfolgend ALGOL, RPG, FORTRAN, COBOL, PL/1, APL und BASIC charakterisiert.

Die problemorientierten Spezialsprachen sind stark auf eine Problemklasse ausgerichtet, aber ebenso wie die problemorientierten Universalsprachen maschinenabhängig. Da verschiedene Problemklassen eigene Nebenbedingungen und Gesetzmäßigkeiten aufweisen, bieten die Universalsprachen für diese Problemklassen wenig optimale Einsatzbedingungen. Deshalb entwickelte man Spezialsprachen, deren Struktur der Struktur der jeweiligen Problemklasse angepaßt ist.

Solche Probleme können sein:

- Aufbau Verwaltung und Auswertung von Datenbanken,
- Dialogverarbeitung,
- Behandlung von Simulationsmodellen,
- Steuerung von Produktionsaufgaben,
- Textverarbeitung etc.

Als typische Vertreter dieser Gruppe werden nachfolgend Pascal und C besprochen.

Im Unterschied zum Compiler wird bei dialogorientierten Programmiersprachen ein sog. Interpretierer, oder **Interpreter** (engl.: interpreter) benutzt. Es ist ein Programm, das eine Quellenanweisung sofort übersetzt und ausführt. Die Ausführung kann somit erfolgen, bevor ein vollständiges Quell- bzw. Zielprogramm erstellt sind. Als Beispiele werden APL, BASIC, C und PASCAL erwähnt.

ALGOL (ALGOrithmic Language) ist eine Sprache speziell für den technisch-wissenschaftlichen Anwendungsbereich und verfügt - im Gegensatz zu FORTRAN - kaum über komfortable Anweisungen zur Behandlung von Ein- und Ausgabeoperationen. ALGOL entstand um 1955 in den USA und wurde dann jedoch in Europa weiterentwickelt. Ihre Bedeutung blieb weitestgehend auf wissenschaftliche Anwendungen beschränkt; sie wurde inzwischen durch PASCAL abgelöst.

```
$$  START BERECH
    'BEGIN'
        'COMMENT' BESCHREIBUNG DER DATEN;
        'INTEGER' N,SUMME;

        'COMMENT' EINLESEN VON N;
        READ(N);

        'COMMENT' BERECHNUNG DER SUMME MIT HILFE DER FORMEL;
        SUMME:=N*(N+1)/2;

        'COMMENT' AUSGABE VON N UND SUMME;
        TYPE ('' FUER N = '',N,'' BETRAEGT DIE SUMME '',SUMME);

    'COMMENT' PROGRAMMENDE;
    'END'
$$ ALGOLEND

Für N = 100 beträgt die Summe 5050
```

Abb. 7.33: *Lösung in ALGOL*

RPG (Report Program Generator) ist ein problemorientiertes Programmiersystem für den kommerziellen Bereich. Der Report Programm Generator ist eine Standard-Programmierhilfe, die lediglich die variablen Angaben für Eingabe, Verarbeitung und Ausgabe erfordert (Fragebogen-Technik). Bei seiner Entwicklung, die in den Jahren 1959/60 begann, ging man von einer Technik aus, die sich an die Schaltungsweise von Lochkartenanlagen anlehnte. Die ersten Übersetzer wurden im Jahre 1960 entwickelt. Die Sprache ist in verschiedenen Varianten bekannt, wobei der Sprachumfang relativ gering, dadurch die Sprache unflexibel ist:

- In den EINGABE-Bestimmungen werden die Eingabesätze und -felder, deren Daten verarbeitet werden sollen, definiert.
- In den VERARBEITUNGS(Rechen)-Bestimmungen ist anzugeben, welche Berechnungen unter welchen Bedingungen durchzuführen sind.
- Die AUSGABE-Bestimmungen enthalten sämtliche Angaben über die Ausgabe (Drucken usw.).

Außerdem existiert noch ein viertes Formblatt mit der Bezeichnung Steuerkarte und Dateizuordnung, auf dem Angaben über Aufbau und Größe des Computers und der verwendeten Datenbestände gemacht werden.

Die Programmierung besteht also nur noch darin, auf den jeweiligen Formularen (Bestimmungsblättern) die Eingabe, die Berechnungen und die Art und Form der Ausgabe zu beschreiben. Aus diesen Eintragungen kann mit Hilfe des Generator-Programmes ein Maschinenprogramm aus vorhandenen Befehlsgruppen und Standard-Routinen erzeugt werden.

FORTRAN (FORmula TRANslation) ist eine Sprache speziell für den technisch-wissenschaftlichen Anwendungsbereich. Sie verfügt über relativ komfortable Anweisungen zur Behandlung von Ein- und Ausgabeoperationen. FORTRAN wurde 1955 entwickelt und ist bis heute stark erweitert. Die heute gebräuchliche Fassung wird als FORTRAN 77 benutzt, woraus hervorgeht, daß es sich um eine im Jahre 1977 zuletzt standardisierte Version handelt. In Kürze ist mit einer Spracherweiterung und damit mit einem neuen Standard zu rechnen.

Ein in FORTRAN-Sprache geschriebenes Quellenprogramm besteht aus einer Folge von Anweisungen, aus denen der Compiler Maschinenbefehle erzeugt. Hierbei wird der Programmierer von allen Routinearbeiten, wie Speicherreservierung, Adreßrechnung usw. weitgehend befreit.

COBOL (Common Business Oriented Language) ist eine Sprache, die speziell für den kommerziell-administrativen Anwendungsbereich und besonders für ein- und ausgabeintensive Anwendungen geeignet ist. COBOL wurde 1959 von Herstellern und Benutzern in den USA entwickelt und 1967 weltweit genormt. Inzwischen fanden 1974 und 1986 Spracherweiterungen z.B. bezüglich der An-

```
C  BESCHREIBUNG DER DATEN
      INTEGER N,SUMME
C
C  EINLESEN VON N
      READ(5.1000) N
 1000 FORMAT(14)
C
C  BERECHNUNG DER SUMME MIT HILFE DER FORMEL
      SUMME = N * (N + 1) / 2
C
C  AUSGABE VON N UND SUMME
      WRITE(6.2000) N,SUMME
 2000 FORMAT(' FUER N = ',14,' BETRAEGT DIE SUMME ',18)
C
C  PROGRAMMENDE
      STOP
      END

Für N = 100 beträgt die Summe 5050
```

Abb. 7.34: *Lösung in FORTRAN*

passung der Sprache an die Strukturierte Programmierung statt. Die gegenwärtig gültige Version, Ansi-COBOL-85, ist eine sehr kompakte Notation. Sie gilt - zurecht - im betriebswirtschaftlichen und kommerziellen Bereich - als die mit Abstand am häufigsten genutzte Programmiersprache.

Die COBOL-Sprache eignet sich besonders zum Programmieren kommerzieller Aufgaben. Ihre Entwicklung geht auf eine Zusammenarbeit von Benutzern und Herstellern zurück, die sich im Jahre 1959 zur CODASYL (Conference on Data Systems Languages) zusammengeschlossen haben. Der erste COBOL-Übersetzer stand im Jahre 1961 für die IBM 1401 zur Verfügung.

Die COBOL-Sprache bedient sich neben den COBOL-Worten (aus der englischen Sprache) frei wählbarer Ausdrücke des täglichen Sprachgebrauchs. Diese wählbaren Worte können mit Begriffen identisch sein, die der zu lösenden Aufgabe entlehnt sind. Die Programmierworte können in jeder Sprache, also auch in deutscher Sprache angegeben werden. Das Programm dokumentiert sich selbst. Die COBOL-Sprache verwendet Makro-Befehle, also solche Befehle, die jeweils eine Vielzahl von Instruktionen in der Maschinensprache erzeugen. Folglich kommt die COBOL-Sprache mit einem geringeren Befehlsvorrat aus als andere Programmiersprachen (z.B. Assembler).

PL/1 (Programming Language 1) ist eine Sprache sowohl für den kommerziell-administrativen als auch für den technisch-wissenschaftlichen Bereich und enthält Sprachelemente von COBOL, FORTRAN und ALGOL. PL/1 wurde 1963/64 entwickelt und ist genormt. Allerdings wird sie künftig an Bedeutung verlieren, da sie nicht mehr weiterentwickelt wird. Sie ist jedoch nach COBOL auf Großcomputern stark verbreitet.

```
*   IDENTIFIZIERUNG DES PROGRAMMS
    IDENTIFICATION DIVISION.
    PROGRAM-ID.        BERECH.
*
*   BESCHREIBUNG DER MASCHINELLEN UMGEBUNG IN DER DAS
*   PROGRAMM LAUFEN SOLL
    ENVIRONMENT DIVISION.
    CONFIGURATION SECTION.
    OBJEKT-COMPUTER.  IBM-370.
*
*   BESCHREIBUNG DER DATEN
    DATA DIVISION.
    WORKING-STORAGE SECTION.
    77  N         PIC  9(04).
    77  SUMME     PIC  Z(07)9.
*
*
*   VERARBEITUNGSTEIL
    PROCEDURE DIVISION.
*   EINLESEN VON N
        ACCEPT N.
*   BERECHNUNG DER SUMME MIT HILFE DER FORMEL
        COMPUTE SUMME = N * (N + 1) / 2.
*
*   AUSGABE VON N UND SUMME
        DISPLAY ' FUER N = ', N, ' BETRAEGT DIE SUMME ', SUMME.
*
*   PROGRAMMENDE

        STOP RUN.

Für N = 0100 beträgt die Summe 5050
```

Abb. 7.35: *Lösung in COBOL*

PL/1 ist so aufgebaut, daß jeder Programmierer diese Sprache ohne Schwierigkeiten für seinen Problemkreis benutzen kann. Beim Aufbau dieser Programmiersprache wurde das Ziel verfolgt, dem Programmierer eine freie Handhabung bei der Erstellung von Programmen zu ermöglichen (kein strenger Formalismus). Es ist möglich, nur den Teil des gesamten Sprachumfangs zu lernen, der für die Programmierung der jeweiligen Anwendung (kommerziell **oder** technisch-wissenschaftlich) erforderlich ist.

```
/*  IDENTIFIZIERUNG DES PROGRAMMS  */
BERECH:  PROCEDURE OPTIONS(MAIN)  REORDER;

/*  BESCHREIBUNG DER DATEIEN UND DATEN  */
        DECLARE  SYSIN     FILE;
        DECLARE  SYSPRINT  FILE;
        DECLARE  N         FIXED(4);
        DECLARE  SUMME     FIXED(8);

/*  EINLESEN VON N  */
        GET EDIT (N) (F(4));

/*  BERECHNUNG DER SUMME MIT HILFE DER FORMEL  */
        SUMME = N * (N + 1) / 2;

/*  AUSGABE VON N UND SUMME  */
        PUT EDIT (' FUER N = ',N,' BETRAEGT DIE SUMME ',SUMME)
                 (A(10),F(4),A(20),F(8));

/*  PROGRAMMENDE  */
        END BERECH;

Für N = 100 beträgt die Summe 5050
```

Abb. 7.36: *Lösung in PL/1*

PASCAL ist eine Hochsprache. Da das ganze Quellprogramm vor seiner Ausführung auf dem Computer übersetzt werden muß, handelt es sich um eine Compilersprache.

PASCAL wurde um 1970 von Nicolaus Wirth konzipiert und fand wegen der Klarheit des Sprachkonzepts, der leichten Erlernbarkeit, der Erziehung zu einem disziplinierten Programmentwurf und des sich selbstdokumentierenden Programmtextes rasch eine weite Verbreitung, insbesondere in der Ausbildung.

PASCAL unterstützt die schrittweise Problemlösung, die Modularisierung der Daten- und Programmstrukturen und die Strukturierte Programmierung. Die Sprache ist 1982 im Normenentwurf 7185 der ISO (International Organization of Standardization) genormt worden; in Deutschland 1983 als DIN 66256 übernommen.

```
PROGRAM Zaehlen;
VAR     a,summe : integer      (* Ganzzahlvariablen vereinbaren *)

BEGIN
  READLN(a);                   (* Einlesen der Zahl *)
  summe:=a*((a+1/2);           (* Berechnen der Summe *)
  WRITELN(summe);              (* Summe ausgeben *)
END.
```

Abb. 7.37: *Lösung in PASCAL*

C ist eine Programmiersprache für die Entwicklung und Implementierung von komplexen Softwareprodukten. Sie ist eine universelle Sprache, die sich durch Ausdrucksökonomie, moderne Kontrollstrukturen, die Möglichkeit zur Bildung von Datenstrukturen und ein umfangreiches Angebot an Operatoren und Datentypen auszeichnet. Ein wichtiger Unterschied zwischen C und anderen modernen Programmiersprachen, wie z.b. PASCAL, ist das der Sprache C eigene Konzept der Blockstruktur.

Der Ursprung von C liegt in der Systemprogrammierungssprache BCPL (Richards, 1969), welche weiter zur Sprache B (Thompson, 1970) und dann 1972 zu C von Kernigham und Ritchie entwickelt wurde. C wurde ursprünglich für die PDP-11 unter UNIX entwickelt, aber die Sprache ist nicht an eine bestimmte Hardware oder an ein bestimmtes Betriebssystem gebunden. Bei der Entwicklung wurde besondere Betonung auf die Portabilität von Compiler und Anwendungsprogrammen in andere Umgebungen gelegt. C-Compiler laufen auf allen Rechnern; vom Home-Computer bis zur Mainframe.

```
main()
{
   int n;                    /* Ganzzahlvereinbarung */
   scanf("%i",&n);           /* Ganzzahl einlesen */
   printf("%i\n",n/2*++n);   /* Summe berechnen und ausgeben */
}
```

Abb. 7.38: *Lösung in C*

7.5.5 Höhere Sprachen der 4.Generation

Die höheren Programmiersprachen der 4.Generation werden unterschiedlich definiert. Es herrschen verschiedene Auffassungen vor. Einheitlich sind die Meinungen dahingehend, daß sie entweder auf der Basis von Datenbank-Abfragesprachen operieren, oder eine Weiterentwicklung leistungsfähiger Sprachelemente der 3.Generation in Richtung Anwendungsprogrammierung sind.

Weitergehend und sachlich richtig ist die Definition, wonach die Programmiersprachen der 4.Generation aus den Elementen

- **Abfragesprache** (engl.: query language),
- **Listgenerator** (engl.: report generator),
- **Grafikgenerator** (engl.: graphics generator),
- **Anwendungsgenerator** (engl.: application generator) und
- **Planungssprache** (engl.: planning language)

bestehen, wobei genannte System- und Sprachelemente homogen integriert sind. Aus diesem Grunde werden die hier erfaßten Sprachen **Endbenutzersysteme** (engl.: end-user-system) genannt. In diesem Zusammenhang sind auch Systeme der Künstlichen Intelligenz (KI), die sog. **Expertensysteme** zu sehen, wobei deutliche Unterschiede zur KI durch Fehlen von wissensbasierten Regeln entstehen. Sprachen der 4.Generation verfügen nämlich nur über komfortable Schnittstellen, die dem Lösungsprozeß dienen.

Die gegenwärtig auf dem Markt befindlichen Produkte (Ihre Zahl nimmt laufend zu!) lassen in Anbetracht ihres Leistungsspektrums eine generelle Wertung nicht zu. Es kristallisieren sich allmählich typische Vertreter dieser Klassen heraus; die Vielfalt ist jedoch sehr groß. Beispiele sind: AS, ADF, CSP, AMBER, ADR, DRIVE, ES, FOCUS, GOGOL etc., um einige aus dem ersten Drittel des Alphabets als Anfangsbuchstaben für die jeweiligen Namen der Sprachen zu nennen.

Für künftige Klassifizierungen bietet sich eine Einteilung in drei Gruppen an, und zwar in

- Sprachen/Werkzeuge für Anwendungsentwicklungen,
- Sprachen/Werkzeuge für Endbenutzer-Auswertungen und
- Sprachen/Werkzeuge für beide Kategorien.

Eine weitere Unterteilung bietet sich durch die hardwaremäßige Umgebung an, wonach

- auf dem Host-Rechner bereitgestellte und am Arbeitsplatz genutzte,
- auf dem Mikrocomputer verfügbare, sowie
- auf beiden Rechnergruppen nutzbare Sprachen/Werkzeuge

unterschieden werden.

Stellvertretend für die angesprochenen Entwicklungen werden nachfolgend Symphonie und Oracle kurz skizziert. Andere Systeme können von diesen Beispielen erheblich abweichen. Ein Vergleich würde sich jedoch äußerst komplex und schwierig, je nach Betrachtungsweise, auch anfechtbar gestalten.

Symphonie als Weiterentwicklung von Lotus 1-2-3 verfügt über fünf Teilfunktionen, die eingebettet sind in eine Window-Technik, Menüsteuerung und kommandogesteuerte Benutzerschnittstelle:

- **Tabellenkalkulation** (engl: spreadsheet),
- **Datenmanagement, -verwaltung** (engl.: data management),
- **Grafikfunktionen**, Business Graphics,
- **Textverarbeitung** (engl.: word processing) und
- **Kommunikation** (engl.: communication).

Die Benutzeroberfläche ist vorrangig menüorientiert, nach Bedarf auch kommandobetreibbar. Die Sprachkomponenten (Makrosprache) enthalten eine Vielzahl von mächtigen Funktionen als nicht-prozeduale Kommandos, ebenso auch als prozeduale Sprachelemente. So können z.B. die Inhalte mehrerer

Zellen (rechteckige Anordnungen) aufgrund von Zellennamen zusammengefaßt werden. Die Daten werden also in Zellen abgelegt. Über den Bildschirm
formatiert der Benutzer die gewünschten Ausschnitte. Jede Zelle kann Kon-
stante als Daten oder Formeln zur Codierung der Verarbeitungsfunktion aufnehmen. Somit wird das Verarbeitungsproblem auf die Tabelle (als konzeptionelle Sichtweise) konzentriert. Dies gilt für die Datenmanipulation, wie auch
für die Datendarstellung oder Wiedergabe von Datenstrukturen. Neben der
Formelcodierung stehen Makrokommandos für häufig benutzte Funktionen (if-
then-else, what-if) bereit. Wesentlich ist die integrierte Nutzung der Teilfunktionen (z.B. cut-and-paste, also die Übernahme von Daten aus der Tabellen-
präsentation in die Grafikpräsentation). Dadurch können vielfältige Kombinationen (Tabellen in Texten, Tabellen mit Grafiken etc.) realisiert werden.

Oracle basiert auf einem relationalen DB-System. Der Anwender greift auf die
abgespeicherten Daten über spezielle SQL-Anweisungen, ohne dabei über
Kenntnisse von der Datenstruktur, deren internen Anordnungen zu verfügen.
Er behandelt die Daten wie gewöhnliche Tabellen. Er modifiziert sie (auch
während des Betriebes), erteilt Zugriffsberechtigungen, greift temporär oder
fest über Indices (primary keys) beschleunigt auf die Felder oder Tabellen zu.
Diesem Zweck dient auch die Data Dictionary, die mit den gleichen Anweisungen bedient wird. Im Regelfall erfolgt der Zugriff auf die Datenbasis über die
Funktionstasten. Diese werden belegt als Insert-, Update-, Delete- und Query-
Keys. Sie veranlassen die Ausführung dieser Transaktionen ohne weitere Spezifikationen. Analog dazu werden die visuellen Outputs, also die Masken (Anwendungen) und Reports mit der sog. Interactive Application Facility im
Frage- und Antwort-Dialog erstellt. Für inhaltlich und formal komplexe Aufgaben stehen Masken- und Reportgeneratoren bereit. Eine weitere Besonderheit
stellt die Schnittstelle zur höheren Programmiersprache, zur Sprache C, dar.
Mit Hilfe dieser Schnittstelle können SQL-Anweisungen in C-Routinen eingebunden werden.

7.5.6 Sprachen der 5.Generation

Diese Gruppe von Sprachen gehört aufgrund ihres Anwendungsbereiches zur
sog. "**Künstlichen Intelligenz**" (engl.: artificial intelligence). Darunter wird der
Versuch, das Bestreben verstanden, menschliche Intelligenzleistung maschinell
nachzubilden. Eine spezifische Ausprägung dieser Bestrebungen stellen **Expertensysteme** dar. Diese sind Programme, die durch eine Menge von Fakten und
Regeln beschrieben sind. Sie sind regelbasiert.

Zur Entwicklung von regelbasierten Systemen sind verschiedene Sprachen -
i.e.S. Werkzeuge - entwickelt worden, die in die Gruppen

- funktionale (z.B. LISP),
- objektorientierte (z.B. Smalltalk 80) und
- logische (z.B. Prolog)

Programmiersprachen einzuordnen sind. Als erste entstand LISP (List Processing Language) bereits in den 50er Jahren. Somit gilt sie als eine Standardsprache. Die grundlegende Struktur der Datenobjekte ist durch die Liste (daher der Name) vorgegeben. Smalltalk 80 (entstanden aus Smalltalk 72 und Folgeentwicklungen) und PROLOG (programming in logic) sind Weiterentwicklungen, die auf den leichten Umgang des Benutzers mit dem Computer ausgerichtet sind. Zur Verdeutlichung der Grundzüge dieser Sprachen wird nachfolgend LISP charakterisiert.

LISP ist eine nicht standardisierte Sprache, so daß es eine Vielzahl heterogener und teilweise zueinander inkompatibler LISP-Dialekte für allgemeine und spezielle Anwendungsgebiete gibt. Anwendungsbereiche von LISP sind heutzutage Formelmanipulation (symbolisch), Programmanalyse, -verifikation und -synthese, Programmierumgebungen, Editoren, Modellbildung und Simulation, Computergrafik, Betriebssysteme, Übersetzer für Programmiersprachen, Expertensysteme, problemlösende Systeme, Verstehen natürlicher Sprache und automatisches Beweisen.

LISP gilt neben PROLOG als die Programmiersprache zur Bearbeitung von Problemen der Künstlichen Intelligenz. Ihre wichtigsten Eigenschaften sind:

- die Verarbeitung hochstrukturierter symbolischer Daten,
- ihre Datenstrukturen (kein formaler Unterschied zwischen Daten und Programmen),
- die starke Betonung des funktionalen Programmstils,
- die typische Interpretierweise und
- eine spezielle Notation von Funktionen, die Lambda-Notation (enge Beziehung zum Lambda-Kalkül von A. Church).

Als Vorgängersprache von LISP kann IPL (1956) angesehen werden, da dort bereits Listenstrukturen verwendet wurden. Entwickelt wurde die Sprache 1958 von John Mc Carthy. Die ersten Aufgaben waren

- symbolisches Differenzieren,
- Computerschach,
- Ratgeber und
- automatisches Beweisen.

Die Bezeichnung LISP leitet sich aus LISt Processor ab. LISP ist nach FORTRAN die zweitälteste noch verwendete Programmiersprache. Ein Abkömmling von LISP ist LOGO, das in (amerikanischen Grund-) Schulen eingesetzt wird.

```
(de beispielprogramm ()        ;Definition des Beispielprogramms

    (de summe (n)               ;Definition der Formel
       (div (mul (add n 1)) 2)
    )

    (de getobj ()               ;Definition einer Eingabefunktion
       (read (stream buffered-console-in))
    )

    (print (summe (getobj)))   ;Programmablauf
)

(beispielprogramm)             ;Aufrufen des Beispielprogramms
```

Abb. 7.39: *Lösung in LISP*

8. Literatur

(1)   **ANSI** (American National Standards Institute; hrsg.): Standards von ANSI.

(2)   **Balzert,H.:** Die Entwicklung von Software-Systemem, Bibliographisches Institut 1982.

(3)   **Centner, Th.:** Trends im Mikrocomputerbereich, SYSTEMS'85, Proceedings, München 1985.

(4)   **Deutsche Bundespost** (hrsg.): DATEL-Handbuch.

(5)   **Deutsches Institut für Normung** (hrsg.): Normen von DIN, Beuth.

(6)   **Graef,M., Greiler,R.:** Organisation und Betrieb eines Rechenzentrums, 3.Auflage 1986.

(7)   **Hansen, H.R.:** Wirtschaftsinformatik, Stuttgart, Fischer 1987.

(8)   **Mertens, P.:** Industrielle Datenverarbeitung 1 und 2, Wiesbaden, Gabler, 1984 und 1986.

(9)   **Nassi, I., Shneiderman, B.:** Flowchart Techniques for Structured Programming, SIGPLAN Notices 8, 1973.

(10)   **Scheer, A.-W.:** EDV-orientierte Betriebswirtschaftslehre 2.Auflage, Berlin, Heidelberg, New York, Tokio, Springer 1987.

(11)   **Schlageter, G., Stucky, W.:** Datenbanksysteme, Stuttgart, Teubner 1983.

(12)   **Stahlknecht, P.:** Einführung in die Wirtschaftsinformatik 3.Auflage, Berlin, Heidelberg, New York, Tokio, Springer 1987

Glossar

Akustikkoppler

Gerät, welches mit Hilfe des Telefonhörers die Verbindung mit einer EDV-Anlage über das öffentliche Telefonnetz herstellt.

Analogrechner

Anlage, die zur Darstellung von Daten physikalische Größen verwendet.

Anwendungssoftware

Alle Programme zur Lösung von Aufgaben.

Arbeitsspeicher

Teil des Zentralspeichers zur Aufnahme von Programmen und Daten.

asynchron

Asynchrones Übertragungsverfahren, bei dem der Gleichlauf zwischen Sender und Empfänger für eine Folge von Bits durch die Endeinrichtungen hergestellt wird.

Befehl

Eine Anweisung, die sich in der benutzten Sprache nicht mehr in Teile zerlegen läßt, die selbst Anweisungen sind.

Betriebssystem

Das Betriebssystem ist die unbedingt nötige Grundausstattung an Software für den Betrieb einer DVA. Es enthält erstens Programme zur Steuerung des Ablaufes der Anwendungsprogramme, zweitens Übersetzungsprogramme (Assembler, Compiler und Interpreter) und drittens Dienstprogramme, die das Programmieren und Testen erleichtern.

Binärzeichen

Jedes der Zeichen aus einem Zeichenvorrat von zwei Zeichen (0,1 ; 0,L).

Bit

Kurzform für Binärzeichen; Sondereinheit für Anzahl der Binärentscheidungen (bit); hergeleitet von "binary digit"; Mehrzahl: Bits.

Bridge

Die Verbindung zwischen zwei identischen lokalen Ring-Netzen wird als Bridge bezeichnet.

Btx

Öffentlicher Fernmeldedienst zum Abruf elektronisch gespeicherter Informationen und zur Übernahme anderer Dienste wie die der Verarbeitung und Nachrichtenübermittlung.

Bus

Sammelleitung für den Informationstransfer zwischen CPU und Peripheriegeräten. Elektronische Verbindung zwischen Register zur Parallel-Übertragung mehrerer oder aller Bits im Register (Busbreite = Anzahl paralleler Bits 1,2,4,8,16,32).

Byte

Eine aus 8 Bits gebildete, direkt adressierbare Speicherstelle. In einem Byte kann jeweils eines von 256 möglichen alphanumerischen Zeichen in binär verschlüsselter Form dargestellt werden (z.B. im EBCDI-Code). Im allgemeinen Sprachgebrauch gewöhnlich eine Gruppe von 8 Bits.

Chip

Chip auch IC-Chip (IC = integrated circuits, d.h. integrierte Schaltungen): Ein IC-Chip ist ein Halbleiter-Kristall-Baustein, auf dem in hoher Dichte integrierte Schaltungen aufgebracht sind.

Code

Eine Vorschrift für die eindeutige Zuordnung der Zeichen eines Zeichenvorrats zu denjenigen eines anderen Zeichenvorrats; auch der bei einer Codierung als Bildmenge auftretende Zeichenvorrat. Geläufige Bezeichnungen: Fünfer-Code, Siebener-Code, 7-Bit-Code.

Compiler

Übersetzungsprogramme für eine Programmiersprache. Das Übersetzungsprogramm übersetzt das in einer höheren Programmiersprache geschriebene Programm in die Maschinensprache.

Computer

Funktionseinheit zur Verarbeitung von Daten.

CPU

Kernstück einer Datenverarbeitungsanlage enthält den Haupt- oder Arbeitsspeicher, das Steuerwerk und das Rechenwerk.

Cursor

Anzeigemarke bei Bildschirmgeräten zur Kennzeichnung der augenblicklichen Schreibposition.

Datei

Die mit einem Namen bezeichnete Sammlung von allen Exemplaren eines oder mehrerer Satztypen.

Daten

Zeichen oder kontinuierliche Funktionen, die zum Zweck der Verarbeitung Informationen aufgrund bekannter oder unterstellter Abmachungen darstellen.

Datenbank

Systematische Ordnung zur Speicherung von Daten.

Datenbanksystem

Unter Datenbanksystem wird die begriffliche Zusammenfassung von Datenbank und Datenbankverwaltungssystem verstanden, wobei die Datenbank alle gespeicherten Daten beinhaltet und ein Datenbankverwaltungssystem alle Funktionen zur Handhabung der Datenbank umfaßt.

Datenfernverarbeitung

Verarbeitung von Daten über Fernmeldewege; Datenverarbeitung + Datenübertragung = Datenfernverarbeitung.

Datennetz

Spezielles Fernmeldenetz für die Datenübertragung, z.B. Datexnetz.

Datenschutz

Schutz der Daten vor unberechtigtem Zugriff im rechtlichen Sinn.

Datensicherung

Technisch-organisatorische Maßnahme zur Datensicherheit gegen physikalischer und sonstiger Zerstörung bzw. Verlust von Daten.

Datenübertragung

Der eigentliche Vorgang des Übertragens von Daten zwischen Datenendeinrichtungen über Datenverbindungen. Allgemein: Datenübermittlung.

Datenverarbeitung

Alle Vorgänge, bei denen Daten gesammelt und zur Informationsgewinnung verarbeitet werden.

Datenverarbeitungsanlage

Dateneinrichtung, die Daten nach vorgegebenem Programm und Verfahren verarbeitet.

Datex

Öffentliches digitales Wählnetz für die Datenübertragung mit Leitungsvermittlung bzw. mit Paketvermittlung für verschiedene Übertragungsgeschwindigkeiten.

Dialogbetrieb

Verkehr mit dem Computer, bei dem für den Benutzer unmittelbare Unterbrechungs- und Eingriffsmöglichkeiten beim Ablauf eines Programms bestehen.

Digitalrechner

Anlage, die zur Darstellung von Daten Ziffern verwendet.

DIN

Deutsches Institut für Normung.

Direktrufnetz

Öffentliches Netz mit festen Verbindungen für die Übertragung digitaler Nachrichten. Zwei Hauptanschlüsse für Direktruf (HfD) sind ständig miteinander verbunden.

Diskette

Speichermedium aus einer flexiblen Kunststoffscheibe mit beschichteter magnetisierbarer Oberfläche, meist als externer Speicher für Mikrocomputer-Systeme verwendet.

EBCDIC

Extended Binary Coded Decimal Interchange Code. Ist ein 8-Bit-Code.

EDV

Elektronische Datenverarbeitung.

Expertensystem

Wissensbasiertes Programm mit Problemlösungsfähigkeiten menschlicher Experten.

Gateway

Ein Gateway hat die Aufgabe, Nachrichten von einem Netz in ein anderes zu übermitteln, insbesondere von einem LAN in die öffentlichen Netze. Es ist vor allem für die Umsetzung der Kommunikationsprotokolle verantwortlich.

halbduplex

Wechselbetrieb; Betriebsart der Datenübertragung, bei der an der Schnittstelle abwechselnd Sendebetrieb und Empfangsbetrieb stattfindet.

Hardware

Die Gesamtheit der maschinentechnischen Ausstattung, d.h. alle Geräte eines EDV-Systems; Sammelbegriff für die Geräte von Computern.

hexadezimal

Zahlensystem mit Basis 16 und den zur Verfügung stehenden Ziffern 0, ..., 9, A, ,,,, F.

Hybridrechner

Anlage, die zur Darstellung von Daten sowohl Ziffern als physikalische Größen verwendet.

IDN

Integriertes Text- und Datennetz; umfaßt im wesentlichen Telex-, Datex- und Direktrufnetz.

Informatik

Wissenschaft der Datenverarbeitung; befaßt sich mit der Informations- und Kommunikationstechnik und ihrer Anwendung in Fachdisziplinen.

Information

Kenntnis über Sachverhalte und Vorgänge.

Informationssystem

Die von den Elementen eines Systems durchgeführten Tätigkeiten in der Aufnahme, Verarbeitung und Weitergabe von Informationen.

Interpreter

Programm zur Übersetzung und sofortiger Ausführung von Quellenanweisungen in einer höheren Programmiersprache.

ISDN

Integrated Services Digital Network, Dienste-integrierendes digitales Fernmeldenetz.

ISO

International Organization for Standardization; internationales Normungsgremium.

Kanalwerk

Sammelleitung für den Informationstransfer zwischen CPU und Peripherie bei Mainframes.

Kommunikation

Informationsaustausch.

Kompilierer

Übersetzungsprogramm für eine Programmiersprache. Es übersetzt das in einer höheren Programmiersprache geschriebene Programm in die Maschinensprache.

Künstliche Intelligenz

Nachbildung menschlicher Intelligenz auf Computern.

LAN

Lokales Rechnernetz.

Magnetband

Datenspeicher in Form eines Bandes.

Magnetplatte

Rotierende magnetisch beschichtete Scheibe mit hoher Speicherkapazität und schnellem Direktzugriff (quasi-wahlfrei).

Mailbox

Versendung von Briefen, Dokumenten auf elektronischen Übertragungsleitungen.

Mainframe

Großcomputer.

Maschinenprogramm

Ein in der Maschinensprache abgefaßtes Programm.

Maus

Zusatzeinrichtung am Bildschirmgerät zur Aktivierung der vom Cursor gekennzeichneten Felder.

Mikrocomputer

Rechner, der aus Mikroprozessor-Bausteinen sowie RAM- und/oder ROM-Speicher aufgebaut ist.

Minicomputer

Kleine, leistungsfähige Dialog-Magnetplatten-Systeme, frühere "mittlere Datentechnik"-Anlagen.

Modem

Kunstwort aus Modulator und Demodulator. Datenübertragungseinrichtung, die durch Modulation, Demodulation und (sofern notwendig) Synchronisation die Übertragung von Daten über analoge Fernmeldewege ermöglicht.

off-line

Methode der Datenfernverarbeitung; auch indirekte oder unabhängige Datenfernverarbeitung genannt. Hierbei ist die Datenverarbeitungsanlage nicht mit
den zur Übertragung von Daten benutzten Fernmeldewegen verbunden. Die
Daten werden auf Datenträgern zwischengespeichert.

on-line

Methode der Datenfernverarbeitung; auch direkte oder abhängige Datenfernverarbeitung genannt. Hierbei ist die Datenverarbeitungsanlage mit den
zur Übertragung von Daten benutzten Fernmeldewegen direkt verbunden. Die
DVA ist selbst Datenstation.

PC

Personal Computer.

periphere Speicher

Externe Speichermedien.

Programm

Eine zur Lösung einer Aufgabe vollständige Anweisung zusammen mit allen
erforderlichen Vereinbarungen.

Prozessor

Steuerwerk und Rechenwerk.

Prozeßrechner

Computer zur Steuerung und Überwachung industrieller und physikalischer
Prozesse.

Pseudocode

Progammentwurfssprache.

RAM

Speicher mit wahlfreiem Zugriff.

Rechnernetz

Zusammenschluß von mindestens zwei Rechnern. Datenstationen werden gleichgestellt.

ROM

Festwertspeicher; Speicher dessen Daten unveränderbar sind und nur ausgelesen werden können.

Schnittstelle

Übergabestelle zwischen Datenendeinrichtung und Datenübertragungseinrichtung; V-Schnittstellen für die Datenübertragung über Fernsprechwege; X-Schnittstellen für die Datenübertragung in Datennetzen.

Seite

Eine Seite ist die Einheit des logischen Speichers, die fortlaufend adressierbar ist bei Residenz im Hauptspeicher.

simplex

Richtungsbetrieb; Betriebsart der Datenübertragung, bei der an der Schnittstelle Daten entweder nur von der Datenübertragungseinrichtung der Datenendeinrichtung (Empfangsbetrieb) oder nur von der Datenendeinrichtung der Datenübertragungseinrichtung (Sendebetrieb) zugeführt werden.

Software

Die Gesamtheit aller Programme für eine EDV-Anlage.

Softwaretool

Automatisierte Hilfen für die Software-Produktion.

Stapelbetrieb

Das sukkzessive Abarbeiten vollständig gestellter Aufgaben (Programme und Daten).

Strukturierte Programmierung

Modell-(System-)bezogene Programmentwicklungsverfahren.

synchron

Zwischen Sender und Empfänger besteht ständiger Gleichlauf; die Taktinformation wird im allgemeinen von der Datenübertragungseinrichtung geliefert.

Systemsoftware

Systemprogramme zum Betrieb einer EDV-Anlage.

time-sharing

Zuordnungsmethode der Arbeitszeit der CPU.

top down

Schrittweise Verfeinerung von oben nach unten.

WAN

Weitverkehrsnetz.

Window-Technik

Aufteilung eines Bildschirms in mehrere Fenster zur gleichzeitigen Abwicklung mehrerer Programme.

Wirtschaftsinformatik

Eigenständige sozial- und wirtschaftswissenschaftliche Disziplin mit dem Erkenntnisobjekt Mensch-Aufgabe-Technik-System.

Wortmaschine

Computer, die mit fester Wortlänge als kleinste Speicherungs- und Verarbeitungseinheiten arbeiten.

Zugriffszeit

Zeit für einen Lese- oder Schreibvorgang.

Zylinder

Einheit eines Sekundärspeichermediums, die durch die Tatsache charakterisiert wird, daß der aufeinanderfolgende Transport von Daten eines Zylinders eines Volumens schneller ist als der aufeinanderfolgende Transport von Daten, die auf zwei verschiedenen Zylindern aufgezeichnet sind.

Sachwortregister

Aktualisierung des 2. Kapitels

Notebook

Wesentliche Merkmale sind eine geringe Baugröße. Sie beginnt mit 40x20 Zeichen Anzeige bis 4x9 Zoll anstelle des üblichen 12x14/15/17 Zoll Monitors, Arbeitsspeicher wie beim PC, Batteriebetrieb, eingebautes Zeilendisplay und Anschlußmöglichkeit von Peripheriegeräten wie Bildschirm, Drucker, Floppy-Laufwerk etc. Bei den portablen Notebooks ist die Tragbarkeit die herausragende Eigenschaft. Dieser Computer ist größer als ein Hand-Held-Computer, verfügt über einen eingebauten Bildschirm und sieht im geschlossenen Zustand wie ein Koffer aus. Inzwischen verfügen die Notebook über Leistungsprofile wie die Mikrocomputer. Zusätzlich können sie für eine begrenzte Zeit netzunabhängig betrieben werden. Notebooks können 2 bis 2,5 Stunden ohne Netzanschluß arbeiten.

Die in der Tabelle aufgeführten Notebooks unterscheiden sich vor allem in der Taktfrequenz und damit im Typ des Prozessors. Die Taktfrequenzen liegen inzwischen ab 100 MHz aufwärts. Die Festplattengröße der heutigen Notebooks weist eine Kapazität von 600 MB und mehr auf. Der Arbeitsspeicher (RAM) kann bspw. beim Pentium 166 bis zu 128 MB sein.

Personal Computer, Mikrocomputer

Zu dieser Kategorie von Computern werden in erster Linie solche Rechner gezählt, die individuell, also auf eine Person anpaßbar sind. Die Bezeichnung "Personal" drückt diesen Tatbestand aus[1]. Dem gegenüber ist die Bezeichnung "Mikrocomputer" insofern irreführend, weil darunter leistungsschwache und kleine Computer vermutet werden, obwohl dies heute nicht mehr zutrifft. Begründbar allerdings ist diese Bezeichnung mit den Ursprüngen des Personal Computers, als alle komplexen Anwendungen auf Mainframes liefen.

---

[1] Die Bezeichnung "Personal Computer" wurde 1972 von Alan Kay geprägt. Er baute bei Xerox einen Computer namens Alto, der allerdings nicht vermarktet wurde. Seine Zielgruppen waren Kinder jeden Alters. Seine Konzepte wurden von anderen Gesellschaften aufgegriffen. So baute MITS den ersten Personal Computer mit dem Namen Altair. Es wurden 5000 Stück von Altair gebaut. MITS folgten Apple, Radio Shack und Commodore und andere. Der eigentliche Durchbruch kann Apple II zugesprochen werden. Dieser wurde 1978 mit einer Speicherplatte gebaut; gleichzeitig wurde das Tabellenkalkulationsprogramm VisiCalc angeboten. IBM folgte 1981.

Tabelle: Leistungsdaten von Notebooks

Typ	Pentium 100	Pentium 133	Pentium 166
Name	Satellite 200CDS	Gateway Solo S5-133	Olivetti Echos Pro
Prozessor Taktfrequenz	Pentium 100	Pentium 133	Pentium 166
Festplattengröße	810 MB	1 GB	3 GB
Max. RAM	40	72	128
Laufwerke	3,5" Diskettenlaufwerk 6fach CD-ROM	3,5" Diskettenlaufwerk 8fach CD-ROM	3,5" Diskettenlaufwerk 10fach CD-ROM
Abmessung (Breite*Höhe*Tiefe in cm)	29,9*5,5*23,5	29,9*5,0*23,0	31,0*4,75*23,0
Gewicht	3,4	3,2	3,2
Display	DSTN-LCD	SVGA TFT, aktiv	DSTN SVGA
Größe	11,3" Zoll	12,1" Zoll	12,1" Zoll
Auflösung	800*600	1024*768	1024*768
Farben	65536	65536	16 M
Betriebsdauer in h	3	3	4
PCMCIA-Steckplätze	2 Typ II; 1 Typ I	2 Typ II; 1 Typ I	2 Typ II; 1 Typ I

Der **Personal Computer** i.e.S. wurde erstemal im Jahre 1981 von der Fa. IBM vorgestellt. Es handelte sich um eine weiterentwickelte, für den kommerziellen Massenmarkt ausgelegte, preiswerte Version eines 16-Bit-Mikrorechners auf der Basis des 8086/8088 Prozessors von Intel. Die Leistungsstärke reichte für Buchhaltungs- und Verwaltungsaufgaben an Einzelarbeitsplätzen vollkommen aus. Das Betriebssystem (MS-DOS) war auf das Notwendigste beschränkt, und praktisch ein weiterentwickeltes CP/M aus der Zeit der 8-Bit-Mikrorechner. Die Systemsoftware war aufgrund der eingeschränkten Ressourcen von Anfang an größtenteils in Assembler implementiert. Die große Variationsbreite an Hardwarekomponenten und die aus Kostengründen beschränkten Ressourcen führten zu einem sehr spartanischen Modell der Softwarekonfiguration, d.h. der Anpassung von Betriebssystem und Anwendungssoftware an die aktuelle Hardware, die bis heute der große Nachteil der PC-Systeme ist. Eine weitreichende Konsequenz aus dem sich langsam etablierenden Massenmarkt für PC-Systeme war die erzwungene Kompatibilität der Systeme auf Binärcodeebene. Dies führte zu einer Serie technologisch hochanspruchsvoller, jeweils abwärtskompatibler Prozessoren, verhinderte aber auf der anderen Seite auch wesentliche Innovationen auf Betriebssystemebene. Etwa alle drei Jahre kam eine neue Prozessorgeneration heraus: 1984 der 80286, mit dem die 1 MB-Speicherbarriere durchbrochen werden konnte, 1987 der i386 als erster 32-Bit-Prozessor, der im Kompatibilitätsmodus nach wie vor als 16-Bit-Prozessor arbeiten konnte, 1990 wurde mit dem i486 leistungsmäßig etwa der Gleichstand mit den RISC-Prozessoren erreicht, 1993 kam mit dem i586 (Pentium) der erste 32/64-Bit-Prozessor usw. Obwohl innerhalb einer Prozessorgeneration natürlich auch immer schnelle Typen entwickelt werden, hat sich die Leistungsfähigkeit zwischen den Generationen jeweils etwa um den Faktor 5 erhöht.

Personal oder **Mikrocomputer** bestehen aus

- einem Mikroprozessor, der aus Steuereinheit, Rechenwerk und Registern;
- internen und externen Bussen als Adreß-, Steuer- und Datenbus,
- einem Hauptspeicher als Festspeicher für den Arbeitsspeicher und Nur-Lesespeicher;
- einem oder mehreren Massenspeichern (Disketten, Streamer, optische Speicherplatte) - erweiterbar um Cache-Speicher;
- verschiedenen Ein- und Ausgabegeräten wie Tastatur, Bildschirm, Maus, Netzwerk-Server, Drucker, Joystick, Lichtgriffel, Rollball;
- Erweiterungssteckplätzen, Erweiterungskarten.

PC sind strukturell ganz normale Rechner; sie bestehen aus Prozessor, Hauptspeicher und Peripherie. Das Rückgrat eines solchen Rechnersystems bildet der Bus, logisch gesehen ein Leitungsbündel zur gleichzeitigen Übertragung von (je nach Systemarchitektur) 16, 32 oder 64 Bits, sowie einigen Steuerleitungen. Über diesen Bus kommunizieren alle Subsysteme des Rechners: Prozessor, Hauptspeicher und Peripherie. Der Bus ist logisch durch die Zuordnung der einzelnen Leitungen zu bestimmten Funktionen, sowie ein Kommunikationsprotokoll definiert. Der Bus bildet eine Schnittstelle zwischen den einzelnen Subsystemen. Als physische Schnittstelle erlaubt er bei einem konkreten Rechnersystem das Austauschen einzelner Komponenten durch andere, leistungsstärkere (sog. Upgrading). Im PC-Sektor werden Rechnersysteme aufgrund ihrer freien Konfigurierbarkeit wesentlich nach dem eingesetzten Bussystem unterschieden. Die heute am weitesten verbreiteten Bussysteme sind: ISA, EISA, MCA, VLB und PCI.

Der **Mikroprozessor** besteht aus der Steuer und Recheneinheit sowie dem Hauptspeicher (Arbeitsspeicher). Die **Steuereinheit** (Control Unit) als Kommandozentrale und Kontrollorgan für die Abwicklung des Programms hält die Verbindung der einzelnen Geräteteile aufrecht. Sie arbeitet in einem festen Zeittakt, der von einem Taktgenerator mit Hilfe eines Quarzkristalls erzeugt wird. Dieser Zeittakt ist gewissermaßen der Pulsschlag, der alle Operationen synchronisiert und auch vorwärtstreibt. Der Zeittakt wird in Mega Hertz (MHz) angegeben und ist für die Arbeitsgeschwindigkeit eines Gerätes entscheidend. Je höher die Frequenz, desto schneller die Arbeit. Die Taktfrequenzen liegen heute über 100 MHz. 1 Hertz ist 1 Takt in der Sekunde, d.h. 100 MHz entsprechen 100 Millionen Takten/Sekunde. Dieser Zyklus wiederholt sich, bis das Programmende erreicht ist. Eine wesentliche Aufgabe übernimmt dabei der Befehlsregister, der die Adresse des nächsten Befehls angibt. Weil die einzelnen Befehle unterschiedlich lang sind, und zwar meistens zwischen 2 bis 6 Bytes, muß der richtige Wert in den Befehlsregister geschrieben werden. Hier wird von Befehlsbreite gesprochen. Besondere Schwierigkeiten ergeben sich bei Sprungbefehlen, wo die nächste Adresse nicht unmittelbar auf die letzte folgt. Die Register des Steuerwerks haben normalerweise die gleiche Länge. An dieser Länge wird auch die

Bezeichnung des Computertyps ausgedruckt: 8 Bit Computer, 16 Bit Computer, 32 Bit Computer, 64-Bit-Computer etc.

Diese Fakten sind die eigentlichen Hauptursachen dafür, daß ein Programm nicht auf verschiedenen Computertypen läuft. Die Abstimmung der Register mit den anwendbaren Befehlen sind Voraussetzungen eines reibungslosen Betriebes. Die Hersteller sind daher bestrebt, bei Verbesserung der eingebauten Logikchips auf den Nachfolgemodellen die Register und die Maschinenbefehle der älteren Modelle beizubehalten. Typisches Beispiel dafür ist die Intel-Chipfamilie 80286, 80386, 80486 etc. Die **Recheneinheit** (Arithmetic Logical Unit, ALU) ist das unentbehrliche Bauteil, das das Rechnen und Vergleichen besorgt. Es ist für die arithmetischen Funktionen verantwortlich und kann Wertbestimmungen sowie Operationen mit logischen Verknüpfungen durchführen. Es verfügt über eine Reihe von **Registern**, die der Zwischenspeicherung der Daten dienen. Sie sind bestimmten Datentypen angepaßt, so bspw. für Integerzahlen 16 Bits (2 Bytes), für Gleitkommazahlen 48 Bits (6 Bytes). Eine andere Sorte von Registern stellen die **Befehlsregister** dar. Sie enthalten die codierten Instruktionen (Befehle). Die eigentliche Arithmetik ist in Schaltnetzen realisiert. Sie führen die arithmetischen und logischen Verknüpfungen aus. Die Logikchips werden vereinfacht **Prozessor** genannt. Sie können für Gleitkommaoperationen mit besonderen Chips erweitert werden. Sie beschleunigen die Rechengeschwindigkeit um ein Vielfaches.

Mikrocomputer sind modular aufgebaut. Zwischen den einzelnen Bauteilen stellen **Busse** die Verbindungen her. Es handelt sich um elektrische Leitungen, seltener um optische (Glasfasern). Drei Busse gehen von der Zentraleinheit aus, der Adreß-, Daten- und Steuerbus. Der **Adreßbus** übermittelt die Adressen der auszuführenden Befehle; der **Datenbus** transportiert die Daten; der **Steuerbus** leitet die Speichersignale. Eine weitere Unterteilung zielt auf die Verbindungswege ab. **Interne Busse** stellen Verbindungen innerhalb der Zentraleinheit, **externe Busse** von und zu der Zentraleinheit und den externen Teilen her. Wesentlich für die Arbeitsgeschwindigkeiten ist die **Busbreite**, also die Anzahl der gleichzeitig übertragbaren Bits. Sie beträgt 32 oder 64, d.h. mit einem Takt werden 4 bzw. 8 Bytes übertragen. Gegenwärtig werden drei Architekturkonzepte verfolgt, die

- ISA-Busse (Industry Standard Architecture): Sie sind in den ersten Mikrocomputern eingebaut gewesen.
- MCA-Busse (Microchannel Architecture): Sie wurden von IBM entwickelt.
- EISA-Busse (Extended Industry Standard Architecture): Sie werden von den Herstellern Tandy, HP, NEC, Compaq etc. entwickelt und verwendet.

Der **Hauptspeicher** ist modular aufgebaut. Die Speicherchips sind auf kleinen, dünnen Leiterkarten von etwa 100x25 mm aufgebracht, die in spezielle Slots auf dem Motherboard eingesteckt werden. Der Haupt- oder Arbeitsspeicher (Random Access Memory, RAM) ist ein Speicher mit beliebigem Zugriff. Er dient der Datenspeicherung. Er wird in zwei Varianten genutzt, statisch (sehr schnell als Cache Memory) und dynamisch (Dynamic RAM). Nach Vorgaben von Neumann ist er in Zellen gleicher Größe unterteilt. Jede Zelle hat ihre Nummer, ihre Adresse. Im Regelfall ist eine Zelle 8 Bits, also 1 Byte groß (kleinste adressierbare Einheit). Die maximale Größe des Arbeitsspeichers, die adressiert werden kann, hängt von der Breite des Adreßregisters ab. Mit 32 Bits breiten Adressen können 2^{36} Bytes (rund 4 GByte) direkt angesprochen werden. Die Zugriffszeiten auf die Daten von der Anforderung bis zur Bereitstellung liegen normalerweise um 80 Nanosekunden. Weil die Steuer- und Rechenwerke schneller arbeiten, wird die Pufferung mit Speicher-Cache gewählt. Eine Speichererweiterung (Expanded Memory Specification, EMS) ist eine Art virtueller Arbeitsspeicher, der einen beschleunigten Zugriff auf die hier gespeicherten Daten bewirkt. Ein bestimmter Teil der Speicherkapazität, der **ROM** (Read Only Memory), wird für wiederkehrende Befehle und Anweisungen benötigt, die erforderlich sind, um das Computersystem zu starten und zu steuern. Diese Speicherinhalte können nur gelesen, aber nicht verändert werden. ROM-Sonderformen sind programmierbare ROM, die **PROM**-Speicher (Programmable ROM). Der Anwender kann eine einmalige Programmfolge angeben, die auch bei Stromausfall erhalten bleibt. Komfortabler sind die wiederlöschbaren, programmierbaren ROM-Speicher, **EPROM** (Erasable PROM).

Peripheriesubsysteme bestehen jeweils aus einer Steuereinheit und einem oder mehreren Peripheriegeräten, die mit der Interfacekarte über ein spezielles Kabel verbunden sind. Die Peripheriegeräte sind entweder in das Gehäuse des Rechnersystems eingebaut oder als separate Einbaugeräte mit standardisierten Außenabmessungen. Gerade im Bereich der Desktopgeräte ist die Anzahl der verfügbaren Einschübe begrenzt, weshalb sich für Installationen, in denen spätere Erweiterungen vorgesehen sind, die Tower-Bauform durchgesetzt hat. Die Verbindung zwischen Interfacekarte und peripherem Gerät ist für die einzelnen Gerätearten weitgehend standardisiert. Es sind

- meist zwei serielle Schnittstellen in 9 oder 25-poliger Ausführung für den Anschluß von Maus, Modems;
- ein oder zwei parallele Schnittstellen zum Anschluß von Druckern, für Softwareschutzmechanismen (Dongles), externe Backup-Geräte (Streamer) oder externe Netzwerkanschlüsse;
- sowie ein Videoadapter, VGA (Video Graphics Array) -Steckverbinder.

Zu jedem Mikrocomputer gehören verschiedene **Ein-** und **Ausgabegeräte**, die über die Slots angeschlossen werden. Als Mindestperipherie dieser Art sind der Bildschirm, die Tastatur, die Maus und ein Drucker zu nennen. Die anderen Arten hängen von den Anwendungen ab. Jeder Mikrocomputer verfügt über **Erweiterungssteckplätze** und **-karten** zum weiteren Ausbau. Je mehr Steckplätze (Slots) vorhanden sind, desto anpaßbarer ist der Computer an spätere Aufgaben, so bspw. für Grafikkarten, Drucker, Datenübertragung etc.

Im **Festplattenbereich** haben sich für die Schnittstelle zwischen Interfacekarte und den eigentlichen Festplattengeräten zwei Standards durchgesetzt: **IDE** (Integrated Device Electronics) vor allem im Massenmarkt der kleineren PC und **SCSI** (Small Computer System Interface) im Bereich der Highend-PC und Workstations. Der Vorteil des SCSI-Interface liegt darin, daß sich auch mehrere verschiedene Geräte (Festplatten, Streamer, CD-ROM Laufwerke u.a.) an einem Interface anschließen lassen.

Mikrocomputer (PC)[2] werden traditionell

- als **8-Bit-Mikroprozessoren** (Intel 8080 oder Zilog Z-80)[3], d.h. die Zentraleinheit kann auf einmal nur 1 Byte verarbeiten, da der Datenbus 8 Bit breit ist;
- als **16-Bit-Mikroprozessoren** (Intel 8086/8088, Zilog Z-8000 oder Motorola 68000), also mit einer Datenbreite von 16 Bits, d.h. sie können zugleich zwei Bytes abarbeiten und transportieren;

- als **32-Bit-Mikroprozessoren** (Intel 80386, Motorola 68020) mit einer Daten- und Busbreite von 32 Bits (Intel 80486) unterteilt;

- als **64-Bit-Mikroprozessoren** (Pentium, Pentium Pro) mit einer Daten- und Busbreite von 64-Bits.

Network Computer

Network Computer (NC) werden in erster Linie in operativen Anwendungen von Unternehmen genutzt, um

- die Eingabemöglichkeiten für Disketten, CD-Laufwerke oder COM-Eingang zu unterbinden,

- Software und Daten nur auf dem lokalen Server zu halten,

- mit einheitlichen und kompletten Softwarepaketen zu arbeiten,

- das einzelne Gerät vom Server zu booten und

- den Zugang zum Betriebssystem auszuschalten.

NC wird durch die Allianz Apple, IBM, Netscape, Oracle und Sun mit dem Ziel hergestellt, eine multimediale Plattform für das Internet zu schaffen. NC kann verschiedene Organisationsformen annehmen, als Schreibtisch PC bis zum Videotelefon. Gemeinsames Merkmal ist die Anbindung an das Internet. NC arbeiten mit Web-Browsern,

---

[2] Mikrocomputer sind im Laufe der 70er Jahre aus der Mikroprozessor-Technik hervorgegangen. Sie basieren auf einem Mikroprozessor, der die Zentraleinheit bildet. Mikrocomputer sind ihrem Aufbau nach zunächst als Stand-Alone-Systeme entwickelt worden. Den Durchbruch schafften die Mikrocomputer erst im Jahre 1977, als Apple, Tandy und Commodore die ersten Mikrocomputer ankündigten. Den ersten erfolgreichen Computer dieser Art stellte Commodore auf der Hannover Messe 1977 vor. Dieser Mikrocomputer mit dem Namen PET basierte auf einem Prozessor 6502 und wurde ausgerüstet mit 4K RAM, einem Basic-Interpreter im ROM, ASCII-Tastatur, integriertem Bildschirm, integriertem Kassettenlaufwerk und einem IEEE-488-Interface. Die Konkurrenten Tandy und Apple stellten ähnliche Geräte vor. Tandy benutzte aber statt des 6502 Prozessors von MOS-Technologie, der 56 Grundbefehlstypen verarbeiten konnte, einen Z80 Prozessor von Zilog, der mit 158 Grundbefehlstypen arbeitete. Apple benutzte ebenfalls den Prozessor 6502, erweiterte aber den Arbeitsspeicher von 4 auf 16K RAM. Den ersten PC im heutigen Sinne brachte IBM 1981 mit dem Intel-Prozessor 8088, mit zwei Diskettenlaufwerken (jeweils 160 KBytes), 64 KB Arbeitsspeicher, 4,77 MHz Taktfrequenz und Monochrom-Bildschirm (640x200 Pixel) auf den Markt. Die Erweiterung mit einer Festplatte von 10 oder 20 MB folgte kurz darauf unter dem Namen XT.

[3] Die Intel-Familie zeichnet sich durch folgende Merkmale aus:

Prozessor	Jahr	Bit-Anzahl	Instr/Sek	erster Hersteller
4004	1971	4	60.000	Calculators
8080	1974	8	290.000	Terminals
8086	1974	16	333.000	AT&T 6300 PC
8088	1978	8/16	333.000	IBM PC und XT
80286	1982	16	2.000.000	IBM AT
80386	1985	32	7.000.000	Compaq, IBM PS/2
i486	1989	32	15.000.000	Workstations

eMail, Tabellenkalkulations-, Präsentations- und Textsoftware. Die Anwendungssysteme laufen auf einem Java-Betriebssystem und verfügen über eine modulare Speicherkapazität von bis zu 8 MB.

Tabelle: Gegenüberstellung von PC

Prozessortyp	Datenbus-breite in Bits	Speicher real in Bytes	Speicher virtuell in Bytes	Takt-frequenz in MHz	Leist. in MIPS	seit Jahr
Intel						
8086	16	1 M	-	5 - 10	0,33	1978
8088	16/8	1 M	-	5 - 8	0,33	1979
80286	16	16 M	1 G	5 - 16	1,2	1982
80386 DX	32	4 G	64 T	16 - 33		1985
80386 SX	32/16	16 M	64 T	16 - 25	5	1988
i486 DX	32	4 G	64 T	25 - 100		1989
i486 SX	32	4 G	64 T	20 - 25	20	1991
Pentium	64	4 G	64 T	50 - 100	112	1993
Pentium Pro	32/64				> 250	1996
Motorola						
MC68000	32/16	16 M	-	4 - 12		1979
MC68020	32	4 G	-	8 - 25		1984
MC68030	32	4 G	4 G	16 - 50		1985
MC68040	32	4 G	4 G	50		1990
Apple/IBM/Motorola						
Power-PC-Chip MPC601	64	4 G		50 - 66		1994
DEC						
Alpha2106x	64	16 G	ja	150 - 200		1992
21064-225				225		1994
21064-275				275		1994
MIPS						
R4x00	64			50 - 150		1991

Tabelle: Vergleich PC-NC

Technische Daten	PC	NC
Prozessor	Pentium 75 MHz	Pentium 75 MHz
Arbeitsspeicher	8, 16 MB	so viel wie nötig
Laufwerke	Festplatte Diskette CD	optional
Monitor	15 Zoll	15 Zoll TV im Privathaushalt
Betriebssystem	Windows 95 Windows NT	auf weniger Speicher ein optimiertes BS, z.B. Java
Anwendungsprogramme	alle	Internet- und Netzapplikationen
Anschaffungskosten	1.500 - 2.000 $	weniger als 1.000 $

Höchstleistungsrechner/Supercomputer

Unter **Supercomputer** werden Rechner der höchsten Leistungsklasse gezählt. Es handelt sich dabei um eine Rechnerklasse, die in bezug auf die Verarbeitungsleistung und Speicherkapazität eine Ebene über den Mainframes liegt. Die erreichten Arbeitsgeschwindigkeiten liegen bei Gigaflops (Milliarde Gleitkommaoperationen in der Sekunde). Diese Leistungen werden dadurch erreicht, daß Vektoren und Matrizen im Fließbandverfahren (Pipelines) verarbeitet werden. Die Beschleunigungen werden durch Verringerung der Taktzeiten und durch Parallelisierung der Abarbeitung der Programmteile mittels mehrerer Prozessoren erreicht.

Diese Architektur zeichnet sich dadurch aus, daß sie das strenge Neumann'sche Schema bzw. die sequentielle Abarbeitungsfolge

Eingabe $\Rightarrow$ Verarbeitung $\Rightarrow$ Ausgabe

verläßt und sie soweit wie möglich simultan durchführt. Hardwaremäßig ermöglicht wird dies durch den Zusammenschluß vieler Prozessoren, und zwar von 64 bis 16.384. Eine besondere Gruppe bilden dabei die Vektorrechner. **Vektorrechner** (Vector Processor, Array Processor) sind Rechner mit einem speziellen Befehlsvorrat zur Berechnung von Vektoren.

Die Vektorrechner von CRAY[4] haben mehrere Speicherbänke, mehrere Prozessoren und als Verbindung zwischen den Prozessoren und den Speicherbänken ein leistungsfähiges Netzwerk. CRAY hat den Vorteil der kurzen Zugriffszeiten und der schnellen Speicher genutzt, um die mögliche Prozessoranzahl zu erhöhen. Dem Vorteil einer relativ großen Prozessoranzahl steht der Nachteil einer hohen Speicherzugriffszeit gegenüber, die zur Folge hat, daß die Skalarleistung der Prozessoren begrenzt ist. Nur, wenn ein wesentlicher Teil der Daten in den Registern gehalten werden kann, ist eine höhere Leistung erreichbar. Die Rechengeschwindigkeit je Skalarprozessor beträgt bei den CRAY zwischen 235 und 333 MFLOPS und je Vektorprozessor zwischen 940 und 4000 MFLOPS. Ein für das Wetteramt

---

[4] Cray wurde inzwischen von Silicon Graphics (SGI) übernommen.

in Offenbach installierte Cray-T3E-System ist ein flüssigkeitsge-
kühlter Computer mit 256 parallel arbeitenden Prozessoren (in der
Endausbaustufe mit 1.024) und wird in der Endausbaustufe 500 bis
600 GFLOPS leisten.
Andere Hersteller, wie NEC und Fujitsu, statten ihre Zentraleinheiten
mit einem sehr schnellen Cache aus, durch den die Speicherzugriffszeit bei einer guten Cache-Transferrate sehr nahe an die Zykluszeit
der Zentraleinheit herankommt. Der Nachteil dieser Konstruktion
liegt in der Begrenzung der möglichen Prozessoranzahl durch die
Notwendigkeit der Cache-Synchronisation, die sehr aufwendig ist.
Allerdings wird so eine erheblich höhere skalare Rechenleistung erzielt. Diese Arbeitsweise verdeutlichen nachfolgende technische Daten:

- Der Arbeitsspeicher ist zwischen 64 und 2048 MB groß. Im Prozessor können 1 bis 2 Vektor- und 1 bis 2 Skalareinheiten vorhanden sein. Dies bedeutet, daß parallel zu den Vektoroperationen
  auch skalare Rechenschritte möglich sind. Die maximale Rechengeschwindigkeit beträgt 100 bis 155 MFLOPS skalar und 500 bis
  5000 MFLOPS vektoriell. Bei den Fujitsu-Rechnern hat die Skalareinheit einen eigenen Vektorregistersatz von 64 KB, der dynamisch in der Einteilung ist. So besitzt z.B. die S400 pro Skalareinheit alternativ
  - 8 Vektorregister mit 1024 Einheiten zu 64 Bits, oder
  - 16 Vektorregister mit 512 Elementen zu 64 Bits, oder
  - 256 Vektorregister mit 32 Elementen zu 64 Bits.

- Die Konfiguration der Vektorregistergröße wird automatisch
  durch den vektorisierenden Compiler vorgenommen. Durch die
  logische Trennung von Skalareinheit und Vektoreinheit ist eine
  Parallelverarbeitung von Skalar- bzw. Vektorinstruktion möglich.
  Alle Instruktionen werden in der Skalareinheit dekodiert. Vekto-
  rinstruktionen werden an die Vektoreinheit weitergeleitet und dort
  ausgeführt. Gleichzeitig können weitere unabhängige Skalarin-
  struktionen parallel abgearbeitet werden. Beim Einsatz von Geräten mit zwei Skalareinheiten mit einer gemeinsamen Vektoreinheit, können die auf den Skalareinheiten parallel laufenden Aufträge abwechselnd bedient werden. Die Steuerung der Vektoreinheit wird von der Hardware übernommen. Pro Skalareinheit ist ein

vollständiger Satz von Vektorregistern vorhanden. In der Vektoreinheit können Daten vom Typ INTEGER 32 Bit, REAL 32 Bit und 64 Bit und LOGICAL 1 Bit sowie 64 Bit verarbeitet werden.

Tabelle: Leistungsvergleich von Supercomputern

Hersteller	System	Linpack in MFLOPS		Slalom in MFLOPS
		in 100	in 1000	
Alliant	FX/2800	31	325	89,3
Convex	C2	26	166	-
Cray	Y-MP	275	2144	2.130
FPS	FPS 500	15	105	30,2
Intel	iPSC/860	4,5	126	169
MasPar	MP - 1	-	-	160
Meiko/Pallas	Comp. Surf	-	-	-
nCube	nCube2	-	-	813
NEC	SX - 3	220	3897	-
Parsyte	Supercluster	-	-	-
SNI	s600	249	4009	3.065
TMC	CM - 2	-	-	-

Aktualisierung des 3. Kapitels

Für das Jahr 1995 wurde mit einer europaweiten Flächendeckung für das schmalbandige ISDN gerechnet (64 KBits/s Kanäle). Mittelfristig wird das Breitbandkommunikationsnetz (IBN) mit Datenraten über 100 MBits/s arbeiten. Grundlage des zukünftigen Breitbandnetzes ist die ATM-Technik. Die internationale und nationale Flächendeckung des Hochgeschwindigkeitsnetzes wird aber erst im Jahre 2000 erwartet.

Tabelle: Vergleich von Übertragungsleitungen

Übertragungsmedium	Übertragungsrate in MBits/s	Bandbreite	Störungs-empfindlichkeit
Kupferkabel (TP)	≤ 5	schmal	sehr hoch
Kupferkabel (UTP)	≤ 10	schmal	hoch
Kupferkabel (STP)	≤ 200	schmal	gering
Koaxialkabel	≤ 10	schmal	sehr gering
	≤ 500	breit	sehr gering
Glasfaser	≥ 1 GBits/s	breit	äußerst gering
Infrarotstrahlen	≤ 16	schmal	hoch
Radiowellen	≤ 1GBits/s	schmal	hoch

Aktualisierung des 4. Kapitels

PC-Betriebssysteme

Für die Personal Computer gibt es eine Vielzahl von Betriebssystemen, von denen jedoch nur einige eine nennenswerte Verbreitung
gefunden haben. Diese werden, soweit sie für IBM-kompatiblen PC
in Frage kommen, nachfolgend gegenübergestellt und beschrieben.

Windows 95

Windows 95 ist ein eigenständiges Betriebssystem von Microsoft mit
Objektorientierung. Der Anwender fühlt sich an einen realen Desktop
versetzt. Auf der Oberfläche finden sich Objekte wie Papierkorb,
Taskleiste, Startmenü. Diese Objekte können in ihren Eigenschaften
und Verhalten nach den individuellen Wünschen des Anwenders manipuliert werden. Dies geschieht per Mausklick.
Windows 95 ist ein 32-Bit-Betriebssystem, das preemptives Multi-
tasking unterstützt. Die Anwendungsprogramme beeinflussen sich
nicht mehr wie in Windows 3.x gegenseitig, ihnen stehen getrennte
Adreßräume im Speicher zur Verfügung. Allerdings sind hierfür nur
die Programmentwicklungen, die speziell Windows 95 zertifiziert
sind, geeignet. Windows 95 ist netzwerkfähig. Es läßt sich problemlos in verschiedene LAN integrieren.

Das Fenster auf dem Bildschirm stellt einen „Schreibtisch" dar, von dem aus die benötigten Anwendungsprogramme gestartet werden, ebenso die Betriebssystemdienste. Die grafische Benutzeroberfläche entlastet den Anwender dahingehend, daß sich der Benutzer keine Befehle kennen muß. Anstelle der Befehle treten **Ikons**, die bestimmte Funktionen veranschaulichen. Klickt der Benutzer mit der Maus auf eines der Ikons, wird die zugrundeliegende Funktion ausgeführt (Beispiel: Löschen einer Datei). Windows 95 bietet folgen Techniken:

- Verteilung der Rechnerleistung, Steuerung der Ein- und Ausgabegeräte, sowie der Anwendungsprogramme,
- grafische Benutzeroberfläche mit übersichtlichen Menüs,
- Fenstertechnik, in der alle Daten und Dialoge zwischen Benutzer und Programm ablaufen,
- erweiterte Netzwerkfunktionalität,
- Multitaskingfähigkeit,
- Vergabe von beliebig langen Dateinamen,
- Unterstützung von Multimediaformaten,
- Zugriff auf MS-Network etc.

Windows NT

Bei Windows NT (New Technology) handelt es sich um ein echtes 32-Bit-Betriebssystem, das über ein neues Dateisystem verfügt und eine Mehrprozeßverarbeitung (Multithreading und Multitasking) bietet. Unter **Multithreading** wird die zeitgleiche Erledigung mehrerer Prozesse verstanden, während **Multitasking** dieses nur simuliert. Windows NT läuft auf Geräten mit einem 80486-Prozessor aufwärts bzw. auf RISC-Rechnern mit einem Mips-R-3000/4000-Prozessor aufwärts; die Alpha Chip von Digital Equipment sind ebenfalls kompatibel. Windows NT und der R4000-Prozessor werden durch die ACE-Gruppe (Advan-ced Computing Environment) unterstützt. Der ACE-Gruppe gehören 85 Mitglieder an, darunter Compaq, DEC, Mips, Microsoft und SCO. Diese Gruppe betreibt im gleichen Zusammenhang Standardisierungen. Diese sind auf folgende Themen gerichtet:

- geschütztes 32-Bit-System und 32-Bit-Windows-Applikationen, sowie

- geprüfter Zugriffsschutz und integrierte Netzfähigkeit,
- Unterstützung symmetrischer Multiprozessorsysteme, Hochleistungs- Ein-/Ausgabeoperationen.

Windows NT ist ein File-Server-System. Es unterstützt symmetrische Prozesse, d.h. die Leistung mehrerer Prozessoren werden gleichzeitig genutzt. Das neue Dateisystem im Windows NT heißt NTFS (New Technology File System). Neben diesem 32-Bit-Dateisystem wird aus Kompatibilitätsgründen aber weiterhin das DOS-, OS/2-High Performance- und das CD-ROM-Dateisystem unterstützt. Somit funktionieren DOS- und 16-Bit-Windows-Anwendungen ebenso unter Windows NT wie zeichenorientierte OS/2-Programme, nicht die grafikorientierten. Ein Zugriff auf Programme anderer Betriebssysteme wird durch Programmschnittstellen ermöglicht. Diese werden als Subsysteme bezeichnet. Auf jedem Dateisystem von Windows NT (NTFS) befinden sich elf Systemdateien. Diese benötigen ungefähr 4 MB von der vorhandenen Festplattenkapazität.

Windows NT besitzt eine Programmgruppe, in der sich Verwaltungsprogramme befinden. Hier kann der Systemverwalter neue Anwender eintragen, unerwünschte aus dem System entfernen oder Logdateien, also Dateien in denen die Daten der Anwender zu finden sind, einsehen. Hinzu kommt, daß noch drei Programme diese Verwaltungsgruppe unterstützen. Hierbei handelt es sich um ein Backup-Programm, ein Monitorprogramm zur Kontrolle der Rechnerleistung und einen Festplattenmanager, der es dem Systemverwalter erlaubt, Partitionen zu erzeugen, zu löschen oder zu betrachten. Mit Hilfe des Festplattenmanagers können mehrere Partitionen zu einer logischen Partition verknüpft werden. Die bedeutet, daß bei Ausschöpfung der Festplattenkapazität eine zweite Festplatte hinzugefügt wird.

Windows NT ist seit 1993 ein eigenständiges Betriebssystem, das ohne MS-DOS auskommt. Die heute aktuelle Version 3.5.1 ähnelt Windows 3.x, Vorabversionen von 4.0 gleichen der Oberfläche von Windows 95. Während Windows 95 Teile des 16-Bit-Codes von Windows 3.x enthält, hat Windows NT einen komplett anderen Betriebssystemkern. Ebenso wie OS/2 oder Windows 95 ist auch Windows NT in einer entsprechenden Netzwerkumgebung nativ netzwerkfähig und bietet beispielsweise bei der Netzwerkanbindung

(Einbau einer Netzwerkkarte) die Plug-and-Play-Funktionalität. Komponenten werden automatisch erkannt, konfiguriert und gestartet.

Darüber hinaus ist Windows NT lauffähig auf anderen Hardwareplattformen: PowerPC-, DEC Alpha- und MIPS-basierte RISC Systeme.

Java OS

Java-OS ist ein rudimentäres Betriebssystem. Es ist für NC ausreichend, weil Anwendungen nur noch in Form versendbarer Java-Applets vorliegen, welche direkt vom Betriebssystem ausgeführt werden können.

Linux

Linux ist ein Unix-Derivat, das aufgrund der hohen Leistungsfähigkeit der Pentiumrechner von Linus Torvalds für Einzelgeräte entwickelt worden ist. Nachdem Unix für Workstations mit mehreren Teilnehmern entwickelt wurde, übernimmt Linux die Fähigkeiten von Unix auf PC. Linux ist über Internet kostenlos zu erhalten, Entwicklungswerkzeuge für geringe Gebühren.

Unix

1969 entstand die erste Unix-Version, die von der amerikanischen Firma AT&T entwickelt wurde. Unix ist ein eingetragenes Warenzeichen dessen Besitzer heute die X/Open und davor Novell, die USL, AT&T und zuerst die Bell Laboratories waren. Es ist ein Betriebssystem, welches unmittelbar auf der Hardware läuft.

Eng verbunden mit Unix ist auch die freie Kommunikation via Internet und damit ein weltweiter Verbund von Rechnern, auf denen eine Vielzahl von Diensten angeboten werden. Ein weiterer Pluspunkt von Unix ist die enge Verflechtung mit der Programmiersprache C.

Da C die Systementwicklungsplattform geworden ist, steht C auf jedem neu entwickelten Prozessor zur Verfügung und damit auch unmittelbar Unix. Dadurch gibt praktisch kein Computersystem, für welches es kein Unix gibt. Aufgrund der Offenheit und der breiten

Entwicklung entstanden sehr schnell eine Vielzahl von Unix-Systemen. Beispiele sind:

- SVID - System V Interface Definition von AT&T;
- X/Open Portability Guide - Initiative europäischer Hersteller;
- POSIX - amerikanisches Standardisierungskomitee;
- OSF - Herstellervereinigung zur Entwicklung von Technologien und Standards;
- COSE - jüngste Herstellervereinigung, mit dem Ziel, dem Nutzer einen einheitlichen Zugang zu den verschiedenen Unix-Systemen anzubieten.

Der größte Vorteil von Unix gegenüber anderen Betriebssytemen ist die Portabilität. Es erlaubt schnelle Änderungen, wenn das Programm auf einen anderen Rechner übertragen wird. Gleichzeitig sind aber nur wenige Änderungen notwendig, um es von einem Rechner auf einen anderen zu übertragen. Bei diesem Vorgang müssen weniger als 10% des Codes geändert werden. Derzeit gibt es zahlreiche Unix-Derivate. So heißt Unix bei Siemens Sinix, bei Microsoft Xenix und bei IBM Aix. Letztlich zeigt die Endung "IX" an, daß es sich um eine Unix-Version handelt. Weitere wichtige Eigenschaften von Unix sind die folgenden:

- **Multiuser-Betrieb**: Mehrere Benutzer können gleichzeitig am System arbeiten, und zwar mit eigener Namenskennung und mit einem Paßwort. Die Daten sind damit durch Zugriffsrechte geschützt.
- **Multitasking-Betrieb**: Jeder Benutzer kann mehrere Programme parallel laufen lassen.
- **Timesharing-Betrieb**: Wenn mehrere Prozesse gleichzeitig ablaufen, muß der Platz im Hauptspeicher oder im Prozessor abwechselnd den einzelnen Prozessen nach einem Prioritätenschema zugewiesen werden.
- **Interaktivität**: Jeder Benutzer kann von seinem Terminal dialogorientierte Programme aufrufen, Daten eingeben und erhält die Ergebnisse am Bildschirm angezeigt.
- **Hierarchisches Dateisystem**: Die Dateien werden in einer Baumstruktur abgelegt. Es gibt normale und Gerätedateien, die Hinweise auf die Geräteart und auf die Verbindung zur Hardware enthalten, sowie Directories, die ähnlich wie Ordner wirken und die Li-

ste der unter ihnen abgelegten Dateien, Geräte und weiteren Directories beinhalten. Das Dateisystem kann auf mehreren Platten aufgeteilt sein.

- **Individuelle Zugriffsrechte**: Über Zugriffsrechte wird festgelegt, wer die Dateien, Geräte, Directories Ansehen (Lesen - Read), Verändern (Schreiben - Write) und Ausführen (Execute) darf.
- **Verfügbarkeit zahlreicher Sprachen**: C, Basic, Fortran77, Cobol, Pascal, Lisp, Prolog, Ada, APL, Modula-2 etc. sind unter Unix-Compiler verfügbar.

Unix war von Anfang an ein Multiuser- und Multitasking-Betriebssystem, da es als Zielplattform gerade nicht PC-basierte Systeme kannte, sondern Hoch- und Höchstleistungsrechner. Da Unix ein Multiuser-Betriebssystem ist, gestaltet sich auch die Hardware-konfiguration anders als bei PC-Betriebssystemen. Bei Unix dient normalerweise eine leistungsfähige Workstation (z.B. PowerPC oder andere RISC-Rechner) als zentraler Arbeitsrechner. Daran angeschlossene Terminals (Eingabegerät: Tastatur, Maus plus Bildschirm, ohne Intelligenz) nutzen jetzt die Rechnerleistung des Zentralrechners. Diese Terminals können sowohl als reine Textterminals oder als sog. X-Terminals die grafische Benutzeroberfläche X-Windows zur Verfügung stellen.

Unix ist also nativ auch ein Netzwerkbetriebssystem mit einer Ressourcenkonzentration bei einem Zentralrechner. Außerdem läßt sich Unix immer auf den speziellen Arbeitsrechner optimieren, Unix ist ein 64-Bit-Betriebssystem und geht hier schon über die Leistungsfähigkeit anderer Betriebssysteme hinaus.

Client/Server-Architektur

Für die Realisierung von CIO eignen sich idealerweise Client/Server-Systeme. Bei der Architektur können alle Bürofunktionen nach dem **Client/Server-Schema** realisiert werden. Dies bedeutet, daß die lokalen Funktionen und die Clients auf den Arbeitsplatzrechnern laufen und die Dienste (Drucken, Speichern) auf einen oder auf mehrere an das lokale Netz angekoppelte Rechner delegiert werden.

Sie ist die klassische Form der Bürokommunikation. Bereits in den 70er Jahren wurden mittlere Computersysteme von Nixdorf, von SNI entwickelt, die als Spezialrechner auf Bürotätigkeiten ausgerichtet waren. Sie sind Vorläufer der heutigen Unix-Rechner. Charakteristisch für sie ist, daß sie über zentrale Ressourcen, wie Festspeicher, Drucker und (Zusatz-) Hauptspeicher verfügen.

In Organisationen mit Mainframes wurden häufig arbeitsplatzbezogene DV-Kapazitäten über einen Großrechner bereitgestellt. Im Regelfall handelt es sich bei den Geräten am Arbeitsplatz um Terminals, also um unintelligente Dialoggeräte, die über einen Anschluß an einen Großrechner verfügten und dadurch Rechnerleistung, Speicher- oder Druckerkapazitäten vom Arbeitsplatz aus nutzbar machten. Dadurch konnten folgende arbeitsteilige Aufgaben realisiert werden:

- dezentrale, arbeitsplatzorientierte Bearbeitung zentral gesteuerter, koordinierter Aufgaben und
- dezentraler Zugriff auf verschiedene DV-Kapazitäten, so auch auf Daten- und Methodenbanken.

Die heutigen Mikrocomputer und Workstations sind Arbeitsplatzrechner, die alle Funktionen für alle Objekte und die Verarbeitung aller Informationsarten unterstützt. Voraussetzungen sind:

- Benutzerschnittstellen für verschiedene Medien;
- Kompression- und Dekompressionsverfahren von Audio-, Bild- und Bewegtbilddaten, sowie deren Repräsentation;
- Spracherkennung und Sprachausgabe;
- Erkennung von Schrift aus Bildpunktbildern;
- Interpretation von Zeichnungen, Grafiken nach Bildpunktbildern;
- Reduktion, Verkürzung der Informationsflüsse von und zu den Kommunikationskanälen und Speichermedien bzw. Archivierungsmedien;
- Datenkompression auf den Speichermedien.

Es handelt sich hierbei um eine arbeitsplatzbezogene Aufgabenwahrnehmung. Sie wird, weil die einzelnen Funktionen selbständig wahrgenommen werden, auch **individuelle Datenverarbeitung** (IDV) oder **Personal Computing** genannt. Bei der Installation der Hardware sind die auszuführenden Funktionen von ausschlaggebender Bedeutung, d.h. der Arbeitsplatz erhält die Ressourcen, die zur sachgerechten Ausübung der Aufgaben notwendig sind. In dieser Form sind somit

- die Informationen anzulegen, zu speichern, aufzurufen, zu übertragen, zu verwalten;
- die Probleme selbständig zu lösen, in dem Programme der Tabellenkalkulation, der Grafikerstellung eingesetzt, Simulationen durchgeführt, Auswertungsergebnisse für die Entscheidung aufbereitet werden.

Internet

Das **Internet,** die Datenautobahn, ist das älteste und größte globale Computernetzwerk der Welt[5]. Seinen Ursprung hat das Internet in einem 1968 begonnenen Projekt der amerikanischen Behörde Advanced Research Projects Agency (ARPA). Es entstand ein Paketvermittlungsnetz **ARPAnet,** das Rechner in Nordamerika miteinander verband. Im Jahre 1973 wurde mit der Entwicklung einer einheitlichen Technik zur Verbindung von unterschiedlichen paketvermittelnden Netzen begonnen. Das daraus entstandene **TCP/IP** (Transmission Control Protocol/Internet Protocol Suite) wurde in das Betriebs-system Unix (4.2-BSD) eingebunden. Anfang der 80er Jahre erklärte das Department of Defence TCP/IP zum nationalen Standard. Auf dieser Basis konnte sich die Protokollfamilie als Quasistandard weltweit etablieren. Heute bilden alle Netzwerke, die auf IP basieren und miteinander verbunden sind, das Internet. Die meisten Knoten im Internet laufen unter Unix, da dieses Betriebssystem im wissenschaftlichen Bereich weit verbreitet ist. Es gibt aber auch entsprechende Software für andere Betriebssysteme. So verwenden Universitäten, Forschungseinrichtungen und inzwischen die Wirtschaft das Internet für den globalen Datenaustausch[6].

---

[5] Gegenwärtig sind über 10 Mio. Rechner per Daten- und Telefonleitung miteinander verbunden; die Zahl der Internet-Benutzer wird auf weit über 50 Mio. geschätzt. Ihre Zahl wächst, ebenso der Anteil kommerzieller Benutzer, der inzwischen auf über 50% gestiegen ist (Beispiele: Electronic Shopping, Electronis Malls, Reservierung). Die Anzahl der Internets-Hosts in Europa stieg vom 1 Mio. im Jahre 1994 auf 2,2 Mio. im Jahre 1995 und um weitere 700 Tausend bis Juni 1996.

[6] In Deutschland wird das Wissenschaftsnetz WIN, das X.25-Netz des Vereins zur Förderung des deutschen Forschungsnetzes (DFN) unterhalten. Informationen aus dem Internet (Auswahl):

Java:	http://java.sun.com
Internet Groupware:	http://www.webflow.com
Intranet:	http://www.ntg-inter.com/ntg/intranet/intra_in.htm
Agents:	http://www.agents-inc.com

Für den Anwender liegt der praktische Nutzen des Internets vor allem in den verfügbaren Diensten. Es gibt **Dienstanbieter** (Server), sowie **Dienstnehmer**, die diesen Dienst in Anspruch nehmen (Clients). Dabei können identische Dienste an verschiedenen Stellen von verschiedenen Servers angeboten werden. Server sind Computer mit spezieller Software, die auf Anfragen warten und das gewünschte Dokument, das auf seinem Speicher gespeichert ist, zur Verfügung zu stellen. Der Dienstnehmer, der Anwender, kann sich in der Regel aussuchen, mit welchem Anbieter er Kontakt aufnimmt.

Zur eindeutigen Identifizierung aller Internet-Knoten existiert eine **standardisierte Adressierung**. Jeder Rechner und sein übergeordnetes Netzwerk haben eine Domain, einen eigenen Namen. Dies ermöglicht es auch Programmen, Zielrechner mit einem symbolischen Namen zu adressieren. Alle vollständigen Netznamen, die Fully Qualified Domain Names, bestehen aus Top Level Domain, der Organisation und evtl. nachfolgenden Sub-Domains. Letztere machen eine weitere Unterteilung der Organisation möglich. Eine Internet-Adresse folgt somit der Konvention:

> *„hostname.subdomain.domain.top_level_domain".*

Der einzelne Benutzer wird wiederum durch ein vorangestelltes user@ angesprochen. Für die Top Level Domain wird in der Regel eine Abkürzung für das Land verwendet, so heißt die deutsche TLD 'de'. Eine Besonderheit der Domain-Adressierung ist, daß keine Angabe absoluter Adressen nötig ist. Es ist lediglich die Zieladresse entscheidend. Die zwischengeschalteten Rechner reichen eine Nachricht weiter, bis ein Rechner mit der erforderlichen Routineinformation gefunden ist.

Ähnlich zu einem LAN werden im Internet Informationen als kleine, adressierte Datenpakete übertragen. Analog zur Briefpost weiß allerdings weder der Absender noch der Empfänger, welchen Weg die Datenpakete nehmen. Sie wissen daher auch nicht, welche Personen mit den Informationen, die i.d.R. unverschlüsselt übertragen werden, in Kontakt kommen. Datenpakete können auch unterschiedliche Routen zum gleichen Empfänger nehmen. Kontrollmechanismen garantieren eine vollständige Übertragung, die einzelnen Datenpakete werden beim Empfänger wieder zur ursprünglichen Information zusammengesetzt.

Durch die zunehmende Kommerzialisierung des Internets und die Forcierung interaktiver Abrufsysteme, so die Retrieval Systeme Gopher, WorldWideWeb, WAIS und Hyper-G, gewinnen diese Systeme im Bereich der interaktiven Informationssysteme zusehend an Bedeutung. Der Trend der weiteren Vernetzung und die Schaffung von Gateways zwischen den unterschiedlichen Systemen läßt für die nächste Zukunft eine steigende Bedeutung nationaler Zugangsrechner bzw. Netzwerke mit Value-Added-Network-Services mit internationalen Übergängen erwarten.

Zugang zum Internet kann jeder haben, der z.B. über einen Provider bzw. dessen Einwählknoten per Telefonleitung einen Zugang beantragt. **Provider** sind Schnittstellen zwischen dem Internet und dem Anwender. Sie bieten den Service der Zugriffsmöglichkeit. Der PC ruft mit einem Modem die Telefonnummer des Providers an, der daraufhin die Verbindung zum Internet aufbaut. Bekannte Provider sind Telekom, CompuServe, Amerika On Line oder Microsoft Network.

Agenten: Die Beschaffung von Informationen im Internet ist in Anbetracht der Informationsmengen immer schwieriger. Suchsysteme wie Altavista lösen das Problem bedingt. Verbesserungen werden von Agenten erwartet. Sie sind Softwarelösungen, die selbständig nach Informationen suchen, diese aufbereiten und dem Anwender zusammengefaßt präsentieren.

Datentransfer: Sollen Dateien von einem Rechner zum anderen übertragen werden, wird ein Terminalprogramm eingesetzt. Es wählt den anderen Rechner via ISDN an und kann - bei entsprechender Berechtigung die Verzeichnisse des Rechners einsehen. Jetzt können durch einfache Menübefehle oder durch Ziehen mit der Maus Dateien von einem Rechner zum anderen oder zurückgesendet werden. Auf ähnliche Weise realisieren viele Datenbankanbieter ein Retrievalprogramm auf einer entfernten Datenbank. Das Programm stellt eine Abfrage auf dem lokalen PC zusammen, schickt sie an den Host über ISDN-Leitung, dieser führt die Recherche aus und schickt die Ergebnisse wieder an den lokalen PC zurück. Komfortfunktionen erlauben vielfach eine gestaffelte Recherche. Auf dieser Basis arbeiten die Datenbank LEXinform, Juris (juris GmbH) oder Knight Ridder).

File Transfer: Zieldatenübertragung zwischen zwei Rechnern. Mittels einer ISDN-Karte oder Modem kann über eine Telefonleitung ein anderer Rechner anwählt werden. Es steht dann eine direkte Verbindung zwischen den beiden Rechnern. Das File Transfer Protocol ermöglicht die Übertragung von Dateien über das Internet. Spezielle FTP-Server bieten bspw. Software an, die per Mausklick auf den eigenen Rechner geladen werden kann.

Fax: Die Druckausgabe erfolgt an den Faxservice. Hier lassen sich Fax/Telefonverzeichnisse verwalten, erstellen, von anderen Datenbasen her einbinden. Eine Deckblattfunktion steht zur Verfügung, bevor gesendet wird, wobei auch zeitversetzt nachts zum Mondscheintarif gesendet werden kann. Wahlwiederholung und Sendeprotokollierung sind vorhanden, ebenso ein automatischer Faxeingang. Eingehende Faxe können eingesehen und ggf. ausgedruckt werden. Allerdings lassen sich eingegangene Texte nicht wie bei Email direkt als Text weiterverarbeiten. Sie liegen - aufgrund der geringen Auflösung des Faxversands - als Grafikdateien vor. Gefaxt werden kann auch zu und von gängigen Faxgeräten.

eMail: Mit der elektronischen Post können schnell, zuverlässig und kostengünstig Informationen an andere Teilnehmer verschickt werden. Jeder Internet-Teilnehmer bekommt von seinem Provider eine weltweit einmalige eMail-Adresse zugewiesen:

---

miklos.zilahi.@telekom.de

Der Klammeraffe „@" steht für das englische Wort „at". Er ist nun in der Lage, Nachrichten oder Mails mit anderen eMail-Adressaten auszutauschen. eMail ist nicht nur für den Austausch textlicher Mitteilungen geeignet. Es können als Anlage an eine Mail auch Binärdateien angehängt werden. Beim Empfänger können diese Dateien separat herausgespeichert werden. Außerdem lassen sich mit Hilfe von Empfängerlisten Serienbriefe verschicken. Die Vorteile von Email sind insbesondere

- die Übertragung von Botschaften zur Weiterverarbeitung,
- der asynchrone Transfer,
- die günstigen Kosten,
- die Zeitersparnis (eMail schneller als Brief),

- die Serienbrieffunktion,
- die Möglichkeit zur Rückantwort,
- das Mitversenden von Dateien und
- die Eingangsbestätigung (Einschreiben/Rückschein).

WAIS: Das Wide Area Information System ist eine Sammlung von verteilten Datenbanken, in denen über Schlüsselwörter nach Dokumenten oder Dateien gesucht werden kann. Mit Hilfe eines WAIS-Clients kann sich der Benutzer verschiedene Datenbanken aus einer verfügbaren Liste auswählen und in diesen nach bestimmten Begriffen suchen. Die gelieferten Daten werden aufbereitet angezeigt.

Gopher: Das Internet Gopher System erleichtert die Orientierung in der Welt der Internet Ressourcen. Neben einfachen Texten und Dateien präsentiert Gopher den Zugang zu Netzwerkdiensten in der Form eines hierarchischen Menüsystems. Dazu müssen die jeweiligen lokalen Ressourcen speziell aufbereitet und durch einen Gopher-Server angeboten werden. Die einzelnen Menüpunkte sind mit Dateien, dem Zugang zu einem anderen Internet-Dienst verknüpft. Das Verzweigen in ein Untermenü kann wiederum mit dem Wechsel in ein ganz anderes Gopher-System gleichbedeutend sein, ohne daß der Benutzer dies direkt merkt.

WWW: Das World Wide Web (W3) verfolgt das gleiche Ziel wie Gopher, also die transparente Bereitstellung der Internet Ressourcen. Das World Wide Web ist die interessanteste Entwicklung im Internet. Es ist ein Informationsbeschaffungssystem, in dem multimediale Seiten in Form von Hypertext-Dokumenten präsentiert werden, die aus Texten, Bildern und Audio/Videodaten bestehen können. Mit seiner Hilfe lassen sich Informationen im Netz benutzerfreundlich integrieren. Zur Navigation greift das WWW das Prinzip des Gopher auf und erweitert es. Gopher präsentiert dem Benutzer Menüs, aus denen er unmittelbar die gewünschten Informationen oder weitere Menüs auswählen kann. Die Navigation durch die WWW-Angebote erfolgt mit einem Mausklick auf die markierten Textstellen, welche auf weitere Seiten verweisen. Das Gopher-System unterscheidet streng zwischen Menüs einerseits und Dokumenten andererseits. Nicht so das World Wide Web. Als echtes Hypertextsystem enthalten die Dokumente Verweise (Hypertext-Links) auf weitere Dokumente, die auf Servern irgendwo im Internet liegen können. Durch Anwählen eines solchen Links verzweigt der Benutzer zur gewünschten Information. Hypertext-Links beschränken sich aber nicht nur auf Verweise zu anderen WWW-Dokumenten, sondern können auf beliebige Informationen zeigen, wie z.B. eine Datei auf einem FTP- oder Gopher-Server, einen Artikel in einer (Usenet-) Newsgroup oder auf das Ergebnis einer WAIS-Datenbankabfrage. Das zentrale Element des World Wide Web sind Hypertext- bzw. Hypermedia-Browser. Mit diesen läßt sich komfortabel durch die Welt des World Wide Web navigieren.

Browser: Das World Wide Web benutzt als Medium das Internet und besteht aus einer klassischen Client/Server-Architektur. Clients sind Endbenutzergeräte mit entsprechender WWW-Software, dem Browser, der eine Darstellung der WWW-Pages erlaubt. Diese Seiten sind programmierte Dokumente, die aus formatiertem Text mit oder ohne Grafiken besteht. Hypertextverbindungen (Hyperlinks) zwischen den Pages erlauben ein Springen von einem Dokument zum andern. Die Serverseite besteht weltweit aus mehreren hunderttausend Serverrechnern, die quasi als Datenbasen diese Dokumente vorhalten. Wird ein Dokument angefordert, schickt der Server eine Datei mittels HTTP (Hypertext Transfer Protocol) über das Internet zum Client.

Der Browser leitet die Anfrage des Benutzers an den entsprechenden Web-Server weiter, nimmt die Dateien, die als Antwort gesendet werden, in Empfang und zeigt dem Benutzer an. Die Antwort, die Seite, kann auf dem Bildschirm gelesen, in den Computer abgespeichert und gedruckt werden. Die Adresse einer WWW-Seite kann per Tastatureingabe ausgewählt werden. Die Internet-Adresse hat folgende Struktur:

> *http://www.uni-giessen.de*

Viele Anbieter präsentieren aber auch schon ihre Dienstleistungen im WWW an. Der Benutzer erhält dann eine Zugangsberechtigung, die validiert wird. Mögliche Dienstleistungen reichen von Fahrplanauskünften bis zu Datenbankrecherchen bei Datenbankanbietern oder Elektronic Shopping. Der Benutzer hat dann die Möglichkeit, über Formulare, die er ausfüllt, mit dem Server zu kommunizieren und so bspw. eine Datenbankabfrage auszuführen.

HTML: Die Hyper Text Markup Language ist die Seitenbeschreibungssprache, in der WWW-Dokumente erstellt werden. Es sind Textdateien, die auf dem PC von einem Browser interpretiert und angezeigt werden.

Java: ist eine Programmiersprache. Sie ist von der Fa. Sun (*http://www.sun.de*) entwickelt worden. Die Java-Programme, die Java-Applets, werden mit dem WWW-Dokument auf den PC übertragen und dann innerhalb des Browsers ausgeführt. Dadurch kann die Funktionalität des Browsers erweitert werden.

JavaScript ist ein Sprachauszug aus Java und stammt ebenfalls von der Fa. Sun. Mit JavaScript lassen sich interaktive HTML-Dokumente erstellen. Anwendungen, welche mit JavaScript geschrieben wurden, laufen auf jedem Rechnertyp und Betriebssystem, sofern Browser mit einer Laufzeitumgebung für JavaScript ausgerüstet ist.

JavaScript behandelt eine HTML-Seite objektorientiert. Es gibt Objekte, auf sie anwendbare Methoden und deren Eigenschaften. Mit ihrer Hilfe lassen sich HTML-Seiten dynamisch in Layout und Inhalt gestalten. Systemfunktionen, wie Formatieren und Dateien auslesen, sind aus Sicherheitsgründen weggelassen worden, um Mißbrauch entgegenzuwirken.

eCash: Es ist ein Online-Zahlungssystem für anonymen Geldtransfer. Banken, Kreditkartengeber und verschiedene Unternehmen testen die Tauglichkeit des Zahlungsverkehrs im Internet.

Online-Dienste: Zum offenen Internet gibt es eine geschlossene Mitgliedergruppe, für die Online-Dienste angeboten werden. Dieses Angebot ist besser strukturiert als im Internet, das zentral verwaltet sind; das Angebot ist allerdings geringer. Aus diesem Grunde bieten Online-Dienstanbieter wie T-Online, CompuServe, America Online zusätzlich den Zugang zum Internet an.

Intranet

Intranet ist eine Technologie, die Client/Server als Netzarchitektur benutzt. Während Client/Server entstand, um die Fähigkeiten von PC für unternehmensweite Anwendungen zu nutzen. Darunter sind die Verwaltung der Daten in einem DB-Server, die Unterstützung der Anwendungen in einem Anwendungsserver etc. zu verstehen. Damit

ist Client/Server eine Softwarefrage: Ist die Software rechner-
übergreifend nutzbar? Hieraus folgt die Definition, wonach Cli-
ent/Server-Architekturen darin bestehen, daß ein bedeutender Anteil
der Anwendungen auf einem PC/NC abläuft. Er nutzt die Dienste
anderer Rechner im Rahmen eines Master-Slave-Rahmens. Dabei
reicht die Spanne von kooperativen PC-Verarbeitungen, Server-
Rechnern bis hin zu den Mainframes. Die Funktionen von Intranet
sind dabei weitreichend, so die unternehmensweiten Kommunikation, die Möglichkeit des eMails, die Informationsrepräsentation und
Bereithaltung von Infotheken als strukturierte Informationspoools.
Bei den Client/Server-Architekturen werden als Nachteile die hohen
Betriebskosten, die schwierige Verwaltung der Systeme durch die
Heterogenität der Komponenten und auch die LAN-Leistungsfähig-
keiten genannt. Im Intranet kommen weitere Anforderungen durch
Client zu Client und Multimedia hinzu; sie bedingen Datenraten zwischen den beteiligten Geräten bis zu 100 MBits/s.
Derzeit bietet Intranet eher für größere Unternehmen wirtschaftlich
vertretbare Leistungen durch die Integrationsmöglichkeiten von
eMail, FTP, telnet, durch WWW-Server, durch Nutzung vieler Programme, durch viele Benutzer als für kleine Unternehmen.

Aktualisierung des 7. Kapitels

Objektorientiertes Modell

Die **Objektorientierung** kann als eine Art Technik aufgefaßt werden, ein System im Hinblick auf die auftretenden und zu behandeln-
den Objekte zu organisieren. Ein grundlegendes Konzept dabei ist
das Prinzip der Clusterung/Kapselung. Die Daten, die eine logische
Einheit beschreiben, ihre Eigenschaften, und die auf diesen Daten
definierten Operationen werden zu einem Objekt gekapselt. Die Daten können, ähnlich wie bei abstrakten Datentypen, nur gelesen und
geändert werden, wenn die dafür definierten Operationen zum Tragen
kommen. Dadurch haben Änderungen der strukturellen Repräsentation der Daten eines Objekts keinen direkten Effekt nach außen

auf andere Objekte. Ein **Objekt** ist eine sich auf Phänomene der realen oder abstrakten Welt beziehende abgeschlossene Einheit, die intern lokale Daten besitzt. Zu einem Objekt gehören Methoden, d.h. aus einzelnen Operationen bestehende Funktionen, die das Objekt ausführen kann, und Eigenschaften bzw. Attribute, die durch die Methoden verändert werden können. Attribute verkörpern den Datenaspekt eines Objektes. Mit anderen Objekten kommunizieren Objekte durch Mitteilungen, die Operationen auslösen.

Der objektorientierte Ansatz stellt eine Weiterentwicklung des Konzeptes der abstrakten Datenstrukturen dar. Die Trennung von Daten und den auf ihnen operierenden Algorithmen wird dadurch aufgehoben, daß das objektorientierte Modell die Implementierungsdetails noch stärker versteckt.

Der objektorientierte Ansatz ist eine Methode, neue Softwaresysteme nicht basierend auf Funktionen, die nach außen nicht bekannte Datenobjekte verändern, sondern auf Objekten, welche Daten und Funktionen umfassen, zu entwickeln. Diese Methode maximiert die Verkapselung von Informationen und führt in vielen Fällen zu Systemen mit geringerer Komplexität als der funktionale Ansatz. Der Zugriff auf die Daten eines Objektes ist nur diesem Objekt über seine Methoden erlaubt. Andere Objekte können nur indirekt auf die Daten über spezielle Methoden in einem Schnittstellenteil zugreifen. Bei der **Datenkapselung** bleibt die innere Struktur des Objektes den anderen Objekten verborgen. Andere Objekte können mit einem Objekt nur über eine Schnittstelle in Kontakt treten. Der innere Aufbau eines Objekts bleibt damit für seine Umgebung unbekannt. Die interne Realisierung der Methoden und die Daten des Objekts bleiben dem Benutzer verborgen (Information hiding).

Das Paradigma des objektorientierten Ansatzes geht auf die Unterstützung der Simulation ereignisgesteuerter Systeme mittels der Programmiersprache Simula zurück. Dabei wird ein System als eine Menge kooperierender Objekte oder Prozesse aufgefaßt. Objekte sind die atomaren Bestandteile des Systems. Ein **Objekt** besteht aus lokalen Daten und lokalen Prozeduren, welche allein die Daten ändern können. Dabei kann ein Objekt nicht von außen durch andere Objekte verändert werden. Ein Objekt kann allerdings von anderen Objekten veranlaßt werden, durch die Aktivierung eigener Prozeduren eine Zustandsänderung zu bewirken.

Objekte kommunizieren miteinander, indem sie Messages austauschen. Ein Message an ein Objekt hat den Effekt, daß eine bestimmte Operation auf diesem Objekt ausgeführt wird. Dieser Mechanismus wird **Message Passing** genannt. In konventionellen Programmiersprachen ist der Programmierer verantwortlich für die richtige Auswahl eines korrekten Operators. Will er zwei binäre Zahlen C = 101101 und D = 10011 addieren, muß er die dafür geeignete Funktion, z.B. Binary Add (C, D), verwenden. Der Benutzer der Funktion Binary Add identifiziert durch den Funktionsnamen also gleich ein Stück Programmcode, das ausgeführt werden soll. Er entscheidet dadurch, wie eine Operation ausgeführt wird. Das Paradigma des objektorientierten Programmierers verlagert diese Verantwortung vom Benutzer einer Funktion weg zum Designer der Funktion. In einem objektorientierten System kann ein Programmierer das obige Beispiel in Form des Messages C.Add(D) schreiben, vorausgesetzt, eine Operation Add wurde für binäre Zahlen definiert. Er spezifiziert also nur, was ausgeführt werden soll. Welcher Algorithmus zur Addition verwendet wird, das heißt, das Wie, wird aufgrund der betroffenen Objekte C und D automatisch bestimmt, denn bei der Kapselung wurde ja genau festgelegt, welche Operationen mit den Daten überhaupt nur durchgeführt werden können. Im Falle von C.Add(D) wird also automatisch der Algorithmus zum Addieren von binären Zahlen ausgeführt. Gleichartige Objekte werden in **Objektklassen** klassifiziert. Alle Objekte einer Objektklasse haben die gleichen Attribute und die gleichen Methoden, wobei sich die aktuellen Attributwerte bei den Objekten einer Klasse unterscheiden können. Klassen dienen zur ontologischen Ordnung der Objekte, die in einem System vorkommen und verarbeitet werden. Die Objekte einer Klasse werden **Instanzen** dieser Klasse genannt. So sind z.B. die binären Zahlen C und D Instanzen einer Klasse Binary-Number.

Objekte gleichen Typs gehören also Objektklassen an. Die Beschreibung und damit die Charakterisierung der Objekte findet dort statt. Eine Klasse wird beschrieben durch den Namen der Klasse, der internen Struktur der Objekte dieser Klasse (Datenstrukturen) und einer Festlegung aller Methoden, welche die Objekte dieser Klasse ausführen können. Mit der Beschreibung einer Klasse existieren noch keine Objekte dieser Klasse. Ein konkretes Objekt, eine Instanz einer Klasse, entsteht durch das Senden einer Generierungsnachricht an die

Klasse. Daraufhin erzeugt die Generierungsmethode der Klasse ein Objekt der für die Klasse definierten Ausprägung.

Jedes Objekt "erbt" die Eigenschaften seiner Klasse, d.h. die Methode und die Variablen, **Instanzvariablen** genannt, welche die in der Klasse vereinbarte Struktur besitzen und die bei der Nachricht zu ihrer Erzeugung mitgegebenen Werte erhalten oder durch eine ihrer (ererbten) Methoden initialisiert werden. Durch **Vererbung** von Eigenschaften können Objektklassen als Erweiterungen und Spezialisierungen existierender Objektklassen eingeführt werden. Von einer Elternklasse (Oberklasse) wird auf eine Sohnklasse (Unterklasse) vererbt. Üblicherweise kann eine Klasse nur von einer Oberklasse erben. Das führt bei der Vererbung Vererbungsbäumen. Manche objektorientierte Sprachen bieten auch die Möglichkeit, daß eine Klasse von mehreren Oberklassen erben kann. Es sind Netzstrukturen (multiple Vererbung oder Mehrfachvererbung).

Die Klasse ist aus der Sicht der Datenstruktur vergleichbar mit einer Satzdefinition (Record-Deklaration), nur mit dem Unterschied, daß bei der Bildung einer Instanz der Klasse auch die Methoden vererbt werden.

Die Objektmodellierung umfaßt Aktivitäten innerhalb der objektorientierten Softwareentwicklung, die durchgeführt werden, um die Eigenschaften von Entitäten und deren Beziehungen zu beschreiben. Dabei werden Entitätsmengen mit ähnlichen Eigenschaften durch einen Objekttyp dargestellt. Jeder Objekttyp besitzt einen Namen, eine Menge von Attributen und eine Menge von Methoden. Die Attribute beschreiben die Struktur, die Methoden das Verhalten der zugrunde liegenden Entitätsmenge. Die beschriebenen Entitäten werden als Objekte oder Instanzen der Objekttypen bezeichnet. Die objektorientierte Softwareentwicklung wird in die Phasen Analyse, Entwurf und Programmierung untergliedert. Die Phasen haben unterschiedliche Zielsetzungen und Aufgaben.

In der objektorientierten Analyse wird der Aufgabenbereich des Informationssystems modelliert; es wird eine Beschreibung des Aufgabenbereichs erstellt. Das Produkt ist ein objektorientiertes Analyseschema. Das Analyseschema ist ein Ausgangsdokument für die objektorientierte Softwareentwicklung. In dieser Phase wird detailliert beschrieben, wie die definierten Anforderungen erfüllt werden sollen.

Die Beschreibung heißt Entwurfsschema.

Das Entwurfsschema dient als Grundlage für die Implementation des Informationssystems, also als Ausgangspunkt für den objektorientierten Programmentwurf. Die Implementation kann besonders effektiv mit einer objektorientierten Entwicklungsumgebung (Programmiersprache, Datenbank, Benutzeroberfläche) ausgeführt werden, da hier ähnliche Beschreibungsmittel verwendet werden, wie bei der Objektorientierung selbst.

Die gegenwärtig benutzten Werkzeuge zeigen Merkmale ingenieurmäßigen Vorgehens. Die Werkzeuge basieren auf der Abstraktion, auf einer grundlegenden Vorgehensweise, um Information zu organisieren. Hierbei wird ein Gesamtproblem in überschaubare Teilbereiche, in die Module, zerlegt (Modularisierung):

- Ein Modul bildet eine logische Einheit, die klar abgegrenzte Aufgaben des Gesamtsystems realisiert.
- Ein Modul besteht nur aus Daten und Operationen, die bestimmte Dienstleistungen vollbringen. Wie sie letztlich vollbracht werden, bleibt verborgen.
- Ein Modul kommuniziert über definierte Schnittstellen. Es kann durch ein anderes Modul, welches die gleichen Schnittstellen besitzt ausgetauscht werden.
- Ein Modul ist unabhängig von anderen Modulen; es ist spezifiziert, implementierbar und testbar.

Diese Methode unterstützt das Konzept der Wiederverwertbarkeit im Hinblick auf die Wiederverwendung von Spezifikationen (Entwürfen) und von Implementierungen (Programmen bzw. Programmteilen). Seit Mitte der 80er Jahre verfolgt das Konzept der objektorientierten Programmierung die Modularisierung konsequent. Im Mittelpunkt steht der Datentyp, das Objekt. Dieses beinhaltet neben verschiedenen Datenelementen auch Funktionen und Prozeduren.

Die Inhalte der objektorientierten Programmierung variieren innerhalb der verschiedenen objektorientierten Methoden. Sie lassen sich unterteilen in Beschreibungskonzepte:

- **Objekt/Instanz**: Beschreibung für eine Entität;
- **Objekttyp**: Beschreibung für eine Menge von Objekten/Instanzen;

- **Attribute, Operationen**: Beschreibung für Eigenschaften eines Objekttyps;
- **Vererbung**: Beschreibung der Beziehung zwischen allgemeinen und speziellen Objekttypen;
- **Aggregation**: Beschreibung der Beziehung zu Objekten, aus denen ein Objekt zusammengesetzt ist;
- **Assoziation**: Beschreibung allgemeiner Beziehungen zwischen Objekten;
- **Kommunikation**: Beschreibung der Nachrichten, die Objekte versenden;
- **Abstraktion**: Beschreibung einer Menge von Objekttypen, die als logische Einheit betrachtet werden können.

Es gibt eine große Anzahl objektorientierter Methoden, die die objektorientierte Programmierung als Teil der objektorientierten Softwareentwicklung beinhalten. Diese Methoden können in verschiedene Kategorien eingeteilt werden. So gibt es Analyse- und Designmethoden. Die Designmethoden können weiter aufgeteilt werden in Methoden für den Datenbank- und den Softwareentwurf. Innerhalb des Softwareentwurfs gibt es Methoden für spezielle Programmierspra-chen, da die Übersetzung des Entwurfsschemas in eine spezielle Programmiersprache durch die Methode vorgegeben wird. Ein Beispiel hierfür ist die HOOD-Methode für die Programmiersprache Ada. Weitere sehr bekannte Methoden sind

- Object Oriented Modeling and Design;
- Object Oriented Method for Analysis;
- Object Oriented Software Engineering.

Bei der objektorientierten Systementwicklung ist der zentrale Begriff Objekt. **Objekte** sind in sich abgeschlossene Einheiten, die sich auf Phänomene, Gegenstände oder Vorgänge der realen oder abstrakten Welt, über die Informationen gespeichert werden sollen, beziehen. Objekte besitzen Eigenschaften (Attribute) und können Operationen oder Aktionen ausführen. Der Ablauf eines Anwendungsprogramms besteht aus Botschaften, die die Objekte austauschen. Ein Objekt ist also nicht mehr nur eine mit Attributwerten ausgefüllte Datenstruktur, sondern wird aktiv in den Programmablauf einbezogen, indem es auf Mitteilungen anderer Objekte reagiert und an andere Objekte sendet.

Die objektorientierte Sicht verbindet Daten und Funktionen zu einer Einheit. Objekte mit den gleichen Eigenschaften (Daten) und mit den gleichen Verhaltensweisen (Funktionen bzw. Operationen) werden zu einer Klasse zusammengefaßt (Klassendiagramm). Objekte, die also die gleichen Methoden und Felder besitzen, werden zu **Objektklassen** zusammengefaßt. Zwischen Klassen kann eine Vererbung mit Vererbungsstruktur oder einer Klassenhierarchie bestehen.

Innerhalb einer Objektklasse gibt es verschiedene Instanzen, da die vorhandenen Felder i.d.R. unterschiedlich ausgebildet sind. Auf diese Weise läßt sich eine Objekthierarchie bilden, die einem Stammbaum gleicht, in dem jedes Element dieses Stammbaums nur einen direkten Vorfahren, aber beliebig viele Nachfahren haben kann.

Im Mittelpunkt steht ein neuer Datentyp, das Objekt. Dieses beinhaltet neben verschiedenen Datenelementen auch Funktionen und Prozeduren. In einem Objekt werden sowohl Eigenschaften (Felder) als auch Aufgaben (Methoden) zu einer Einheit zusammengefaßt. Diese Verschmelzung von Codes und Daten wird **Kapselung** (Encapsulation) bezeichnet. Grundgedanke bei der Zusammenfassung von Codes und Daten ist die Reduzierung von Fehlern, die sich dadurch ergeben, daß beim Programmablauf die richtige Prozedur mit den falschen Daten aufgerufen wird, oder die richtigen Daten an eine falsche Prozedur weitergeleitet werden. Nach außen hin präsentiert sich das Objekt als geschlossene Einheit, die nur über ihre Methoden angesprochen werden kann. Die Felder eines Objekts können von außen nicht direkt verändert werden, sondern nur durch Aufruf objekteigener Methoden. Ein Objekt fungiert also als eine Art Black-Box, die über definierte Schnittstellen Anweisungen empfängt, diese ausführt und Ergebnisse weiterleitet. Die Kommunikation einzelner Objekte untereinander erfolgt durch das Aussenden von Nachrichten (Botschaften, Mitteilungen). Da der interne Aufbau eines Objekts von außen nicht erkennbar ist, wird hierdurch das Prinzip des **Information Hiding** realisiert, indem Programmiereinheiten gegeneinander gekapselt werden und somit ein unerlaubter Zugriff auf die Daten unterbunden wird.

Außer der Einbindung von Methoden unterscheidet sich das Objekt vom Record dadurch, daß Eigenschaften von einfacheren, allgemeineren Datentypen übernommen werden können. Dieser Mechanismus

wird **Vererbung** (Inheritance) genannt, wobei der neu entstehende
Objekttyp als Nachfahre und der vererbende Objekttyp als Vorfahre
bezeichnet werden. Wird ein Objekt als Nachfahre eines anderen
deklariert, erhält er automatisch sämtliche Felder und Methoden des
Vorfahren, ohne daß eine erneute Definition notwendig ist. Somit
wird ein weiterer wichtiger Aspekt objektorientierter Programmierung deutlich, das **Code Sharing**. Dies bedeutet, daß eine bestimmte
Methode nur einmal definiert werden muß und dann von allen Objekten, die diese Methode vererbt bekommen, genutzt werden kann.
Ein objektorientiertes System (Object Oriented System) ist eine Anwendung, die mit Mitteln der objektorientierten Programmierung
realisiert wurde und dabei die Möglichkeiten der objektorientierten
Konzepte voll ausschöpft. Herausragender Vorteil von objektorientierten Systemen ist die Möglichkeit ihrer leichten Erweiterbarkeit.
Neue Anforderungen machen ständig das Zufügen neuer Software-
teile in Form von anwendungsspezifischen Daten mit ihren Operationen notwendig. Wesentliche Voraussetzung für die Erweiterbarkeit
von objektorientierten Systemen ist die Fähigkeit, Identifikatoren, die
Objekte als Werte aufnehmen (z.B. Variablen, Parameter, Attribute),
zur Laufzeit Objekte aus verschiedenen Klassen als Wert zuzuweisen
(Polymorphie bzw. Vielgestaltigkeit der Objektvariablen etc.). Anforderungen, die an ein objektorientiertes System gestellt werden,
können mit Qualitätskriterien spezifiziert werden:

- **Zuverlässigkeit**: Zuverlässigkeit ist ein Sammelbegriff für Korrektheit, Robustheit und Ausfallsicherheit. **Korrektheit** bedeutet,
  daß ein Programm sämtliche Aufgaben der Spezifikation vollständig erfüllt. **Robustheit** fordert zusätzlich, daß das System bei
  nicht vorhersehbaren Situationen in einer definierten Weise reagiert. Die **Ausfallsicherheit** besagt, daß sich das System bei Hard-
  wareausfällen und -fehlern (z.B. Stromausfall) in einem definierten Zustand befindet.

- **Erweiterbarkeit und Anpaßbarkeit**: Unter diesem Aspekt werden Forderungen zusammengefaßt, die bestehende Softwaresysteme möglichst problemlos an die sich ändernden Anforderungen
  und Spezifikationen anzupassen. Probleme ergeben sich insbesondere dann, wenn ein System nicht streng modularisiert entworfen
  und implementiert wurde. Aufwendige und schwer abschätzbare

Änderungen sind die Folgen. Durch Objektorientierung lassen sich Verbesserungen erzielen, da sie das Konzept einer strengen Modularisierung unterstützt.

- **Wiederverwertbarkeit**: Bei der Frage der Wiederverwertbarkeit ist zu klären, inwieweit Ergebnisse, die bei der Softwareerstellung für eine bestimmte Aufgabe erzielt wurden, in Folgeprojekten Verwendung finden können. Auch hier ergeben sich durch die Objektorientierung Fortschritte, da einzelne Programmmodule entweder unverändert übernommen werden können, oder auf einfache Weise abänder- bzw. erweiterbar sind.

- **Benutzerfreundlichkeit**: Ein Softwaresystem mit einer hohen Benutzerfreundlichkeit zeichnet sich dadurch aus, daß der Aufwand, den ein Benutzer leisten muß, um ein System anzuwenden, möglichst gering ausfällt. Mittels objektorientierter Programmierung ergeben sich auf dem Gebiet der Generierung komfortabler Benutzerschnittstellen zahlreiche Möglichkeiten, um den Dialog zwischen Anwender und Computer zu standardisieren und dadurch zu vereinfachen.

- **Programmeffizienz**: Die Programmeffizienz charakterisiert die Belegung von Hardwareressourcen, wie Speicherbedarf, Laufzeit etc. Bei diesem Punkt ergibt sich ein Zielkonflikt mit der Forderung nach einer komfortablen Dialogschnittstelle mit dem Benutzer, denn diese belegt notwendigerweise zusätzliche Ressourcen, leistet aber keinen Beitrag zum produktiven Teil der Anwendung. Vor dem Hintergrund der Fortschritte bei der Hardwareentwicklung der letzten Jahre scheint die Programmeffizienz jedoch nur eine untergeordnete Rolle zu spielen, denn die Entwicklung auf dem Softwaremarkt drängt in Richtung komfortabler, grafischer Benutzeroberflächen.

CASE-Tools

Der Großteil aller Entwicklungsarbeiten mußte früher ausschließlich vom Menschen durchgeführt werden. An Unterstützungen gab es einige Werkzeuge wie die Editoren, Compiler, Debugger und Linker. Mit der Verbreitung der Datenverarbeitung folgten spezifische Werkzeuge für die einzelnen Entwicklungsphasen, so bspw. Pflichtenhefte für die Aufgabendefinition oder Structured Analysis and Design. Die Software-Entwicklungsumgebungen blieben jedoch lange Zeit auf einem Stand, der im Vergleich mit der technologischen Entwicklung einen erheblichen Rückstand bedeutete. Erst in den 90er Jahren ist die Frage der SW-Entwicklungsumgebungen nach anfänglichen Arbeiten Anfang der 80er Jahre in Bewegung geraten. Die ersten kommerziell genutzten CASE-Tools gehen auf das Jahr 1970 zurück, als für die Programmabläufe Formalisierungen durch Symbole eingeführt wurden. Die strukturierte Analyse, die Designtechniken u.ä. gehören hinzu. Später folgten, insbesondere in Verbindung mit den relationalen Datenbankmodellen, andere Modellierungstechniken. Weitere Entwicklungen, als programmorientierte Tools kamen in Verbindung mit der Strukturierten Programmierung, so bspw. CASE 2000. Diese wurden Grundlagen für die weiteren Aktivitäten.

SW-Entwicklungsumgebungen sind aus der Sicht des Benutzers so zu beurteilen, wie sie dessen Arbeit beeinflussen. Ausgegangen wird von der Forderung, die Effizienz der Aufgabendurchführung zu erleichtern. Je nach Benutzertyp resultieren daraus unterschiedliche Anforderungen. Während der Softwareentwickler mehr die Aspekte technischer, organisatorischer und wirtschaftlicher Art in den Vordergrund stellt, sind Benutzerfreundlichkeit, Verständlichkeit, Mehrfachnutzung, Überprüfbarkeit etc. Anforderungen, die der Softwareanwender stellt.

Der Begriff Software-Entwicklungsumgebung drückt die Gesamtheit der im Software-Engineering verwandten Prinzipien, Methoden, Verfahren und Werkzeuge (Tools) aus. In ihrer am weitesten entwickelten Ausprägung als offenes System mit Einschluß aller Phasen der SW-Entwicklung und deren Werkzeuge wird sie mit dem Schlagwort **CASE** (Computer Aided Softwaresystem Engineering) bezeichnet. Es verdeutlicht den Versuch, den Software-Entwicklungsprozeß zu automatisieren.

CASE bezeichnet zunächst einmal die Erstellung von Softwareprodukten mit Hilfe von speziellen Programmen, die auf Computern ausgeführt werden. Editoren, Compiler und Debugger sind Hilfsmittel, die ein Entwickler notwendigerweise zur Erstellung von Softwareprodukten verwendet. CASE bezeichnet daher auch im eigentlichen Sinne nicht diese Hilfsmittel, sondern Programme, die den

Entwickler beim Einsatz von softwaretechnologischen Prinzipien, Methoden, Techniken und Vorgehensweisen unterstützen.

Die 1. Generation von CASE-Werkzeugen unterstützte den Entwickler jeweils bei der Anwendung einer Methode. Die dabei erzeugten Ergebnisse wurden in einer werkzeugspezifischen Datenhaltungskomponente abgelegt. Die ersten **Softwaretools**, die eingesetzt wurden - z.B. Tools für den Einsatz von Entscheidungstabellen - unterstützten jedoch jeweils nur eine einzelne Methode oder Technik. Daraus resultierte die Notwendigkeit, mehrere Tools einzusetzen, die naturgemäß untereinander nicht kompatibel waren. Kamen im Verlaufe der Softwareentwicklung mehrere Werkzeuge zum Einsatz, so war kein automatischer Datenaustausch zwischen den Werkzeugen möglich.

Die 2. Generation von CASE-Werkzeugen versuchte, den Entwickler während des gesamten Entwicklungsprozesses zu unterstützen. Dazu wurden verschiedene Werkzeuge in einer CASE-Umgebung derart zusammengefaßt, daß eine Benutzung der verschiedenen Werkzeuge in einer bestimmten Reihenfolge zu dem gewünschten Ergebnis führte. Die richtige Reihenfolge der Benutzung der Werkzeuge wurde durch Vorgehensmodelle festgelegt. Die von den Werkzeugen erzeugten Daten wurden in einer gemeinsamen Datenhaltungskomponente abgelegt. Damit konnten auch semantische Beziehungen zwischen den erzeugten Daten verschiedener Werkzeuge sichergestellt werden. Eine Integration weiterer Werkzeuge war nur mit erheblichem Aufwand möglich, weil weder die Schnittstellen zum Vorgehensmodell, noch die Schnittstellen zur Datenhaltungskomponente öffentlich waren.

Erst mit der 3. Case-Generation in der zweiten Hälfte der 80er Jahre kamen Tools auf den Markt, die mehrere Methoden unterstützen. Diese CASE-Tools führten zu einer Standardisierung des Methodeneinsatzes, da die meisten Anbieter mit ihren Tools die gleichen Methoden unterstützten:

• Die Tools unterstützten zwar den Einsatz mehrerer Methoden, die Methoden waren aber unabhängig voneinander; sie waren nicht integriert. Eine Ausnahme bildete hier der objektorientierte Bereich.

- Es mangelte an Generatoren, die problemlose Umsetzungen der Analyse- und Entwurfsergebnisse in Programmiersprachen und Datenbanken ermöglichten.
- Die Belange der Qualitätssicherung sowie des Projekt- und Konfigurationsmanagements wurden von den verfügbaren Tools nicht oder nur sehr unzureichend unterstützt.
- Bei größeren Projekten mußte die Entwicklungsarbeit parallel mit der dezentralen Erarbeitung von Ergebnissen erfolgen. Diese Ergebnisse mußten integriert und abgeglichen werden. Auch wurden diese Aktionen von den Tools nur unzureichend unterstützt.

Die derzeitigen Methoden der 4. Generation sind alle grafisch orientiert. Dies führt dazu, daß die Tools vorwiegend auf PC- oder Workstationebene angeboten werden. Hier sind Schnittstellen zum Hostbereich erforderlich, um Entwicklungsergebnisse auch auf den Host übernehmen zu können.

Heutige CASE-Umgebungen erlauben dem Entwickler eine viel größere Flexibilität in der Nutzung der Werkzeuge. Mit Hilfe eines Softwarebusses werden die in einer CASE-Umgebung vorhandenen Komponenten gekoppelt. Ein Vorgehensmodell erlaubt dem Entwickler die maximal mögliche Flexibilität bei der Nutzung der angebotenen Dienste. Ausgeschlossen werden nur solche Aktionen, die zu Konsistenzverletzungen an den erzeugten Daten führen oder den Entwickler aus der technologischen Sicht nicht in die vorgesehene Realisierungsrichtung voranbringen. Die Werkzeuge haben die Möglichkeit, die erzeugten Daten in verschiedenen Datenhaltungskomponenten abzulegen. Die Integration verschiedener Datenmodelle wird durch den Softwarebus realisiert. Die durch den Softwarebus realisierte Offenheit ermöglicht die Integration weiterer Werkzeuge in die CASE-Umgebung.

Für den Begriff CASE-Umgebung werden eine Reihe Synonyme verwendet: Software-Entwicklungsumgebung, Software-Produktionsumgebung, Integrated Project Support Environment oder Software Factory. Aber nicht nur die verwendeten Begriffe sind sehr unterschiedlich, auch die Unterstützung, die CASE-Umgebungen den Entwicklern bieten, kann sehr verschieden sein. Große Organisationen haben sich bemüht, Referenzmodelle für CASE-Umgebungen zu definieren. Ziel ist, CASE-Umgebungen einheitlich zu beschreiben.

Das bekannteste Referenzmodell ist das Modell der European Computer Manufactures Association (ECMA). Dieses Referenzmodell ist in Schichten unterteilt. Jede Schicht erbringt Dienstleistungen für eine höhere Schicht. Werkzeuge werden zwischen die Schicht Process Management Services und Object Management Services "eingehängt".

Die **Object Management Services** dienen der Verwaltung der von den Werkzeugen erzeugten Objekte und deren Beziehungen untereinander. Sie geben den Rahmen für die Integration von Werkzeugen in das Modell ohne konkreten Werkzeuge vor. Der vorgegebene Rahmen definiert nur, daß die zu integrierenden Werkzeuge zur Speicherung ihrer Informationen die Dienste der Object Management Services in Anspruch nehmen und durch **Process Management Services** auf die Werkzeuge zugreifen. Die Process Management Services unterstützen die Entwickler bei der Verwendung der Werkzeuge. In dieser Schicht werden Aufruffolgen von Werkzeugen und Aufgaben von Benutzern der CASE-Umgebung definiert. Die **User Interfaces Services** ermöglichen eine einheitliche Benutzeroberfläche für alle Dienstleistungen der CASE-Umgebung. Die **Communication Services** definieren die Kommunikation zwischen Werkzeugen, Diensten, sowie Diensten und Werkzeugen.

Script-Sprachen

Im Falle der Nutzung von Internet läuft auf dem PC eine einzige Software ab, der Web-Browser und alle Daten kommen von den Servern über das Netz. Die Daten von HTML-Seiten werden auf dem PC angezeigt. Es ist möglich, Eingabefelder in die HTML-Seiten einzubauen, so daß eine Rückantwort zu dem Web-Server fließt. Dieser aktiviert ein Anwendungsprogramm. Mit Hilfe von **Java** werden Applets (30-50 KB große Programmbausteine) in Form eines Byte-Codes versandt. Nachdem sie auf dem Zielrechner vom Java-Laufzeitsystem ausgeführt werden, brauchen sie nicht kompiliert zu werden. Sie können auf jedem Rechner mit einem Web-Browser, der Java versteht, eingesetzt und Plattform-unabhängig genutzt werden.

Java gilt seit seiner Integration in Microsoft Explorer als Standard. Analog dazu wird sich voraussichtlich die von Netscape auf der Basis von Java entwickelte JavaScript als Standard etablieren.

Script-Sprachen sind Entwicklungsumgebungen mit Editoren, Klassen-Browser, Debuggern, Windows-Paintern etc. Hierzu gehören Java Work Shop, Visual J ++. Eine Script-Sprache ist Bestandteil der HTML-Seite und damit eine Funktion, die für mehrere HTML-Seiten verwendet wird. Zu den HTML-Standards gehören Tabellen, Java-Applets sowie Textfluß um Bilder.

Weitere Entwicklungen werden durch Internet-Groupware und von den Conferencing-Systemen erwartet, nachdem Microsoft und Netscape in ihren Browser entsprechende Technologien integriert haben.

VRML (Virtual Reality Markup Language) hat eine Bedeutung im Zusammenhang mit der dreidimensionalen Benutzeroberfläche. Sie scheitern aber derzeit an den zu geringen Übertragungsraten im Internet.

Grafische Benutzeroberfläche

Die Softwareergonomie ist weitgehend mit dem Qualitätskriterium Benutzbarkeit identisch. DIN 66285 ordnet diesem Kriterium die Merkmale Verständlichkeit, Übersichtlichkeit und Steuerbarkeit zu. Unter dem Begriff **Benutzerschnittstelle** wird in der Informatik nur der Bestandteil der Software betrachtet, der für den Informationsaustausch mit dem Menschen zuständig ist. Das Wort ist auf Trennen, Separieren und nicht auf Verbinden gerichtet, was jedoch sein soll. Der englische Ausdruck **User Interface** deutet viel besser die Grundidee aus, Mensch und Computer zusammenzubringen. Aus der Sicht der Softwareergonomie hingegen sind Handlungen des Benutzers, die während der Mensch-Computer-Interaktionen vorkommen, ebenfalls zu beachten. In diesem Teil der Benutzerschnittstelle geht es um die Wahrnehmungs-, Denk- und Entscheidungsprozesse, die gestaltet werden müssen. Die einseitige Betrachtung der Benutzerschnittstelle als Softwareaspekt, genügt nicht. Statt dessen bietet sich ein 3-Schichten-Modell an, das aus einer

- physikalischen Komponente mit der Hardware-/Bildschirmebene (Arbeitsplatzumgebung),
- kommunikativen, syntaktische Komponente mit der Software-/Interaktions-ebene und
- konzeptuellen Komponente mit der Aufgabenebene (semantischen Betrachtung) besteht.

Für die Mensch-Computer-Kommunikation an der Benutzerschnittstelle sind unterschiedliche Modelle entwickelt worden. Für rechnerunterstützte Dialoganwendungen wurde das **IFIP-Schnittstellenmodell** mit drei Schnittstellen zwischen den Benutzern und den Peripheriegeräten des Rechnersystems, zwischen der Anwendung und dem (anwendungsneutralen) Dialogsystem, sowie zwischen Peripherie des Rechnersystems und der Dialogsoftware entwickelt. Für die Ein-/Aus-gabeschnittstelle zwischen den Benutzern und den Peripheriegeräten werden **grafische Benutzeroberflächen** verwendet. Darunter werden diejenigen Systemkomponenten verstanden, über die der Benutzer mit den anderen Teilen des Systems kommuniziert. Die früher üblichen alphanumerischen Benutzungsoberflächen ermöglichten lediglich die Eingabe von Zeichen über eine Tastatur und die Ausgabe von Zeichen auf einen alphanumerischen Drucker oder Bildschirm. Heute besitzen die meisten Softwaresysteme grafische Benutzeroberflächen, die darüber hinaus das Zeigen und Zeichnen mit einer Maus und die Darstellung detailreicher Zeichnungen und Bilder, die akustische und haptische Ein-/Ausgabe, sowie Bewegtbilder bis hin zu künstlichen, virtuellen Welten ermöglichen.

Grafische Benutzeroberflächen benötigen hochauflösende Bildschirme und ein Zeigegerät, z.B. eine Maus. Es sind derzeit unterschiedliche Industriestandards anzutreffen:

- die grafische Benutzungsoberfläche der Macintosh-Rechnerfamilie;
- die Benutzungsoberfläche von MS-Windows für viele Anwendungen auf PC;
- der Presentation Manager für das Betriebssystem OS/2 Common User Access (CUA);
- verschiedene Benutzungsoberflächen, die auf dem X-Window System von Arbeitsplatzrechnern mit dem Betriebssystem Unix aufbauen, wie z.B. OpenLook oder OSF/Motif.

Eine Benutzeroberflächen stellt sich heute dem Benutzer als Menge von Fenstern, Menüs, Bedienungsfeldern und bildhaften Symbolen dar, die er vornehmlich durch Zeigen und Verschieben mit der Maus, dem Trackball und mit dem Finger manipuliert, während die Tastatur praktisch nur noch der Eingabe von Textdaten und weniger häufig benötigten Befehlen dient. Der Ablauf eines interaktiven Programms ist wie eine Rückkopplungsschleife. Der Benutzer gibt Daten und Befehle ein. Die Entwicklung der Star-Workstation von Xerox brachte am Anfang der 80er Jahre eine Benutzerschnittstelle mit vertrauten visuellen Metaphern, so mit bildlich angedeuteten Dokumenten, Aktenschränken, Postkörben usw. Die leistungsfähige Workstation für Büroanwendungen mit einer mächtigen grafischen Unterstützung bedeutete eine wesentliche Verbesserung für die breite Klasse der ungeübten Endbenutzer. Der Benutzer konnte mit relativ wenig Mühe von einer Anwendung zu einer anderen überwechseln. Die Verbreitung dieser neuen Technologie wurde zunächst von den hohen Kosten der grafikfähigen Hardware stark gebremst, konnte sich aber als neue Methodologie der Interaktion zwischen Benutzer und System etablieren. Heute verfügen alle modernen Workstations über eine grafische **Benutzerschnittstelle** (GUI, Graphical User Interface); jeder Hersteller hat jedoch seinen eigenen Weg beschritten.

Das **X-Window-System**, eine Entwicklung des MIT innerhalb des Projektes ATHENA, hat sich jedoch auf dem Unix-Bereich durchgesetzt. Es beinhaltet:

- die Beschränkung der Funktionalität auf eine Grundmenge,
- die Netzwerk-Transparenz durch Definition eines Protokolls und
- die Client-Server-Architektur.

Jedes grafische Gerät - bestehend aus Monitor, lokalem Prozessor, Maus und Tastatur - implementiert einen X-Server-Knoten, der alle Hardwareabhängigkei-ten enthält. Jede Anwendung auf einem Rechner erscheint als X-Client. Clients und Servers sind miteinander gekoppelt. Das X-Window-System hat zur Definition von zwei Industriestandards geführt:

- Motif von OSF (Open Software Foundation) und

- Open Look von Sun.

Tabelle: Hardwaretechnische Entwicklungszeittafel

1. Zeitabschnitt	
5 000 v. Chr. bis 1623	Entwicklung von Zahlensystemen, Abakus (5-Finger-System)
2. Zeitabschnitt	
1623-1880	Bau von mechanischen Maschinen (Schickard, Pascal, von Leibniz)
3. Zeitabschnitt	**Zeitalter der Lochkarten**
1880-1940	Bau elektromechanischer, schalttafelgesteuerter Lochkarten-Maschinen
4. Zeitabschnitt	**Zeitalter speichergesteuerter Computer**
nach 1940	Bau speicherprogrammierter Datenverarbeitungsanlagen
1941	Entwicklung des 1. Relaisrechners von Konrad Zuse
1944-1946	Entwicklung des Prinzips der Datenverarbeitung von Neumann Architektur von Computern nach dem Neumann-Prinzip
1944	Entwicklung des Relaisrechners MARK 1 von Aiken
1948	Erarbeitung der Informationstheorie von Shannon Begründung der Kybernetik als Wissenschaft durch Wiener
1961	Entwicklung integrierter Schaltungen von Kilby
ab 1946	1. Computer-Generation: ENIAC 222, IBM 650
ab 1957	2. Computer-Generation: IBM 1400 Serie, SIEMENS 2002, TR4
ab 1964	3. Computer-Generation: IBM/360, SIEMENS 4004, CDC 3000, UNIVAC 9000, CISC-Rechner
70er Jahre	Mittlere Datentechnik fürs Büro: NIXDORF, KIENZLE, NCR
	Entwicklung spezialisierter Computer für technische Aufgaben (Prozeßrechner)
5. Zeitabschnitt	**Zeitalter der Mainframes**
nach 1975	Entwicklung des Mikrocomputers: INTEL, ATARI, APPLE, COMMODORE 4. Computer-Generation: IBM 43xx, 38xx und 39xx, SIEMENS 75xx, 77xx und 78xx, VAX 11, RISC-Rechner, CRAY, CYBER, SPERRY 1100, Halbleiterschaltungen, Mehrprozessor-Architektur, Vernetzung hochintegrierte Schaltkreise mit Logikchips
6. Zeitabschnitt	**Zeitalter der Microcomputer**
ab 1985	Supercomputer; Vektorrechner, Pipelining und Parallelrechner 64 Bit-Prozessoren, EISA-Rechner Ankündigung der 5. Computer-Generation (Japan) Transputernetze, Connection Machine Dienstintegrierende Netze (ISDN) Fabrik/Büro der Zukunft Start der Entwicklung der 4, 64 Mega-Chips
7. Zeitabschnitt	**Zeitalter der Multimedia**
nach 1990	nachrichtengesteuerte Multithreaded-Prozessoren Client/Server-Architektur, heterogene Systeme, Distributed Shared Memory Supercomputer im Terabereich, optische Computer TriMedia-Chip von Apple, Multimedia-Chip (MMX-Chip) von Intel Quantencomputer in Laborversuchen

Tabelle: Softwaretechnische Entwicklungszeittafel

1. Zeitabschnitt	
bis 1955	Computer als Gegenstand der Forschung
	Entwicklung der Ablaufsteuerung durch Programm (Maschinensprache)
2. Zeitabschnitt	**Zeitalter der Stapelverarbeitung**
bis 1965	kommerzielle Nutzung des Computers
	Entstehung von Rechenzentren
	Programme in maschinenorientierten Programmiersprachen (Assembler)
3. Zeitabschnitt	**Zeitalter der Massendatenverarbeitung**
bis 1975	Steuerung durch Betriebssysteme (OS, DOS, VS)
	Dominanz kommerzieller Anwendungen
	Verarbeitung nach Dateiorganisationen
	Unterstützung der Gerätekompatibilität
	„Familiensyteme" mittels Programmkompatibilität
	höhere Programmiersprachen (COBOL, FORTRAN, ALGOL, PL1)
	Rechnerverbundnetze (verteilte Verarbeitung)
4. Zeitabschnitt	**Zeitalter der Insellösungen**
bis 1980	verstärkte Miniatisierung
	variable Mikroprogrammierung
	Vernetzung unter Einbeziehung von Mikrocomputern
	Aufbau von Datenbanken und Informationssystemen
	Entwicklung von Standardprogrammen
	Methoden des strukturierten System- und Programmentwurfs
5. Zeitabschnitt	**Zeitalter der Dialogverarbeitung, Integration**
bis 1990	Individuelle Datenverarbeitung (Computerisierung des Arbeitsplatzes)
	Standardprogramme (Tabellenkalkulation, Textverarbeitung)
	Büroautomatisierung, Mailbox, Btx
	Künstliche Intelligenz, Expertensysteme, Wissensbasierte Systeme
	Fabrik der Zukunft (CIM, PPS, CAD, CAM)
	endbenutzerorientierte Sprachen (C, LISP, PROLOG, ADA)
	Standardisierung (SAA, MOTIF)
6. Zeitabschnitt	**Zeitalter der kooperierenden Systeme**
nach 1990	Computerviren, Antiviren, Datensicherung
	objektorientierte Daten- und Programmodellierung, Case-Tools
	Client/Server-Architektur, grafische Benutzeroberfläche
	Standardisierungen für offene, heterogene Systeme
	Informationsmanagement, externe Informationsbanken
	Netzmanagement, Internet
7. Zeitabschnitt	**Zeitalter der Multimedia**
nach 1995	Intranet-Entwicklungen
	Datenautobahn, interaktives Fernsehen
	Scriptsprachen
	generative, komponentenbasierte Softwareentwicklung